冷链产业与技术发展报告(2023)

中国制冷学会　华商国际工程有限公司 ◎ 组织编写
孟庆国 ◎ 主　编
田长青　王斌　尹从绪 ◎ 副主编

中国建筑工业出版社

图书在版编目（CIP）数据

冷链产业与技术发展报告. 2023 / 中国制冷学会，华商国际工程有限公司组织编写；孟庆国主编；田长青，王斌，尹从绪副主编. -- 北京：中国建筑工业出版社，2024.9. -- ISBN 978-7-112-30199-7

Ⅰ. F426.82

中国国家版本馆 CIP 数据核字第 2024SM6996 号

责任编辑：张文胜
责任校对：张　颖

冷链产业与技术发展报告（2023）

中国制冷学会　华商国际工程有限公司　组织编写
孟庆国　主　　编
田长青　王斌　尹从绪　副主编

*

中国建筑工业出版社出版、发行（北京海淀三里河路9号）
各地新华书店、建筑书店经销
北京红光制版公司制版
北京市密东印刷有限公司印刷

*

开本：787毫米×1092毫米　1/16　印张：21¾　字数：543千字
2024年8月第一版　　2024年8月第一次印刷
定价：75.00元
ISBN 978-7-112-30199-7
(43492)

版权所有　翻印必究

如有内容及印装质量问题，请与本社读者服务中心联系
电话：(010) 58337283　QQ：2885381756
(地址：北京海淀三里河路9号中国建筑工业出版社604室　邮政编码：100037)

编 委 会

主　　编：孟庆国
副 主 编：田长青　王　斌　尹从绪
编　　委：（按姓氏笔画排序）

马　进　　王　锋　　石汶平　　叶新睦　　代冰琳
邝淑敏　　司春强　　邢艳辉　　成昱光　　刘广海
刘国强　　刘岩松　　刘　斌　　李庆庭　　李鸿宇
李　婧　　杨信廷　　张志芳　　张皆慰　　张海南
陈　炜　　范敏浩　　周　丹　　赵宝国　　姜宇鹏
宦洪彬　　晏　刚　　钱四顺　　钱　峰　　崔　芳
韩佳伟　　温晓辉　　谢　彬　　谭永安

学术秘书：赵全华　王　波
参编单位：
中国制冷学会
华商国际工程有限公司
中国科学院理化技术研究所
全国商业冷藏科技情报站
广州大学
西安交通大学
中粮工科检测认证有限公司
北京市农林科学院信息技术研究中心
冰轮环境技术股份有限公司
冰山冷热科技股份有限公司
天津商业大学

序　言

民以食为天，食以安为先。冷链是保障食品供应与安全、提升人民生活品质的重要手段与措施。随着经济发展和人们对冷链需求日益旺盛，近年来我国冷库总容量和冷藏车数量增长迅速。2016—2023年，我国冷库容量从4200万t增长至9000万t以上，冷藏车数量从11.5万辆增长到约43万辆，冷链物流总收入超过5000亿元，冷链产业已成为我国国民经济的重要组成部分。

在冷链产业规模快速增长的同时，我国也在努力打造高效、低碳、绿色的高品质冷链体系。在国家政策方面，2019年6月，国家发展改革委等六部门印发《绿色高效制冷行动方案》，2021年12月，国务院办公厅印发《"十四五"冷链物流发展规划》；在国家标准方面，2021年12月1日开始实施《冷库设计标准》GB 50072—2021，2024年4月29日发布了《冷库（箱）和压缩冷凝机组能效限定值及能效等级》GB 44015—2024；在产业发展实践方面，冷链设备设施大力推广节能与低碳能源应用，大中型冷库大力推广天然工质 NH_3/CO_2 复合系统应用，冷藏销售设备天然工质R290的应用在逐年增加，从而减少冷链设备设施造成的碳排放，寻求冷链产业绿色低碳可持续发展。

同时仍需看到，由于我国冷链产业起步较晚，基础薄弱，规划与布局不合理，这就需要我们在发展过程中知家底、寻差距、求高质。因此，持续调研和分析我国冷链产业和技术装备的发展现状，探寻我国冷链产业在布局、技术、应用等方面存在的问题和不足，明确未来的发展方向至关重要。

因此，很欣慰看到继2022年首部《冷链产业与技术发展报告》出版之后，中国制冷学会与华商国际工程有限公司持续组织国内有关高校、科研院所、相关省市制冷学会和企业专家，编写了《冷链产业与技术发展报告（2023）》。本书沿用2022年报告的结构，仍然分为市场篇、技术篇和应用篇，提供我国部分省份冷库容量数据，预测未来需求，介绍冷链技术最新进展，收录丰富的先进应用实例，汇聚了参编专家的集体智慧。

期冀该发展报告的出版能为各级政府管理者、企业家、冷链从业者提供有益参考。

中国科学院理化技术研究所研究员
中国科学院院士

前　言

冷链是保障食品供应与安全、提升人民生活品质的重要措施与手段。随着生活水平的快速提升，人们的消费需求也由"吃得饱"向更高要求的"吃得好"转变，推动了我国冷链产业的快速发展。同时，乡村振兴、"一带一路"、生鲜电商、预制菜等也助推了冷链产业的发展。我国冷库总容量和冷藏车数量增长迅速，冷链物流总收入超过5000亿元，冷链物流产业已成为我国国民经济中不可或缺的重要组成部分。因此，理清我国冷链物流产业发展情况，分析冷链技术进展、梳理存在的问题、明确未来发展方向尤为重要。

本书是继2022年4月出版首部《冷链产业与技术发展报告》之后，中国制冷学会与华商国际工程有限公司组织编写的第二部发展报告。本书承袭原有编写结构，仍然分市场篇、技术篇和应用篇三个部分。市场篇在上一部报告对京津冀地区、珠三角地区、长三角地区冷库调研数据和需求分析的基础上，开展了山东、河南、山西、福建、湖北、湖南、广西、江西和海南九个省（自治区）的冷库数据调研与汇总梳理，并对冷链仓储市场进行了需求分析和发展预测；技术篇在对"双碳"目标下冷链技术发展分析的基础上，详细论述了冷藏运输、冷藏销售设备、冷链物流信息化的最新技术进展与未来发展方向，结合上一部报告中果蔬预冷、速冻装备、冷冻冷藏设施制冷系统等内容，涵盖了冷链各环节的技术进展；应用篇收录了一些典型的冷链工程，包括畜禽屠宰、果蔬冷链、水产加工、食品加工、生物医药、批发市场、港口冷链、仓储物流和商超冷链的应用实例，并介绍了预应力、分布式光伏发电、集中供冷式快速冻结等专项技术。

本书编写过程中得到了业内众多专家和企业的支持，他们提供了大量的技术素材和有关数据，在此表示由衷的感谢。

由于编写时间紧张、编者水平所限，书中难免存在不足之处，恳请读者指正。

目 录

市 场 篇

第1章 总论 2
1.1 中国冷链产业发展现状 2
1.2 中国冷链产业政策环境 3
1.2.1 国家层面冷链政策 3
1.2.2 重点支持方向解读 12
1.3 中国冷链产业发展形势展望 15
1.3.1 产地冷链发展形势分析 15
1.3.2 销地冷链发展形势分析 15
1.3.3 港口冷链发展形势分析 16

第2章 山东省冷链产业发展情况 18
2.1 山东省冷链产业环境 18
2.1.1 山东省农产品生产环境 18
2.1.2 山东省农产品加工环境 21
2.1.3 山东省农产品贸易环境 22
2.1.4 山东省居民消费情况 23
2.2 山东省冷链政策环境 24
2.2.1 山东省农产品生产政策 24
2.2.2 山东省农产品加工政策 25
2.2.3 山东省农产品贸易政策 25
2.2.4 山东省农产品消费政策 25
2.2.5 山东省农产品流通政策 25
2.2.6 山东省冷链物流资金支持政策 26
2.3 山东省冷链市场现状 26
2.3.1 山东省冷链市场基本情况 26
2.3.2 山东省冷链仓储设施运营情况分析 32
2.3.3 山东省冷链物流行业综合发展情况总结 32
2.4 山东省冷链市场需求预测 33
2.4.1 山东省上行冷链需求预测分析 33
2.4.2 山东省中转集散冷链需求预测分析 33
2.4.3 山东省下行冷链需求预测分析 34
2.4.4 山东省冷链设施需求总量预测分析 34

2.5 山东省冷链产业发展趋势 ·· 34

第3章 河南省冷链产业发展分析 ·· 36
 3.1 河南省冷链产业环境 ·· 36
  3.1.1 河南省农产品生产环境 ·· 36
  3.1.2 河南省农产品加工环境 ·· 39
  3.1.3 河南省农产品贸易环境 ·· 40
  3.1.4 河南省居民消费环境 ·· 43
 3.2 河南省冷链政策环境 ·· 44
  3.2.1 河南省加快完善冷链物流服务体系，强化产业、设施、交通建设 ·········· 44
  3.2.2 河南省冷链物流资金支持政策梳理 ·· 44
 3.3 河南省冷链市场现状 ·· 45
  3.3.1 河南省冷链市场基本情况 ·· 45
  3.3.2 河南省冷链仓储设施运营情况 ·· 50
  3.3.3 河南省冷链物流行业综合发展情况总结 ·· 51
 3.4 河南省冷链市场需求预测 ·· 52
  3.4.1 河南省上行冷链需求预测分析 ·· 52
  3.4.2 河南省中转集散冷链需求预测分析 ·· 52
  3.4.3 河南省下行冷链需求预测分析 ·· 53
  3.4.4 河南省冷链设施需求总量预测分析 ·· 54
 3.5 河南省冷链产业发展趋势 ·· 54

第4章 山西省冷链产业发展情况 ·· 56
 4.1 山西省冷链产业环境 ·· 56
  4.1.1 山西省农产品生产环境 ·· 56
  4.1.2 山西省农产品加工环境 ·· 59
  4.1.3 山西省农产品贸易环境 ·· 60
  4.1.4 山西省居民消费情况 ·· 61
 4.2 山西省冷链政策环境 ·· 62
  4.2.1 山西省农产品生产政策 ·· 62
  4.2.2 山西省农产品加工政策 ·· 62
  4.2.3 山西省农产品贸易政策 ·· 63
  4.2.4 山西省农产品消费政策 ·· 63
  4.2.5 山西省农产品流通政策 ·· 63
  4.2.6 山西省冷链物流资金支持政策 ·· 63
 4.3 山西省冷链市场现状 ·· 64
  4.3.1 山西省冷链市场基本情况 ·· 64
  4.3.2 山西省冷链设施运营情况 ·· 67
  4.3.3 山西省冷链物流行业综合发展情况总结 ·· 68
 4.4 山西省冷链市场需求预测 ·· 68
  4.4.1 山西省上行冷链需求预测分析 ·· 68

  4.4.2 山西省中转集散冷链需求预测分析 …………………………………… 69
  4.4.3 山西省下行冷链需求预测分析 ………………………………………… 69
  4.4.4 山西省冷链设施需求总量预测分析 …………………………………… 70
 4.5 山西省冷链产业发展趋势 …………………………………………………… 70

第5章 福建省冷链产业发展情况

 5.1 福建省冷链产业环境 ………………………………………………………… 72
  5.1.1 福建省农产品生产环境 ………………………………………………… 72
  5.1.2 福建省农产品加工环境 ………………………………………………… 75
  5.1.3 福建省农产品贸易环境 ………………………………………………… 75
  5.1.4 福建省居民消费环境 …………………………………………………… 77
 5.2 福建省冷链政策环境 ………………………………………………………… 78
  5.2.1 福建省支持冷链物流发展的政策 ……………………………………… 78
  5.2.2 福建省将冷链物流建设融入交通体系、产业发展、农业现代化 …… 79
  5.2.3 福建省冷链物流资金支持政策梳理 …………………………………… 80
 5.3 福建省冷链市场现状 ………………………………………………………… 80
  5.3.1 福建省冷链市场基本情况 ……………………………………………… 80
  5.3.2 福建省冷链设施运营情况分析 ………………………………………… 84
  5.3.3 福建省冷链物流行业综合发展情况总结 ……………………………… 86
 5.4 福建省冷链市场需求预测 …………………………………………………… 87
  5.4.1 福建省上行冷链需求预测分析 ………………………………………… 87
  5.4.2 福建省中转集散冷链需求预测分析 …………………………………… 87
  5.4.3 福建省下行冷链需求预测分析 ………………………………………… 88
  5.4.4 福建省冷链仓储需求总量预测分析 …………………………………… 89
 5.5 福建省冷链产业发展趋势 …………………………………………………… 89
  5.5.1 福建省"新丝路"国际贸易通道优势更加突出 ……………………… 89
  5.5.2 国际农产品贸易仍是拉动福建省冷链物流增长的主要动力 ………… 89
  5.5.3 福建省将加大对冷藏冷冻业经营行为管理 …………………………… 90

第6章 湖北省冷链产业发展分析

 6.1 湖北省冷链产业环境 ………………………………………………………… 91
  6.1.1 湖北省农产品生产环境 ………………………………………………… 91
  6.1.2 湖北省农产品加工环境 ………………………………………………… 94
  6.1.3 湖北省农产品贸易环境 ………………………………………………… 95
  6.1.4 湖北省居民消费情况 …………………………………………………… 96
 6.2 湖北省冷链政策环境 ………………………………………………………… 97
  6.2.1 湖北省农产品生产政策 ………………………………………………… 97
  6.2.2 湖北省农产品加工政策 ………………………………………………… 97
  6.2.3 湖北省农产品贸易政策 ………………………………………………… 98
  6.2.4 湖北省农产品消费政策 ………………………………………………… 98
  6.2.5 湖北省农产品流通政策 ………………………………………………… 98

		6.2.6 湖北省冷链物流资金支持政策	98
	6.3	湖北省冷链市场现状	99
		6.3.1 湖北省冷链市场基本情况	99
		6.3.2 湖北省冷链仓储设施运营情况	102
		6.3.3 湖北省冷链物流行业综合发展情况总结	103
	6.4	湖北省冷链市场需求预测	103
		6.4.1 湖北省上行冷链需求预测分析	103
		6.4.2 湖北省中转集散冷链需求预测分析	104
		6.4.3 湖北省下行冷链需求预测分析	104
		6.4.4 湖北省冷链设施需求总量预测分析	104
	6.5	湖北省冷链产业发展趋势	105

第7章 湖南省冷链产业发展情况 … 106

	7.1	湖南省冷链产业环境	106
		7.1.1 湖南省农产品生产环境	106
		7.1.2 湖南省农产品加工环境	109
		7.1.3 湖南省农产品贸易环境	109
		7.1.4 湖南居民消费环境	112
	7.2	湖南省冷链政策环境	113
		7.2.1 湖南省加快完善冷链物流体系建设，完善设施布局，优化产业建设	113
		7.2.2 湖南省冷链物流资金支持政策梳理	113
	7.3	湖南省冷链市场现状	114
		7.3.1 湖南省冷链市场基本情况	114
		7.3.2 湖南省冷链仓储设施运营情况分析	117
		7.3.3 湖南省冷链物流行业综合发展情况总结	118
	7.4	湖南省冷链市场需求预测	118
		7.4.1 湖南省上行冷链需求预测分析	118
		7.4.2 湖南省中转集散冷链需求预测分析	119
		7.4.3 湖南省下行冷链需求预测分析	119
		7.4.4 湖南省冷链设施需求总量预测分析	120
	7.5	湖南省冷链产业发展趋势	121

第8章 广西壮族自治区冷链产业发展情况 … 122

	8.1	广西壮族自治区冷链产业环境	122
		8.1.1 广西壮族自治区农产品生产环境	122
		8.1.2 广西壮族自治区农产品加工环境	125
		8.1.3 广西壮族自治区农产品贸易环境	126
		8.1.4 广西壮族自治区居民消费情况	127
	8.2	广西壮族自治区冷链政策环境	128
		8.2.1 广西壮族自治区农产品生产政策	128
		8.2.2 广西壮族自治区农产品加工政策	129

  8.2.3 广西壮族自治区农产品贸易政策 ……………………………………… 129
  8.2.4 广西壮族自治区农产品消费政策 ……………………………………… 129
  8.2.5 广西壮族自治区农产品流通政策 ……………………………………… 130
  8.2.6 广西壮族自治区冷链物流资金支持政策 ……………………………… 130
 8.3 广西壮族自治区冷链市场现状 ……………………………………………… 131
  8.3.1 广西壮族自治区冷链市场基本情况分析 ……………………………… 131
  8.3.2 广西壮族自治区冷链仓储设施运营情况 ……………………………… 134
  8.3.3 广西壮族自治区冷链物流行业综合发展情况总结 …………………… 135
 8.4 广西壮族自治区冷链市场需求预测 ………………………………………… 135
  8.4.1 广西壮族自治区上行冷链需求预测分析 ……………………………… 135
  8.4.2 广西壮族自治区中转集散冷链需求预测分析 ………………………… 136
  8.4.3 广西壮族自治区下行冷链需求预测分析 ……………………………… 136
  8.4.4 广西壮族自治区冷链仓储需求总量预测分析 ………………………… 136
 8.5 广西壮族自治区冷链产业发展趋势 ………………………………………… 137

第9章 江西省冷链产业发展情况 ………………………………………………… 138
 9.1 江西省冷链产业环境 ………………………………………………………… 138
  9.1.1 江西省农产品生产环境 ………………………………………………… 138
  9.1.2 江西省农产品加工环境 ………………………………………………… 141
  9.1.3 江西省农产品贸易环境 ………………………………………………… 142
  9.1.4 江西省居民消费情况 …………………………………………………… 143
 9.2 江西省冷链政策环境 ………………………………………………………… 144
  9.2.1 江西省农产品生产政策 ………………………………………………… 144
  9.2.2 江西省农产品加工政策 ………………………………………………… 144
  9.2.3 江西省农产品贸易政策 ………………………………………………… 144
  9.2.4 江西省农产品消费政策 ………………………………………………… 145
  9.2.5 江西省农产品流通政策 ………………………………………………… 145
  9.2.6 江西省冷链物流资金支持政策 ………………………………………… 145
 9.3 江西省冷链市场现状 ………………………………………………………… 146
  9.3.1 江西省冷链市场基本情况分析 ………………………………………… 146
  9.3.2 江西省冷链仓储设施运营情况 ………………………………………… 149
  9.3.3 江西省冷链物流行业综合发展情况总结 ……………………………… 150
 9.4 江西省冷链市场需求预测 …………………………………………………… 150
  9.4.1 江西省上行冷链需求预测分析 ………………………………………… 150
  9.4.2 江西省中转集散冷链需求预测分析 …………………………………… 151
  9.4.3 江西省下行冷链需求预测分析 ………………………………………… 151
  9.4.4 江西省冷链设施需求总量预测分析 …………………………………… 152
 9.5 江西省冷链产业发展趋势 …………………………………………………… 152

第10章 海南省冷链产业发展情况 ………………………………………………… 153
 10.1 海南省冷链产业环境 ………………………………………………………… 153

  10.1.1 海南省农产品生产环境 ························ 153
  10.1.2 海南省农产品加工环境 ························ 156
  10.1.3 海南省农产品贸易环境 ························ 157
  10.1.4 海南省居民消费环境 ·························· 159
 10.2 海南省冷链政策环境 ······························· 160
  10.2.1 冷链物流是海南省加快构建现代产业体系的重要内容 ····· 160
  10.2.2 冷链物流是海南省推进农业现代化推进乡村振兴的重要任务 ··· 160
  10.2.3 海南省拥有贸易自由、税收优惠和资金扶持等政策优势 ····· 161
 10.3 海南省冷链市场现状 ······························· 162
  10.3.1 海南省冷链市场基本情况 ······················· 162
  10.3.2 海南省冷链仓储设施运营情况分析 ·················· 164
  10.3.3 海南省冷链物流行业综合发展情况总结 ··············· 164
 10.4 海南省冷链市场需求预测 ··························· 165
  10.4.1 海南省上行冷链需求预测分析 ···················· 165
  10.4.2 海南省中转集散冷链需求预测分析 ·················· 166
  10.4.3 海南省下行冷链需求预测分析 ···················· 166
  10.4.4 海南省冷链设施需求总量预测分析 ·················· 167
 10.5 海南省冷链产业发展趋势 ··························· 167

技 术 篇

第11章 "双碳"目标下冷链技术发展 ························ 170
 11.1 背景 ··· 170
  11.1.1 冷链与"双碳"目标 ·························· 170
  11.1.2 冷链发展现状 ······························ 170
  11.1.3 冷链装备存在的问题 ·························· 172
 11.2 冷链碳排放及减排分析 ····························· 172
  11.2.1 计算方法 ·································· 173
  11.2.2 碳减排潜力分析 ····························· 177
 11.3 低碳技术路径 ···································· 179
  11.3.1 生鲜产品减损 ······························ 180
  11.3.2 节能与低碳能源应用 ·························· 180
  11.3.3 环保制冷剂 ································ 181
 11.4 小结 ··· 182

第12章 冷藏运输 ·· 183
 12.1 概述 ··· 183
  12.1.1 冷藏运输发展状况 ···························· 183
  12.1.2 冷藏运输发展政策 ···························· 184
  12.1.3 冷藏运输存在的问题 ·························· 185
 12.2 冷藏运输装备技术应用状况 ························· 186

12.2.1	机械制冷技术	186
12.2.2	相变储能技术	187
12.2.3	气调技术	187
12.2.4	车厢隔热技术	188

12.3 冷藏运输装备存在的问题及关键技术分析 189
    12.3.1 制冷剂替代与回收 189
    12.3.2 能源代替问题 189

12.4 冷藏运输低碳评价 190

12.5 冷藏运输发展趋势 191
    12.5.1 轻量化与节能设计 191
    12.5.2 加强制冷工质管控 192
    12.5.3 提升车辆使用能效 192
    12.5.4 构建清洁能源体系 193
    12.5.5 其他低碳发展措施 193

第13章 冷藏销售设备 195

13.1 设备概述 195

13.2 冷藏销售设备技术现状 197
    13.2.1 制冷陈列柜 197
    13.2.2 带制冷功能的自动售货机 200
    13.2.3 厨房冰箱 202
    13.2.4 葡萄酒储藏柜 204
    13.2.5 冰淇淋机 206
    13.2.6 商用制冰机 206
    13.2.7 商用低温冷柜 207
    13.2.8 其他冷藏销售设备 208

13.3 冷藏销售设备存在的问题及技术瓶颈 209
    13.3.1 节能与降成本的矛盾性问题——综合经济性技术分析 209
    13.3.2 无人零售"卡脖子"问题——视频图像解析与识别技术 210
    13.3.3 制冷剂替代路线问题——制冷剂特征、潜在替代物性能
            与应用的选取、评价 211

13.4 冷藏销售设备节能低碳技术发展趋势 211
    13.4.1 绝热性能提升技术研究 211
    13.4.2 制冷循环改进技术研究 213
    13.4.3 重要零部件创新技术研究 214
    13.4.4 工质替代技术研究 217
    13.4.5 固态制冷技术研究 218

第14章 冷链物流信息化 221

14.1 冷链物流信息化发展概况 221
    14.1.1 需求分析 221

14.1.2　发展现状 ·· 223
　　14.1.3　问题剖析 ·· 225
14.2　冷链物流信息化关键技术及发展现状 ·· 227
　　14.2.1　智能感知技术 ·· 227
　　14.2.2　智能调控技术 ·· 232
　　14.2.3　智能装备技术 ·· 234
14.3　发展趋势分析 ·· 237
　　14.3.1　冷链物流信息化助力实现"双碳"目标 ································ 237
　　14.3.2　冷链物流信息化推进智能化与无人化发展 ··························· 237
　　14.3.3　冷链物流信息化助力标准化体系完善 ································ 238

应 用 篇

第15章　畜禽屠宰 ·· 242
15.1　阜阳天邦食品生猪屠宰厂 ·· 242
　　15.1.1　项目概况 ·· 242
　　15.1.2　技术特点 ·· 242
　　15.1.3　应用效果 ·· 243
15.2　诚康农业跨境肉牛屠宰加工产业园 ··· 244
　　15.2.1　项目概况 ·· 244
　　15.2.2　技术特点 ·· 245
　　15.2.3　应用效果 ·· 246
15.3　中粮家佳康赤峰生鲜加工厂 ··· 246
　　15.3.1　项目概况 ·· 246
　　15.3.2　技术特点 ·· 247
　　15.3.3　应用效果 ·· 248

第16章　果蔬冷链 ·· 249
16.1　佳沃（蒙自）蓝莓分拣加工中心 ·· 249
　　16.1.1　项目概况 ·· 249
　　16.1.2　技术特点 ·· 249
　　16.1.3　应用效果 ·· 251
16.2　鑫荣懋（沈阳）仓储冷链物流基地 ··· 251
　　16.2.1　项目概况 ·· 251
　　16.2.2　技术特点 ·· 252
　　16.2.3　应用效果 ·· 254
16.3　杭州鲜丰智慧冷链物流中心 ··· 254
　　16.3.1　项目概况 ·· 254
　　16.3.2　技术特点 ·· 255
　　16.3.3　应用效果 ·· 256
16.4　万纬物流上海奉贤临港园区鲜果运营中心 ·································· 257

  16.4.1 项目概况 ·· 257
  16.4.2 技术特点 ·· 259
  16.4.3 应用效果 ·· 260

第17章 水产加工 ·· 261

17.1 江苏正源创辉食品工业园 ·· 261
  17.1.1 项目概况 ·· 261
  17.1.2 技术特点 ·· 262
  17.1.3 应用效果 ·· 263

17.2 江苏海福特海洋食品产业园 ·· 263
  17.2.1 项目概况 ·· 263
  17.2.2 技术特点 ·· 264
  17.2.3 应用效果 ·· 266

第18章 食品加工 ·· 267

18.1 山东新食州食品产业园 ·· 267
  18.1.1 项目情况 ·· 267
  18.1.2 技术特点 ·· 268
  18.1.3 应用效果 ·· 269

18.2 韩城国家级花椒产业园全自动立体冷库 ·· 269
  18.2.1 项目概况 ·· 269
  18.2.2 技术特点 ·· 270
  18.2.3 应用效果 ·· 271

18.3 良品铺子休闲食品产业园 ·· 271
  18.3.1 项目概况 ·· 271
  18.3.2 技术特点 ·· 272
  18.3.3 应用效果 ·· 273

18.4 洛阳大张食品工业园自动化立体冷库 ·· 274
  18.4.1 项目概况 ·· 274
  18.4.2 技术特点 ·· 274
  18.4.3 应用效果 ·· 276

18.5 山西星萌冻干宠物食品园 ·· 276
  18.5.1 项目概况 ·· 276
  18.5.2 技术特点 ·· 277
  18.5.3 应用效果 ·· 279

第19章 生物医药 ·· 280

19.1 姑苏区疾控中心全自动疫苗冷库 ·· 280
  19.1.1 项目概况 ·· 280
  19.1.2 技术特点 ·· 282
  19.1.3 应用效果 ·· 283

19.2 南方海洋实验室自动化生物样本库 ·· 283

  19.2.1　项目概况 ··· 283
  19.2.2　技术特点 ··· 284
  19.2.3　应用效果 ··· 287
 19.3　浙江海隆生物疫苗生产基地 ··· 287
  19.3.1　项目概况 ··· 287
  19.3.2　技术特点 ··· 288
  19.3.3　应用效果 ··· 289

第20章　批发市场 ·· 290

 20.1　成都银犁农产品冷链物流中心 ·· 290
  20.1.1　项目概况 ··· 290
  20.1.2　技术特点 ··· 291
  20.1.3　应用效果 ··· 293
 20.2　中国西部农产品冷链物流中心 ·· 293
  20.2.1　项目概况 ··· 293
  20.2.2　技术特点 ··· 294
  20.2.3　应用效果 ··· 295

第21章　港口冷链 ·· 296

 21.1　广州南沙国际物流中心 ··· 296
  21.1.1　项目概况 ··· 296
  21.1.2　技术特点 ··· 297
  21.1.3　应用效果 ··· 299
 21.2　洋山保税港同华储运冷库 ·· 299
  21.2.1　项目概况 ··· 299
  21.2.2　技术特点 ··· 300
  21.2.3　应用效果 ··· 301
 21.3　东北亚水产品交易中心 ··· 301
  21.3.1　项目概况 ··· 301
  21.3.2　技术特点 ··· 302
  21.3.3　应用效果 ··· 303

第22章　仓储物流 ·· 305

 22.1　汇鸿冷链镇江物流基地 ··· 305
  22.1.1　项目概况 ··· 305
  22.1.2　技术特点 ··· 305
  22.1.3　应用效果 ··· 307
 22.2　万纬武汉东西湖冷链物流园 ··· 307
  22.2.1　项目概况 ··· 307
  22.2.2　技术特点 ··· 308
  22.2.3　应用效果 ··· 309
 22.3　天津雀巢普瑞纳宠物湿粮冷库 ·· 310

22.3.1　项目概况 310
　　　22.3.2　技术特点 310
　　　22.3.3　应用效果 311
第23章　商超冷链 312
　23.1　苏州宜家餐厅 312
　　　23.1.1　项目概况 312
　　　23.1.2　技术特点 313
　　　23.1.3　应用效果 315
　23.2　比优特大连印象城超市 316
　　　23.2.1　项目概况 316
　　　23.2.2　技术特点 317
　　　23.2.3　应用效果 318
　23.3　罗森天津翔宇大厦便利店 318
　　　23.3.1　项目概况 318
　　　23.3.2　技术特点 319
　　　23.3.3　应用效果 320
第24章　专项技术 321
　24.1　预应力技术在冷库中的应用 321
　　　24.1.1　技术背景 321
　　　24.1.2　预应力技术原理 322
　　　24.1.3　预应力技术在冷库中应用的优势 322
　　　24.1.4　预应力技术在冷库建设中的应用 324
　24.2　分布式光伏发电技术在冷库中的应用 325
　　　24.2.1　技术背景 325
　　　24.2.2　光伏发电技术简介 325
　　　24.2.3　项目方案 326
　　　24.2.4　应用效果 328
　24.3　集中供冷式快速冻结技术在食品生产加工中的应用 328
　　　24.3.1　技术背景 328
　　　24.3.2　集中供冷式快速冻结技术的应用 329
　　　24.3.3　应用效果 331

市 场 篇

第1章 总 论

本章从中国冷链产业面临的新形势、新环境和新趋势，分析冷链产业发展的宏观环境，并基于市场调研对冷链产业发展现状进行分析，展望中国冷链产业的发展前景。

1.1 中国冷链产业发展现状

2020年，首批国家骨干冷链物流基地建设工作启动。2021年12月，国务院办公厅印发了《"十四五"冷链物流发展规划》，进一步提出加快构建形成内外联通的国家骨干冷链物流通道网络，到2025年基本建成以国家骨干冷链物流基地为核心、产销冷链集配中心和两端冷链物流设施为支撑的三级冷链物流节点设施网络。"十四五"时期，冷链物流成为建设现代农产品流通体系的关键，政府将持续推进对冷链物流的资金、政策支持，社会资本、商贸流通等要素也将持续发力，冷链设施建设更趋数字化、智慧化、绿色化、集约化，第三方冷链物流将不断强化供应链管理服务能力，冷链物流与农业、农产品加工业、商贸流通等产业将加快融合发展，一体化和网络化水平也将进一步提高。总体来看，"十四五"时期我国冷链物流发展将呈现以下特点：

1. 冷链物流需求规模持续增长

受政策激励和需求拉动，近年来我国冷链物流市场规模进入快速增长期，国家骨干冷链物流基地、产地保鲜、销地区域分拨和城市配送等冷链设施建设加快推进。我国农业产业加快提档升级，现代物流体系加速建设，将不断开拓冷链物流发展新空间。我国超大规模市场潜力将持续释放，为冷链物流提高供给水平、适配新型消费、加快规模扩张奠定坚实基础。

2. 冷链物流规模化、标准化、数字化、绿色化水平持续提高

冷链物流企业不断延伸采购、分销、信息等供应链服务能力，尤其是不断推进数字化、标准化、绿色化冷链物流设施设备的应用创新，冷链物流设施设备与5G、大数据、物联网、人工智能等新兴技术加速融合发展，冷链物流的全程温控、信息追溯和食品安全监测等功能持续完善。网络货运、数字仓库、无接触配送等"互联网+"高效物流新模式、新业态不断涌现。

3. 冷链物流市场主体组织水平不断提升

我国已经初步形成了产地与销地衔接、运输与仓配一体、物流与产业融合发展的冷链物流服务体系。冷链物流企业区域化、网络化的横向规模化发展趋势显著，且农业龙头企业、物流企业、农产品流通企业等加快跨界运营，逐步形成集冷链仓储、运输、配送为一体的综合型冷链物流企业，农商互联、商品供应链服务体系建设不断完善。冷链物流设施服务水平不断提升，冷链物流结构加快优化，高端标准冷库、智能立体冷库加快发展，多式联运、枢纽通道网络体系加快形成，冷链物流港航服务能力、口岸通关效率、中欧班列

规模均大幅提高，我国国内国际冷链物流组织能力显著提升。

我国冷链物流在面临多元发展机遇的同时需克服诸多发展难题。首先，仍需不断完善覆盖全国范围的三级冷链物流体系，农产品大规模、跨区域、反季节、长距离流通需求快速增长，冷链设施区域不平衡、行业结构性失衡、专业化管理服务水平低、冷链人才短缺依然是导致我国农产品流通效率较低的主要原因。其次，我国冷链物流行业市场集中度仍相对较低，部分冷链物流企业存在组织化程度低、设施不齐备、经营管理手段落后等难点与问题。再次，生鲜产品安全逐步成为冷链物流新需求，一方面要求不断提升冷链物流设施服务能力，提高冷链物流应急处置和快速履约能力；另一方面还需加快完善冷链物流标准体系及贯彻实施，有效规范市场运行秩序，更好保障城乡居民食品消费安全。最后，科技创新、数字转型和绿色可持续也对冷链物流提出新发展任务，要求加快冷链物流设施装备的数字化转型、智慧化升级，实现能耗双控目标，加快实现冷链物流全链条过程可视、源头可溯、低碳可控，提高冷链物流的精益管理服务能力、运行组织效率和集约化发展水平。

1.2 中国冷链产业政策环境

基于我国冷链产业发展新要求，本节阐述2021~2023年在国家层面为推动冷链产业发展发布的各项政策及发展规划，梳理国家层面支持冷链物流行业发展的重点方向和措施。

1.2.1 国家层面冷链政策

2021~2023年，中共中央、国务院及国务院相关部门共发布与冷链相关的政策和规划约151件，部分文件见表1-1和表1-2。

中共中央、国务院发布的主要冷链政策　　　　　表1-1

时间	发文部门	文件名称	相关内容
2021年1月4日	中共中央、国务院	《中共中央 国务院关于全面推进乡村振兴加快农业农村现代化的意见》	加快实施农产品仓储保鲜冷链物流设施建设工程，推进田头小型仓储保鲜冷链设施、产地低温直销配送中心、国家骨干冷链物流基地建设
2021年6月25日	国务院	《生猪屠宰管理条例》	鼓励生猪养殖、屠宰、加工、配送、销售一体化发展，推行标准化屠宰，支持建设冷链流通和配送体系
2021年8月20日	国务院办公厅	《国务院办公厅关于加快农村寄递物流体系建设的意见》	构建冷链寄递体系，鼓励邮政快递企业、供销合作社和其他社会资本在农产品田头市场合作建设预冷保鲜、低温分拣、冷藏仓储等设施，引导支持邮政快递企业依托快递物流园区建设冷链仓储设施，增加冷链运输车辆，提升末端冷链配送能力，逐步建立覆盖生产流通各环节的冷链寄递物流体系。支持行业协会制定推广电商快递冷链服务标准规范，提升冷链寄递安全监管水平。邮政快递企业参与冷链物流基地建设，可按规定享受相关支持政策

续表

时间	发文部门	文件名称	相关内容
2021年12月12日	国务院办公厅	《国务院办公厅关于印发"十四五"冷链物流发展规划的通知》	"十四五"时期加快完善加快形成高效衔接的三级冷链物流节点,包括完善国家骨干冷链物流基地布局、加强产销冷链集配中心建设、补齐两端冷链设施短板,健全"6+1"重点品类冷链物流服务体系,完善冷链物流监管体系,强化冷链物流支撑体系
2022年1月4日	中共中央、国务院	《中共中央 国务院关于做好2022年全面推进乡村振兴重点工作的意见》	推动冷链物流服务网络向农村延伸,整县推进农产品产地仓储保鲜冷链物流设施建设,促进合作联营、成网配套
2022年1月7日	国务院办公厅	《国务院办公厅关于印发推进多式联运发展优化调整运输结构工作方案(2021—2025年)的通知》	强化货运枢纽机场货物转运、保税监管、邮政快递、冷链物流等综合服务功能;推动冷链、危化品、国内邮件快递等专业化水铁联运发展
2022年1月12日	国务院	《国务院关于印发"十四五"数字经济发展规划的通知》	"十四五"时期,将有序推进基础设施智能升级,加快推进物流领域基础设施数字化改造。大力提升农业数字化水平,推进"三农"综合信息服务,创新发展智慧农业,提升农业生产、加工、销售、物流等各环节数字化水平。大力发展数字商务,全面加快商贸、物流、金融等服务业数字化转型
2022年1月18日	国务院	《国务院关于印发"十四五"现代综合交通运输体系发展规划的通知》	引导冷链物流、邮政快递、分拨配送等功能设施集中布局;强化国家骨干冷链物流基地功能,完善综合货运枢纽冷链物流服务设施,加强不同运输方式冷链设施衔接,补齐集配装备和仓储设施短板,推动铁路集装箱冷链服务模式创新,强化分级分类质量监管,提升冷链物流服务品质
2022年1月24日	国务院	《国务院关于印发"十四五"节能减排综合工作方案的通知》	实施绿色高效制冷行动,以建筑中央空调、数据中心、商务产业园区、冷链物流等为重点,更新升级制冷技术、设备,优化负荷供需匹配,大幅提升制冷系统能效水平。到2025年,城镇新建建筑全面执行绿色建筑标准,城镇清洁取暖比例和绿色高效制冷产品市场占有率大幅提升
2022年2月11日	国务院	《国务院关于印发"十四五"推进农业农村现代化规划的通知》	加快建设产地储藏、预冷保鲜、分级包装、冷链物流、城市配送等设施,构建仓储保鲜冷链物流网络;农产品冷链物流设施是乡村产业供应链提升的重要内容,重点支持建设农产品产地冷藏保鲜设施、产地冷链集配中心、农产品骨干冷链物流基地,改造定点屠宰加工厂冷链储藏和运输设施;补齐农产品物流基地、分拨中心、配送站点和冷链仓储等基础设施短板;制定实施农产品冷链物流设施专项规划

续表

时间	发文部门	文件名称	相关内容
2022年4月25日	国务院办公厅	《国务院办公厅关于进一步释放消费潜力促进消费持续恢复的意见》	加快发展冷链物流，完善国家骨干冷链物流基地设施条件，培育一批专业化生鲜冷链物流龙头企业。大力推广标准化冷藏车，鼓励企业研发应用适合果蔬等农产品的单元化包装，推动实现全程"不倒托""不倒箱"。健全进口生鲜产品检验检疫制度，加快区块链技术在冷链物流智慧监测追溯系统建设中的应用，推动全链条闭环追溯管理，提高食品药品流通效率和安全水平
2022年5月26日	国务院办公厅	《国务院办公厅关于推动外贸保稳提质的意见》	促进外贸货物运输保通保畅，将外贸货物纳入重要物资范围，全力保障货运物流运输畅通；增强海运物流服务稳外贸功能，各地方要协调帮助物流、货代等企业及时赴港口提озd冷藏货物集装箱。推动跨境电商提质增效，利用外经贸发展专项资金支持企业以"境内线上对口谈、境外线下商品展"等方式扩大贸易成交。加大出口信用保险和进出口信贷支持，进一步加强对中小微外贸企业金融支持
2022年5月31日	国务院	《国务院关于印发扎实稳住经济一揽子政策措施的通知》	统筹加大对物流枢纽和物流企业的支持力度。2022年，中央财政安排50亿元左右，择优支持全国性重点枢纽城市，提升枢纽的货物集散、仓储、中转运输、应急保障能力，引导加快推进多式联运融合发展，降低综合货运成本。2022年，中央财政在服务业发展资金中安排约25亿元支持加快农产品供应链体系建设，安排约38亿元支持实施县域商业建设行动。加快1000亿元交通物流专项再贷款政策落地，支持交通物流等企业融资，加大结构性货币政策工具对稳定供应链的支持。在农产品主产区和特色农产品优势区支持建设一批田头小型冷藏保鲜设施，推动建设一批产销冷链集配中心
2022年12月15日	国务院办公厅	《国务院办公厅关于印发"十四五"现代物流发展规划的通知》	"十四五"时期，加快完成国家骨干冷链物流基地布局建设，形成骨干物流基础设施网络，增强冷链物流全流程监测能力，提升农产品冷链流通率
2023年2月13日	中共中央、国务院	《中共中央 国务院关于做好2023年全面推进乡村振兴重点工作的意见》	完善农产品流通骨干网络，改造提升产地、集散地、销地批发市场，布局建设一批城郊大仓基地。支持建设产地冷链集配中心
2023年7月31日	国务院办公厅	《国务院办公厅转发国家发展改革委关于恢复和扩大消费措施的通知》	着力补齐消费基础设施短板。稳步推动产地销地冷链设施建设，补齐农产品仓储保鲜冷链物流设施短板，推动城乡冷链网络双向融合

相关部委发布的主要冷链政策 表 1-2

时间	发文部门	文件名称	相关内容
2021年1月29日	交通运输部	《交通运输部关于服务构建新发展格局的指导意见》	促进冷链物流发展，提升设施设备水平，强化冷藏保温车运输管理，完善冷链运输标准规范，推动形成全程温控、标准规范的冷链物流服务体系
2021年2月3日	农业农村部、国家发展改革委、财政部、交通运输部、商务部、国家卫生健康委、海关总署、市场监管总局	《农业农村部 国家发展改革委 财政部 交通运输部 商务部 国家卫生健康委 海关总署 市场监管总局关于做好春节和全国"两会"期间农产品保供稳价工作的通知》	各地要落实国家关于"菜篮子"产品储备各项规定，依托有条件的农产品加工销售和冷链物流企业及农产品批发市场，适时建立和完善蔬菜等鲜活农产品应急收储制度，精准落实储备货源，有序组织市场投放，防止出现卖难和断供
2021年1月8日	农业农村部	《农业农村部关于落实好党中央、国务院2021年农业农村重点工作部署的实施意见》	加强农产品流通体系建设。全面实施农产品仓储保鲜冷链物流设施建设工程，加大蔬菜、水果、茶叶、中药材等鲜活农产品仓储保鲜补贴力度，建设一批田头小型仓储保鲜冷链设施，鼓励有条件的地方建设产地低温直销配送中心。选择50个特色农产品优势县区开展全程建设试点。建立农产品仓储保鲜冷链物流技术指导和经营服务体系。支持农产品仓储保鲜冷链物流设施建设工程向脱贫地区新型经营主体倾斜
2021年2月22日	交通运输部	《交通运输部关于印发〈农村公路中长期发展纲要〉的通知》	发展畅通集约的农村物流服务体系，推动农村冷链物流发展，畅通农产品进城、农业生产资料和农民生活消费品下乡的物流服务体系，促进城乡物流网络均衡发展
2021年3月15日	农业农村部办公厅	《农业农村部办公厅关于印发〈农业生产"三品一标"提升行动实施方案〉的通知》	加快推进标准化生产，提升产地仓储保鲜冷链物流设施建设水平，延长供应时间，保证产品质量
2021年4月2日	中国银保监会办公厅	《中国银保监会办公厅关于2021年银行业保险业高质量服务乡村振兴的通知》	加大对农产品仓储保鲜冷链物流的金融支持
2021年4月8日	国家发展改革委	《国家发展改革委关于印发〈2021年新型城镇化和城乡融合发展重点任务〉的通知》	支持城郊承接城市专业市场和物流基地疏解，在县、乡、村合理布局冷链物流设施、配送投递设施和农贸市场网络，畅通农产品进城和工业品入乡通道

续表

时间	发文部门	文件名称	相关内容
2021年4月1日	交通运输部办公厅等8部门	《交通运输部办公厅 国家发展改革委办公厅 工业和信息化部办公厅 农业农村部办公厅 商务部办公厅 市场监管总局办公厅 国家邮政局办公厅 中华全国供销合作总社办公厅关于做好标准化物流周转箱推广应用有关工作的通知》	逐步健全物流周转箱等配套设施,满足物流周转箱仓储、装卸、维修、消毒以及预冷等各项服务需求,保障物流周转箱的清洁卫生,为标准化物流周转箱的推广应用提供有效支撑
2021年4月29日	国家发展改革委、工业和信息化部、财政部、人民银行	《关于做好2021年降成本重点工作的通知》	推进物流降本增效。持续降低铁路货运成本,完善交通物流基础设施,推进国家物流枢纽、国家骨干冷链物流基地、综合货运枢纽(物流园区)建设,完善港站枢纽集疏运体系。优化运输结构,大力推进多式联运
2021年4月30日	农业农村部、财政部	《农业农村部 财政部关于做好2021年农业生产发展等项目实施工作的通知》	持续安排农业生产发展资金加快推进农产品产地冷藏保鲜设施建设,实施区域为31个省(自治区、直辖市)、新疆生产建设兵团和广东省农垦局、北大荒农垦集团、中国融通农业发展集团,择优支持100个蔬菜、水果等产业重点县开展产地冷藏保鲜整县推进试点,采取"先建后补、以奖代补"的方式,按照不超过建设设施总造价的30%进行补贴,832个脱贫县放宽至40%,单个主体(不含农垦农场、中国融通农业发展集团)补贴规模最高不超过100万元
2021年5月10日	财政部办公厅、商务部办公厅	《关于进一步加强农产品供应链体系建设的通知》	打通农产品批发市场和干线流通"大动脉",完善"最初一公里""最后一公里"两端冷链设施"微循环"功能。通过农产品供应链体系建设资金采用以奖代补的方式,重点升级改造公益性农产品批发市场、发展农产品冷链物流、加强产地和零售两端流通基础设施建设;支持在产地就近建设改造集配中心、冷库、产地仓等设施,配备清洗、分拣、烘干、分级、包装等设备,增强产地商品化处理和错峰销售能力;鼓励农产品批发市场建设冷链加工配送中心和中央厨房,进一步增强农贸市场、菜市场、社区菜店的检验检测、冷藏保鲜、产品追溯能力;推动农产品冷链技术装备标准化,推广可循环标准化周转箱,促进农产品冷链各环节有序衔接

续表

时间	发文部门	文件名称	相关内容
2021年5月26日	农业农村部	《农业农村部关于加快农业全产业链培育发展的指导意见》	延伸产业链条，构建完整完备的农业全产业链，支持拓展农产品初加工，支持新型经营主体发展清洗分拣、烘干储藏、杀菌消毒、预冷保鲜、净菜鲜切、分级分割、产品包装等；鼓励龙头企业、新型经营主体和农户建设通风储藏库、机械冷库、超低温储运、气调储藏库等设施，提高农产品商品化处理和错峰销售能力。鼓励建设农产品产地市场、骨干冷链物流基地、区域物流中心、直销配送中心、电商交易中心，提升农产品产地集散分销能力。创新发展农商直供、预制菜肴、餐饮外卖、冷链配送、自营门店、商超专柜、团餐服务、在线销售、场景销售等业态，开发推广"原料基地＋中央厨房＋物流配送""中央厨房＋餐饮门店"等模式
2021年6月11日	商务部等17部门	《商务部等17部门关于加强县域商业体系建设促进农村消费的意见》	加强县域商业体系建设，增强农产品上行能力，加快补齐冷链设施短板，支持建设规模适度的产地冷藏保鲜设施，加强移动式冷库应用，发展产地低温直销配送中心。加强农产品批发市场冷链设施建设。引导生鲜电商、邮政、快递企业建设前置仓、分拨仓，配备冷藏和低温配送设备。推动农产品冷链技术装备标准化，推广可循环标准化周转箱，促进农产品冷链各环节有序衔接。科学布局农产品骨干冷链物流基地，提高冷链物流规模化、集约化、组织化、网络化水平
2021年6月7日	国家发展改革委	《国家发展改革委关于印发〈城乡冷链和国家物流枢纽建设中央预算内投资专项管理办法〉的通知》	将城乡冷链和国家物流枢纽建设纳入中央预算内投资项目，重点支持物流基础设施补短板项目、冷链物流设施项目和按照党中央、国务院决策部署需要支持的其他物流基础设施项目
2021年8月5日	农业农村部、国家发展改革委、财政部、生态环境部、商务部、银保监会	《农业农村部 国家发展改革委 财政部 生态环境部 商务部 银保监会关于促进生猪产业持续健康发展的意见》	持续推进生猪产业现代化，继续开展生猪屠宰标准化创建，鼓励和支持主产区生猪屠宰加工企业改造屠宰加工、冷链储藏和运输设施，推动主销区城市屠宰加工企业改造提升低温加工处理中心、冷链集配中心、冷鲜肉配送点，促进产销衔接
2021年8月6日	商务部等9部门	《商务部等9部门关于印发〈商贸物流高质量发展专项行动计划（2021—2025年）〉的通知》	加快推进冷链物流发展是构建高质量商贸物流体系的重要内容，加快布局建设一批国家骨干冷链物流基地，支持大型农产品批发市场、进出口口岸等建设改造冷冻冷藏仓储设施，推广应用移动冷库、恒温冷藏车、冷藏箱等新型冷链设施设备。改善末端冷链设施装备，提高城乡冷链设施网络覆盖水平。鼓励有条件的企业发展冷链物流智能监控与追溯平台，建立全程冷链配送系统

续表

时间	发文部门	文件名称	相关内容
2021年10月22日	农业农村部	《农业农村部关于促进农业产业化龙头企业做大做强的意见》	鼓励龙头企业完善配送及综合服务网络,推广"生鲜电商+冷链宅配""中央厨房+食材冷链配送"等新业态新模式
2021年11月17日	农业农村部	《农业农村部关于拓展农业多种功能 促进乡村产业高质量发展的指导意见》	支持农村电商完善农产品供应链,建设产地仓储保鲜冷链基础设施,完善信息追溯、线上批发和零售、县级集散配送中心、产地初加工服务等,提升农产品产地流通效率,完善网销农产品商品化处理、品控分拣、打包配送、统配统送等功能
2022年3月14日	交通运输部、公安部、商务部	《交通运输部 公安部 商务部关于印发〈城市绿色货运配送示范工程管理办法〉的通知》	加快推动城市货运配送体系绿色低碳发展,示范工程建设以加强城市货运配送枢纽设施规划建设、优化配送车辆通行管控政策、促进标准化新能源车辆更新升级、推动配送车辆规范管理、推进货运配送全链条信息交互共享、创新城市配送运输组织模式、完善体制机制和政策法规等为主要任务
2022年3月10日	国家发展改革委	《国家发展改革委关于印发〈2022年新型城镇化和城乡融合发展重点任务〉的通知》	推进城镇基础设施向乡村延伸,建设联结城乡的冷链物流、电商平台、农贸市场网络,建设重要农产品仓储设施和城乡冷链物流设施。推动城乡基础设施管护一体化
2022年1月24日	交通运输部、科学技术部	《交通运输部 科学技术部关于印发〈交通领域科技创新中长期发展规划纲要(2021—2035年)〉的通知》	加速推进人工智能、新材料、新能源、空天信息、海洋极地等领域前沿技术与交通运输深度融合,提升区域交通网络智能化协同管控水平,构建形成数字化、网络化、智能化、绿色化的综合交通运输系统。加快智慧物流技术研发应用,壮大供应链服务、冷链快递、高铁快运、双层集装箱运输、即时直递、无人机(车)物流递送等新业态、新模式。突破生物降解包装材料、邮件快件智能打包、冷链寄递包装、循环及共享包装等新材料新技术,推动运输服务绿色环保技术研发应用
2022年4月7日	交通运输部、国家铁路局、中国民用航空局、国家邮政局、中国国家铁路集团有限公司	《关于加快推进冷链物流运输高质量发展的实施意见》	重点加快完善枢纽港站、产销冷链运输等基础设施网络,推动技术装备创新升级,尤其是加快推进冷链运输工具专业化、冷链运载单元标准化、温控设施智能化发展,创新运输组织服务模式,同时健全完善运输监管体系和强化政策支持保障
2022年4月29日	交通运输部办公厅	《交通运输部办公厅关于开展冷藏集装箱港航服务提升行动的通知》	开展基于区块链和物联网等新兴技术的冷藏集装箱港航服务提升行动,提高冷藏集装箱港航服务品质

续表

时间	发文部门	文件名称	相关内容
2022年5月10日	财政部办公厅、商务部办公厅	《关于支持加快农产品供应链体系建设 进一步促进冷链物流发展的通知》	通过中央财政服务业发展资金(以下简称服务业资金)引导有关省(自治区、直辖市,以下统称省)统筹推进农产品供应链体系建设,抓住集散地和销地两个关键节点,进一步聚焦发展农产品冷链物流,提高农产品流通效率和现代化水平。主要支持集散地和销地农产品批发市场、加工配送中心及零售终端冷链,可适当支持农产品市场保供工作
2022年6月1日	农业农村部办公厅、财政部办公厅	《农业农村部办公厅 财政部办公厅关于做好2022年农产品产地冷藏保鲜设施建设工作的通知》	合理集中建设产地冷藏保鲜设施,深入开展产地冷藏保鲜整县推进,鼓励有条件的地方整合各方政策支持开展产地冷藏保鲜设施整市、整省推进。推动冷链物流服务网络向农村延伸,组织冷藏保鲜实用技术和运营管理培训,不断提升产地冷藏保鲜设施使用效益
2022年6月30日	财政部、交通运输部	《关于支持国家综合货运枢纽补链强链的通知》	自2022年起,用3年左右时间集中力量支持30个左右城市(含城市群中的城市)实施国家综合货运枢纽补链强链,引导带动不同类型的综合货运枢纽在基础设施及装备硬联通、规则标准及服务软联通、运营机制一体化等方面开展工作,鼓励开展冷链等专业化多式联运业务
2022年7月15日	农业农村部办公厅、国家乡村振兴局综合司、国家开发银行办公室、中国农业发展银行办公室	《农业农村部办公厅 国家乡村振兴局综合司 国家开发银行办公室 中国农业发展银行办公室关于推进政策性开发性金融支持农业农村基础设施建设的通知》	通过优先安排信贷规模、创新金融服务,引导金融资源向冷链物流体系倾斜,支持农产品仓储保鲜冷链物流设施建设,重点发展农产品产地冷藏保鲜设施,建设产地冷链集配中心和骨干冷链物流基地
2022年8月12日	科技部	《科技部关于支持建设新一代人工智能示范应用场景的通知》	启动支持建设新一代人工智能示范应用场景工作,智慧供应链是支持的首批示范应用场景,针对智能仓储、智能配送、冷链运输等关键环节,运用人机交互、物流机械臂控制、反向定制、需求预测与售后追踪等关键技术,优化场景驱动的智能供应链算法,构建智能、高效、协同的供应链体系,推进智能物流与供应链技术规模化落地应用,提升产品库存周转效率,降低物流成本
2022年11月1日	市场监管总局等18部门	《关于印发进一步提高产品、工程和服务质量行动方案(2022—2025年)的通知》	推动物流网络化一体化发展,加快城市配送绿色货运、冷链物流发展,完善农村物流服务体系,推广标准化、集装化、单元化物流装载器具和包装基础模数

续表

时间	发文部门	文件名称	相关内容
2023年2月13日	中国人民银行、交通运输部、中国银行保险监督管理委员会	《中国人民银行 交通运输部 中国银行保险监督管理委员会关于进一步做好交通物流领域金融支持与服务的通知》	优化交通物流专项再贷款政策安排,实施期限延长至2023年6月底,支持"两个"群体(道路货物运输个体工商户、个体货车司机)发放贷款,用于购置或置换经营车辆贷款、物流仓储设备设施购置租赁等相关合理用途
2023年2月3日	农业农村部	《农业农村部关于落实党中央国务院2023年全面推进乡村振兴重点工作部署的实施意见》	做大做强农产品加工流通业。深入实施农产品仓储保鲜冷链物流设施建设工程,支持家庭农场、农民合作社、农村集体经济组织等主体建设产地仓储保鲜设施,在重要流通节点建设产地冷链集配中心。推进国家级农产品产地市场建设,加强大型冷藏保鲜、仓储物流等保供公益性基础设施建设
2023年6月16日	中国人民银行、国家金融监督管理总局、证监会、财政部、农业农村部	《中国人民银行 国家金融监督管理总局 证监会 财政部 农业农村部关于金融支持全面推进乡村振兴 加快建设农业强国的指导意见》	加大现代设施农业和先进农机研发融资支持力度。创新金融产品和服务模式,加大对粮食烘干、设施农业生产、农产品产地冷藏、冷链物流设施、畜禽规模化养殖和屠宰加工、水稻集中育秧中心、蔬菜集约化育苗中心等领域金融支持力度。支持农产品加工流通业做大做强。加大对农产品加工产业园、农产品电商产业园、产地冷链集配中心、农业国际贸易高质量发展基地建设金融支持力度
2023年7月11日	农业农村部办公厅	《农业农村部办公厅关于继续做好农产品产地冷藏保鲜设施建设工作的通知》	加快补齐产地冷链物流设施短板,推动冷链物流服务网络向乡村下沉,合理建设通风储藏库、机械冷库、气调储藏库、预冷及配套设施设备等产地冷藏保鲜设施和商品化处理设施设备,不断提升设施综合利用效率,支持农村集体经济组织建设公共型冷藏保鲜设施,培育一批农产品产地流通主体,创新一批农产品冷链物流运营模式,增强农产品集散能力、品控能力、商品化处理能力,加强产地到销地直达冷链物流服务能力建设,提升供应链组织能力
2023年7月27日	商务部等9部门办公厅(室)	《商务部等9部门办公厅(室)关于印发〈县域商业三年行动计划(2023—2025年)〉的通知》	提出加强农产品流通体系建设,提高农产品冷链流通效率,加强跨区域农产品批发市场、干支线冷链物流、农产品仓储保鲜设施和产地冷链集配中心建设,提高农产品冷链流通效率,进一步降低流通损耗。支持标准果蔬周转箱(筐)等物流载具在冷链物流的全程应用,鼓励积极应用新能源城市配送冷藏车,促进农产品冷链各环节有序衔接和信息互联互通。鼓励第三方冷链物流企业发展,推广冷链云仓、共同配送、零担物流等模式,提高冷链资源综合利用率

资料来源:中华人民共和国中央人民政府网站。

1.2.2 重点支持方向解读

1.2.2.1 中央财政公共预算专项资金支持政策梳理

国家发展改革委、农业农村部、商务部、财政部、交通运输部等部门不断完善相关政策措施，统筹利用中央财政转移支付资金、预算内投资、补助资金等多渠道资金，持续加大产地冷藏保鲜、城乡冷链和国家物流枢纽、集配中心等环节冷链物流设施建设支持力度，加快完善国家骨干冷链物流基地布局，加强产销冷链集配中心建设，补齐两端冷链物流设施短板，加快形成高效衔接的三级冷链物流节点的"十四五"冷链物流发展规划目标。

国家发展改革委持续推进中央财政预算内直接投资支持国家骨干冷链物流网络建设。2020 年，发展改革委启动国家骨干冷链物流基地建设工作，重点在生鲜产品优势产区、集散地和大型消费市场布局建设一批国家骨干冷链物流基地，推动构建国家层面的骨干冷链物流基础设施网络，整合集聚冷链物流供需两端市场资源、存量设施资源，以及农产品流通、生产加工等上下游产业资源，提高冷链物流规模化、集约化、组织化、网络化水平。2021 年，国家发展改革委印发了《城乡冷链和国家物流枢纽建设中央预算内投资专项管理办法》，支持范围包括服务肉类屠宰加工及流通的冷链物流设施项目，公共冷库新建、改扩建、智能化改造及相关配套设施项目，国家骨干冷链物流基地内的公共性、基础性设施补短板项目（如公共物流信息平台和信息化提升项目）等。根据《国家发展改革委关于下达城乡冷链和国家物流枢纽建设项目 2022 年中央预算内投资计划的通知》2022 年下达城乡冷链和国家物流枢纽建设专项中央预算内投资 13.75 亿元，重点支持建设服务肉类屠宰加工及流通的冷链物流设施项目（不含屠宰加工线等生产设施），公共冷库新建、改扩建、智能化改造及相关配套设施项目，以及已纳入年度建设名单的国家物流枢纽、国家骨干冷链物流基地内的公共性、基础性设施补短板项目。

农业农村部高度重视农产品产地冷藏保鲜设施建设，自 2020 年启动实施农产品产地冷藏保鲜设施建设项目以来，农业农村部会同财政部通过农业生产发展资金，聚焦鲜活农产品产地"最先一公里"，支持新型农业经营主体等建设农产品产地冷藏保鲜设施。连续 3 年共安排中央财政资金 180 亿元，撬动社会资金投入 400 多亿元，全面推进农产品产地冷藏保鲜设施建设。2020～2021 年，在全国范围内支持 2.7 万个家庭农场、农民合作社、农村集体经济组织建设产地冷藏保鲜设施，新增冷藏保鲜能力 1200 万 t 以上。在实施区域上，2020 年项目建设重点在河北、山西、辽宁等 16 个省（自治区、直辖市）开展；2021 年项目建设扩大至 31 个省（自治区、直辖市）及新疆生产建设兵团、北大荒农垦集团有限公司、广东省农垦总局等，设施网络更加平衡，与产业匹配度更高；在此基础上，选择 100 个产业基础好、主体积极性高、政策支持力度大的蔬菜、水果等产业重点县，支持开展农产品产地冷藏保鲜整县推进试点，推动形成绿色、高效、全链条的农产品产地冷藏保鲜服务网络；2022 年持续提升整县推进建设水平，加大 2022 年整县推进建设力度，鼓励有条件的地方整合各方政策支持开展产地冷藏保鲜设施整市、整省推进。在建设内容上，2020 年重点支持建设通风储藏库、机械冷库和气调储藏库；2021 年进一步将预冷及配套设施设备纳入建设内容；2022 年进一步拓展农村冷链物流服务网络投资多元主体，建设内容增加优化田头集货、干支衔接运输和农村快递配送。在补贴范围上，2020 年主要围绕水果、蔬菜等生鲜产品，依托县级以上示范家庭农场和农民合作社示范社实施；2021年品种扩大至地方优势特色品种，实施主体增加农村集体经济组织，并支持多主体联合建设。在补助标准上，按照不超过建设设施总造价的30%进行补贴，单个主体补贴规模最高不超过100万元，具体补贴标准由地方制定；对每个农产品产地冷藏保鲜整县推进试点县给予重点奖补，原则上安排补助资金2000万元，具体由各地结合实际并根据规定的支持对象和补助标准确定。

商务部聚焦商贸领域物流基础设施建设，持续安排财政资金，完善城乡物流配送网络，不断提升商贸物流标准化、信息化和智慧化水平。2016~2017年，商务部会同财政部安排中央财政资金发展冷链物流。支持宁夏、新疆等10个省（自治区、直辖市）推进产地预冷集配、仓储配送等设施建设，全面提升冷链物流信息化、标准化水平。2018年，商务部会同中国农业发展银行开展流通领域重点合作项目推荐工作，支持农产品冷链流通标准化试点企业和试点城市建设冷链物流项目，带动社会资金投入。2019~2020年，会同财政部支持内蒙古、广西等15个省（自治区、直辖市）开展农商互联，完善农产品供应链建设。将发展农产品冷链物流作为重点方向，推动建立覆盖农产品加工、运输、储存、销售等环节的全程冷链物流体系。2021~2022年，商务部会同财政部支持辽宁等10个省（自治区、直辖市）进一步加强农产品供应链体系建设，完善流通骨干网络，支持农产品流通企业建设规模适度的预冷、储藏保鲜等设施。2022年，支持湖南等7个省（自治区、直辖市）加强冷链物流设施建设，重点支持农产品批发市场冷链流通基础设施改造升级，鼓励建设公共冷库、中央厨房等设施，增强流通主渠道冷链服务能力。发挥政策性金融支持作用。2021年，《商务部 中国银行关于支持冷链物流发展的通知》《商务部 中国建设银行关于加强金融支持 促进商贸物流高质量发展的通知》提出，2021~2023年，中国银行、中国建设银行将提供4000亿元的专项融资额度支持商贸物流企业项目，并将冷链物流作为重点支持方向之一。截至目前，已推动支持冷链物流项目48个，提供信贷支持46.5亿元，具体项目包括冷库、中央厨房、冻品批发市场、冷链物流车队等。

商务部利用外经贸发展专项资金加大对外贸的扶持力度，促进外贸稳中提质。根据《国务院办公厅关于进一步做好稳外贸稳外资工作的意见》，将进一步扩大对中小微外贸企业出口信贷投放。更好发挥金融支持作用，缓解融资难、融资贵问题。充分利用外经贸发展专项资金、服务贸易创新发展引导基金等现有渠道，支持跨境电商平台、跨境物流发展和海外仓建设等。鼓励进出口银行、中国出口信用保险公司等各类金融机构在风险可控前提下积极支持海外仓建设。2021年，《财政部 商务部关于2021年度外经贸发展专项资金重点工作的通知》提出，加快构建外向型产业布局，引导有实力的企业建设海外仓、健全国际营销、改善边贸仓储物流条件；提升对外投资服务质量，引导境外合作区加快提质升级。

1.2.2.2 冷链物流行业相关配套措施梳理

支持发展绿色冷链运输。2017~2022年，交通运输部、公安部、商务部持续开展城市绿色货运配送示范工程创建工作，共同实施城乡高效配送专项行动，重点加强城市货运配送枢纽设施规划建设、优化配送车辆通行管控政策、促进标准化新能源车辆更新升级、推动配送车辆规范管理、推进货运配送全链条信息交互共享、创新城市配送运输组织模式。截至2022年，已开展两批共46个示范工程创建，命名16个城市为"绿色货运配送示范城市",为城市绿色货运配送发展提供了借鉴。2017～2021年,商务部会同公安部、交通运输部、国家邮政局、中华全国供销合作总社等部门共同实施城乡高效配送专项行动,引导各地简化货车通行审批程序、合理设置城市货车停靠装卸等配套措施,推动城乡配送车辆便利通行。2022年,商务部等5部门印发城乡高效配送典型经验和创新模式,宣传推广相关城市优化配送车辆通行管理政策、新建改造停靠装卸设施设备等典型经验,引导优化包括冷链车辆在内的良好通行环境。交通运输部等5部门联合发布了《关于加快推进冷链物流运输高质量发展的实施意见》,重点加快完善枢纽港站、产销冷链运输等基础设施网络,推动技术装备创新升级,尤其是加快推进冷链运输工具专业化、冷链运载单元标准化、温控设施智能化发展,创新运输组织服务模式,同时健全完善运输监管体系和强化政策支持。

培育商贸物流骨干企业。2021年,商务部等9部门印发《商贸物流高质量发展专项行动计划（2021—2025年）》,将加快推进冷链物流发展作为重点任务之一,提出保障商贸物流基础设施用地等措施。着力培育商贸物流骨干企业,不断提升企业的核心竞争力、品牌影响力和专业服务水平。

加快推动冷链流通体系标准化信息化建设。商务部会同国家标准委启动了农产品冷链流通标准化试点示范工作,重点围绕肉类、水产、果蔬等生鲜产品,确定了产品冷链流通标准化试点企业和试点城市,引导试点企业和试点城市对照条件和指标进行示范达标创建。2021年,《农业农村部关于开展现代农业全产业链标准化试点工作的通知》将加工冷链、储运保鲜等相关标准纳入标准综合体。国家质量监督检验检疫总局发布了《冷链物流信息管理要求》等40项国家标准,交通运输部发布了《道路冷链运输服务规则》等行业标准,国家邮政局发布了《冷链寄递保温箱技术要求》等行业标准。

建立"电子商务进农村综合示范"项目,持续鼓励发展农村物流共同配送,加快构建农村冷链寄递体系。2014年以来,商务部会同财政部、原国务院扶贫办开展电子商务进农村综合示范（以下简称综合示范）,在全国选取农村电子商务示范县,提高农村网络交易额、农产品网络零售额等,推动农村电商深入发展,支持建设完善县乡村三级物流体系,支持建设和改造县级物流配送中心,提高物流配送自动化和信息化水平。2021年,《国务院办公厅关于加快农村寄递物流体系建设的意见》进一步畅通农村生产、消费循环,逐步建立覆盖生产流通各环节的冷链寄递物流体系,提升末端冷链仓储配送能力,提升农产品流通效率和效益。截至2020年底,综合示范累计支持1338个县,示范地区建设县级电商公共服务中心和物流配送中心2120个,村级电商服务站点约13.7万个,示范地区快递乡镇覆盖率近100%。

增加城市中转冷库建设用地规划。2021年,《自然资源部 国家发展改革委 农业农村部关于保障和规范农村一二三产业融合发展用地的通知》按照产业多样性,增强供地方式灵活性,并在混合型产业用地范围、用地空间布局、初加工用地、存量增量用地等方面有突破,明确了农产品加工流通等农村一二三产业融合用地范围及土地用途,提出可根据休闲观光等产业特点和地方实际探索供地新方式。

1.3 中国冷链产业发展形势展望

"十四五"时期，中国城乡冷链基础设施将更趋完善，城乡冷链一体化、商业体系一体化加快推进，冷链物流服务农产品出村进城、调节错季供需、支撑农业产业化的能力和效率显著提高。随着国家冷链物流骨干基地和国家物流枢纽建设推进，国家骨干冷链物流网络建设将加快形成，城乡产销集配中心和供需两端冷链物流"微循环"设施服务功能不断完善。以龙头企业为支撑的冷链物流市场集中度将进一步提高，市场竞争更多表现为冷链物流技术装备升级和专业化服务提升等主要特征。

1.3.1 产地冷链发展形势分析

从物流功能方面来看，产地冷藏保鲜设施主要服务于生鲜果蔬的冷藏保鲜、流通加工等。从农产品供应链角度来看，产地冷库不仅仅发挥集中上市时的冷藏保鲜功能，更重要的是通过与产地批发市场、农产品电商、加工物流园等业态融合发展，真正建立起稳定的产销衔接关系，助力地区特色农产品品牌塑造，拓宽优质特色农产品上行渠道。

近年来，我国产地冷藏保鲜和商品化处理能力不断提升，较好地发挥了促进农产品上行、稳定农产品供需、提高农产品附加值、带动农民增收的作用。在政府、市场主体和农民的合力推动下，我国产地冷藏保鲜设施正不断形成科学投资运营的良好局面。

产地冷藏保鲜设施规模预计将持续增长。政策加码推动产地冷链设施建设水平。随着政府多部门联合推动产地冷藏保鲜设施建设的不断推进，县域商贸物流的逐步完善，以及冷链物流服务不断向乡村延伸，政策和资金支持将不断推动我国产地冷藏保鲜设施的规模增长和装备技术升级。冷链物流在推动农村经济发展和助力乡村振兴方面发挥重要作用，农户将有更多机会分享供应链增值收益，农户、合作社和流通企业兴建冷库的积极性更高。

产地冷藏保鲜设施的功能将随着农产品流通业态创新更加多元。农产品线上直销比例在不断增加，线上线下相结合的新零售、新媒体等农产品电子商务发展迅速，供应商直接配送、社会化配送以及共同配送等新型农产品流通模式层出不穷，农产品网络零售规模持续增长，产地电商集配中心、寄递物流、分拨仓、中央厨房等设施建设将加快推进。

产地冷库运营水平不断提高。家庭农场、农民合作社、农村集体经济组织等农业经营主体加快参与农产品产地冷藏保鲜设施建设，农产品预冷、商品化、分拣包装等功能不断完善，农产品流通效率显著提升，产区择期错季销售能力显著提高，有效提高了农民的市场议价能力。同时，邮政快递、供销合作社、电子商务、商贸流通等市场主体不断提高产地冷藏保鲜设施的规模化、标准化经营水平，加快形成合作联营、成网配套的发展模式。例如，寿光市已经形成了以两大综合市场为龙头，1356处村头地边市场为基础的农产品产地冷藏保鲜设施体系。

1.3.2 销地冷链发展形势分析

销地冷库主要服务于批发和零售业务中的批零交易、区域分拨、流通加工、城市配送等。因此，销地冷链设施可以分为服务交易的批发市场和零售终端冷链设施，以及零售企业的区域分拨中心、前置仓和城市配送中心等环节冷链设施。

城市居民消费需求增长是拉动销地冷链设施加快建设的主要驱动力。持续城镇化进程带动城市人口增长、农村劳动力减少、农业机械化水平提高，城市农产品需求增长将带动销地环节冷链物流规模持续增长。随着中高收入消费者群体的快速增长和消费升级的不断推进，进一步扩大内需将持续拉动销地冷链物流市场增长空间。

现代农产品流通格局是加速销地冷链设施转型升级的主要推动力。我国食品行业消费端的加速整合，倒逼农产品供应端进而带动整体农产品流通格局的再造。一方面，零售业态嬗变，生鲜新零售、直播带货、数商兴农等新的流通模式快速发展，服务终端消费的城市分拨服务中心、前置仓、终端自提柜等装备设施将加快完善升级；另一方面，作为农产品流通骨干网的农产品批发市场集团化和品牌化发展趋势显著，物流要素加速向枢纽聚集，以平台整合、供应链融合为特征的新业态、新模式加快发展，骨干农产品批发市场将持续完善其仓储保鲜、城市冷链配送和流通加工等功能。农产品流通格局呈现运距拉长、反季节、跨区域的特点，且消费者对高品质、精细化、个性化的冷链物流服务需求日益增长。

销地冷链物流企业发展供应链一体化的意识更强。农业产业化和冷链供应链的创新发展使得不同业态融合发展，新型农业产业化联合体、农产品批发市场、新型生鲜零售、冷链物流企业等加快尝试跨界经营，业务体系的一体化成为冷链物流发展的主要趋势，第三方物流、电商物流、快递物流、物流地产已逐步发展为销地冷链设施网络化、规模化的运营主力。供应商、农产品流通企业、冷链物流企业等市场主体的一体化和网络化运营模式，也使得冷链服务由简单提高冷链物流周转效率转变为供应链一体化数字服务。以顺丰、京东、荣庆物流、万纬冷链为代表的企业均在迅速完善全国冷链设施网络的前提下，为上下游客户提供供应链一体化数字服务。

销地冷链设施更加高效低碳。随着我国"双碳"目标的提出和城市绿色货运配送示范工程不断推进，目前各地都在加快形成"集约、高效、绿色、智能"的城市货运配送服务体系。第三方冷链物流企业在交通枢纽和物流节点积极布局衔接干支型分拨中心、公共配送中心、末端共同配送站等新型城市配送物流基础设施，提高城乡冷链物流服务能力，同时加快推进物联网、数字技术、卫星系统等新兴技术应用，有效支撑城乡冷链物流信息服务平台建设。在绿色低碳方面，城市冷链配送环节新能源车辆购置和充电桩配置市场占比不断提高，部分冷链物流企业为减轻用电成本，利用冷库屋面布局分布式光伏发电，加快推进非石化能源利用水平。

1.3.3 港口冷链发展形势分析

水路运输是我国农产品进出口的主要交通方式，因此港口冷链是农产品进出口环节的设施主体。港口冷链设施主要服务农产品进口、出口、贸易加工等环节的仓储、查验、集装运输等，多分布于大型港口，如天津港、上海港、深圳港、宁波港的冷链物流发展较快，规模优势显著。

港口区域发展不均衡问题一定程度上制约着我国跨境农产品贸易的高质量发展。我国仍需不断强化海运港口、内河港口、货运机场、内陆港的货物通关报关、检验检疫、保税加工、中转集配、冷链仓储等功能，大部分港口冷链设施建设水平仍相对较低。港口冷链物流业务需加快经营模式创新，例如开展港口来料加工，实现查验仓储加工一体化，减少生产流通物流成本；延伸腹地贸易功能，提高内陆跨境贸易冷链服务能力；鼓励冷链物流企业依托供应链金融开展服务农产品进出口贸易的金融信贷、贸易代理、出口保险和外汇结算等增值服务。

"十四五"时期，我国将加快智慧港口建设。随着航运能力的不断恢复，海运集装箱从紧缺到拥堵，表现为港口冷链集装箱周转能力与港航货运能力不相匹配，要求加快提升港口的智能化、自动化、信息化管理水平，港口的智能化和信息化运营已成为港口提升竞争力的关键。同时人工智能、大数据、物联网、5G、自动驾驶等技术的成熟应用，也为港口自动化、智能化升级提供了重要支撑。

我国加快发展多式联运，优化调整运输结构，未来服务干线冷链运输的铁路和水路货运量将持续增长，将大大支撑港口冷链物流业务增长。亚欧陆路冷链物流通道、西部陆海新通道、泛亚铁路、"一带一路"等国际铁路联运、海铁联运新兴业务将不断拓展，国际航运、中欧班列、内贸航运的货运规模将加快增长。且随着我国对外开放的不断深化，对跨境冷链物流全程服务能力提出了更高要求，尤其要加快提升主要港口的跨境航线开辟能力、港航服务能力、水铁公空接驳能力、港口冷链设施服务能力和集疏运换装能力等。

（本章撰稿人：温晓辉、姜宇鹏、代冰琳、李婧、张志芳、邢艳辉、石斌、刘昌、杨双超、刘一凝）

第 2 章　山东省冷链产业发展情况

2.1　山东省冷链产业环境

山东省地处我国东部沿海，是我国传统的农业大省，有着得天独厚的农业资源和良好的农业发展基础。山东省用占全国6%的耕地和1%的淡水，生产了全国8%的粮食、11%的水果、12%的蔬菜、13%的水产品，是全国重要的农产品加工出口基地和我国北方著名的名优农产品生产基地。作为农业大省，山东省蔬菜产量连续20年稳居全国第一，被誉为"世界三大菜园"之一，蔬菜商品规格、加工出口等各个方面也处于全国领先位置。特别是北部沿海的寿光市是全国最大的设施蔬菜生产基地，被誉为"中国蔬菜之乡"和"中国一号菜园子"，其蔬菜产量占全国的1/4，产品销往国内300多个大中城市和美国、日本等27个国家和地区。烟台苹果、莱阳梨等水果在全国均有较高的知名度，山东因此被誉为中国的渤海粮仓、菜园子和果篮子。同时，在农产品流通方面，山东省因地处黄河下游，京杭大运河的中北段，是"丝绸之路经济带"和"21世纪海上丝绸之路"交会区域，得天独厚的地理优势和便利的交通条件为农产品出口贸易发展奠定了基础。山东省规模以上农产品加工企业近万家，占全国的1/10，是我国最大的农产品生产、加工和外贸省份，农产品出口遍布世界150多个国家和地区，农产品出口额23年蝉联全国第一，占全国农产品出口总值的20%。其中，水产品、蔬菜及食用菌、苹果为主要出口产品，出口值分别占到全国同类产品出口值的22.9%、35%和61.1%。山东省出口的农产品中，深加工产品比例达到47.7%。从全省农业品牌建设来看，山东拥有地理标志农产品351个，占全国的1/10；拥有全省"三品一标"产品达1.2万个；培育烟台苹果、金乡大蒜等省知名农产品区域公用品牌81个以及龙大、鲁花等企业产品、品牌700个；肥城桃、乳山牡蛎等8个品牌入选2022年国家农业品牌精品培育计划，数量居全国首位。2021年，山东省农产品物流总额8908.7亿元，同比增长11.4%，占全国的17.80%。2021年，全省农产品冷链物流需求量3937万t，稳居全国第一，农产品冷链物流需求量保持增速稳步提升，冷链物流产业前景广阔。

2.1.1　山东省农产品生产环境

2.1.1.1　生鲜产品生产概况

作为我国的农业大省，山东省生鲜产品产量常年稳居全国首位。山东是我国北方地区水果和粮食的主要生产基地，其农业总产值、农业增加值，蔬果、肉蛋奶、水产品的产量位居全国第一，形成了寿光蔬菜、沿黄肉牛等一批千亿级、五百亿级产业集群。图2-1给出了2017~2021年山东省生鲜产品产量及变化情况，2021年，山东生鲜产品总产量达14217.43万t，同比增长4.43%，占全国生鲜产品总产量的10%。8个品牌入选国家农业品牌精品培育计划，占总数的1/10以上。

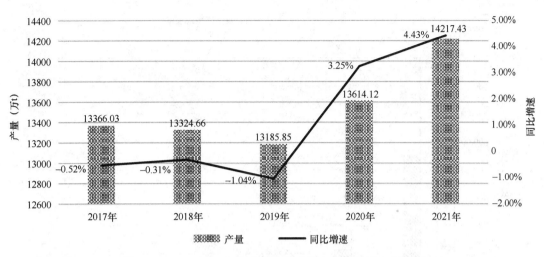

图 2-1　2017～2021 年山东省主要生鲜产品产量及变化情况

从图 2-1 可以看出，山东省生鲜产品总产量总体保持持续增长态势。2019 年因台风和旱情影响，山东省生鲜产品产量出现一定波动，生鲜产品产量出现较大幅度下降，减产超过 9.7%。此后年份产量稳步增长。

根据山东省统计公报数据（表 2-1），2021 年全年山东省蔬菜产量 8801.07 万 t，同比增长约 4.34%，稳居全国首位。水果产量 3032.59 万 t，同比增长约 3.19%。肉类产量 819.26 万 t，同比增长约 12.53%；禽蛋产量（不含小品种）455.44 万 t，同比下降约 5.29%；奶类产量 288.37 万 t，同比增长约 19.46%。水产品总产量（不含远洋渔业产量）820.70 万 t，同比增长约 3.86%；其中海水产品产量 706.60 万 t，同比增长约 0.99%；淡水产品产量 114.10 万 t，同比增长约 2.87%。

2017～2021 年山东省主要生鲜产品生产情况（单位：万 t）　　　表 2-1

产品	2017 年	2018 年	2019 年	2020 年	2021 年	同比增速
肉类	866.01	854.70	704.02	728.02	819.26	12.53%
水产品	881.40	816.60	781.90	790.20	820.70	3.86%
奶类	231.32	225.10	228.00	241.40	288.37	19.46%
禽蛋	449.30	447.44	450.63	480.90	455.44	−5.29%
蔬菜	8133.7	8192.02	8181.10	8434.70	8801.07	4.34%
水果	2804.3	2788.80	2840.20	2938.90	3032.59	3.19%

数据来源：山东省统计局。

2021 年山东省主要生鲜产品人均占有量约为 1397.58kg，高于全国平均水平（923.65kg），其中蔬菜、水果、肉类、禽蛋、奶类、水产品人均占有量高于全国平均水平（图 2-2）。蔬菜人均占有量 865.38kg，水果人均占有量 298.13kg，肉类人均占有量 80.14kg，禽蛋人均占有量 44.90kg，奶类人均占有量 28.34kg，水产品人均占有量 80.69kg。其中，蔬菜、水果和水产品人均占有量均明显高于全国平均水平。

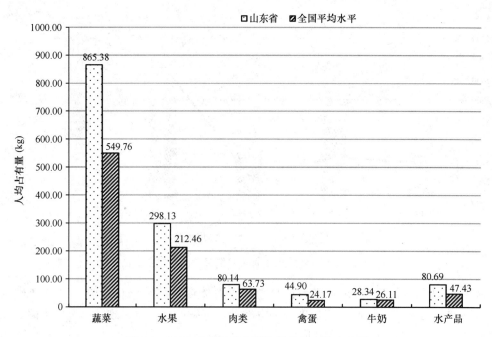

图 2-2 2021年山东省主要生鲜产品人均占有量

2.1.1.2 生鲜产品分布情况

山东省作为全国蔬菜种植强省，2021年蔬菜产量8801.00万t，产区主要分布在济宁、淄博、潍坊、莱芜、青岛等鲁中和山东半岛地区。山东省作为我国的水果大省，园林水果产量1913.85万t，产区主要集中在烟台、青岛、滨州等地，其中苹果总产量953.63万t，产区主要集中在烟台、威海和淄博；梨总产量111.09万t，产区主要集中在烟台、莱阳和滨州。2021年肉类总产量819.19万t，产区主要集中在潍坊和临沂部分地区，其中猪肉产区主要集中在潍坊、烟台、临沂和德州等地区；禽蛋总产量455.55万t，产区主要集中在临沂、聊城和烟台。2021年水产品总产量820.59万t，产区主要集中在威海、烟台和青岛（表2-2）。

2021年山东省主要生鲜产品分布情况（单位：万t）　　表2-2

地区	蔬菜	水果	肉类	奶类	禽蛋	水产品
济南市	691.76	112.43	27.36	42.10	30.51	1.41
青岛市	661.77	119.83	50.55	33.25	29.01	101.26
淄博市	194.96	102.49	14.93	13.39	13.06	1.97
枣庄市	548.01	45.49	16.50	3.18	9.47	6.83
东营市	77.29	27.00	29.55	37.60	6.13	51.05
烟台市	245.13	771.14	71.98	15.32	22.56	180.09
潍坊市	1306.56	343.58	114.56	19.15	38.19	49.05
济宁市	754.01	133.63	46.40	13.87	40.26	27.57
泰安市	569.35	66.15	31.36	25.26	14.50	8.39
威海市	98.13	132.20	18.40	4.14	18.88	261.38
日照市	116.05	56.16	27.07	6.58	14.95	45.61
临沂市	825.43	407.24	109.64	12.85	45.20	12.33

续表

地区	蔬菜	水果	肉类	奶类	禽蛋	水产品
德州市	652.79	59.24	67.85	26.56	48.34	6.04
聊城市	912.36	142.19	65.43	8.08	53.07	6.16
滨州市	175.24	148.86	56.50	8.94	25.81	53.01
菏泽市	972.23	354.97	71.18	18.11	46.72	8.54

数据来源：山东省统计局。

2.1.1.3 生鲜产品生产情况分析

2017~2022年，山东省主要生鲜产品总产量均保持在12000万t上下，总体呈波动式稳定增长趋势（图2-3）。2019年受猪瘟的影响，肉类产能下降，导致生鲜产品总量降为12700万t，2021年猪的产能回升，生鲜产品总产量超过14000万t。分品类看，山东省蔬菜总产量均保持稳定增长，年产量连续7年突破8000万t，特别是在2021年前后呈现爆发式增长，蔬菜总产量接近9000万t。2022年，山东省蔬菜播种面积346.0万亩，比上年增加21.6万亩，增长6.7%。2017~2022年肉类总产量呈波动性增长态势，2019年受非洲猪瘟影响，猪肉总产量跌破700万t，产量下降17.75%。2021年肉类总产能恢复至819.26万t。水产品总产量在2018~2019年呈波动性下降趋势，2020年开始触底反弹，2021年产量达到820.7万t。水果生产总体保持稳定增长趋势，总产量在2018年受自然灾害影响产量呈下降态势，在2019年后产量得到恢复，2021年水果产量增长到3032.58万t。

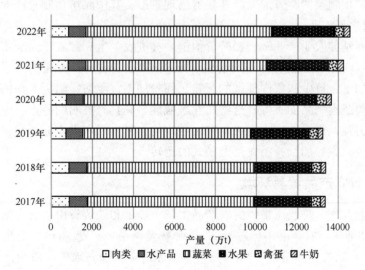

图2-3 2017~2022年山东省主要生鲜产品生产趋势分析

2.1.2 山东省农产品加工环境

农产品深加工、精加工是山东农业经济领域的重要增长点，2021年山东省规模以上农产品加工企业8853家，较2020年增加1216家，居全国首位，占全国的1/10，主要分布在潍坊、烟台、淄博、德州、临沂、济南等城市。2021年，山东省农产品加工实现营业收入1.89万亿元，居全国之首。山东省1504家粮油加工企业完成工业总产值突破5000亿元，粮食深加工生产规模占全国的1/8以上，稳居全国首位。山东现有面点相关企业4.87万家，位列全国第一。山东省屠宰企业年营业收入超过2200亿元，年产生鲜肉达到1775万t，占全国产量的30%（特别是禽肉类，占到全国产量的47%）。山东省生产的生鲜肉有一半以上销往江苏、浙江、上海等长三角地区。从屠宰企业分布看，区域化集中的特征比较明显，临沂、潍坊、聊城、滨州、德州、菏泽六市，屠宰产量分别占全省的25.4%、15.6%、11.8%、9.6%、7.1%、6.8%，总占比达到76.3%。已形成以金锣、得利斯、龙大、烟台福祖、青岛万福为代表的一批生猪屠宰加工企业，实现了从祖代繁育到商品代的规模化、标准化养殖，屠宰、分割、调理肉制品及熟肉制品加工全过程机械化、自动化、智能化。以山东阳信广富畜产品有限公司（鸿安集团）为代表的清真肉牛养殖、屠宰加工产业，形成地域性的产业集群，有力带动了当地一大批中小企业的发展，特别是"鸿安"牌清真牛肉产品，在省内外享有良好口碑，深受广大消费者喜爱；以青岛康大、山东海达、菏泽富仕达等为代表的一批肉兔屠宰加工企业在国内外市场广受消费者好评。

山东省培育农业产业化市级及以上重点龙头企业6357家，其中国家级重点龙头企业130家、省级重点龙头企业1003家、市级重点龙头企业5224家。市级及以上重点龙头企业年营业收入达到14226亿元，同比增长7.7%，其中年销售收入过1亿元的企业1756家、过10亿元的龙头企业229家、过100亿元的大型农业龙头企业11家。山东作为国内预制菜企业最多的省份，预制菜产业主要在潍坊、淄博、临沂、济南、德州、泰安、烟台等地布局谋篇，预制菜"雁阵形"产业集群已现雏形。其中潍坊预制菜产业集群数量为山东16个地级市之最。

山东省不断延伸农业产业链、提升价值链，推进农业生产和农产品加工深度融合，引导和带动全省农产品加工业的特色区域性布局。如烟台、青岛产业带的水果加工、水产品加工、葡萄酒加工，鲁中和鲁南地区的淀粉、面粉加工，潍坊、临沂等地的新鲜蔬菜和脱水蔬菜加工、肉及肉制品加工等，这些产业区域性布局具有鲜明的特点：一是产品特色突出，市场竞争力强，规模效应大。二是在区域内的原料生产和供应能够得到最大限度的保障，有利于"产、供、加"一条龙产业模式的运转。

2.1.3 山东省农产品贸易环境

山东是农业大省，是我国最大的农产品生产、加工和外贸省份，农产品出口遍布世界150多个国家和地区，农产品出口总额23年蝉联全国第一。2022年，山东省全年出口农产品1394亿元，较前一年增长了12.6%，继续保持全国领先地位，占全国农产品出口总值的21.3%。其中，出口水产品344.3亿元，出口蔬菜及食用菌290.4亿元，出口干、鲜水果及坚果88.2亿元，三者合计占出口总值的54%。主要出口日本、东盟、欧盟、韩国和美国等。

2.1.3.1 农产品国内贸易情况

2022年，山东省亿元以上生鲜产品交易市场统计见表2-3，全年交易额2725.7亿元，交易产品主要以蔬菜和水产品为主。其中，水产品类批发市场全年成交额841.3亿元，占比30.87%；蔬菜类批发市场全年成交额904.4亿元，占比33.18%；肉禽蛋类批发市场全年成交额347.9亿元，占比12.76%；干鲜果品类批发市场全年交易成交额632.1亿元，占比23.19%。

2022年山东省亿元以上生鲜产品交易市场统计表　　　　表2-3

类别	市场出租摊位数（个）	全年成交额（亿元）	占比（%）
肉禽蛋类	8619	347.9	12.76
水产品类	18678	841.3	30.87
蔬菜类	35950	904.4	33.18
干、鲜果品类	19303	632.1	23.19
合计	82550	2725.7	100

数据来源：山东省统计局。

山东省主要农产品交易市场具有规模大、数量多、交易体量大、交易金额大的特点，是山东省乃至全国农产品供销网络的重要环节，承担着促进地区及周边农产品销售，满足居民消费需求的重要功能。其中，济南市专业农产品交易市场以少量本地农产品加大量外地产品为主，形成以维尔康市场、堤口市场、七里堡市场、海鲜大市场等为主的区域辐射中心，属于销地型市场。潍坊市专业农产品交易市场以蔬菜为主，以寿光农产品流通园和渤海水产城为锚点，形成"买全国、卖全国"的蔬菜中转型市场和冻品中转型市场。淄博市专业农产品交易市场以水果为主，接收全国市场的水果，形成辐射山东的水果中转型市场。东营市专业农产品交易市场依托山东省内一级市场供应，服务本地，属于销地型市场。德州市专业农产品交易市场以冻品为主，与厂家合作，服务本地，属于销地型市场。

2.1.3.2　农产品国际贸易情况

2022年山东省主要生鲜产品进出口情况见表2-4。2022年山东省主要生鲜产品进出口总额达2968.7亿元，其中进口额1574.7亿元，同比增长11.20%；出口额1394.0亿元，同比增长12.60%，占全国总出口额的21.3%。在猪肉进出口贸易方面，2022年前11个月因国内市场供给充足，进口猪肉需求减少，山东省进口猪肉及杂碎43.4万t，同比减少50.5%；价值64.3亿元，下降57.3%。在水产品进出口贸易方面，2022年前三季度进出口175万t，同比增长20.6%，恢复至2019年同期的98.1%，价值451.3亿元，增长32.6%。其中，出口70.7万t，同比增长7.5%，进口104.4万t，同比增长31.4%，出口、进口量增速分别较全国高6.4%和10.1%。

2022年山东省主要生鲜产品进出口情况　　　　表2-4

项目	进口额（亿元）	同比增速（%）	出口额（亿元）	同比增速
肉类（包含杂碎）	349.5	−2.50%	—	—
水产品	298.2	50.30%	344.3	20.40%
蔬菜及食用菌	—	—	290.4	5.20%
总计	1574.7	11.20%	1394.0	12.60%

数据来源：山东省济南海关和青岛海关。

2.1.4　山东省居民消费情况

2016～2022年，山东省常住人口年均增速为0.30%，生鲜产品人均消费增速为

0.67%。2021 年，山东省常住人口约 10170 万人，生鲜产品人均消费量 268.6kg，消费总量 2731.66 万 t（表 2-5）。经测算，到 2025 年，山东省常住人口将达到 10229.82 万人，生鲜产品人均消费量约 277.3kg，总消费规模达 2836.73 万 t。2025 年和 2023 年山东省居民生鲜产品分类消费测算详见表 2-6。

2025 年、2030 年山东省居民生鲜产品消费规模测算　　表 2-5

年份	人口规模（万人）	人均消费量（kg）	消费总量（万 t）
2016 年	9973	268.2	2674.76
2017 年	10033	263.4	2642.69
2018 年	10077	268.2	2702.65
2019 年	10106	272.6	2754.89
2020 年	10165	280.4	2850.27
2021 年	10170	268.6	2731.66
2022 年	10152	278.5	2827.33
2025 年	10229.82	277.3	2836.73
2030 年	10334.50	289.7	2993.90

数据来源：山东省统计局。

2025 年、2030 年山东省居民主要生鲜产品分类消费测算　　表 2-6

品类	2025 年		2030 年	
	人均消费量（kg）	消费总量（万 t）	人均消费量（kg）	消费总量（万 t）
水果	85.8	877.72	87.6	905.30
蔬菜	103.4	1057.76	106.7	1102.69
禽蛋	20.6	210.73	20.6	212.89
奶类	20.4	208.69	21.5	222.19
肉类	31.5	322.24	35.8	369.98
水产品	15.6	159.59	17.5	180.85
合计	277.3	2836.73	289.7	2993.90

2.2　山东省冷链政策环境

近年来，山东省为推动农产品流通和冷链产业发展，发布了多项相关政策和规划措施，推动山东省农产品生产、加工、贸易和相关农产品流通及冷链物流业的发展。

2.2.1　山东省农产品生产政策

近年来，山东省出台了多项政策支持农产品生产和一二三产业融合，支持乡村振兴。在乡村产业融合方面，山东省农业农村厅印发了《山东省推进农业全产业链高质量发展五年行动方案》，推进新一代信息技术与农业生产经营深度融合。在乡村产业创新方面，发布了《山东省种业振兴行动实施方案》，强化省级现代农业产业技术体系建设，推进农业科技技术进步。在乡村振兴方面，出台了《中共山东省委　山东省人民政府关于做好2023年全面推进乡村振兴重点工作的实施意见》，强调要进一步保障粮食和重要农产品稳定安全供给，构建多元化食物体系，加强农业基础设施建设，同时保障重要农产品流通设施体系的完善，分级分类地建设产地冷链集配中心，强化产地仓储服务，提升设施农业发展水平。

2.2.2　山东省农产品加工政策

为加快农产品加工业的发展，加强农产品加工业集聚水平，山东省发布多项政策。在食品加工方面，《山东省人民政府办公厅关于加快食品产业高质量发展若干措施的通知》鼓励支持食品产业提高产业集中度，提升品牌影响力，深度融入全球食品产业链，赋能食品产业高质量发展；在预制菜产业方面，《山东省人民政府办公厅关于推进全省预制菜产业高质量发展的意见》提出要培育壮大预制菜加工企业，推动山东省预制菜产业高质量发展。

2.2.3　山东省农产品贸易政策

在农产品贸易方面，山东省人民政府印发《落实〈区域全面经济伙伴关系协定〉先期行动计划》，提出打造面向全国的日韩进口乳品、肉类、水产品等冷链集散中心；《山东省人民政府办公厅关于潍坊国家农业开放发展综合试验区建设的实施意见》提出设立国际冷链物流平台，支持开拓冷链班列市场，打通中国面向东亚、东南亚、西亚和欧洲的冷链物流通道，促进与"一带一路"建设国家的贸易往来。

2.2.4　山东省农产品消费政策

为促进消费提质扩容，山东省政府采取了"政策＋活动"的双轮驱动模式，促进经济发展，带动居民消费。2023年1月，山东省商务厅、山东省发展改革委、山东省财政厅印发《支持商贸流通行业促进居民消费的政策措施》，聚焦促进新业态新模式消费、餐饮消费、农村消费、品牌消费、大宗消费、节假日消费和网络消费等方面，同时提出发放消费券、推动新业态新模式消费、举办系列促消费活动、支持商贸企业发展四个方面十条政策措施，不断改善消费条件、创新消费场景，推动消费全面复苏。

2.2.5　山东省农产品流通政策

在农产品流通方面，山东省人民政府办公厅印发《山东省"十四五"冷链物流发展规划》，提出到2035年全面建成现代冷链物流体系，打造国家骨干冷链物流基地网络建设示范区。在发展布局上，该规划从冷链物流重大节点、重点品类、重要通道三个方面，提出构建节点网络协同联动、重点品类特色发展、国内国际高效畅通的冷链物流运行体系。

同时，为保障冷链物流高质量发展，山东省在基础设施建设、用地指标、用电价格、发展资金等方面加大对冷链物流发展的政策支持。

山东省相关部门相继发布了《山东省推进农业全产业链高质量发展五年行动方案》《山东省农业农村厅　山东省财政厅关于全面推进农产品产地冷藏保鲜设施建设的实施方案》《山东省农业农村厅　山东省畜牧兽医局　山东省财政厅关于做好山东省2021年农业

生产发展等项目实施工作的通知》《山东省农产品仓储保鲜设施建设工程实施方案》和《山东省人民政府关于贯彻落实国务院〈政府工作报告〉若干措施的通知》等政策，旨在对农产品冷链基础设施建设方面给予资金支持；《山东省人民政府办公厅关于加快发展农业"新六产"的意见》《山东省人民政府办公厅关于进一步推进农村闲散土地盘活利用的通知》和《山东省"十四五"现代物流发展规划》等提出要加大用地支持，在建设用地指标方面给予重点保障。《山东省人民政府办公厅关于深入开展消费扶贫助力打赢脱贫攻坚战的实施意见》《山东省人民政府办公厅关于稳定生猪生产促进转型升级的实施意见》和《中共山东省委　山东省人民政府贯彻落实〈中共中央、国务院关于抓好"三农"领域重点工作确保如期实现全面小康的意见〉的实施意见》等提出冷链物流企业用水、用电、用气价格与工业同价；《山东省人民政府办公厅关于促进内贸流通供给侧结构性改革的意见》强调统筹利用各级服务业发展资金支持流通业创新发展。

2.2.6　山东省冷链物流资金支持政策

2021年，山东省农业农村厅印发了《山东省农产品产地冷藏保鲜设施补助指导标准》的通知，针对山东省新建及扩建类型的农产品产地冷藏保鲜设施，提出新增预冷及配套设施设备的按照不超过市场销售价格30%进行补贴。依托闲置的房屋、厂房、土窑等改建为农产品产地冷藏保鲜设施的，补贴金额为新建同等容积冷藏保鲜设施补贴金额的70%。

2.3　山东省冷链市场现状

山东省作为经济强省和农业大省，是我国北方地区水果和粮食的主要生产基地，也是国内水产品的重要产区之一，海产品占全国总产量比例在23%左右。由于水产品、海产品、果蔬、肉类需要冷藏储运，山东省对于冷链物需求量较大，冷链产业集中度较高。

2.3.1　山东省冷链市场基本情况

2.3.1.1　冷链行业现状分析

山东省冷链基础设施不断完善，截至2023年7月，山东省冷库总库容为4976.15万m^3，以冷冻库（容积和容量按冻结物冻结间统计）为主，库容约3341.02万m^3，占比超67%，主要存放水产及肉类等冻品；冷藏库库容（容积和容量按冷却物冷藏间统计）约1636.13万m^3，占比为33%，主要存放水果及蔬菜等生鲜产品（图2-4）。

从图2-5来看，不同地区的冷冻库和冷藏库分布情况不同，各地区冷库设施建设与其农业和农产品加工业产业结构相匹配。济南市和青岛市生鲜产品消费和流通量均居山东省前列。其中，青岛市作为我国重要的生鲜产品生产和出口基地，农产品流通数量和产值均居山

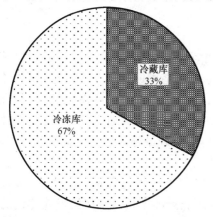

图2-4　山东省冷藏库与冷冻库分布情况

东省首位,农产品产地冷藏保鲜设施建设在山东省居领先地位。青岛市现有冷库1000余座,冷藏库库容约为342.63万 m^3,冷冻库库容约为770.43万 m^3。济南市作为山东省省会城市,同时作为山东省农产品流通的集散枢纽,肉类及水产品的商贸冷链物流集散优势突出。济南市现有冷库576座,冷藏库库容约为117.70万 m^3,冷冻库库容约为781.14万 m^3;在运输范围方面,65.2%的冷链物流以山东地区为主,34.8%的冷链物流以省外国内地区为主。潍坊市作为全国知名的农副产品集中产区和全国蔬菜批发集散中心,潍坊市冷链设施存量居全省第三位,潍坊市冷藏库库容约为218.12万 m^3,冷冻库库容约为419.67万 m^3;临沂市是全国重要的商贸服务型国家物流枢纽和山东省二级中心城市,冷链设施存量全省排名第四,冷藏库库容约为154.31万 m^3,冷冻库库容约为339.89万 m^3。烟台市现有冷链企业120多家,作为环渤海重要的港口城市和我国苹果栽种面积最大、产量最多的地区,冷库多以肉类、水产品冷冻库和苹果产地保鲜库为主,仓储规模上以中小型冷库为主,烟台市冷藏库库容约为296.55万 m^3,冷冻库库容约为132.49万 m^3,其产地保鲜型冷库在山东省排名前列。日照市和威海市因位于东部临海区位,水产品丰富,冷冻库存量远高于冷藏库存量,日照市冷藏库库容约为69.49万 m^3,冷冻库库

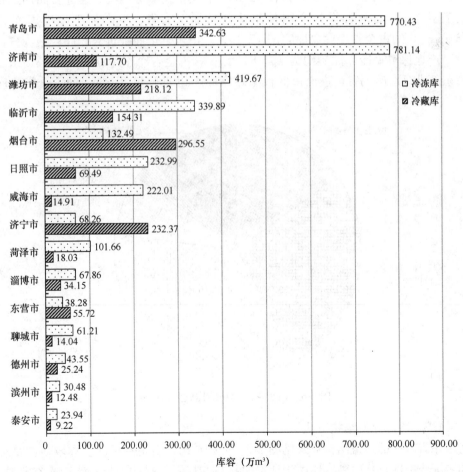

图2-5 山东省冷冻库与冷藏库地区分布情况

注:样本数据以库容在5000m^3及以上冷库为主。

容约为232.99万 m^3；威海市冷藏库库容约为14.91万 m^3，冷冻库库容约为222.01万 m^3。济宁市金乡县作为全国著名的大蒜之乡，大蒜产地保鲜型冷链设施存量居山东省首位，济宁市冷藏库库容高达232.37万 m^3，冷冻库库容约为68.26万 m^3。菏泽市冷藏库库容约为18.03万 m^3，冷冻库库容约为101.66万 m^3。淄博市冷藏库库容约为34.15万 m^3，冷冻库库容约为67.86万 m^3。而东营、聊城、锦州、滨州、泰安和枣庄市的冷链设施存量排名较为靠后。

2.3.1.2 冷库功能构成分析

图2-6为山东省冷库功能构成分布情况。山东省冷链设施以批发市场型冷库和第三方物流型冷库为主，批发市场型冷库以服务农产品批发、农贸市场商贸流通的交易型冷库为主。山东作为我国农产品流通大省，拥有济南维尔康肉类水产批发市场、潍坊中凯国际水产冷链物流园、临沂华东国际水产城、中国渤海水产城等全国百强批发市场，山东省批发市场型冷库库容约为1732.15万 m^3，占全省冷库总库容的34.81%。第三方物流型冷库包括区域分拨型和城市配送型，第三方物流型冷库库容约为1963.04万 m^3，占全省冷库总库容的39.44%；其中，区域分拨型冷库库容约1348.50万 m^3，占比27.10%；城市配送型冷库库容约为614.54万 m^3，占比12.35%。其次是服务肉类、速冻食品加工企业的生产加工型冷库，山东省作为全国预制菜食品加工大省，生产加工型冷库库容约为754.36万 m^3，约占全省冷库总库容的15.16%。山东省全面推进农产品产地冷藏保鲜设施建设，产地保鲜型冷库库容约为135.84万 m^3，占全省冷库库容的2.73%。山东省作为我国东部沿海水产大省，进出口保税型冷库库容约391.11万 m^3，约占全省冷库库容的7.86%。

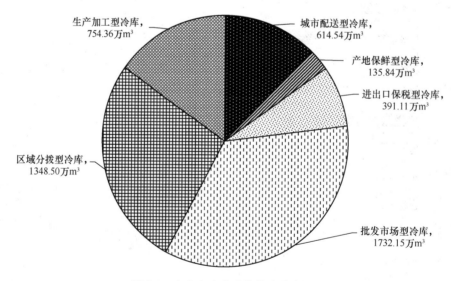

图2-6 山东省冷库功能构成分布情况

2.3.1.3 冷库建筑结构形式

对山东省冷库的建筑结构形式见图2-7。可以看出，山东省目前使用较多的是土建式冷库和装配式冷库，这两种冷库由于建设原材料和保温材料的差异，建造成本差异较大。目前土建式冷库约占山东省冷库总量的83%，其次为装配式冷库，约占山东省冷库总量的14%；还有少量一部分土建/装配混合式冷库，约占山东省冷库总量的3%。土建式冷库具有坚固、使用寿命长、能耗低等特点，是冷库建筑的主流形式，但土建/装配混合式冷库可以在一定程度上避免其他建筑结构的缺点，占比提升相对较快，轻钢结构加装配式冷库因造价较高，使用较少。

2.3.1.4 冷库使用年限分析

通过对山东省主要冷库的使用年限进行统计分析（图2-8），可以看出，山东省冷库使用年限多在16a以下，使用年限16a以上的冷库占比仅为19%。新建冷库占有较大比例，使用年限在6a以下的冷库约占30%，近两年新建冷库约占15%。

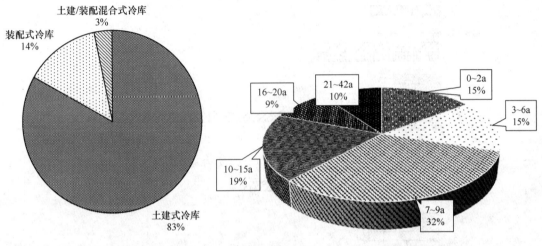

图2-7　山东省冷库的建筑结构形式　　　　图2-8　山东省冷库使用年限分布

近10年，山东省新建冷库增长迅速，自2020年农业农村部启动农产品冷藏保鲜设施建设工程以来，山东累计获得中央补助资金12亿多元，2020年和2021年共支持建设农产品产地冷藏保鲜设施4500个，新增库容609万 m^3。图2-9给出了山东省各功能业态冷库使用年限情况，批发市场型冷库多集中在10～15a，这是因为批发市场的培育期至少为5～8a，运营10a以上的项目才可能进入利润丰厚期，山东省主要批发市场的建设运营时间区间多在7～9a，主要集中在济南、青岛和潍坊等大型农产品交易市场。同样，生产加工型冷库主要集中在10～15a，占比达16%。伴随着山东省深入推动农产品精深加工，预制菜产业发展迅速，山东省生产加工型冷库也保持迅猛增长，近两年新建的生产加工型冷库占比高达20%，新建生产加工型冷库主要集中在威海、潍坊和临沂。

2.3.1.5 冷库使用制冷剂情况分析

山东省存量冷库使用的制冷剂以氨和氟利昂为主，其中，氨系统冷库约占46%，氟利昂系统冷库约占51%，采用二氧化碳复合系统的冷库占比较小，仅为3%（图2-10）。氨制冷使用最多的城市是济南和金乡。金乡作为大蒜生产地和集散地，95%以上是采用液氨制冷，是国内最大的液氨冷库群。

2.3.1.6 冷库企业服务能力分析

目前，山东省现状冷库的功能业态仍以租赁型的基础功能为主，且大多依托农产品批发市场或肉类水产批发市场，冷链仓储设施提供的服务较为传统，大部分以冷库租赁和装

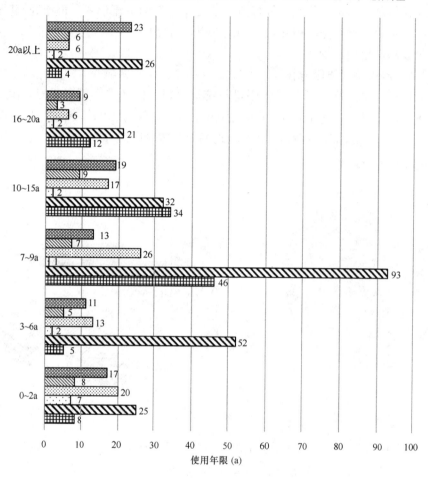

图 2-9　山东省各功能业态冷库使用年限情况

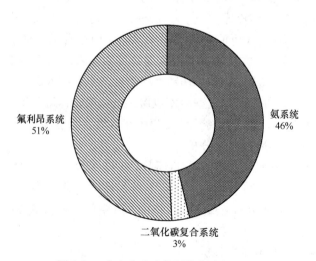

图 2-10　山东省冷库使用的制冷剂种类

卸服务等基础功能配置为主，这部分冷库约占86%；山东省大部分冷库因为运营成本等因素，更倾向于选择第三方物流来配合完成供应链服务，提供城市配送和分拣、包装服务等增值服务的冷库约占12%；提供供应链金融和信息服务等拓展功能的冷库较少，约占5%。目前，从山东的冷链仓储市场来看，冷库库温分布以低温冷库为主，主要存放水产及肉类等冻品，大多数冷库拥有一、两个温区，功能较为基础（图2-11）。从产业链的完整程度来看，发展较好、功能较为完善的冷库主要分布在农产品产量较大、流通体量较大的集散枢纽型城市，例如济南、青岛和临沂（图2-12）；从功能业态来看，维尔康肉类水产批发市场、中凯国际农产品冷链物流园作为山东省大型农产品流通中转集散市场，在功能上较为完善，不仅拥有自有物流，还提供城配、中转通关服务，整体产业链条较为完善。因此，总体来看，山东省的冷链仓储设施的经营模式仍以传统冷库出租、装卸搬运、冷链运输为基础服务，分拣包装、"直销配送+""电商微商+"等供应链增值服务相对较少，因此冷链物流企业的经营收入以冷库租金、装卸搬运费、干支线冷链运输费和城市配送费等基础功能服务为主。未来山东省应进一步完善冷链产业链功能配置，推动资源整合和冷链产业升级转型。

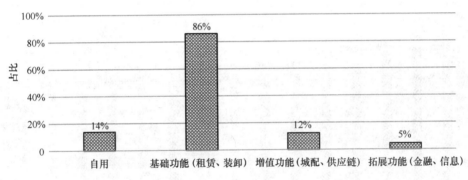

图2-11 山东省冷库主要功能分布

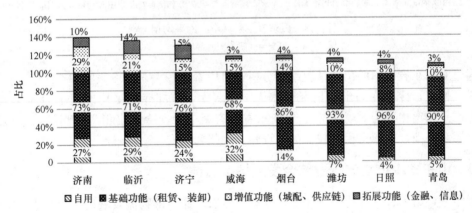

图2-12 山东省主要城市冷库功能业态分布

注：样本数据以库容在5000m³及以上冷库为主。

2.3.2 山东省冷链仓储设施运营情况分析

山东省现有冷链设施在运营成本方面的市场调研数据显示,山东省冷库平均租金为1.5~3.2元/(t·d),冷冻库租金最低为1.5元/(t·d),最高为4.5元/(t·d);冷藏库租金最低为0.9元/(t·d),最高为4.0元/(t·d)。大部分冷库经营者仅收取租金,单边装卸费平均为15~30元/t,双边装卸平均费用为40~60元/t。

通过对山东各地冷库租金调研情况分析可知,目前山东省冷库租金排名前五位的城市分别是济南、烟台、青岛、聊城和淄博(图2-13)。租金排名首位的是省会城市济南,济南因处于冷链物流集散枢纽,农产品流通体量较大,整体租金水平较高,平均租金区间为2.0~4.0元/(t·d),平均租金为3.13元/(t·d)。济南的第三方冷链物流企业冷库租金明显高于批发市场型冷库,批发市场型冷库平均租金为1.5.0~2.5元/(t·d)。同时,冷库租金较高的城市还有烟台和青岛,烟台冷库平均租金为2.74元/(t·d),青岛冷库平均租金2.48元/(t·d)。威海、日照、滨州的冷库平均租金水平较低。

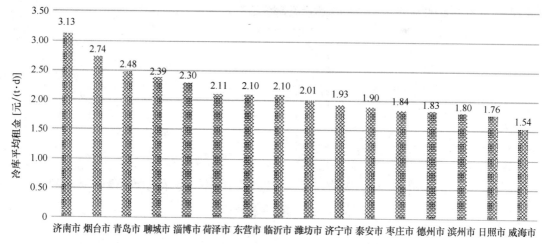

图2-13 山东省主要城市冷库平均租金
注:租金为区间范围的平均值。

通过对山东省冷库的出租情况统计分析,可以看出,山东省冷藏库和冷冻库均存在空置和满仓情况,冷冻库的出租情况整体优于冷藏库,冷冻库的平均出租率为80%左右,冷藏库的平均出租率为60%左右。在山东省所有城市中,冷库出租率较高的城市包括青岛、日照和济南,冷库出租率较低的是滨州、德州和泰安。

2.3.3 山东省冷链物流行业综合发展情况总结

近年来,山东省冷链物流产业快速发展,但农产品冷链物流发展仍处于起步阶段,现代化的冷链物流体系尚未形成,与山东省的农产品资源大省、消费大省、出口大省相比仍有差距。

从生产环节看,产地冷链设施布局有待优化。现有农产品冷藏库、加工车间和气调库等冷链仓储设施比较分散,区域不集中,缺乏科学布局,部分冷库扎堆性建设导致资源浪费。比如东部地区冷库多、中西部地区冷库少,肉类冷库多、果蔬气调库少,销地冷库多、产地冷库少，冷冻库多、冷藏库少，鲁中、鲁西鲜活农产品主产区田间地头冷链设施短板亟待补齐。

果品蔬菜预冷和冷链运输能力不足，精深加工及综合利用技术、设备研发滞后。以蔬菜为例，预冷保鲜率、冷链流通率、冷藏运输率较低，流通损耗率高达25%～30%。

2.4 山东省冷链市场需求预测

2.4.1 山东省上行冷链需求预测分析

上行冷链需求是指山东省本地生产的生鲜产品销售到外地过程中衍生出来的冷链设施需求。根据山东省2019～2022年生鲜产品生产情况，通过科学预测方法对山东省2025年和2030年生鲜产品产量进行测算，结果见表2-7。到2025年和2030年，山东省生鲜产品总产量分别为14707.38万t、15763.35万t。

2025年、2030年山东省主要生鲜产品产量测算（单位：万t）　　表2-7

品类	2019年	2020年	2021年	2025年	2030年
蔬菜	8181.10	8434.70	8801.07	9133.86	9890.97
水果	2840.20	2938.90	3032.58	3180.19	3441.28
肉类	704.02	728.02	819.26	835.20	842.50
水产品	823.27	828.60	854.42	843.52	850.60
蛋奶	685.12	723.76	743.81	714.61	738.00
合计	13233.71	13653.98	14251.14	14707.38	15763.35

根据山东省生鲜产品产量、冷链流通率、年周转次数及库容使用率，测算2025年山东省上行冷链库容需求约为2235.13万m^3，2030年约为2331.88万m^3。

2.4.2 山东省中转集散冷链需求预测分析

中转集散冷链需求是外地所需的生鲜产品经由山东本地中转流通到外地所需的仓储需求。根据山东省2019～2022年主要生鲜产品进出口市场交易数据统计，对山东省生鲜产品中转集散需求进行测算，结果见表2-8。到2025年和2030年山东省中转集散生鲜产品总需求量分别为2722.88万t、2855.25万t。

2025年、2030年山东省生鲜产品中转集散需求测算（单位：万t）　　表2-8

类型	2020年	2025年	2030年
国外中转量	1015.11	1050.54	1112.35
国内中转量	1631.38	1672.34	1742.90
合计	2646.49	2722.88	2855.25

根据山东省生鲜产品国内国外中转集散量、冷链流通率、年周转次数及库容使用率，测算2025年山东省中转集散冷链库容需求为2434.58万m^3，2030年为2552.93万m^3。

2.4.3 山东省下行冷链需求预测分析

根据山东省常住人口数量和生鲜产品人均消费量,对2025年和2030年山东省下行冷链需求进行测算,分别为2836.73万t和2993.90万t(表2-9)。

2025年、2030年山东省下行冷链需求测算　　　　表2-9

品类	消费量(万t)		库容需求(万m³)	
	2025年	2030年	2025年	2030年
蔬菜	1057.76	1102.69	128.80	134.30
肉类	322.24	369.98	497.90	571.60
水产品类	159.59	180.85	133.10	150.80
蛋类	210.73	212.89	38.30	38.70
奶类	208.69	222.19	267.20	275.60
水果	877.72	905.30	75.90	80.80
合计	2836.73	2993.90	1141.20	1251.80

根据山东省居民生鲜产品消费需求、生鲜产品损腐率、冷链流通率、年周转次数及库存利用率,同时考虑人均速冻食品的消费,测算到2025年和2030年山东省下行冷链产品库容需求分别为1141.20万m^3、1251.80万m^3(表2-9)。

2.4.4 山东省冷链设施需求总量预测分析

经过测算,2022年山东省冷链库容需求约为5681万m^3。2025年和2030年冷链库容需求约为5811万m^3、6137万m^3,而市场冷链库容保有量为4976万m^3,到2025年预测存在约835万m^3的库容缺口,市场需求体量在未来将进一步增长,到2030年预测存在约937万m^3的库容缺口。

2025年、2030年山东省冷链设施需求分析(单位:万m^3)　　表2-10

年份	上行需求	中转需求	下行需求	冷链库容总需求	市场缺口
2022年	2235.13	2366.27	1080.50	5681.90	705.90
2025年	2235.13	2434.58	1141.10	5810.81	834.81
2030年	2331.88	2552.93	1251.70	6136.51	936.51

2.5 山东省冷链产业发展趋势

山东省作为我国环渤海地区农业和港口产业集群最为密集的区域,是"一带一路"建设的重要枢纽和我国面向东亚、东南亚的重要通道,冷链物流需求量将持续稳步增长,未来冷链产业发展将整合现有冷链市场发展不均衡的问题,加大冷链智慧化与信息化技术投入,建立完善的冷链物流服务网络体系。

1. 山东省将着重打造现代化的冷链物流经营主体

山东省将依托现有的冷链物流基础设施,根据产地、枢纽和市场的产业发展要素,进一步强化资源整合,引导冷链物流产业链上下游相关企业进行合作,构建多元化的冷链物流市场参与主体。通过兼并重组的方式建立大型、专业化的现代企业,提高冷链物流服务网络的运输效率。大力发展第三方冷链物流,加强做好生鲜产品的产地端与城市末端的冷链供应保障,使冷链物流产业形成集中化、规模化效应。

2. "十四五"时期,山东省将加快冷链物流基础设施建设

在山东省冷链物流现代化服务网络体系下,加大对冷链物流配送中心建设的投入力度,在技术上不断创新,建设节能高效的存储空间,降低生鲜产品的存储成本。结合"互联网+农业"的发展趋势,将农产品保鲜设备研发和农产品预冷处理等技术进一步升级,实现冷链产业整体的转型升级。

3. 山东省将进一步完善信息化、网络化冷链物流服务体系

未来山东省将大力推进冷链物流信息化技术的运用,以适应现状大环境下的农产品流通趋势。同时,进一步提升信息化管理水平、信息的全程监控和省内冷链物流企业的信息资源共享,促进山东省冷链产业服务一体化信息网络的形成,提高冷链物流运输效率。

(本章撰稿人:温晓辉、姜宇鹏、代冰琳、李婧、张志芳、邢艳辉、石斌、刘昌、杨双超、刘一凝)

第3章 河南省冷链产业发展分析

3.1 河南省冷链产业环境

河南省是全国农产品主产区之一，果蔬、奶类产量居全国前列，是速冻食品、冷鲜肉等产品生产加工大省，拥有"双汇""思念""三全""众品"等一大批龙头企业。河南省还是全国人口大省，消费市场巨大，拥有发展冷链物流的雄厚产业基础。"十三五"时期，河南省流通产业规模持续壮大，2021年河南省社会消费品零售总额达2.44万亿元，"十三五"期间年均增长7.8%。河南交通区位优势显著，是全国重要的综合交通枢纽，综合立体交通基础设施建设日趋完善，陆、铁、空运输衔接高效便捷，农产品流通渠道和物流网络更趋畅通，已初步形成现代物流体系"通道+枢纽+网络"格局。作为中国自由贸易试验区省份，河南省建成了一批综合保税区和海关特殊监管区，拥有进口肉类、水果、冰鲜水产品、汽车整车、国际邮件经转等7个指定口岸，河南自由贸易试验区在打造多式联运物流体系、完善国内水陆空集疏运网络、构建贯通全球的陆路通道、空中通道等方面优势明显。同时，河南省还拥有良好的冷链设施和冷链物流装备产业基础，制冷企业集中在郑州、商丘、洛阳、新乡等地，其中商丘民权制冷制造基地和产业集聚区已经集聚了"永耀缘成""雪人制冷""福田雷萨""冰熊"等一大批全国知名企业，形成了较为完备的制造业链条和配套产业。可以看出，良好的产业基础为河南省冷链物流发展提供了大规模市场需求，政府政策和冷链物流装备业加码将进一步助力河南省冷链物流提质增效。

3.1.1 河南省农产品生产环境

3.1.1.1 农产品生产概况

在农产品供给方面，河南省是农业生产大省和农产品加工大省。河南省农业资源丰富，农产品供给能力较强，是粮食生产大省、畜牧大省、经济作物大省，农林牧渔业总产值突破万亿元，居全国第2位。2017~2021年，河南省生鲜产品产量总体较为稳定，2021年河南省主要生鲜产品总产量约11466.86万t，同比下降约0.13%（图3-1）。2018年受降雪影响，蔬菜及食用菌和水果产量稍有减产，主要生鲜产品总产量同比下降约3.07%。分品类来看，2021年河南省蔬菜及食用菌产量7607.15万t，同比下降约0.07%，居全国第2位；水果产量2455.34万t，同比下降约4.22%，全国排名第3位；肉类产量646.81万t，同比增长约18.89%，全国排名第3位，禽蛋产量446.42万t，同比下降约0.67%，全国排名第2位；奶类产量216.82万t，同比增长约0.98%，其中牛奶产量212.15万t，全国排名第6位；水产品产量94.32万t，同比下降约3.80%，全国排名第15位（表3-1）。

2021年河南省主要生鲜产品人均占有量约为1159.79kg，高于全国平均水平（923.65kg），其中蔬菜及食用菌、水果、肉类、禽蛋人均占有量高于全国平均水平，牛奶、水产品人均占有量低于全国平均水平。蔬菜及食用菌人均占有量769.72kg，水果人均占有量 248.44kg，肉类人均占有量 65.45kg，禽蛋人均占有量 45.17kg，牛奶人均占有量 21.47kg，水产品人均占有量 9.54kg（图 3-2）。

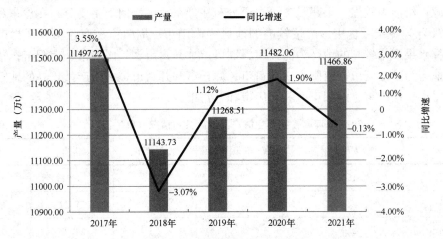

图 3-1　2017~2021 年河南省主要生鲜产品产量及变化情况

2017~2021 年河南省主要生鲜产品生产情况（单位：万 t）　　　表 3-1

品类	2017年	2018年	2019年	2020年	2021年	同比增速	全国排名
蔬菜及食用菌	7530.22	7260.67	7368.74	7612.39	7607.15	−0.07%	2
水果	2602.44	2492.76	2589.66	2563.43	2455.34	−4.22%	3
肉类	655.84	669.41	560.06	544.05	646.81	18.89%	3
禽蛋	401.18	413.61	442.42	449.42	446.42	−0.67%	2
奶类	212.87	208.90	208.55	214.72	216.82	0.98%	6（牛奶）
水产品	94.67	98.38	99.08	98.05	94.32	−3.80%	15

数据来源：河南省统计局。

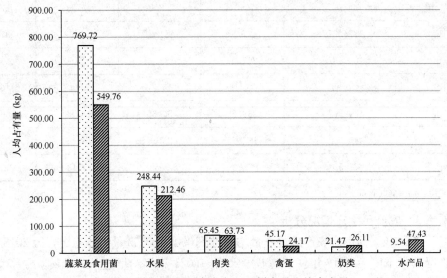

图 3-2　2021 年河南省主要生鲜产品人均占有量

数据来源：河南省统计局。

3.1.1.2 农产品分布情况

表 3-2 为 2021 年河南省主要生鲜产品地区分布情况，可以看出豫东和豫南地区生鲜产品资源供给能力较强，果蔬、禽蛋主要分布在豫东地区，肉类主要分布在豫东和豫南地区。2021 年，蔬菜及食用菌产量较高的地区为南阳市、周口市、商丘市、开封市；瓜果类和园林水果产量较高的地区为商丘市、周口市、开封市、三门峡市、南阳市；猪肉产量较高的地区为驻马店市、南阳市、周口市、商丘市和开封市；禽蛋产量较高的地区为商丘市、周口市、信阳市、南阳市、驻马店市和开封市。

2021 年河南省主要生鲜产品地区分布情况（单位：万 t）　　表 3-2

地区	蔬菜及食用菌	瓜果类	园林水果	猪肉	禽蛋
郑州市	194.56	23.66	22.13	6.61	11.88
开封市	844.48	250.07	48.80	27.27	34.48
洛阳市	278.31	22.56	88.93	14.27	17.70
平顶山市	231.01	23.70	27.44	23.55	17.68
安阳市	472.08	74.15	42.78	16.55	18.65
鹤壁市	38.27	0.82	2.78	9.06	15.04
新乡市	299.10	19.57	34.38	25.21	28.87
焦作市	178.06	13.40	15.10	8.18	13.23
濮阳市	266.27	24.70	29.31	10.01	27.19
许昌市	149.88	8.98	7.49	20.63	17.12
漯河市	203.47	45.21	9.73	22.63	17.05
三门峡市	127.17	10.54	268.27	7.58	5.68
南阳市	1174.27	127.51	121.31	53.99	37.36
商丘市	1090.67	297.06	183.28	32.66	55.74
信阳市	440.41	75.63	16.77	24.45	40.22
周口市	1092.07	339.85	50.65	51.83	50.18
驻马店市	504.54	101.75	23.17	69.19	35.51
济源示范区	22.52	0.32	3.53	3.13	2.83

数据来源：河南省统计局。

3.1.1.3 农产品生产情况分析

2017~2021 年，河南省农产品总产量均超过 11000 万 t，产量整体稳定，因 2018 年雪灾影响农产品产量下降后 2019 年恢复增长，2018~2021 年年均增速约为 1%。分品类来看，蔬菜及食用菌产量在 2018 年减产后恢复增长；水果产量波动增长，2019 年恢复增长后 2021 年又出现下滑；肉类产量在 2019 年受非洲猪瘟影响产量下降，2021 年恢复增长，牛肉总量稳定，羊肉、禽肉产量均保持稳定增长；奶类产量整体呈下降趋势，总体维持在210万t的水平；水产品产量波动下降，2019年起出现下滑，2021年已降至94.32万t（图3-3）。

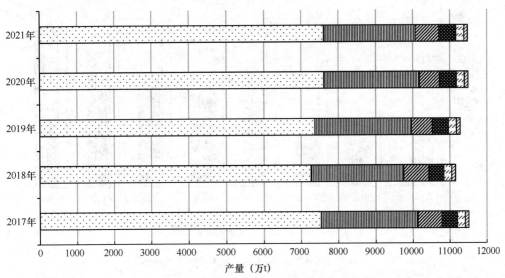

图3-3 2017～2021年河南省主要生鲜产品生产趋势分析
数据来源：河南省统计局。

3.1.2 河南省农产品加工环境

农产品加工业是河南省的支柱产业，也是河南省两个超万亿元的产业之一，截至2021年，河南省规模以上农产品加工企业6934家，营业收入1.22万亿元，产业规模居全国第二位。其中，面及面制品产量约占全国的47%，米面速冻制品约占全国的66%，肉类加工产品约占全国的70%，乳制品产量约占全国的13%，果蔬饮料约占全国的15%。全省规模以上农产品加工企业实现利润总额813.7亿元，占全省规模以上工业企业的31.5%。农产品加工企业产品销售产值同比增长9.36%，出口产品交货值同比增长8.4%。河南省以面制品、肉制品、油脂制品、乳制品、果蔬制品为重点，持续推进食品业转型升级、高质量发展，打造"国人厨房""世界餐桌"。双汇、牧原、三全、思念等行业龙头企业持续保持优势地位，卫龙、蜜雪冰城、千味央厨等企业迅速崛起。双汇、牧原分别成为中国最大的猪肉加工、生猪养殖基地，双汇年产销肉类近400万t，拥有100多万个销售终端，牧原生猪年出栏达4000多万头；三全、思念产品市场占有率在30%以上。

图3-4和图3-5为2005～2021年河南省主要冷链加工产品产量。可以看出，2018年调整了统计口径，速冻食品产量为261万t，2019～2021年又调整为速冻米面食品，2019年起河南省速冻米面食品产量为300万t以下；河南省肉制品2018年变更了统计口径，变更为熟肉制品，产量为42万t，2021年增长至335万t；液体乳表现为先增后降的趋势，2021年液体乳产量下降为193万t。

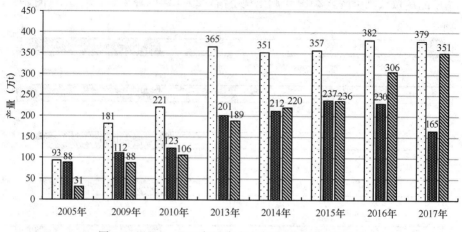

图 3-4　2005~2017 年河南省主要冷链加工产品产量

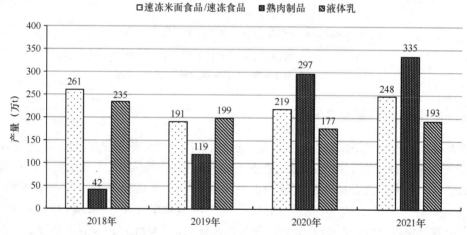

图 3-5　2018~2021 年河南省主要冷链加工产品产量

数据来源：河南省统计局。2018 年统计口径由畜肉制品变更为熟肉制品，2018 年为速冻食品统计口径，2019 年起统计口径变更为速冻米面食品。

3.1.3　河南省农产品贸易环境

3.1.3.1　农产品批发零售情况

由表 3-3 和图 3-6 可以看出，2021 年河南省亿元以上农产品交易市场的粮油、食品类销售总额是 1873.43 亿元，同比增长了 3.94%；其中亿元以上农产品交易市场的粮油类销售额是 394.71 亿元，同比增长 23.07%；亿元以上农产品交易市场的肉禽蛋类销售额是 136.84 亿元，同比增长 13.34%；亿元以上农产品交易市场的水产品类销售额是 424.58 亿元，同比增长 10.41%；亿元以上农产品交易市场的蔬菜类销售额是 370.76 亿元，同比下降 15.15%；亿元以上农产品交易市场的干、鲜果品类销售额是 398.13 亿元，同比增长 1.82%。根据限额以上食品、饮料及烟酒批发和零售企业的销售数据来看,批发业仍然是农产品流通的主渠道,2021年限额以上食品、饮料及烟酒批发零售额比值约为7.5∶1。

2020~2021年河南省亿元以上农产品交易市场粮油、食品类销售情况　　　表3-3

品类	2020年		2021年		销售额同比增速
	摊位数量（个）	销售额（亿元）	摊位数量（个）	销售额（亿元）	
粮油、食品类	31079	1802.44	29280	1873.43	3.94%
—粮油类	3968	320.73	3950	394.71	23.07%
—肉禽蛋类	2791	120.73	2789	136.84	13.34%
—水产品类	4777	384.54	4313	424.58	10.41%
—蔬菜类	8779	436.96	8397	370.76	-15.15%
—干、鲜果品类	5419	391.02	5904	398.13	1.82%

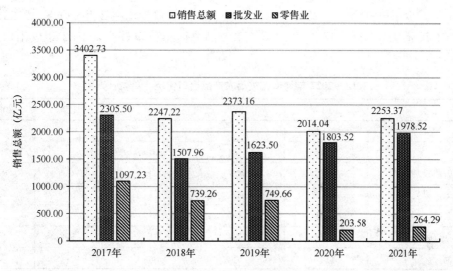

图3-6　2017~2021年河南省限额以上食品、饮料及烟酒批发和零售企业商品销售情况
数据来源：河南省统计局。

近年来,河南省大力开展"数商兴农"行动,农村电商在巩固脱贫攻坚成果中发挥了积极作用。当前河南省绝大多数省辖市农产品网络零售额在本市网络零售总额中的占比已超过20%,成为经济发展的重要支撑。河南省农产品网络零售额增长迅速,2019~2022年河南省农产品网络零售额年均复合增速为47%（图3-7）。2022年河南省实现农村网络零售额1516.3亿元,同比增长7.7%,其中农产品网络零售额985亿元,同比增长8.1%。河南省农村电商应用水平高于全国平均水平,零售额保持较快增长。

3.1.3.2　农产品进出口情况

表3-4为2018~2022年河南省主要农产品出口情况。可以看出,河南省主要出口农产品为蔬菜、鲜、干水果及坚果、少量肉类和水产品。2018~2022年,河南省粮食出口呈下降趋势,2022年出口粮食0.31万t;2018~2022年蔬菜出口总体稳定,2022年蔬菜出口24.41万t,相比2021年缩减了1.37万t;鲜、干水果及坚果2022年出口3.59万t,相比2021年缩减了0.08万t,其中苹果是主要出口水果,2022年出口苹果2.07万t,相

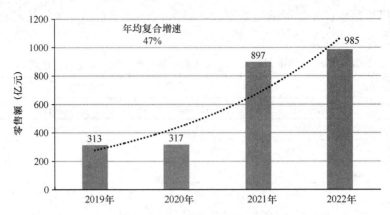

图3-7 2019～2022年河南省农产品网络零售额
数据来源：河南省统计局。

比2021年减少了0.62万t；2018～2022年肉及杂碎出口量均在2万t以下，2022年肉及杂碎出口1.45万t，同比增长约31%；水产品总体出口量较少，2022年仅出口水产品0.02万t。

2018～2022年河南省主要农产品出口情况（单位：万t）　　表3-4

品类	2018年	2019年	2020年	2021年	2022年
粮食	0.84	0.77	0.51	0.34	0.31
蔬菜	25.35	25.44	25.15	25.78	24.41
—鲜或冷藏蔬菜	15.02	16.05	17.28	17.09	15.32
鲜、干水果及坚果	3.15	3.29	2.71	3.67	3.59
—苹果	3.04	3.19	2.58	2.69	2.07
肉及杂碎	1.72	1.20	0.91	1.11	1.45
水产品	0.004	0.01	—	0.02	0.02

数据来源：郑州海关。

表3-5为2018～2022年河南省主要农产品进口情况。河南省主要进口农产品为水产品、肉类、乳品、粮食和少量鲜、干水果及坚果。2018～2022年水产品进口持续增长，2022年水产品进口1.10万t，同比增长45%；肉及杂碎进口7.97万t，相比2021年下降了4.64万t，其中牛肉稳定增长，猪羊禽进口均减少，猪肉降幅最大，相比2021年进口缩减5.41万t；鲜、干水果及坚果进口量从2021年开始大幅减少，2022年鲜、干水果及坚果仅进口0.49万t；乳品进口量呈高速增长，2022年乳品进口6.94万t，同比增长约359.60%；粮食进口整体呈下降趋势，2022年粮食进口73.81万t，相比2018年减少了65.37万t。

2018～2022年河南省主要农产品进口情况（单位：万t）　　表3-5

品类	2018年	2019年	2020年	2021年	2022年
水产品	0.33	0.67	0.76	0.76	1.10
—冻鱼	0.002	0.09	0.11	0.005	0.12
肉及杂碎	6.69	7.94	10.49	12.61	7.97

续表

品类	2018年	2019年	2020年	2021年	2022年
—牛肉	1.08	1.72	2.70	3.33	3.59
—猪肉	1.56	2.27	4.50	7.24	1.83
—羊肉	0.01	0.04	—	0.37	0.03
—冻鸡	2.61	2.89	—	1.13	0.44
鲜、干水果及坚果	0.03	2.92	3.66	0.78	0.49
乳品	0.63	0.79	0.65	1.51	6.94
—奶粉	0.18	0.27	0.22	0.36	0.74
粮食	139.18	76.06	90.40	51.09	73.81

数据来源：郑州海关。

3.1.4 河南省居民消费环境

2015~2021年，河南省生鲜产品人均消费量均呈增长趋势，2021年河南省蔬菜及食用菌人均消费量为103.2kg，相比2020年增长了9.1kg；肉类（含禽类）人均消费量35.0kg，相比2020年增长了10.4kg，其中猪牛羊肉消费增长较快，增长了9.6kg；水果人均消费量73.0kg，相比2020年增长了10.3kg；2021年河南省水产品、蛋类、奶类人均消费量增幅较小。可以看出，河南省生鲜产品消费结构中，植物性食物人均消费量增长较快，动物性食物中猪牛羊肉消费增速较快，水产品、蛋奶人均消费平稳增长（表3-6）。

2015~2021年河南省主要生鲜产品人均消费量（单位：kg） 表3-6

指标	2015年	2016年	2017年	2018年	2019年	2020年	2021年
蔬菜及食用菌人均消费量	80.8	86.3	84.4	84.7	89.3	94.1	103.2
肉类人均消费量（不含禽类）	16.1	15.9	16.2	18.5	17.6	15.9	25.5
禽类人均消费量	5.1	5.7	5.3	6.0	6.9	8.7	9.5
水产品人均消费量	3.7	4.1	3.8	4.0	4.7	5.2	5.9
蛋类人均消费量	12.3	12.8	14.3	12.8	14.6	18.9	20.0
奶类人均消费量	10.9	11.0	11.5	12.5	13.1	13.5	16.0
水果人均消费量	48.3	55.0	57.6	56.0	62.5	62.7	73.0
总计	177.2	190.8	193.1	194.5	208.7	219.0	253.1

数据来源：国家统计局。

在对2015~2021年河南省生鲜产品人均消费需求测算的基础上，测算2015~2021年河南省主要生鲜产品消费总量（表3-7）。2021年河南省生鲜产品消费总量2501万t，其中，蔬菜及食用菌消费总量约为1020万t，肉类消费总量约为346万t，水产品消费总量约为58万t，蛋类消费总量约为198万t，奶类消费总量约为158万t，水果消费总量约为721万t。

2015~2021年河南省主要生鲜产品消费总量（单位：万t）　　　　表3-7

项目	2015年	2016年	2017年	2018年	2019年	2020年	2021年
常住人口（万人）	9701	9778	9829	9864	9901	9941	9883
蔬菜及食用菌	784	844	830	835	884	935	1020
肉类	206	211	211	242	243	245	346
水产品	36	40	37	39	47	52	58
蛋类	119	125	141	126	145	188	198
奶类	106	108	113	123	130	134	158
水果	469	538	566	552	619	623	721
生鲜产品消费总量	1720	1866	1898	1919	1917	2177	2501

数据来源：国家统计局。

3.2 河南省冷链政策环境

河南省围绕建设现代物流强省出台了一系列政策，提出将重点建设高能级物流枢纽基地，加快补齐鲜活农产品、速冻食品、肉类、低温乳制品等特色优势产品的冷链物流设施短板，加快培育物流龙头企业，整体提升智能化、绿色化、标准化发展水平，加大对冷链物流市场主体的资金支持、税收优惠、金融扶持力度，及时为冷链物流企业纾困解难。

3.2.1 河南省加快完善冷链物流服务体系，强化产业、设施、交通建设

2022年4月，河南省人民政府办公厅印发了《河南省加快农村寄递物流体系建设实施方案》，提出积极构建冷链寄递体系，提升末端冷链配送能力。河南省人民政府印发了《河南省"十四五"现代物流业发展规划》，强调以国家物流枢纽、示范物流园区、骨干冷链物流基地等重大载体发展为重点，加快完善冷链物流服务体系，加强生鲜产品初加工、保鲜预冷、冷藏配送等设施建设，加快补齐产品流通设施短板，推动冷链物流业态模式创新、强化冷链商品质量追溯和监管体系建设，加快实现冷链物流提质升级。

2022年5月，《中共河南省委　河南省人民政府关于加快现代物流强省建设的若干意见》提出将加快建设现代物流强省，着力构建以"通道＋枢纽＋网络"为依托的物流运行体系，整体提升冷库供给容量，完善自动化立体冷库、低温初加工、生产预冷等设施，加强冷链商品质量追溯和监管体系建设。编制发布冷链物流、中欧班列等运价指数，打造智慧物流信息共享平台。

2022年6月，河南省人民政府办公厅印发《支持物流行业纾困解难若干政策措施》，提出在落实税费优惠政策、降低物流通行成本、加大金融扶持力度、建立物流企业白名单制度、实行便民利企服务、支持建设应急物资转拨基地、确保政策落实到位等方面加快培育河南省现代物流龙头企业，集中解决阻碍企业发展的资金和政策困难。

3.2.2 河南省冷链物流资金支持政策梳理

河南省将农产品仓储保鲜冷链物流设施建设工程纳入《河南省乡村建设行动实施方案》。

2022年6月，河南省农业农村厅、河南省财政厅印发《2022年河南省全面推进农产品产地冷藏保鲜设施建设工作实施方案》，重点支持建设产地冷藏保鲜设施，给予产地冷藏保鲜试点县和农产品产地冷藏保鲜项目建设资金补贴，推动产地冷藏保鲜能力、商品化处理能力和服务带动能力显著提升，壮大运营服务主体、创新运营服务模式、构建集约高效的产地冷链物流体系。

2023年2月，河南省人民政府办公厅印发《支持绿色食品业加快发展若干政策措施》，提出重点培育面制品、肉制品、油脂制品、乳制品、果蔬制品五大产业集群，支持农产品、食品冷链物流配送能力建设，安排财政资金2.2亿元，重点支持鲜活农产品、优质特色品种的产地冷藏保鲜设施建设。

3.3 河南省冷链市场现状

3.3.1 河南省冷链市场基本情况

3.3.1.1 冷库温区分布

对河南省各城市冷库类型进行统计分析，根据调研结果来看，截至2023年7月，河南省冷库总库容约为2564.53万m^3，其中，冷藏库库容约为1057.07万m^3，冷冻库库容约为1507.46万m^3，冷藏库库容与冷冻库库容比例约为4:6（图3-8）。

分地区来看，不同地区的冷冻库和冷藏库分布情况不同，各地区冷库设施建设与其农业和农产品加工业产业结构相匹配。郑州市作为河南省省会城市，生鲜产品消费和流通量均居河南省前列，因此郑州市冷藏库、冷冻库存量全省最多，郑州市冷冻库库容约为919.15万m^3，冷藏库库容约为379.36万m^3；但郑州市存量冷库规模效益不显著，小型冷库占比达39.81%，中型冷库占比达46.6%，大型冷库占比仅13.59%。开封市已形成全国范围的大蒜交易集散中心，农产品产地冷藏保鲜设施建设在河南省居领先地位，冷藏库存量居全省第一，开封市现有产地冷藏保鲜库库容约456.81万m^3，其中杞县已建成大蒜冷藏保鲜库600多座，年储藏能力达到70多万t。

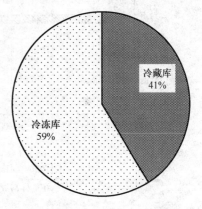

图3-8 河南省冷库温区分布情况

新乡、漯河分别为制冷业和农产品加工业重点城市，新乡市冷冻库库容约101.38万m^3，冷藏库库容约59.29万m^3，其冷链设施存量全省排名第三；漯河市因拥有双汇这样的肉类龙头企业，冷冻库存量远高于冷藏库存量，冷冻库库容约62.51万m^3，冷藏库库容约22.98万m^3。焦作市、南阳市、商丘市也是河南省农产品产地冷藏保鲜设施建设重点推进城市，但产地冷藏保鲜库存量小于开封市，其中，焦作市冷链设施存量居全省第五位，焦作市冷冻库库容约64.95万m^3，冷藏库库容约19.60万m^3；周口市、商丘市、驻马店市、洛阳市、南阳市是河南省主要生鲜产品的主产区，冷链设施存量也居河南省前列，洛阳市冷藏库库容约36.16万m^3，冷冻库库容约75.97万m^3，冷链设施存量全省排名第四；周口市冷冻库库容约63.18万m^3，冷藏库库容约5.22万m^3；南阳市冷藏库库容约21.74万

m³，冷冻库库容约52.65万m³；商丘市冷藏库库容约2.70万m³，冷冻库库容约41.26万m³；驻马店市冷藏库库容约7.91万m³，冷冻库库容约32.23万m³。而安阳市、鹤壁市、许昌市、平顶山市、濮阳市、济源市、三门峡市等城市的冷链设施存量排名较为靠后（图3-9）。

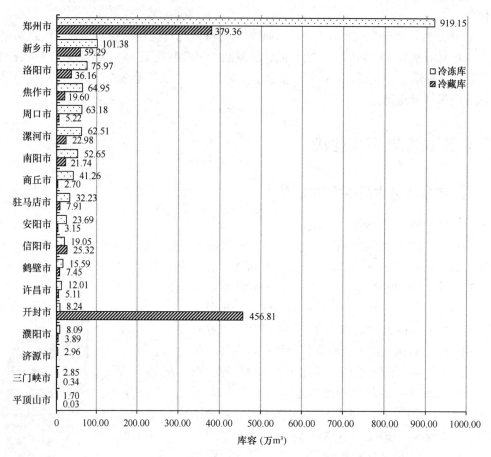

图3-9　河南省分地区冷冻库与冷藏库分布情况

注：样本数据以库容在5000m³及以上冷库为主。

3.3.1.2　冷库功能构成分析

河南省冷库功能结构分布如图3-10所示。郑州市冷链设施主要集中在生产、流通和餐饮三大类，其中生产企业集中分布在新郑市，新郑市生产企业数量占比高达62.07%。与生产企业、餐饮企业相比，郑州的冷链流通企业数量最多，主要分布在航空港经济综合实验区、中牟县、登封市、惠济区、新郑市和经济技术开发区等地，惠济区的流通类企业以第三方冷链运输企业为主，占比高达87.88%。冷链流通企业按不同的细分领域呈产业集聚态势。其中，服务郑州市城市配送和零售环节的冷库与郑州市常住人口分布情况基本契合，多为商超、批发市场等流通企业和餐饮企业所有；中牟县流通类企业以市场批发型为主，依托于万邦综合市场庞大的货源，一部分第三方冷链运输企业也聚集于此；登封市的流通类企业则以市场零售型为主。2022年，郑州市共有2147台冷链运输车辆轨迹在郑州市冷链监控平台实时追踪。郑州的冷链运输车辆高度集中在生鲜产品流通领域，以第三方冷链运输企业持有为主。餐饮企业大致可以分为社会餐饮、配餐企业和校企食堂三大类,二七区、登封市、巩义市和中原区分布相对较多,而惠济区和中牟县分布相对较少。其中,社会餐饮较为分散,配餐企业相对集中,经济技术开发区的配餐企业数量相对较高,占比约25.64%。

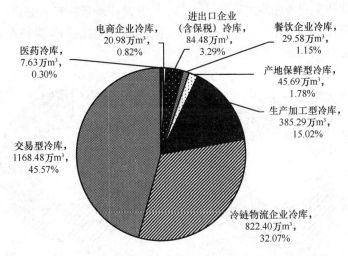

图 3-10 河南省冷库功能结构分布

河南杞县大蒜产业产地冷链设施存量在河南省拥有绝对优势,截至2021年,杞县备案的非食品生产经营者从事冷藏冷冻食品存储业务的冷库175家。杞县作为全国鲜活农产品产地冷藏保鲜设施建设整县推进试点县,主要围绕蔬菜、水果,尤其是大蒜、蒜薹等农产品开展仓储保鲜冷链基础及配套设施建设,杞县大蒜种植面积常年稳定在70万亩,总产量90万t,种植面积和总产量均居全国县域前列,年均流通交易量180万～220万t,全县总仓储能力达77万t。已建成仓储能力10万t的云仓1号、仓储能力15万t的金杞农贸等大型仓储冷库,河南蒜业集团正在建设仓储能力10万t的冷库项目,可为郑商所新上大蒜期货品种提供交割场所。

3.3.1.3 冷库建筑结构分析

对河南省冷库的建筑结构形式进行统计分析(图3-11),可以看出河南省土建式冷库最

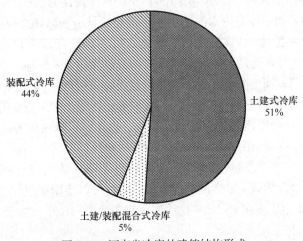

图 3-11 河南省冷库的建筑结构形式

多，约占河南省冷库总数的51%，装配式冷库约占河南省冷库总数的44%。还有少量土建/装配混合式冷库，约占河南省冷库总数的5%。

对河南省不同建筑结构形式的冷库进行分年统计分析（图3-12），可以看出，近10a河南省土建式冷库和装配式冷库均增长迅速，但土建式冷库增量高于装配式冷库。"十二五"期间，河南省装配式冷库增量高于土建式冷库，装配式冷库的使用年限均在15a以下，存量冷库中使用年限超16a的冷库多为土建式冷库。

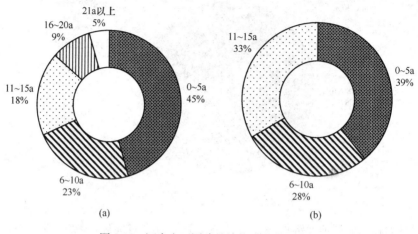

图3-12 河南省不同建筑结构形式分年统计
（a）土建式冷库；（b）装配式冷库

自动化立体冷库能够实现冷链货物的高密度存储、自动化输送、智能化管理调度，以减少冷库内的人工作业，多适用于货品价值高、对周转效率要求高的行业，例如大型食品行业、医药行业、电子行业、化妆品行业、烟草行业等。河南省自动化立体冷库多由肉制品加工行业和综合冷链物流园区建设，以冷冻库为主。

3.3.1.4 冷库使用年限分析

河南省冷库使用年限多在15a以下，使用年限15a以上的冷库占比仅为16.0%（图3-13）。新建冷库占有较大比例，使用年限在5a以下的冷库约占37.60%，近两年新建冷库约占13.0%。以郑州市为例，使用年限10a以下的冷库占比为超50.0%。

通过对河南省主要功能业态冷库的使用年限进行统计分析（图3-14），可以看出，河南省第三方冷链物流企业近10a新建冷库增长迅速，尤以2017年起为快速增长期。交易型冷库多集中在10~15a区间，这是因为批发市场的培育期至少为5~8a，运营10a以上的项目才可能进入利润丰厚期，河南省主要批发市场的建设运营时间区间多为10~13a。服务生产加工的冷库存在一定的建设周期，例如双汇、牧原等猪肉生产加工企业的产能改扩建与猪周期相匹配，出现了以5a为周期的建设波动，三全、思念、千味央厨等速冻食品企业的快速发展也在近15a内逐步拉高河南省生产加工型冷库的建设。

从不同使用年限冷库的建设规模来看（图3-15），河南省新建冷库的平均库容要高于老旧冷库，且平均库容表现为以10a为周期逐渐增长的特征，使用年限在20a以上的冷库库容多在5万m^3以下，使用年限在10~20a的冷库库容多为5~10万m^3，使用年限在0~10a的冷库库容多在10万m^3以上。

第3章　河南省冷链产业发展分析

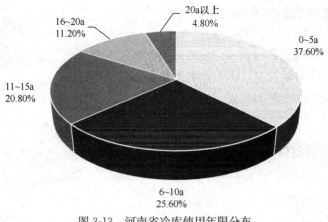

图 3-13　河南省冷库使用年限分布

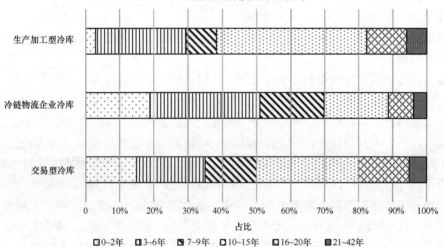

图 3-14　河南省主要功能业态冷库的使用年限分布

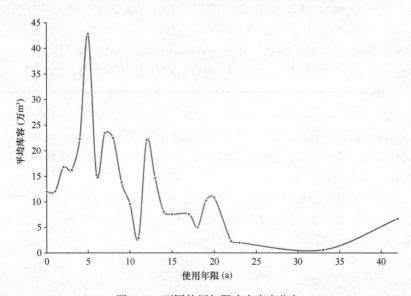

图 3-15　不同使用年限冷库库容分布

3.3.1.5 冷库使用制冷剂情况

对河南省冷库使用的制冷剂种类进行统计分析（图3-16），可以看出，河南省存量冷库使用的制冷剂以氟利昂和氨为主，其中，氟利昂系统约占56%，氨系统约占41%，二氧化碳复合系统占比较小，仅为3%。

3.3.2 河南省冷链仓储设施运营情况

通过对河南省冷库的出租情况进行调研可知，合作社及农户自建产地保鲜库，屠宰分割、肉制品、速冻食品的生产加工型冷库以及批发和零售环节商户自建冷库多为自用，服务专业冷链物流的第三方冷库、批发市场冷库、冷链物流园区冷库、电商平台冷库和进出口环节冷库多为对外出租。

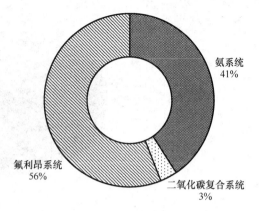

图3-16 河南省冷库使用的制冷剂种类

河南省冷库经营以冷链仓储、装卸搬运、冷链运输、城市配送为主要经营模式，增值服务较少，仅有少数几家专业冷链物流企业能够为生产加工、商贸流通环节提供仓储管理、货运代理、交易撮合、订单管理和供应链金融服务。河南省第三方冷链物流企业的租金普遍高于其他类型冷库，尤其是具有供应链服务能力的冷链物流企业租金较高，冷库租金可达4.5元/(t·d)，郑州市第三方冷链物流企业租金为2~4.5元/(t·d)，其他城市第三方冷链物流企业租金多低于2元/(m²·d)。河南省农产品批发市场冷库租金约为30~110元/(m²·月)，其中郑州市批发市场冷库租金略高于周边城市，例如郑州农产品批发市场冷库租金为75~110元/(m²·月)，周口市农产品批发市场冷库租金为50元/(m²·月)，濮阳农产品批发市场冷库租金仅为30元/(m²·月)。服务电商的冷库根据流通环节不同，冷库租金也不一致，其中服务产地保鲜冷库租金约为1.2元/(t·d)，而服务城市配送环节的郑州市内冷链仓储冷库的租金为3元/(t·d)。河南省各地区、各类型冷库的装卸搬运费用可分为按吨计价和按件计价，价格大致相同，为15~28元/t(单边)、50~70元/t(双边)。河南省冷链物流流通环节常见服务还包括分拣包装服务，分拣包装费用按吨计价或按件计价。

河南省还形成了服务特色品类的产地农产品批发市场冷库和期货交割冷库。以杞县大蒜产业为例，杞县服务大蒜产地批发市场冷库租金为250~500元/(t·季)，田间地头冷库租金相比批发市场环节便宜30~50元/(t·季)，大蒜期货存储租金约为50元/(t·季)。金杞大蒜交易市场装卸搬运费用为50元/t（双边），期货交割冷库的装卸搬运费为20元/t（单边）。期货交割冷库的增值收入还包括交割结算费和加工费，杞县大蒜期货交割冷库的交割结算费为40元/t，加工费为30元/t。

图3-17为河南省冷库出租情况统计，可以看出，河南省冷藏库和冷冻库均存在空置和满仓情况，冷冻库的出租情况整体要优于冷藏库，冷冻库的平均出租率约为70%，冷藏库的平均出租率约为64%。

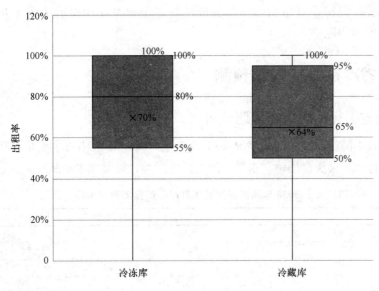

图 3-17 河南省冷库出租情况

3.3.3 河南省冷链物流行业综合发展情况总结

总体来看，河南省冷链设施存量居全国前列，但仍存在行业集中度低、市场竞争激烈、产业支撑能力弱等问题。

虽然河南省冷链物流行业发展迅速，行业规模不断增长，但也存在企业注销、停止经营和冷库拆迁的情况。总体来看，行业整体需求不高是导致冷链物流企业运营困难的主要原因。具体来看，除部分企业自身规划经营不合理等原因，投资方面的资金短缺、经营方面的监管成本和运营成本高企、竞争激烈带来的出租困难和租金较低是导致企业经营困难，甚至退市的主要原因，除此之外，环保、安全监管等规制成本也是部分冷链物流企业经营中面临的主要问题。部分企业尚不了解如何拓展增值业务，不具备打通服务电商企业、产地农产品直销企业的供应链管理能力，这是企业难以拓宽经营业态，丰富经营收入的主要原因。

河南省冷链物流龙头企业示范作用较好，但市场集中度仍然较低，冷链物流跨区域规模化整合能力仍然较弱。河南省冷链物流产业发展迅速，尤其是以专业化第三方冷链物流为发展主力，同时河南省冷链物流产业服务水平较高，已发展了以服务生产加工为主的漯河双汇冷链物流集群、以服务农产品流通为主的郑州万邦冷链物流集群和以服务产地保鲜冷藏为主的开封杞县冷链物流集群，但也存在行业集中度低、区域辐射能力弱、经营业态落后等问题。河南省冷链物流企业仍以小型冷库为主，规模 50000m^3 以下冷库占比超 60%。

河南省冷链物流与农业产业化发展、农产品供应链建设之间的融合能力较弱。在地区分布方面，河南省冷链设施存量主要分布在郑州、开封、新乡、漯河等地区，以区域经济消费能力、重点产业为主要支撑，但其他地区存在冷链设施难以满足城市居民消费和支撑农业产业化发展等困境。政府缺乏对冷链物流行业的统筹规划，冷链物流企业在运营方面仍以传统冷链仓储、运输为主要经营业态，冷链寄递物流、冷链共同配送、"生鲜电商+冷链宅配""中央厨房+食材冷链配送""农商互联"等新兴业态发展水平较低，缺乏科学指导和行业引领,且行业竞争激烈,部分冷链物流企业存在建设后市场不匹配、出租困难、租金低等现实问题。

3.4 河南省冷链市场需求预测

3.4.1 河南省上行冷链需求预测分析

根据河南省生鲜产品以往产量情况,对 2025 年、2030 年河南省主要生鲜产品的产量进行预测分析,包括蔬菜及食用菌、水果、肉类、禽蛋类、奶类和水产品六大类,见表 3-8。

2025 年、2030 年河南省主要生鲜产品产量测算(单位:万 t)　　表 3-8

品类	2021 年	2022 年	2023 年	2024 年	2025 年	2030 年
蔬菜及食用菌	7607	7627	7646	7665	7685	7783
水果	2455	2474	2492	2510	2529	2624
肉类	647	654	660	667	674	710
禽蛋	446	449	452	455	458	473
奶类	217	218	219	220	221	226
水产品	94	96	98	100	102	112
总计	11466	11518	11567	11617	11669	11928

通过分析可以看出,2021~2030 年河南省蔬菜及食用菌、肉类、水产品、禽蛋、奶类产量将保持增长趋势,到 2025 年河南省蔬菜及食用菌产量将为 7685 万 t,水果产量将为 2529 万 t,肉类产量将为 674 万 t,禽蛋产量将为 458 万 t,奶类产量将为 221 万 t,水产品产量将为 102 万 t;到 2030 年,河南省蔬菜及食用菌产量将为 7783 万 t,水果产量将为 2624 万 t,肉类产量将为 710 万 t,禽蛋产量将为 473 万 t,奶类产量将为 226 万 t,水产品产量将为 112 万 t。

到 2025 年,河南省上行冷链库容需求约为 1296 万 m^3,其中需冷藏库库容 797 万 m^3,需冷冻库库容 499 万 m^3;到 2030 年,河南省上行冷链库容需求约为 1342 万 m^3,其中需冷藏库库容 815 万 m^3,需冷冻库库容 527 万 m^3。

3.4.2 河南省中转集散冷链需求预测分析

河南是中西部地区肉类、蔬菜及食用菌、水果、蛋类的主要中转集散节点,已经发展成为辐射京津冀、山西、山东、长三角等地区的区域枢纽。河南省中转集散冷链需求还包括服务河南省进出口生鲜产品的冷链设施。

表 3-9 给出了 2025 年、2030 年河南省生鲜产品中转集散规模预测,表 3-10 给出了 2025 年、2030 年河南省中转集散冷链设施需求预测。到 2025 年,河南省中转集散冷链库容需求约为 595 万 m^3;到 2030 年,河南省中转集散冷链库容需求约为 652 万 m^3。

2025 年、2030 年河南省生鲜产品中转集散需求测算(单位:万 t)　　表 3-9

冷链中转类型	2021 年	2022 年	2023 年	2024 年	2025 年	2030 年
国外中转	45	39	40	41	42	48
国内中转	1674	1681	1688	1695	1702	1739
合计	1719	1720	1728	1736	1744	1787

2021～2030 年河南省中转集散冷链设施需求分析 表 3-10

年份	中转量（万 t）	库容需求（万 m³）
2021 年	1719	485
2022 年	1720	506
2023 年	1728	529
2024 年	1736	551
2025 年	1744	595
2030 年	1787	652

3.4.3 河南省下行冷链需求预测分析

根据河南省 2015～2021 年生鲜产品人均消费量变化趋势，预测"十四五"时期河南省主要生鲜产品人均消费量（表 3-11）。到 2025 年，河南省主要生鲜产品人均消费量约为 269.86kg，其中蔬菜及食用菌人均消费量约为 107.57kg，肉类（含禽类）人均消费量约为 37.30kg，水产品人均消费量约为 7.44kg，蛋类人均消费量约为 21.09kg，奶类人均消费量约为 19.07kg，水果人均消费量约为 77.39kg；2030 年河南省主要生鲜产品人均消费量约为 293.17kg，其中蔬菜及食用菌人均消费量约为 113.29kg，肉类（含禽类）人均消费量约为 40.40kg，水产品人均消费量约为 9.94kg，蛋类人均消费量约为 22.53kg，奶类人均消费量约为 23.76kg，水果人均消费量约为 83.25kg。

2025 年、2030 年河南省主要生鲜产品人均消费量测算（单位：kg） 表 3-11

指标	2021 年	2022 年	2023 年	2024 年	2025 年	2030 年
蔬菜及食用菌人均消费量	103.20	104.28	105.36	106.46	107.57	113.29
肉类人均消费量（不含禽类）	25.50	25.99	26.49	27.00	27.52	30.26
禽类人均消费量	9.50	9.57	9.64	9.71	9.78	10.14
水产品人均消费量	5.90	6.25	6.63	7.02	7.44	9.94
蛋类人均消费量	20.00	20.27	20.54	20.81	21.09	22.53
奶类人均消费量	16.00	16.72	17.47	18.25	19.07	23.76
水果人均消费量	73.00	74.07	75.16	76.27	77.39	83.25
总计	253.10	257.15	261.29	265.52	269.86	293.17

根据 2021～2025 年河南省生鲜产品人均消费量和常住人口增长规律，预测"十四五"时期河南省主要生鲜产品消费情况（表 3-12）。到 2025 年，河南省主要生鲜产品消费总量将达到 2674 万 t，其中蔬菜及食用菌消费总量将为 1066 万 t，肉类消费量将为 370 万 t，水产品消费量将为 74 万 t，蛋类消费量将为 209 万 t，奶类消费量将为 189 万 t，水果消费量将为 767 万 t；2030 年河南省主要生鲜产品消费总量将达到 2914 万 t，其中蔬菜及食用菌消费总量将为 1126 万 t，肉类消费量将为 402 万 t，水产品消费量将为 99 万 t，蛋类消费量将为 224 万 t，奶类消费量将为 236 万 t，水果消费量将为 828 万 t。

2025 年、2030 年河南省主要生鲜产品消费测算（单位：万 t）　　表 3-12

项目	2021年	2022年	2023年	2024年	2025年	2030年
常住人口（万人）	9883	9889	9896	9902	9908	9940
蔬菜及食用菌	1020	1031	1043	1054	1066	1126
肉类	346	352	358	364	370	402
水产品	58	62	66	70	74	99
蛋类	198	200	203	206	209	224
奶类	158	165	173	181	189	236
水果	721	733	744	755	767	828
总计	2501	2543	2586	2630	2674	2914

2021 年河南省接待游客人数 7.9 亿人次，2022 年接待游客人数 4.36 亿人次，通过将河南省接待游客人数折算成常住人口，2025 年河南省生鲜产品消费量将上浮 3‰，2030 年河南省生鲜产品消费量将上浮 4‰。因此，如果计入河南省接待游客人数，2025 年河南省的下行冷链库容需求约为 1151 万 m^3；2030 年河南省下行冷链库容需求约为 1315 万 m^3。

3.4.4　河南省冷链设施需求总量预测分析

在对河南省冷链物流市场存量分析和对河南省各环节冷链需求预测分析的基础上，预测 2025 年、2030 年河南省冷链设施市场缺口（表 3-13）。

2025 年、2030 年河南省冷链设施需求分析（单位：万 m^3）　　表 3-13

年份	上行需求	中转需求	下行需求	冷链仓储库容总体需求	市场缺口
2022年	1008	506	985	2499	—
2025年	1296	595	1151	3042	477
2030年	1342	652	1315	3309	744

经过测算，河南省冷链仓储库容保有量为 2565 万 m^3，2022 年河南省冷链库容需求约为 2499 万 m^3，基本持平。但是河南省农产品市场流通规模在未来将进一步增长，冷链物流市场需求将会进一步增加。到 2025 年、2030 年，冷链库容需求将分别达到 3042 万 m^3、3309 万 m^3，到 2025 年存在约 477 万 m^3 的缺口，到 2030 年存在约 744 万 m^3 的缺口。

3.5　河南省冷链产业发展趋势

1.“十四五”时期河南省良好的产业环境将带动冷链物流持续增长

河南省具有农产品供给能力强、人口基数大的双重优势。"十四五"时期，河南省将进入高质量发展阶段，面临着国家构建新发展格局、促进中部地区崛起、推动黄河流域生态保护和高质量发展三大战略机遇，产业体系健全、现代基础设施完善等蓄积的发展后劲持续增强，人口大省新型城镇化和乡村振兴蕴含的内需潜力持续释放，河南省冷链物流市场规模预计将稳步增长。

2. 河南省冷链行业进一步向标准化、规范化、智能化发展

一方面，全球主要经济体下行压力仍然较大，造成企业投资和居民消费下降，农产品市场需求低迷。调研发现，河南省冷链物流企业经营收入存在不同程度缩水，这种情况或将持续，意味着价格战已经较难赢得市场，新一轮的冷链物流市场竞争将表现为服务创新、业态创新、技术创新等特点，河南省冷链物流市场中粗放发展、竞争能力较弱的冷链物流企业将退出市场。另一方面，河南省冷链物流、数字农业、农产品加工业等政策环境和扶持力度持续向好，河南省农业产业体系加快创新，农产品生产加工更趋品牌化、标准化、规模化，农产品生产加工流通中的冷链物流需求也需朝着协同化、精益化、集约化方向转变，对冷链物流的供应链服务能力要求更高。河南省冷链物流企业应该进一步加快设施装备数字化转型和智慧化升级，提高仓储、运输、配送等各环节的服务能力，提高上下游产业间的协同化、平台化服务水平。

3. 县域特色产业发展将加快推动河南省产地冷链设施发展

2020 年全国综合竞争力百强县（市）中，河南占据 7 席，与福建并列全国第四，中部第一；工业百强县中，河南占据 8 席。这些数据表明河南省县域经济的整体竞争力较强。河南省优先发展的县域经济，高质量满足县域经济需求，是加快乡村产业提档升级、推动乡村振兴的重要驱动力，如民权制冷、漯河食品产业园、杞县大蒜、浚县京东（鹤壁）数字经济产业园、南阳内乡县产业园等加快发展制冷装备、养殖屠宰、物流配送、食品加工等产业体系。县域产业链供应链体系的完善均需要冷链物流的平台支撑作用，预计"十四五"时期，县域特色产业发展将成为河南省产地冷链设施发展的主要驱动力。

（本章撰稿人：温晓辉、姜宇鹏、代冰琳、李婧、张志芳、邢艳辉、石斌、刘昌、杨双超、刘一凝、王波）

第4章 山西省冷链产业发展情况

4.1 山西省冷链产业环境

山西省地处黄河中下游的黄土高原地区,气候温和,雨量充沛,适宜农作物生长。在农业生产方面,常年蔬菜产量在800万t以上。2022年全省水果产量1017.6万t,较上年增长4.4%,首次跨越1000万t台阶,创历史新高;肉、蛋、奶产量分别达142.5万t、118万t、142.8万t,分别比上年增长6.0%、4.5%、5.7%,均创历史新高。山西省山区面积占全省面积的80%以上,有机旱作农业是山西省的一大特色。山西省素有"小杂粮王国"和"优质粮果带"的美称。山西省的荞麦、谷子等杂粮产量全国名列前茅;苹果、红枣、核桃等干、鲜果产量也居全国前列。从区位来看,山西省地处中部地区,毗邻京津冀,是京津冀地区鲜肉、果蔬的稳定供应基地,对冷链物流发展提出了更高的要求,"一带一路"区位优势也为山西省冷链物流发展带来广阔的市场空间。在农产品贸易方面,主要以果品为主,果品出口连续10年位列山西省农产品出口第一大类,目前已出口到76个国家和地区,其中涉及"一带一路"建设国家和地区33个。2017年6月习近平总书记视察山西时指出,有机旱作是山西农业的一大传统技术特色。山西少雨缺水,要保护生态、节水发展,要坚持走有机旱作农业的路子,完善有机旱作农业技术体系,使有机旱作农业成为我国现代农业的重要品牌。"十三五"期间,山西省相继出台《山西省物流业发展中长期规划(2015—2020年)》《山西省人民政府办公厅关于创建特色农产品优势区和现代农业产业园的意见》和《山西省降低物流成本支持市场主体发展实施方案》等一系列政策措施,为山西省冷链物流发展创造了良好的政策环境。2023年2月,山西省政府发布《山西省"十四五"冷链物流发展规划》,加快推动山西省冷链物流发展。2021年,山西省全省农产品物流总额1878亿元,农产品冷链物流需求量保持增速稳步提升。

4.1.1 山西省农产品生产环境

4.1.1.1 生鲜产品生产概况

山西省全境地处黄土高原,是旱作农业大省。山西省的总耕地面积约365650万m^2,占土地总面积的23%。山西省农业经济以种植业为主,养殖业为辅,种植业盛产玉米、谷子、水稻、小麦、高粱、土豆、薯类、荞麦、糜子和豆类粮食作物,及棉花、烟叶、甜菜、油料和麻类等经济作物;干、鲜果品主要有苹果、核桃、红枣、梨和葡萄。2022年,山西省实现农林牧渔业总产值2219.0亿元,较上年增长5.3%;实现农林牧渔业增加值1415.4亿元,较上年增长5.1%,高出全国1个百分点;全省主要农产品产量(包括粮、菜、果、肉、蛋、奶等)均创历史新高,农业经济总量实现新跨越,农业生产呈现稳中向好的发展态势。

2021年,山西省生鲜产品总产量达2338.00万t,同比增长约11.13%(图4-1)。分品类来看,2021年山西省蔬菜产量976.20万t,同比增长约13.37%。水果产量974.90万t,同比增长约7.16%。肉类产量134.40万t,同比增长约30.99%。禽蛋产量112.30万t,同比增长约2.84%。奶类产量135.10万t,同比增长约15.47%。水产品产量5.10万t,同比增长约10.90%(表4-1)。

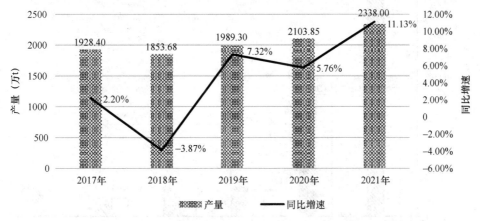

图4-1 2017~2021年山西省主要生鲜产品产量及变化情况

2017~2021年山西省主要生鲜产品生产情况(单位:万t) 表4-1

品类	2017年	2018年	2019年	2020年	2021年	同比增速
肉类	93.30	93.00	91.00	102.60	134.40	30.99%
水产品	5.30	4.70	4.60	4.60	5.10	10.87%
奶类	77.30	81.00	91.80	117.00	135.10	15.47%
蔬菜	806.70	821.80	827.80	861.10	976.20	13.37%
水果	844.00	750.60	862.70	909.80	974.90	7.16%
禽蛋	101.80	102.70	111.80	109.20	112.30	2.84%

数据来源:山西省统计局。

2021年,山西省主要生鲜产品人均占有量约为656.42kg,低于全国平均水平(923.65kg),其中水果、禽蛋、奶类人均占有量高于全国平均水平,而蔬菜、肉类和水产品人均占有量均低于全国平均水平。蔬菜人均占有量280.54kg,水果人均占有量264.32kg,肉类人均占有量38.90kg,禽蛋人均占有量32.42kg,奶类人均占有量38.83kg,水产品人均占有量1.45kg(图4-2)。

4.1.1.2 生鲜产品分布情况

从山西省主要生鲜产品的地区分布情况可以看出(表4-2),蔬菜主要分布在晋中、长治、临汾和运城等山西南部地区,运城、晋中两市蔬菜产量占到全省的41.8%;山西省是水果栽培最适宜区域之一,水果生产主要集中在运城和临汾两地,其中苹果产量最多,2021年总产量436.63万t,占园林水果总产量的46.8%,主要集中在晋中、临汾、运城三市,属于全国苹果优势区黄土高原苹果产业带,产量位居全国第三,仅次于陕西和山东;其次为桃,2021年产量为181.5万t,占比19.7%;再次是梨和红枣,2021年产量分别为113.2万t和77.2万t,分别占12.3%和8.4%,山西省临汾市隰县是我国著名

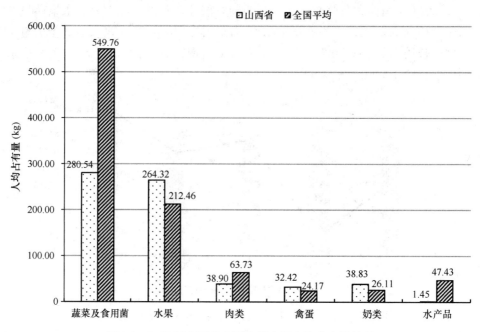

图 4-2　2021 年山西省主要生鲜产品人均占有量情况

的玉露香梨产地，2022年玉露香梨的栽植面积发展到23万亩，挂果面积11万亩，规模排名全国第一。2021年山西省肉类总产量134.40万t，主要集中在运城、长治、晋中等地。山西省属于内陆省份，水产品供应主要依靠外省供给，总产量5.10万t，主要集中在运城市。

2021 年山西省主要生鲜农产品分布情况（单位：万t）　表 4-2

地区	蔬菜	水果	肉类	奶类	禽蛋	水产品
太原	70.05	9.84	3.27	7.11	3.08	0.32
大同	70.65	11.84	13.45	33.17	6.30	0.14
阳泉	6.85	1.55	2.11	0.43	3.39	0.09
长治	104.73	5.87	12.23	1.61	12.26	0.55
晋城	40.17	8.14	15.26	0.02	9.25	0.16
朔州	71.82	6.59	6.56	59.72	3.11	0.05
晋中	197.46	53.99	19.23	15.00	14.75	0.40
运城	229.01	709.37	20.19	3.31	28.65	2.42
忻州	59.53	24.26	11.51	7.78	8.16	0.26
临汾	101.82	116.87	15.12	5.08	11.87	0.60
吕梁	24.19	26.54	16.45	2.50	12.04	0.10

数据来源：山西省统计局。

4.1.1.3　生鲜产品生产情况分析

2017～2021年，山西省生鲜产品总产量均保持在2000万t左右，呈波动式增长。2018年受自然灾害影响，水果产量大幅下降，比上年同期减产193万t，下降21.7%，生鲜产品总产量为1801万t。2022年山西省生鲜产品产能实现较快增长,总产量达2052万t,蔬菜、水果产量双双迈上千万吨台阶,肉、蛋、奶产量均创历史新高,农业生产呈现稳中向好的发展态势。

从分品类看,2018~2022年,山西省蔬菜总产量均保持稳定增长,2022年山西省蔬菜播种面积346.0万亩,比上年增加21.6万亩,增长6.7%;蔬菜总产量突破千万吨,达1042.2万t,增长6.7%。肉类总产量呈波动性增长态势,2019年受非洲猪瘟影响,猪肉总产量跌至91万t,2022年肉类总产能恢复至142.5万t。水果生产情况呈现波动式反弹性增长态势,水果产量自2018年跌至低谷后,呈现强力反弹式增长,2022年水果总产量1017.6万t,较上年增长4.4%,首次跨越1000万t台阶,创历史新高。在水产品生产方面,山西省地处内陆,90%的水产主要依靠外省输入,2017~2022年水产品产量基本维持在5万t左右(图4-3)。

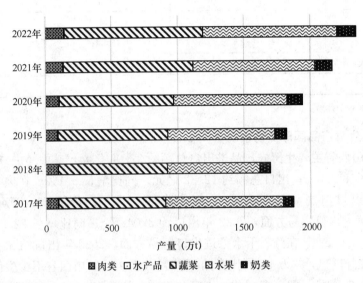

图4-3 2017~2022年山西省主要生鲜产品生产趋势分析

4.1.2 山西省农产品加工环境

近年来山西省食品加工产业不断发展。截至2021年底,山西省食品企业3000余家,其中国家重点农业产业化龙头企业45家,省级重点龙头企业649家。2021年山西省农产品加工龙头企业总营业收入超过2031亿元,同比增长7%。2021年规模以上企业主要产品产量:白酒(折65°)21700万L、食醋49.2万t、液体乳52.8万t、饮料113.3万t。肉制品加工产业形成了以忻州市、晋中市和晋城市为核心的肉制品产业集群优势区,明星产品包括忻州的"天牧参羊""跳山羊",晋中平遥的"冠云牛肉""辰宇""宝聚源"等品牌。果品加工产业形成了以临汾市、运城市为核心的果品产业集群优势区,明星产品包括吉县苹果、"壶口""恒丰绿源""乐之然"等产品品牌。粮食酒业加工企业形成了以太原市、吕梁市为核心的酿品产业集群优势区,包括"汾""竹叶青""杏花村"等在内的酒类知名品牌。除此之外,清徐、榆次形成了食醋产业集群,清徐食醋产业集群产量占到全省食醋产量的80%、全国食醋产量的20%。

4.1.3 山西省农产品贸易环境

4.1.3.1 生鲜产品国内贸易情况

2021年山西省亿元以上生鲜产品交易市场情况见表4-3,全年成交额27.42亿元,交易产品主要以蔬菜和水果为主。其中,蔬菜类批发市场全年成交额17.44亿元,占比63.60%;干、鲜果品类批发市场全年成交额5.56亿元,占比20.28%;肉禽蛋类批发市场全年成交额2.04亿元,占比7.44%;水产品类批发市场全年成交额2.38亿元,占比8.68%。

2021年山西省亿元以上生鲜产品交易市场情况 表4-3

品类	市场出租摊位数（个）	全年成交额（亿元）	成交额占比
肉禽蛋类	308	2.04	7.44%
水产品类	325	2.38	8.68%
蔬菜类	682	17.44	63.60%
干、鲜果品类	402	5.56	20.28%
合计	1717	27.42	100%

数据来源：山西省统计局。

4.1.3.2 生鲜产品国际贸易情况

2022年,山西省主要生鲜农产品进出口总额约32.98亿元,其中净进口总额约20.66亿元,同比增长119.5%;出口总额约12.32亿元,同比增长5.1%。在肉类进出口贸易方面,山西省出口肉制品及杂碎65t,同比降低41.8%;价值519万元,同比下降43.0%。在蔬菜进出口贸易方面,2022年出口约5.04万t,同比增长22.8%,价值2.9亿元,同比增长30.5%。在鲜、干水果进出口贸易方面,2022年出口约3.68万t,同比降低14.8%,进口约0.44万t,同比降低57.9%（表4-4）。山西省不少生鲜农产品的出口呈现逐步增加的态势,朝着多元化、丰富化发展,2022年前三季度山西省主要生鲜产品出口额为8.6亿元,同比增长16.7%。尤其是特色食品的出口不断扩大延伸,运城苹果酱、大同脱水黄洋葱首次出口日本,山西陈醋首次出口南美洲,临汾干黄粉虫首次出口加拿大。

2022年山西省主要生鲜农产品进出口情况 表4-4

品类	出口		进口	
	数量（t）	金额（万元）	数量（t）	金额（万元）
农产品	—	123237	—	206567
肉类（包含杂碎）	65	519	—	—
蔬菜	50363	29096		
—鲜或冷藏蔬菜	15140	6638		
—干蔬菜	2701	4650		
—鲜、干水果及坚果	36834	47095	4401	13627
—核桃	12810	24879		

续表

品类	出口		进口	
	数量（t）	金额（万元）	数量（t）	金额（万元）
—苹果	4263	2844	—	—
—鲜梨	16029	14216	—	—
粮食	2908	3190		
—干芸豆	1470	1753		
罐头	2320	5171		
—蔬菜罐头	1767	3617		
—核桃仁罐头	464	1502		
果蔬汁	13825	11517		
—苹果汁	11465	9378	—	—
乳品	—	—	342	448

数据来源：山西省太原海关总署。

4.1.4 山西省居民消费情况

2016~2022年，山西省常住人口年均增速为-0.14%，主要生鲜产品人均消费增速为4.98%。2021年，山西省常住人口约3480.48万人，主要生鲜产品人均消费量254.89kg，消费总量887.14万t。经测算，2025年山西省常住人口将达3467.25万人，主要生鲜产品人均消费量约为265.42kg，消费总量达920.28万t（表4-5）。

2025年、2030年山西省居民主要生鲜产品消费规模测算　　表4-5

年份	人口规模（万人）	人均消费量（kg）	消费总量（万t）
2016年	3514.48	194.19	682.48
2017年	3510.46	204.34	717.33
2018年	3502.47	216.06	756.74
2019年	3496.88	237.09	829.08
2020年	3490.5	242.48	846.38
2021年	3480.48	254.89	887.14
2022年	3481.35	259.52	903.48
2025年	3467.25	265.42	920.28
2030年	3448.55	273.02	941.52

数据来源：山西省统计局。

通过对山西省居民生鲜产品消费结构发展趋势和人口数量增长趋势进行测算统计（表4-6），2025年山西省蔬菜人均消费量为115.85kg，消费总量约401.68万t；水果人均消费量为79.87kg，消费总量约276.93万t；肉类人均消费量为23.40kg，消费总量约81.13万t；奶类人均消费量为23.42kg，消费总量约81.21万t；禽蛋人均消费量为18.68kg，消费总量约64.77万t；水产品人均消费量为4.20kg，消费总量约14.56万t。

2025年、2030年山西省居民主要生鲜产品分类消费测算　　　　表4-6

品类	2021年		2025年		2030年	
	人均消费量（kg）	消费总量（万t）	人均消费量（kg）	消费总量（万t）	人均消费量（kg）	消费总量（万t）
蔬菜	112.04	389.95	115.85	401.68	118.25	407.79
肉类	21.48	74.76	23.40	81.13	23.85	82.25
水产品	3.90	13.57	4.20	14.56	4.50	15.52
禽蛋	17.15	59.69	18.68	64.77	19.52	67.32
水果	78.05	271.65	79.87	276.93	82.36	284.03
奶类	22.27	77.51	23.42	81.21	24.54	84.63
合计	254.89	887.14	265.42	920.28	273.02	941.52

4.2　山西省冷链政策环境

随着经济的快速发展和人民生活水平的提高，冷链物流行业正在经历前所未有的高速发展。为支持冷链物流行业的发展，山西省相关部门出台了一系列支持措施和优惠政策，为行业发展提供了坚实的基础，也为消费者提供了安全、高质量的冷链物流服务，促进了山西省经济的持续健康发展。

4.2.1　山西省农产品生产政策

在农产品生产方面，山西省重视提升农产品的质量和安全，山西省人民政府办公厅印发了《山西省农产品质量提升行动方案》，提出构建全产业链标准体系，推进种植养殖生产标准化，推行绿色生产方式，强化全过程质量监管，提高农产品质量和效益。在农业支持和补贴方面，出台了《山西省关于支持农业高质量高速度发展推进乡村产业振兴的若干政策措施》，对产粮大县予以奖补，对生猪大县加大奖补力度，鼓励市县加大设施农业投资力度，省级安排资金重点支持设施农业建设。山西省财政厅印发了《农业保险保费补贴实施细则》，对种植业、养殖业和林业等适应当地"三农"发展需求的农业保险给予一定的保费补贴。

总体上，山西省的农产品生产政策旨在提高农产品质量和安全，推动农业科技创新，发展特色农产品和农业产业化，增加农业支持政策和补贴力度，加强农业保险和金融服务，促进农业可持续发展。

4.2.2　山西省农产品加工政策

为加快农产品加工业的发展，加强农产品加工业集聚水平，山西省发布出台了政策。在产业集聚方面，《山西省政府关于加快推进农产品精深加工十大产业集群发展的意见》提出依托"南果中粮北肉"出口平台和"东药材西干果"商贸平台，合理布局生产基地、产业链条、科技研发、加工园区、综合服务、休闲旅游等功能模块，全方位构建农产品精深加工十大产业集群。在产业布局方面,《山西省国民经济和社会发展第十四个五年规划和2035年远景目标纲要》提出以农产品精深加工十大产业集群为支撑,以巩固脱贫攻坚成果为底线任务,全面推进乡村振兴,努力实现创新开放绿色融合富民发展,促进农业全面升级、农村全面进步、农民全面发展,加快农业农村现代化。

4.2.3 山西省农产品贸易政策

在国内贸易方面,山西省人民政府印发了《山西省"十四五"新产品规划》,提出开发特色农产品资源,完善农产品质量安全标准,加强新产品与乡村振兴战略联动,推出更多能进入中高端消费市场的特色农产品,持续带动区域经济增长和农民增收。在国际贸易方面,《山西省落实〈区域全面经济伙伴关系协定〉(RCEP)行动计划》提出着力推动对外贸易快速发展,推动服务贸易提质增效,加强RCEP载体平台建设,构建RCEP贸易物流通道,并打造一流的营商环境,深化山西省与其他RCEP国家经贸合作,以高水平开放助力全方位高质量发展。

4.2.4 山西省农产品消费政策

消费是最终需求,是畅通国内大循环的关键环节和重要引擎,对经济具有持久拉动力,事关保障和改善民生。

在增强农产品消费能力方面,《山西省进一步释放消费潜力促进消费持续恢复的实施方案》提出加快健全消费品流通体系,增加就业收入,提高消费能力。为全面提升农村居民消费能力,助力乡村振兴,山西省商务厅印发了《2022年商务领域乡村振兴重点工作方案》,提出发展购物、餐饮、亲子、娱乐、农资等多种业态,承接市民下乡和农民进城消费。

4.2.5 山西省农产品流通政策

在农产品流通中,山西省从加强电子商务平台建设、完善农产品流通网络、加强农产品冷链物流建设等方面提供政策支持和保障。

在电子商务平台建设方面,山西省人民政府办公厅印发了《山西省关于加快电子商务体系和快递物流配送体系贯通发展行动计划》,提出实施农产品进城、工业品下乡双向畅通工程,完善农产品进城运营服务体系。同时,研究完善农产品进城的支持政策,山西省财政厅、山西省发展和改革委员会、山西省邮政管理局印发了《全省农村寄递物流服务全覆盖省级专项补助资金管理办法》,对农产品上行快件给予财政资金补助支持,增强农产品上行动能,积极向产、储、运、销一体化发展。在农产品流通网络方面,山西省人民政府印发了《山西省"十四五"现代综合交通运输体系发展规划》,提出加强农产品冷链物流网络建设,提高农产品运输效率。在农产品冷链物流建设方面,山西省发展改革委印发了《山西省"十四五"冷链物流发展规划》,提出要围绕聚焦打造京津冀冷链物流仓储基地目标,构建"一二三"冷链物流发展新格局。

4.2.6 山西省冷链物流资金支持政策

山西省商务厅发布了《关于进一步加强农产品供应链体系建设的通知》、山西省农业农村厅发布了《山西省农业农村厅农产品仓储保鲜冷链设施建设实施方案》。在中央财政资金支持下，山西省作为全国农产品流通示范区、跨区域农产品流通基础设施建设试点省，截至2022年累计争取国家财政资金2.6亿元，通过政府股权投资、贷款贴息、以奖代补等方式，支持建设43个项目，撬动社会资金50亿元，带动建设了38个冷链物流集散中心、14个综合性加工配送中心，改扩建40座冷库，形成了农产品加工生产、冷链物流、仓储配送和信息服务等功能的农产品流通网络。同时，在《山西省农业农村厅 山西省财政厅关于做好2022年农产品产地冷藏保鲜设施建设工作的通知》中，明确库体以净容积为奖补计算依据，按分类分档定额奖补；配套设施以实际新购置为计算依据。配套设施奖补额按新增配套设施总金额的30%奖补，但最高限额不超过确定的分类分档定额标准。

4.3 山西省冷链市场现状

山西省地处黄河流域中部地区，是传统的农牧结合区和我国北方果品主要生产基地之一，是全国优质苹果、梨、葡萄等水果生产优势区，也是全国红枣、核桃、花椒等干果原产地。果品是山西省第一大出口农产品，山西省规模以上冷库总库容呈不断上升趋势。

4.3.1 山西省冷链市场基本情况

4.3.1.1 冷链行业现状分析

山西省冷链基础设施建设能力显著提升，截至2023年7月，山西省冷库库容共954.01万 m^3；其中，冷冻库库容762.01万 m^3，约占80%；冷藏库库容192.00万 m^3，约占20%（图4-4）。山西省有冷库851座，冷链物流重点企业百余家，主要以提供农产品生产加工和商贸流通服务为主，包括仓储出租、运输、仓配一体和供应链等服务。临汾市、运城市和晋中市拥有的冷链物流企业数量在山西省排名前三。年营业收入在亿元以上的冷链物流企业有2家，年营业收入在1000万元至1亿元的冷链物流企业有30家。三星级综合服务型冷链物流企业有2家，冷链物流百强企业1家。县域电商物流配送中心平均建筑面积达1800m^2，其中静乐县、定襄县、五台县建筑面积达4500m^2以上。

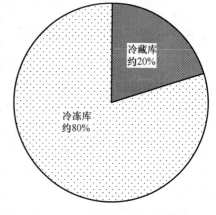

图4-4 山西省冷藏库与冷冻库分布情况

分地区来看，山西省的冷链仓储设施主要分布在以太原市为中心的晋中地区（包括晋中市、大同市、晋城市和运城市）、以大同市为中心的晋北地区和以临汾市、运城市为中心的晋南地区。其中，太原市作为山西省的省会城市，是山西省重要的物流中转集散中心，太原市冷链仓储库容占山西全省总库容的一半以上。目前，太原市冷藏库库容约为132.21万 m^3，冷冻库库容约为527.83万 m^3；太原市万吨以上冷库65%集中在杏花岭区，20%在小店区，10%在尖草坪区，5%在迎泽区和清徐县。晋中市形成了以平遥、太谷和榆次为中心的特优肉牛养殖基地和肉制品产业集群优势区。晋中市冷链仓储设施总库容位居山西省第二位,冷藏库库容约为 16.64 万 m³,冷冻库库容约为 64.78 万 m³;大同市作为晋北地区主要的农产品流通基地,形成了以肉羊为主的肉类冷链物流服务集群。目前大同市以肉羊、肉牛屠宰加工的生产加工型冷库为主,冷冻库库容约为 75.39 万 m³;晋城市形成了以高平市、泽州县和阳城县为主的生猪养殖产业集群,目前晋城市冷藏库库容约为 24.52 万 m³,冷冻库库容约为 38.96 万 m³;在晋南地区形成了以运城、临汾、晋城、吕梁等蔬果主产区为依托的蔬果冷链物流服务集群。目前运城市冷链设施以冷藏保鲜库为主,冷藏库占比超过一半,冷藏库库容约为 18.63 万 m³,冷冻库库容约为 13.93 万 m³。临汾市是粮食高产区和精细果菜主产区,目前冷冻库库容约为 23.51 万 m³;吕梁市以高粱种植和酿品产业集群为主,冷链仓储设施相对较少,冷冻库库容约为 2.40 万 m³;长治市以中医药材种植为主,冷冻库库容约为 8.21 万 m³;忻州市以牛羊养殖为主,目前冷冻库库容约为 0.58 万 m³;朔州市和阳泉市的冷链仓储设施规模较小,以杂粮种植和功能食品产业为主,目前朔州市冷冻库库容约为 4.02 万 m³;阳泉市冷冻库库容约为 2.40 万 m³(图 4-5)。从山西省农产品流通格局来看,晋中地区位于整个山西省农产品流通网络体系的中心,同时农业基础最好、消费人口最多、消费水平最高,发挥了大型农产品批发市场的辐射带动作用。目前,太原市的一级农产品批发市场承担了农产品进入山西省的集散分销功能,以太原为中心的大晋中地区属于国家级的流通战略支点城市和农产品集散中心。大同市、临汾市和长治市等属于区域性流通支点城市,农产品流通模式以自产自销和现货交易为主,其冷链流通效率低于大晋中地区。

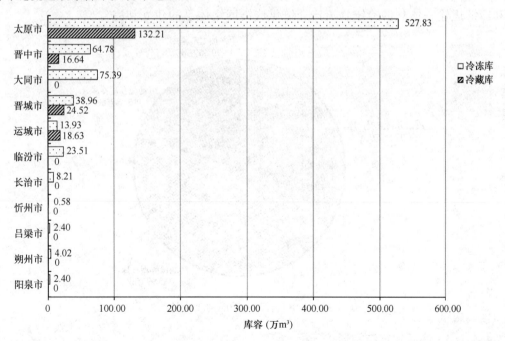

图 4-5　山西省冷冻库与冷藏库地区分布情况

注:样本数据以库容在 5000m³ 及以上冷库为主

4.3.1.2 冷库功能构成分析

山西省作为全国农产品流通示范区、跨区域农产品流通基础设施建设试点省，作为京津冀地区鲜肉、果蔬的稳定供应基地，已初步形成中南部设施冬春蔬菜产业带、中北部越夏延秋蔬菜产业带、晋南黄土高原苹果产业带和中原肉牛带，随之也形成了具有农产品加工生产、冷链物流、仓储配送和信息服务等功能的农产品流通网络。山西省冷链仓储设施规模近年来呈不断上升趋势，产地保鲜型冷库库容最大，为385.99万m^3，约占全省冷库总库容的40.5%；第三方物流型冷库库容排名第二，为372.82万m^3，约占全省冷库总库容的39.1%（图4-6）。山西省作为中部地区农产品重要流通枢纽，拥有太原河西农副产品批发市场、太原丈子头农产品批发市场、榆次汇隆农副产品批发市场、大同振华蔬菜农贸批发市场、长治天合农批市场等，以上均为山西省的一级农产品批发市场，承担了外省农产品进入山西的集散分销功能，农产品经以晋中为主的一级批发市场进入山西，再由一级批发市场分销到山西各个地区的二级农产品批发市场，市场配套型冷库总库容为115.53万m^3，约占全省冷库总库容的12.1%。生产加工型冷库最少，主要以晋中地区肉牛加工为主，具有代表性的有九牛牧业、大象农牧、古城乳业、泽榆肉业等肉制品和乳制品加工企业，均在原料获取、分割加工、储藏运输、终端销售等环节实现全程低温控制，目前生产加工型冷库库容约79.56万m^3，约占全省冷库总库容的8.3%。为进一步加强省内农产品冷链物流效率，山西省鼓励大型生鲜产品批发市场、连锁超市、食品生产加工企业以及有实力的第三方冷链物流服务企业加快冷链物流设施建设，推动产地预冷、初级加工、保鲜存储和冷链运输一体化的冷链物流产业链供应链网络体系的建立和完善。

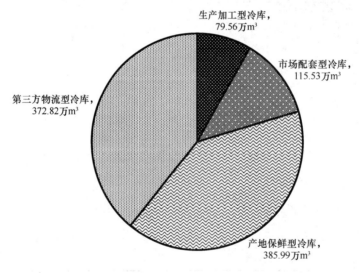

图4-6 山西省冷库功能构成情况

4.3.1.3 冷库建筑结构形式分析

山西省冷库的建筑结构形式见图4-7，可以看出，山西省使用较多的是土建式冷库和装配式冷库。目前土建式冷库约占山西省冷库总量的一半，其次为装配式冷库，约占山西省冷库总量的47%；另外，自动立体冷库目前在山西省逐渐得到小规模应用，其占比约为3%。

4.3.1.4 冷库使用制冷剂情况分析

经过市场调查和研究发现，受政府监管等因素影响，山西省目前大部分新建冷库使用的制冷剂以氟利昂为主。以氟利昂为制冷剂的冷库占比约66%，以氨为制冷剂的冷库占比约30%，以二氧化碳复合系统为制冷剂的冷库占比4%（图4-8）。2014年，山西省出台一系列政策和监管措施，加强涉氨制冷企业特种设备安全管理，消除涉氨制冷企业压力容器、压力管道安全隐患。晋中、运城、临汾和平遥等地纷纷加强对涉氨制冷企业的监管。在调研中发现，大部分中小型企业冷库的压缩机以国产品牌为主，包括烟台冰轮、福建雪人和江苏雪梅等；大型项目中，压缩机以外资品牌为主，大多使用德国比泽尔和日本松下等品牌。

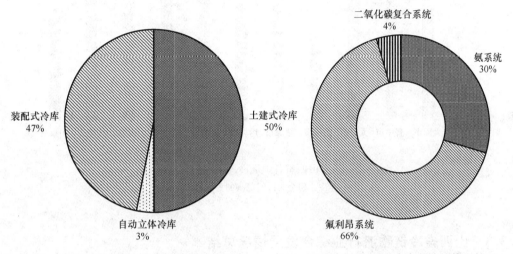

图4-7 山西省冷库的建筑结构形式　　图4-8 山西省冷库制冷剂使用情况

4.3.2 山西省冷链设施运营情况

对山西省现有冷链设施在运营成本方面的市场调研数据显示，山西省冷库平均租金为1.32～3.00元/(t·d)，在全国属于中等租金水平。其中，冷冻库最低为2.0元/(t·d)，最高为4.60元/(t·d)；冷藏库租金最低为0.90元/(t·d)，最高为1.50元/(t·d)。配套装卸搬运费方面，平均装卸搬运费为40～50元/t。

从地区分布来看，目前山西省冷库租金较高的地区主要集中在晋中市、大同市和临汾市，三个城市冷库平均租金为3.00元/(t·d)，普遍高于山西省其他地区。大同市的冷库主要分布在云州区和经开区，围绕大同市绕城高速和大同市国际陆港布局，黄花产业作为大同市的特色支柱产业，其黄花种植面积占全国的27.3%，形成了以黄花冷藏保鲜库和肉类精深加工、冷链仓储为主的冷链产业集群，经营模式主要以"生产+仓储+销售"的为主，冷库租金平均为2.5～3.0元/(t·d)。晋中市冷库主要以批发市场型冷库、产地保鲜型和农畜产品加工型冷库为主，太原市冷库主要以批发交易和中转集散为主，榆次区和清徐县的冷库大部分以产地保鲜库为主，储要存储以"榆次苹果""东赵梨""东阳蔬菜"为主的特色农产品。平遥县的冷库主要以平遥冠云牛肉的生产加工型冷库为主，晋中地区冷库的平均租金为 3.00 元/(t·d)。临汾市和运城市属于全国苹果优势产区，位于西北黄土高原苹果产业带，约有 300 亩果树产苹果、梨，因此以水果蔬菜库为主的产地保鲜型冷库比较多，其次是服务终端的城市配送型冷库，晋南地区的冷库平均租金为 2.75 元/(t·d)。运城市冷库平均租金为 2.56 元/(t·d)。山西省其他地区冷库租金均低于平均水平，长治市冷库平均租金为 1.32 元/(t·d)（图 4-9）。

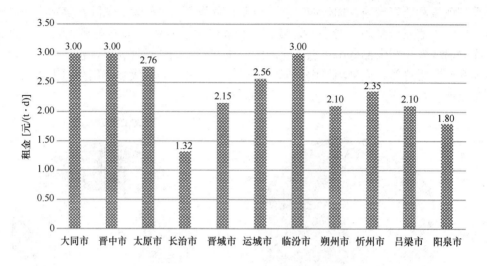

图 4-9　山西省各地区冷库平均租金情况

注：租金为区间范围的平均值。

4.3.3　山西省冷链物流行业综合发展情况总结

山西省农产品冷链行业形成时间较早，冷库仓储闲置率较高，冷链物流信息不对称，目前传统食品冷链物流行业亟须转型升级。

从冷链设施分布和需求看，山西省蔬菜生产主要集中在晋南、晋中和上党等优势产区，流通半径较大，产销两端供给设施分布不均衡。同时，在果蔬产品采摘过程中以及由产地运往城市途中损耗高达 25%。冷藏运输在货物运输中占比较低，生鲜果蔬的冷藏运输量仅占公路运输总量的 10%～20%，同时优势产区的预冷设施和冷藏量相对较少，造成生鲜产品的浪费。

从交易方式来看，山西省农贸市场的交易市场较为传统，社会化、专业化程度较低，缺乏信息流通平台，导致农产品流通效率较低，产销结构和需求端的供给程度不匹配。

4.4　山西省冷链市场需求预测

4.4.1　山西省上行冷链需求预测分析

根据 2019～2021 年山西省主要生鲜产品生产情况，对山西省 2025 年和 2030 年主要生鲜产品产量进行了测算，结果见表4-7。2025年和2030年，山西省主要生鲜产品总产量分别为2274.16万t和2312.17万t。

根据山西省生鲜产品产量、冷链流通率、年周转次数及库容使用率，测算2025年山西省上行冷链库容需求为356.99万m^3，2030年为512.94万m^3。

2025年、2030年山西省主要生鲜产品产量测算（单位：万t） 表4-7

品类	2019年	2020年	2021年	2025年	2030年
肉类	91.02	102.65	135.38	120.46	125.12
水产品	4.63	4.67	5.08	4.26	4.60
奶类	91.81	117.01	135.14	120.52	130.20
蔬菜	827.83	861.19	976.29	985.55	990.25
水果	808.15	857.98	919.85	922.76	930.00
禽蛋	111.81	109.27	112.85	120.61	132.00
合计	1935.25	2052.77	2284.59	2274.16	2312.17

4.4.2 山西省中转集散冷链需求预测分析

根据2019~2022年山西省主要生鲜产品进出口市场交易数据统计，对山西省生鲜产品中转集散需求进行了测算，结果如表4-8所示。2025年和2030年，山西省主要生鲜产品总需求量分别为522.20万t和562.81万t。

2025年、2030年山西省生鲜产品中转集散需求测算（单位：万t） 表4-8

类型	2020年	2025年	2030年
国外中转量	21.81	26.61	35.71
国内中转量	415.42	495.59	527.10
合计	437.23	522.20	562.81

根据山西省生鲜产品国内国外中转集散量、冷链流通率、年周转次数及库容使用率，测算2025年山西省中转集散冷链库容需求为466.91万m^3，2030年为503.22万m^3。

4.4.3 山西省下行冷链需求预测分析

根据山西省常住人口数量和山西省生鲜产品人均消费量，对山西省2025年和2030年下行冷链需求进行测算，结果如表4-9所示。2025年和2030年，山西省居民生鲜产品消费量分别为920.27万t和941.53万t。

2025年、2030年山西省下行冷链需求测算 表4-9

品类	消费量（万t）		库容需求（万m^3）	
	2025年	2030年	2025年	2030年
蔬菜	401.68	407.79	48.90	49.70
肉类	81.13	82.25	125.40	127.10
水产品类	14.56	15.52	12.10	12.90

续表

品类	消费量（万 t）		库容需求（万 m³）	
	2025 年	2030 年	2025 年	2030 年
蛋类	64.77	67.32	11.80	12.20
奶类	276.93	284.02	84.30	86.50
水果	81.20	84.63	29.50	30.80
合计	920.27	941.53	312.00	319.20

根据山西省居民生鲜产品消费需求、生鲜产品损腐率、冷链流通率、年周转次数及库存利用率，同时考虑人均速冻食品的消费，测算 2025 年和 2030 年山西省下行冷链库容需求分别为 312.00 万 m³ 和 319.20 万 m³。

4.4.4 山西省冷链设施需求总量预测分析

根据上述山西省冷链设施的上行需求、中转集散需求、下行需求，得出 2022 年、2025 年和 2030 年山西省冷链设施总体需求（表 4-10）。2025 年和 2030 年，山西省冷链设施库容需求分别为 1136 万 m³ 和 1335 万 m³，而市场冷链仓储设施保有量为 954 万 m³，2025 年存在约 182 万 m³ 的缺口。经过分析测算，市场需求体量在未来将进一步增长。

表 4-10 2025 年、2030 年山西省冷链设施需求分析（单位：万 m³）

年份	上行需求	中转需求	下行需求	冷链仓储总体需求	市场缺口量
2022 年	322.13	390.94	276.10	989.17	35.17
2025 年	356.99	466.91	312.00	1135.90	181.90
2030 年	512.94	503.22	319.20	1335.36	381.36

4.5 山西省冷链产业发展趋势

山西省地处中部地区，是京津冀地区鲜肉、果蔬的稳定供应基地，"一带一路"的区位优势也为山西省的冷链物流发展带来广阔的市场空间。未来山西省将依托优势产区的产业优势，建立高效的冷链物流服务网络体系。

1. 山西省将加快加强果蔬产品产业链、供应链一体化建设

在果蔬冷链物流方面，山西省将围绕晋南水果主产区和晋中南蔬菜主产区，因地制宜地建设经济适用、节能环保、绿色高效的仓储保鲜设施，延长销售周期，提高反季节销售水平。推动果蔬产品产地预冷、初级加工、保鲜储存、冷链运输一体化的冷链物流产业链、供应链建设。针对区域内产地预冷需求，山西省将积极培育具有一定规模和竞争力的第三方果蔬冷链物流服务企业，完善果蔬"最先一公里"和"最后一公里"的冷链配套设施建设和冷链配送服务，提升产品品质。

2. 山西省将依托口岸优势重点发展肉类一体化供应链体系

在肉禽冷链物流方面，山西省将顺应畜禽屠宰加工向养殖集中区域转移的新趋势，积极发展覆盖生猪生产、储存、运输及销售的冷链设施，在大同、朔州、吕梁和长治等肉类

主产区,依托生鲜产品生产加工龙头企业,构建"集中屠宰、按标生产、品牌经营、冷链流通、冷鲜上市"的肉类供应链体系。同时,进一步发挥大同国际陆港等进境肉类指定监管场地作用,建设进口肉类冷链基地,建成聚集全省、融入京津冀的重要畜产品国际贸易枢纽。

3. 山西省将加快发展冷链多式联运的现代物流运行体系

加强以晋中国家骨干冷链物流基地为中心的冷链流通网络,增强太原、大同、临汾等国家物流枢纽冷链物流服务功能,推进冷链物流深度融入"通道+枢纽+网络"现代物流运行体系,实现与国家物流网络协同建设和融合发展。

(本章撰稿人:温晓辉、姜宇鹏、代冰琳、李婧、张志芳、邢艳辉、石斌、刘昌、杨双超、刘一凝 、赵全华)

第5章 福建省冷链产业发展情况

5.1 福建省冷链产业环境

福建省素有"海为园田、鱼为衣食"之说，水产品资源丰富，是我国渔业大省，以及冬春蔬菜和南方水果优势产区，我国五大南菜北运和主要出口蔬菜省份，还是我国重点花卉苗木产区。福建省对接长三角地区和粤港澳大湾区，联动两大城市群，水产品、茶叶、食用菌、特色果蔬、花卉等优质农产品供给全国。福建省作为"21世纪海上丝绸之路"核心枢纽、国家区域经济联动发展战略支点、海峡两岸融合发展的战略支柱，陆海内外联动、东西双向互济的国际贸易物流通道优势不断提升。福建省是我国重要的水产品、果蔬、茶叶、粮食出口省份之一，水产品、果蔬出口居全国前列。闽台农业合作优势突出，农产品贸易基础良好，农产品贸易额约占海峡两岸贸易总额的30%。近年来，福建省进一步推进"海丝茶道"等经贸推介活动，深化闽台农业融合，扩大果蔬、茶叶、食用菌等农产品出口规模，加强对台产业合作和市场对接。整体来看，福建省拥有良好的冷链物流产业基础，伴随着福建省海洋经济上升为国家战略，福建省冷链物流发展实现了飞跃式发展。"十三五"时期，福建省人民政府办公厅发布了《福建省人民政府办公厅关于促进冷链物流加快发展六条措施的通知》，福建省商务厅印发了《福建省冷链物流发展规划（2016—2020）》，为福建省冷链物流发展提供了良好的政策环境。截至2021年，福建省生鲜产品的综合冷链流通率约为35.3%，水产品冷链流通率达75%，肉类冷链流通率为38%，果蔬冷链流通率为7.3%。日益增长的农产品流通规模和高水平冷链流通率使得福建省表现出较高的冷链市场需求，冷链物流市场需求量超2000万t。

5.1.1 福建省农产品生产环境

5.1.1.1 农产品生产概况

福建省倚山滨海，山海资源丰富。2017～2021年，福建省农产品产量稳定增长，2021年福建省生鲜产品总产量约为3711.74万t，同比增长约4.33%，详见图5-1。表5-1给出了2017～2021年福建省主要生鲜产品生产情况。福建省沿海有广阔的海涂、浅海和海洋渔场，鱼、虾、贝、藻种类繁多，经济鱼和对虾、扇贝、西施舌等海珍品资源丰富，是水产品生产和出口大省，2021年福建省渔业产值1621.51亿元，同比增长约2.90%，水产品产量居全国第五位。福建省蔬菜和林果资源也较为丰富，是我国五大南菜北运和蔬菜出口主要省份，2021年福建省蔬菜产值575.36亿元，水果产值381.70亿元。

第5章 福建省冷链产业发展情况

2017~2021年福建省主要生鲜产品生产情况（单位：万t） 表5-1

品类	2017年	2018年	2019年	2020年	2021年	同比增速	全国排名
蔬菜	1415.31	1493.00	1570.69	1630.20	1686.50	3.45%	18
肉类	264.91	256.06	255.15	259.39	286.54	10.47%	15
水产品	744.57	783.89	814.58	832.98	853.07	2.41%	3
禽蛋	46.50	44.32	48.58	53.66	55.91	4.19%	16
奶类	13.11	13.82	14.46	16.93	19.43	14.77%	22
水果	644.67	683.11	727.21	764.58	810.29	5.98%	16

数据来源：国家统计局。

图 5-1　2017~2021年福建省主要生鲜产品产量及变化情况

由图5-2可知，2021年福建省主要生鲜产品人均占有量约为886.49kg，低于全国平均水平（923.65kg），其中肉类、水产品人均占有量高于全国平均水平，蔬菜、水果、蛋奶人均占有量小于全国平均水平。福建省蔬菜人均占有量402.79kg，水果人均占有量193.53kg，肉类人均占有量68.44kg，禽蛋人均占有量13.35kg，奶类人均占有量

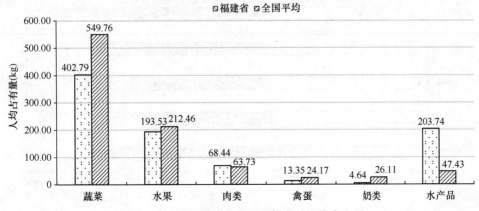

图 5-2　2021年福建省主要生鲜产品人均占有量
数据来源：国家统计局。

4.64kg，水产品人均占有量203.74kg。

5.1.1.2 农产品分布情况

表5-2为福建省主要生鲜产品的地区分布情况，可以看出，闽南和闽东地区生鲜产品资源供给能力较强，果蔬、水产品主要分布在闽南和闽东地区，肉类主要分布在闽西和闽北地区。2021年，蔬菜及食用菌产量较高的地区为福州市、漳州市、三明市；水果产量较高的地区为漳州市；肉类产量较高的地区为南平市；水产品产量较高的地区为福州市、漳州市。

2021年福建省主要生鲜产品的地区分布情况（单位：万t）　　　　表5-2

地区	蔬菜	食用菌	水果	水产品	肉类
福州市	447.70	26.76	93.60	297.18	21.01
厦门市	55.43	3.09	7.53	6.96	3.57
莆田市	65.96	3.67	20.81	101.54	9.60
三明市	199.49	15.77	98.75	11.81	22.31
泉州市	104.84	9.86	15.84	105.09	19.78
漳州市	247.95	44.16	383.72	208.38	40.09
南平市	152.87	16.71	39.92	9.16	93.57
龙岩市	162.56	5.34	46.19	6.42	66.89
宁德市	103.67	20.68	56.66	106.53	9.71

数据来源：福建省统计局。

5.1.1.3 农产品生产情况分析

2017～2021年，福建省主要生鲜产品总产量均超过3000万t，年均复合增速约为4.36%，整体呈增长趋势（图5-3）。分品类来看，福建省蔬菜、水果产量保持稳定增长，2017～2021年蔬菜、水果的年均复合增速分别为4.48%、5.88%；肉类产量保持小幅度稳定增长，羊肉、牛肉总产量稳定，猪肉产量呈波动增长，2021年肉类（含禽类）总产量为286.54万t，2017～2021年福建省肉类年均复合增速为1.98%；2021年福建省奶类、禽蛋总产量分别为19.43万t、55.91万t，2017～2021年奶类、禽蛋年均复合增速

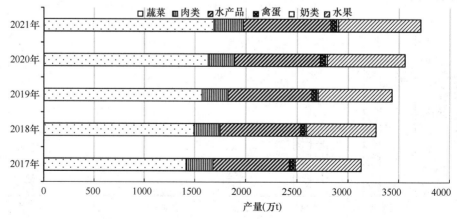

图5-3　2017～2021年福建省主要生鲜产品生产趋势分析

数据来源：国家统计局。

分别为 10.34%、4.72%；水产品产量同样整体呈上升趋势，2021 年已升至 853.07 万 t，2017~2021 年水产品年均复合增速为 3.46%。

5.1.2 福建省农产品加工环境

福建省充分发挥丰富的农产品资源优势，大力发展农产品加工业，产业规模持续扩大。截至 2021 年底，福建省实现主营业务收入 1.37 万亿元，同比增长 9.4%，农产品加工业总产值与农业总产值之比达 3∶1，农产品加工转化率提高到 74%。福建省规模以上农产品加工企业达 4649 家，2021 年福建省新增国家级农业产业化龙头企业 14 家，累计达到 77 家，其中有 4 家企业入围全国百强农业产业化头部企业，5 家企业入围全国农产品加工业百强企业，圣农集团白羽肉鸡生产加工规模位居世界第三、亚洲第一。福建省重点农产品产业链不断完善升级，精深加工能力显著提升，农产品加工主体持续壮大。2021 年，福建省农民合作社和家庭农场突破 17 万个。福建省实施特色现代农业"五千"工程，支持农业新型经营主体开展预冷、清洗、分级、保鲜、烘干、包装等初加工设施设备建设，新（改）建农产品产地初加工中心 266 个，累计建设 1022 个，农产品初级加工能力显著提升。

依托传统产业和各地资源优势，福建省以市场为导向，在政府部门的引导下，生产力空间布局得到优化，形成了果蔬、茶叶、食用菌、林产品、畜禽产品、水产品、花卉苗木七大优势农产品加工业产业集群。2021 年，福建省茶叶、蔬菜、水果、畜禽、食用菌等十大乡村特色产业全产业链总产值达 2.2 万亿元，其中加工业产值突破 0.8 万亿元。特色农业产业链加快发展，福建省以实施特色现代农业高质量发展"3212"工程为契机，全省实施 2 个国家优势特色产业集群、5 个国家现代农业产业园、37 个国家农业产业强镇、962 个重点项目建设。

福建省加快由海洋大省向海洋强省迈进，水产品总产量、出口量、加工总产量居全国前列。2022 年水产品总产量和水产品人均占有量均居全国第一；水产品出口额 85 亿美元，连续十年居全国首位。福建省拥有国家级农业产业化重点企业 13 家、省级龙头企业 158 家，2021 年福建省水产品加工总量 405 万 t，水产品加工产值 1104 亿元，其中海水加工品 384 万 t，淡水加工品 21 万 t。福建省有水产品加工企业 1186 家，年水产品加工能力 543 万 t，其中规模以上水产品加工企业 403 家，全国排名第二，拥有安井食品、海欣食品、百鲜食品、闽发水产、三都澳食品等多家水产品加工龙头企业。

5.1.3 福建省农产品贸易环境

基于福建省生鲜产品内外贸发展历史数据（包括重点农产品批发市场、重点港口、重点进出口对象市场潜能、重点品类及规模），结合内外贸一体化、国际贸易格局重构、增加生鲜产品进口等新形势，分析福建省贸易环境发展特征。

5.1.3.1 生鲜产品批发零售情况

从表 5-3 可以看出，2021 年福建省亿元以上农产品交易市场共 63 个，市场总摊位数约 2.4 万个，总营业面积超百万平方米。福建省农产品综合市场数量、摊位数和营业面积在 2020 年均出现下滑。2017~2021 年，农产品综合市场成交额整体呈现下降趋势，2021 年农产品综合市场成交额为 149.46 亿元，相比 2017 年下降了 78.16 亿元；2017~2021

年福建省农产品专业市场数量、经营面积整体呈下降趋势,摊位数先降后增,农产品专业市场成交额 2020 年出现较大降幅,2021 年农产品专业市场交易额为 424.45 亿元,相比 2020 年有所回升。

2017～2021 年福建省亿元以上农产品交易市场情况　　　表 5-3

年份	市场类型	市场数量（个）	摊位数（个）	营业面积（m²）	市场成交额（亿元）
2017 年	农产品综合市场	34	13748	311489	227.62
	农产品专业市场	33	9409	775290	506.58
2018 年	农产品综合市场	36	14760	325939	215.04
	农产品专业市场	30	9175	736480	542.82
2019 年	农产品综合市场	36	14710	324008	209.14
	农产品专业市场	29	9077	721594	525.53
2020 年	农产品综合市场	33	13821	313788	142.51
	农产品专业市场	30	10096	718244	398.53
2021 年	农产品综合市场	33	13642	312813	149.46
	农产品专业市场	30	10251	718064	424.45

从限额以上食品、饮料及烟酒批发和零售企业的销售数据来看,批发额稳定增长,2020 年零售额出现下滑后 2021 年企稳回升。2021 年福建省限额以上食品、饮料及烟酒批发额 3216.55 亿元,零售额 676.37 亿元,批零额比值约为 4.76∶1(图 5-4)。

根据专业机构监测统计,2022 年福建省农村网络零售额达 2588 亿元,居全国第三位,同比增长 0.4%。其中,农产品网络零售额 454.6 亿元,位于全国第五位,同比增长 27.3%,高于全国增速 6.4 个百分点。近年来,福建省持续推动国家电子商务进农村综合示范县建设,完善农村商贸流通体系和电子商务服务体系,畅通农产品进城流通渠道,促进农村产品和服务网络销售,助推农村一二三产业融合发展,实现农村电商发展水平保持全国前列。2022 年福建省已有电子商务年交易额超过 3000 万元的"淘宝镇" 204 个,数量居全国第五位,电子商务年交易额超过 1000 万元的"淘宝村" 643 个,数量位于全国

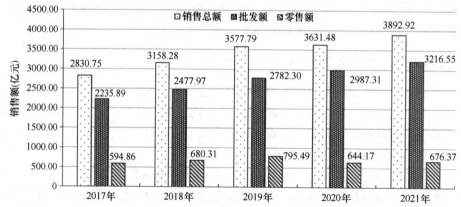

图 5-4　2017～2021 年福建省限额以上食品、饮料及烟酒批发和零售企业商品销售情况
数据来源:福建省统计局。

第六位。

5.1.3.2 生鲜产品进出口发展情况

表5-4为2018～2022年福建省主要生鲜产品出口情况。2022年，福建省肉及肉制品出口额约为9.60亿元，同比增长14.42%；乳品及蛋品出口额为1.31亿元，同比增长18.02%；鱼、甲壳及软体类动物及其制品出口额约557.09亿元，同比增长11.48%；蔬菜及水果出口额约125.42亿元，同比增长7.14%。

2018～2022年福建省主要生鲜产品出口情况（单位：亿元） 表5-4

品类	2018年	2019年	2020年	2021年	2022年
肉及肉制品	7.54	9.58	10.09	8.39	9.60
乳品及蛋品	1.00	1.15	1.15	1.11	1.31
鱼、甲壳及软体类动物及其制品	415.13	379.13	400.93	499.73	557.09
蔬菜及水果	146.97	131.99	119.96	117.06	125.42

数据来源：福建省统计局。

表5-5给出了2018～2022年福建省主要生鲜产品进口情况。2018～2022年，福建省肉及肉制品进口稳定增长，2022年肉及肉制品进口额约73.26亿元，同比增长91.23%；2018～2022年乳品进口持续增长，2022年乳品及蛋品进口额约100.61亿元，同比增长8.57%；2022年鱼、甲壳及软体类动物及其制品进口额约95.20亿元，同比增长43.76%；2020年蔬菜及水果进口量开始下滑，2022年显著增长，2022年蔬菜及水果进口额约56.45亿元，同比增长80.76%。

2018～2022年福建省主要生鲜产品进口情况（单位：亿元） 表5-5

品类	2018年	2019年	2020年	2021年	2022年
肉及肉制品	10.38	19.84	34.38	38.31	73.26
乳品及蛋品	53.07	57.16	74.35	92.67	100.61
鱼、甲壳及软体类动物及其制品	41.64	71.34	84.8	66.22	95.20
蔬菜及水果	28.59	40.72	38.37	31.23	56.45

数据来源：福建省统计局。

5.1.4 福建省居民消费环境

根据福建省生鲜产品人均消费情况和福建省各地常住人口数量，对福建省冷链消费市场规模进行统计，结合实际展望"十四五"期间福建省生鲜产品消费市场规模，进而为分析消费环节冷链需求提供依据。

2015～2021年福建省主要生鲜产品人均消费量呈增长趋势（表5-6），2021年生鲜产品人均消费量为243.8kg，同比增长8.99%；2021年，福建省蔬菜及食用菌人均消费量为94.5kg，相比2020年增长了4.9kg；肉类（含禽类）人均消费量49.1kg，相比2020年增长了8.8kg，其中猪牛羊肉消费增长较快，增长了9.5kg；水果人均消费量48.6kg，相比2020年增长了3.6kg。2021年，福建省水产品、禽类、蔬菜及食用菌类人均消费量增幅较小，总体来看生鲜产品人均消费量增幅也较小。可以看出，福建省生鲜产品消费结构中，蛋奶、植物性食物中干、鲜瓜果人均消费量增长较快，动物性食物中禽肉人均消费量增速较快，水产品、植物性食物中蔬菜及食用菌人均消费量平稳增长。

2015~2021年福建省主要生鲜产品人均消费量（单位：kg） 表5-6

指标	2015年	2016年	2017年	2018年	2019年	2020年	2021年
蔬菜及食用菌人均消费量	88.7	91.7	89.5	90.8	86.4	89.6	94.5
肉类人均消费量（不含禽类）	31.3	31.7	31.8	34.7	27.8	24.6	34.1
禽类人均消费量	10.6	12.2	11.6	11.5	13.0	15.7	15.0
水产品人均消费量	26.0	26.6	25.8	23.9	25.3	26.4	26.8
蛋类人均消费量	8.2	8.8	8.7	8.6	9.1	10.7	11.4
奶类人均消费量	10.8	11.0	10.8	11.7	10.7	11.7	13.4
水果人均消费量	37.4	40.1	41.2	47.2	44.8	45.0	48.6
总计	213	222.1	219.6	228.4	217.1	223.7	243.8

数据来源：国家统计局。

在对2015~2021年福建省生鲜产品人均消费量分析基础上，测算出2015~2021年福建省主要生鲜产品消费总量（表5-7）。2021年福建省主要生鲜产品消费总量约为1021万t，其中，蔬菜及食用菌消费总量约为396万t，肉类消费总量约为206万t，水产品消费总量约为112万t，蛋类消费总量约为48万t，奶类消费总量约为56万t，水果消费总量约为203万t（表5-7）。

2015~2021年福建省主要生鲜产品消费总量（单位：万t） 表5-7

项目	2015年	2016年	2017年	2018年	2019年	2020年	2021年
常住人口（万人）	3984	4016	4065	4104	4137	4161	4187
蔬菜及食用菌	353	368	364	373	357	373	396
肉类	167	176	177	190	169	168	206
水产品	104	107	105	98	105	110	112
蛋类	33	35	35	35	38	45	48
奶类	43	44	44	48	44	49	56
水果	149	161	167	194	185	187	203
生鲜产品消费总量	849	891	892	938	898	932	1021

数据来源：国家统计局。

5.2 福建省冷链政策环境

5.2.1 福建省支持冷链物流发展的政策

2012年，福建省人民政府办公厅转发了福建省发展改革委、福建省经贸委制定的《关于加快福建省农产品冷链物流发展的指导意见》，提出围绕加强农产品冷链物流设施建设、完善流通链条和网络布局等方面加快构建信息化、标准化、规范化、可追溯的农产冷链物流体系。2016年,《福建省人民政府办公厅关于促进冷链物流加快发展六条措施的通知》提出从保障建设用地、支持设施建设、实行融资倾斜、减轻税费负担、优化公共服务、实施全程监管六个方面完善口岸、港区、主产区等地区的产销集配、物流园区、批零冷链设施、冷藏运输和冷链物流企业信息化建设。同年,福建省商务厅印发了《福建省冷链物流发展规划(2016—2020)》,提出了"十三五"时期福建省冷链物流发展主要目标,进一步明确了福建省冷链物流的2020年发展目标。2021年,福建省发展改革委印发的《关于推进全省现代物流体系建设的若干措施》中提出加快健全完善冷链物流基础设施,促进冷链物流补短板、强弱项、建网络,加快推进福州国家级冷链物流基地建设。2022年,福建省人民政府办公厅印发了《福建省贯彻"十四五"冷链物流发展规划实施方案》,提出对接全国"321"冷链物流运行体系,加快实现交通物流融合发展,从完善基础设施、提高发展质量、提升监管水平多个方面加快形成现代冷链物流体系。2023年,《福建省现代物流业高质量发展实施方案(2023—2025年)》中提出加快推进国家骨干冷链物流基地建设,提高冷链物流供应链服务能力,创新冷链物流发展模式,提升冷链物流的信息化、数字化、智能化水平。

5.2.2 福建省将冷链物流建设融入交通体系、产业发展、农业现代化

2017年1月,福建省人民政府办公厅转发了福建省经信委、福建省交通运输厅制定的《关于推动交通物流融合发展促进物流业降本增效实施方案(2016—2020年)》,提出完善港口、物流枢纽、集疏运体系一体化全链条交通物流体系,发展城乡冷链物流配送网络,鼓励发展集装箱、冷藏、集装罐等专用运输车辆,重点培育冷链物流省级龙头企业。

福建省加快完善农产品加工业、畜牧业、水产品养殖加工业、农村电商环节的冷链物流体系,提升服务生产、加工、销售、寄递各环节冷链物流服务。2018年3月,《福建省人民政府办公厅关于促进农产品加工业发展的实施意见》提出将加快农产品初加工发展,加强粮食、水果、蔬菜、茶叶、食用菌、畜禽、笋、花卉、水产和中药材等主要农产品产后商品化处理,实施农产品产地初加工补助等项目,支持农民合作社、龙头企业等新型农业经营主体新建、改造和升级储藏、保鲜、烘干、清选分级、包装等设施装备。优先支持使用太阳能、空气源、减压储藏、真空预冷、液氮冻结等技术的设施装备建设。重点建设蔬菜采后商品化处理中心,完善预处理及恒温处理车间、冷藏保鲜库、自动化生产线、冷链运输车、可追溯系统等设施装备。

福建省加快推进农产品冷链物流及超低温生鲜冷链物流体系建设。2021年1月,福建省人民政府办公厅印发了《关于促进畜牧业高质量发展实施方案》,提出加快健全畜禽产品冷链配送体系,支持建设屠宰加工和物流配送企业建设低温仓储设施、配置冷链运输设备、构建肉类全程冷链物流运输体系,到2025年,全省城区以上市场冷鲜、冷冻畜禽产品供应占比达30%以上。2021年5月,福建省人民政府印发了《加快建设"海上福建"推进海洋经济高质量发展三年行动方案(2021—2023年)》,提出加快发展水产品冷链物流,打造马尾和元洪国际食品国家骨干冷链物流基地,新建提升一批万t级冷库,扩大超低温冷冻库容,完善水产品预冷、低温仓储、运输、配送等全冷链物流体系。到2023年,全省水产冷库日冻结能力达到7万吨。2022年3月,福建省人民政府办公厅印发了《福建省加快农村寄递物流体系建设实施方案》,提出加快构建冷链寄递体系,聚焦产地"最

先一公里"和城市"最后一公里",完善骨干冷链物流基地布局,加强产销冷链集配中心建设,补齐两端冷链物流设施短板。鼓励邮政快递企业、供销社、电商物流企业、冷链运输企业建设产地预冷保鲜、分级分拣、包装加工设施,购置、改造升级冷藏车辆,到2025年逐步建立覆盖生产流通各环节的冷链寄递物流体系。2022年6月,福建省人民政府印发了《福建省"十四五"推进农业农村现代化实施方案》提出围绕水果、蔬菜、茶叶、食用菌、特色中药材等特色主要产业,每年建设农产品仓储保鲜冷藏设施60个。2023年2月,福建省人民政府办公厅印发《巩固拓展经济向好势头的一揽子政策措施》,提出加大省级服务业发展引导资金对产地冷库、冷链物流集配中心、末端冷链配送网点和冷链物流信息化平台等项目建设的支持。

5.2.3 福建省冷链物流资金支持政策梳理

福建省财政聚焦鲜活农产品主产区、特色农产品优势区,持续加大投入,支持整县推进农产品产地冷链物流体系建设。截至2022年,福建省已累计安排资金1.27亿元,比上年增长154%。共支持16个县在重点镇和中心村建设农产品产地冷藏保鲜设施。2023年2月,中共福建省委、福建省人民政府印发了《关于做好2023年全面推进乡村振兴重点工作的实施意见》,提出整县推进国家农产品产地冷藏保鲜设施建设试点,支持新型农业经营主体建设农产品产地冷藏保鲜设施,鼓励农产品商贸企业、冷链物流企业与农户在产地合作建设冷藏保鲜库。

福建省省级商务发展资金多年度持续支持冷链物流建设。2021年6月,《福建省商务厅　福建省财政厅关于2021年省级商务发展资金第一批申报工作的通知》中提出利用商务发展专项资金重点支持商贸流通企业建设改造冷库等冷链设施或购买冷藏车。2022年6月,《福建省商务厅　福建省财政厅关于2022年商务发展专项资金第一批申报工作的通知》中提出利用商务发展专项资金重点支持农产品批发市场冷链流通基础设施改造升级,支持销地农产品流通企业、冷链物流企业等改扩建冷链集配中心和低温配送中心,支持连锁商超、农贸市场、菜市场、生鲜电商等流通企业完善冷库等终端冷链物流设施。

5.3 福建省冷链市场现状

通过对福建省现有冷链仓储物流设施进行市场调查研究,梳理福建省现有冷链市场的总体冷库库容与分布情况,以及现有冷链设施的温区分布、功能业态、冷链设施运营收费情况,分析福建省现有冷链设施的市场运营情况和未来市场发展格局。

5.3.1 福建省冷链市场基本情况

5.3.1.1 冷库温区分布

对福建省各城市冷库类型进行统计分析,根据调研结果来看,截至2023年7月,福建省冷库库容超过1228.00万 m^3,冷藏库库容约为101.00万 m^3,约占冷库总库容的8%;冷冻库库容约为1127.00万 m^3,约占冷库总库容的92%(图5-5)。根据调研数据,截至2023年7月,福建省库容超过1万 m^3 的冷库数量超140个,2015年后新建2万 m^3 以上的冷库超40个。

从地区分布来看，福建省冷库主要分布在闽东南地区，福州、厦门、泉州、漳州 4 市冷库库容占全省的 74.8%，冷藏车辆占全省冷藏运输车辆的 71% 以上。2020 年，福州市入选我国首批国家骨干冷链物流基地建设名单，重点布局马尾存量冷链物流基础设施群和元洪国际食品展示交易中心冷链物流基础设施群。福州市现有冷冻库库容 526.15 万 m³，冷藏库库容 22.27 万 m³（图 5-6），其冷链设施主要集中在马尾区，区内水产品产业链完整，是全国最大的远洋渔获集散地，港口码头、冷链物流等基础设施完善，拥有全球最大的远洋渔业捕捞船队——福州宏龙海洋水产公司船队、海峡水产交易中心、我国唯一的面向海外水产品交易机构"中国·东盟海产品交易所"，

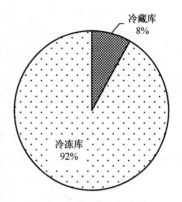

图 5-5 福建省冷藏库与冷冻库分布情况

集聚了约 30 家规模以上水产品加工企业，冷藏设施连片存量大。截至 2022 年底，福州市马尾已拥有 31 座冷库，约占福州市的 55%、占全省的 25%，拥有冷链物流配送企业 93 家，冷链配送车辆约 1760 辆，冷链物流配送网络辐射全国。调研发现，上游远洋捕捞鱼

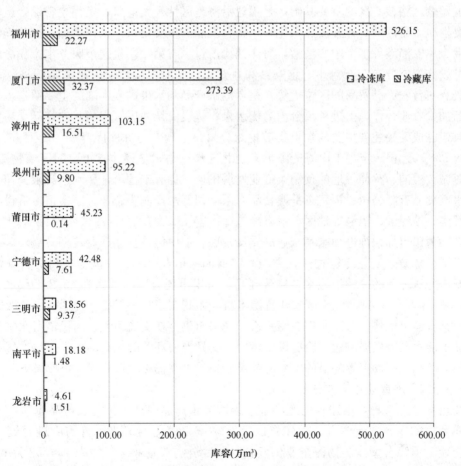

图 5-6 福建省冷冻库与冷藏库地区分布情况
注：样本数据以库容在 5000m³ 及以上冷库为主。

货减少、水产品生产加工和农产品进口规模下降，下游居民消费下行压力进一步造成冷链物流市场需求缩减，福州市马尾区冷链存量设施或面临过剩的问题。厦门市作为福建省副省级市、国务院批复的中国经济特区，是东南沿海重要的中心城市、港口及风景旅游城市，居民消费水平居全国前列，本地农产品消费需外埠供给。与此同时，厦门港是重要的水产品、肉类、水果进境口岸，根据《福建省沿海港口布局规划（2020—2035年）》，厦门市被定位为国际航运中心。因此，厦门市的冷链设施以服务本地居民终端消费和食品进出口为主要功能。厦门市现有冷冻库库容273.39万m^3，冷藏库库容32.37万m^3。漳州市海洋资源丰富，拥有东山湾、诏安湾、浮头湾、佛昙湾等20多个天然港湾，在渔业育种、养殖、捕捞和海洋生物医药等方面具备天然优势，是福建省出口水产品主要加工区之一，全市有一定规模的水产品加工企业119家，水产品加工集中在漳浦、诏安和东山三县，东海岸保税区冷链设施存量最多。但漳州港港口服务能力整体弱于厦门港，漳州水产品多经厦门港出口，因此漳州港的冷链设施建设水平仍需不断加强。漳州市还是"中国罐头之都""中国食用菌之都""中国食品名城"，已形成水产品加工、果蔬食用菌加工、休闲食品制造、罐头制造等主要食品产业，漳州市冷链设施以服务食品加工为主要功能，漳州市现有冷冻库库容103.15万m^3，冷藏库库容16.51万m^3。泉州港是福建省建设21世纪海上丝绸之路核心区的重要基础，是福建沿海地区性重要港口，是福建省综合运输体系的重要枢纽，是区域对外开放、深化闽台融合发展的重要窗口，泉州市拥有祥芝渔港、晋江渔港、惠安渔港等多个中心渔港，海洋捕捞产量全省第一，泉州市服务水产品冷藏加工的冷链设施主要分布在石狮市、惠安县和晋江市。同时，泉州市因距离金门岛仅6.5海里，具有对台农产品贸易的区位优势，是台湾水产品和水果进入大陆的主要通道，泉台两地不断加大农业合作，引进种植台湾名优水果，建设海峡两岸（泉州）农产品交易物流中心，泉州已成为福建省主要的水果集散枢纽。泉州市现有冷冻库库容95.22万m^3，冷藏库库容9.80万m^3。宁德市山海资源丰富，北连长三角，是福建省重要的区域物流枢纽。宁德蕉城、霞浦、福鼎等地的预制菜产业发展迅速，拥有宁德市金盛水产有限公司、福建岳海水产食品有限公司、福建三都澳食品有限公司等水产龙头企业，宁德市冷链设施集中于三都澳、沙埕港、福鼎等地区，现有冷冻库库容42.48万m^3，冷藏库库容7.61万m^3。近年来，莆田市加快推进预制菜产业高质量发展，加快促进食品产业转型升级，秀屿区已经建成了福建诚壹实业冷链物流（秀屿）产业园、柏合冷链物流园等项目，服务食品加工、城市配送环节的冷链设施水平显著提高，莆田市现有冷冻库库容45.23万m^3，冷藏库库容0.14万m^3。闽西北山区农业资源丰富，尤其在茶叶、果蔬、食用菌、畜牧、花卉等方面具有输出优势，但三明市、南平市、龙岩市仍存在交通不便、居民消费水平低、农产品加工能力弱等发展难题，冷链设施集中于交易流通环节的农产品批发市场，服务农产品产地集散和生产加工等环节的配套冷链设施建设水平仍然较低。

5.3.1.2 冷库功能构成分析

按经营业态来看，福建省已经形成了以服务水产品生产加工、农产品贸易、城市交易流通为主的冷链物流体系。福建省已拥有多家规模化网络化运营的冷链仓储、冷链运输企业，但综合型冷链物流企业仍然较少。冷链物流企业冷库约为494.52万m^3，约占福建省冷库总库容的40.27%。进出口保税型冷库库容约为270.65万m^3，约占福建省冷链设施总量的22.04%，保税区和港口冷库主要分布在福州闽江口内、松下港区、厦门东渡港区、海沧港区，宁德三都澳港区、沙埕港区，漳州东山港区，泉州湾港区等港口附近。福建省现有服务水产品加工、肉类加工、果蔬加工的生产加工型冷库库容约225.34万 m^3，约占福建省冷库总库容的18.35%，其中80%以上冷库为水产品加工企业建设。福建省农产品流通核心枢纽为福州市、泉州市、厦门市，其中福州市名成水产品批发市场是福建省最大的水产品集散地，泉州市海鲜两岸农副产品市场是福建省最大的水果集散地，厦门夏商中埔蔬菜批发市场是福建省最大的蔬菜集散地。服务农产品批发市场、农贸市场和电商零售环节的交易型冷库库容约为202.37万 m^3，约占福建省冷库总库容的16.48%。福建省产地保鲜型冷库、餐饮配送型冷库、电商企业冷库和医药冷库占比仍然较低，约为35.13万 m^3。福建省冷库功能结构分布如图5-7所示。

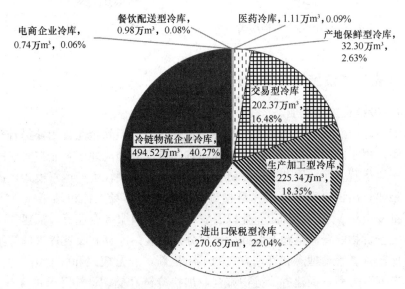

图 5-7 福建省冷库功能结构分布情况

5.3.1.3 冷库建筑结构分析

福建省冷库的建筑结构形式以土建式冷库为主，约占冷库总量的83%，装配式冷库约占冷库总量的17%（图5-8）。这是因为福建省冷库建设单位多为水产品加工企业，冷库多用于存放冷冻产品，认为装配式冷库的保温性能不如土建式冷库，且在实际应用中装配式冷库停机后升温较快，能耗较大。除此之外，福建省冷库还要求有较长使用年限，土建式冷库的使用寿命要比装配式冷库长，土建式冷库的造价也较装配式冷库较低，因此福建省土建式冷库占较大比例。

5.3.1.4 冷库使用制冷剂情况分析

虽然氨系统具有造价低、绿色环保、制冷效果好等优点，但因考虑到氨系统的安全性和政府监管等因素，福建省约有59%的冷库选择氟利昂系统，约有35%的冷库为氨系统（图5-9）。2014年后福建省使用氟利昂系统的冷库建设明显多于使用氨系统的冷库，新建使用氟利昂系统的冷库约是新建使用氨系统冷库的2倍。2015年以后，福建省加快二氧化碳复合系统的应用，使用该类系统的冷库约占冷库总量的6%。

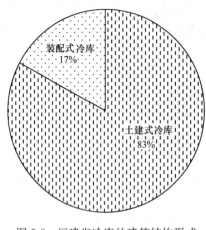 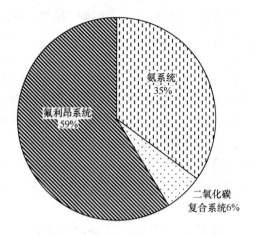

图5-8 福建省冷库的建筑结构形式　　图5-9 福建省冷库使用制冷剂情况

5.3.2 福建省冷链设施运营情况分析

5.3.2.1 冷链设施功能业态

福建省的冷库虽然较大比例由水产品加工企业建设，但除企业自用外仍有较大比例的冷库进行出租。由于冷库是重资产行业，福建省还有部分物流地产企业在完成冷库建设后出租给冷链物流运营企业，因此部分冷链物流企业通过开展轻资产运营模式，搭建网络化运营平台。福建省出租冷库和提供冷链物流服务的主要市场主体包括第三方冷链物流企业、农产品批发市场、水产品加工企业以及农产品进出口服务企业等。福建省冷链物流服务仍然以依托于货物的仓储运输、装卸搬运、分拣包装、库存和收发货管理等经营方式为主。随着冷库经营者管理理念和管理方式的不断更新，经营模式和收益结构也加快创新，尤其是"十三五"时期，福建省冷链物流企业加快冷链仓储、运输环节的无线射频识别、电子标签、温湿度自动监测控制、物联网、卫星定位系统等技术应用，设施服务能力不断增强。福建省部分冷链物流企业已配备了专业的WMS、TMS等管理系统，定制了服务大型供应商、商超分拨中心和电商平台企业的ERP和OMS系统，可根据客户需求提供订单管理、线下交割等服务，冷链运输企业也搭建起干支线和城市冷链配送服务网络。福建省水产品加工贸易基础良好，在水产品加工贸易环节，部分冷链物流企业在港口冷链物流服务的基础上拓展了农产品贸易代理、报关报检、保税仓交易管理等增值服务，福建中国-东盟海产品交易所联合平安银行开展了农产品贸易融资、资金管理、交易结算等供应链金融服务。

5.3.2.2 冷链设施运营情况

从图5-10所示福建省冷库租金分布情况可以看出，福州市、厦门市的冷库租金高于其他城市，其平均租金约为3元/(t·d)，最高可达到4～5元/(t·d)，考虑存储货物的品类不同，租金以包库或出租面积进行计算，福州市包库按面积计算，高价位租金可能达到100～120元/(m²·月)，低价位租金为65～90元/(m²·月)。2020～2022年，冷库出租率下降，部分冷链物流企业采取降低价格的市场竞争策略。三明市、泉州市、龙岩市冷库租金为2.8～3.3元/(t·d)，漳州市、宁德市、莆田市、南平市冷库租金为1.7～2.8

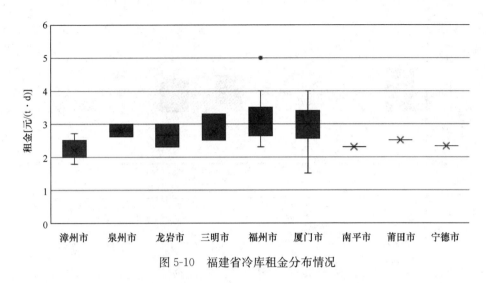

图 5-10　福建省冷库租金分布情况

元/(t·d)。

装卸费也是冷库运营的主要收入来源，根据服务货品种类不同，福建省装卸搬运计费方式分为计件和计重两种。按件收费时，价格约为 0.6 元/件。多数冷库采取计重收费方式，福州、厦门冷库装卸搬运费较高，福州市冷库装卸搬运费平均价格为 23.6 元/t(单边)，多在 20 元/t(单边) 以上。厦门市冷库装卸搬运费平均价格约为 25.3 元/t(单边)，漳州市、龙岩市冷库装卸搬运价格也可达到 30 元/t(单边)，泉州市、三明市、南平市装卸搬运费价格稍低，多为 10～25 元/t(单边)（图 5-11）。

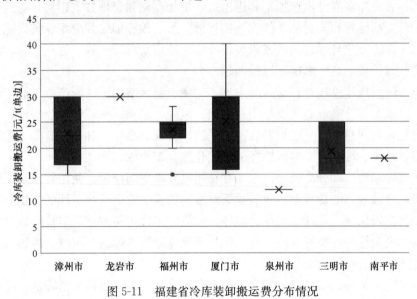

图 5-11　福建省冷库装卸搬运费分布情况

福建省冷库的平均出租率在 81% 左右，最低出租率为 60%，运营较好的冷库出租率能够达到 100%（图 5-12）。根据调研可知，福州市、厦门市的冷库出租率为 80%～90%，需求下降和新建冷库竞争是导致出租率下降的主要原因。

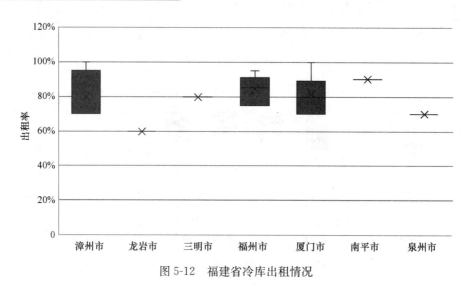

图 5-12　福建省冷库出租情况

5.3.3　福建省冷链物流行业综合发展情况总结

整体来看，福建省冷链物流设施建设水平较高，冷链流通效率居全国前列，但也存在冷库建设结构不均衡、企业运营不规范、第三方冷链物流企业设施服务能力较弱等问题。

从冷链设施服务品类来看，福建省约65%的冷库主要用于水产品的生产加工流通，截至2020年，福建省有65.8%的冷库由水产品加工企业建设，46.5%的冷库兼营制冰业务。由于福建省冷库多服务水产加工和进出口，货物存储和管理方式粗放，对冷库的建设水平需求较低，高标库和全自动立体库比例较低。果蔬预冷加工和冷藏保鲜设施多为农产品批发市场个体工商户自建移动式或集装箱冷库，较难实现统一规范管理，存在温度波动大、能耗高、维护成本高、影响环境等问题。

福建省冷链设施建设还存在地区间发展不均衡、温区结构不匹配产业发展等问题。福建省冷库、冷藏车等冷链设施主要集中在福州、厦门、泉州、平潭和漳州等地，而山区的冷链基础设施配套明显不足，区域发展极不平衡，且现有冷库大部分只有单一温区，缺乏能提供常温、冷藏、冷冻等多温区服务的现代化综合型冷库。

调研发现，福建省部分冷链物流企业存在用电高峰期间拉闸、使用普通货车覆盖棉被运输的现象，导致较高的货损率。政府缺乏对冷链物流企业运营合规性的市场监管，仅对冷链工程项目进行用地、环评、安评、能评、建设施工许可等方面的审核，以及对冷链相关特种设备的安全性进行监管，较少对冷链物流企业进行冷库试车调试、冷链运营的规范性、不良竞争手段进行监管。

冷链市场需求下降、市场竞争加大等因素导致福建省冷库出租价格降低，冷库出租率和周转率下降使得冷链物流企业的经营收入不同程度地缩减，而福建省冷链行业人工成本逐年提高，建设经营成本也存在不同程度的上涨，多数冷链企业仅以保障企业不亏损为经营底线。福建省冷链物流企业也逐步认识到冷链物流服务面临多样化的细分对象，越来越多的冷链物流企业尝试提高冷链仓储和运输设施服务水平，客户对象由传统水产品加工企业向生产标准化产品的蒙牛、海欣等品牌供应商转变，积极拓展分拣包装、加工、交易结算等供应链服务业务,不断优化收益结构。

5.4 福建省冷链市场需求预测

5.4.1 福建省上行冷链需求预测分析

对 2025 年、2030 年福建省上行冷链需求进行测算。首先对 2025 年、2030 年福建省主要生鲜产品的产量进行预测分析。

根据 2017~2021 年福建省蔬菜、水果、肉类、水产品、禽蛋、奶类产量保持增长的情况,到 2025 年,福建省主要生鲜产品产量将达到 4070 万 t,其中蔬菜产量为 1808 万 t、水果产量为 904 万 t、肉类产量为 322 万 t、禽蛋产量为 71 万 t、奶类产量为 22 万 t、水产品产量为 943 万 t,到 2030 年,福建省主要生鲜产品产量达到 4569 万 t,其中蔬菜产量为 1973 万 t、水果产量为 1036 万 t、肉类产量为 371 万 t、禽蛋产量为 96 万 t、奶类产量为 24 万 t、水产品产量为 1069 万 t(表 5-8)。

2025 年、2030 年福建省主要生鲜产品产量测算(单位:万 t)　　表 5-8

品类	2021 年	2022 年	2023 年	2024 年	2025 年	2030 年
蔬菜	1687	1716	1746	1777	1808	1973
肉类	287	295	304	312	322	371
水产品	853	875	897	920	943	1069
禽蛋	56	59	63	67	71	96
奶类	19	20	20	21	22	24
水果	810	833	856	880	904	1036
总计	3712	3798	3886	3977	4070	4569

到 2025 年,福建省上行冷链库容需求约为 725 万 m^3,其中需冷藏库库容 237 万 m^3,需冷冻库库容 488 万 m^3;到 2030 年,福建省上行冷链库容需求约为 846 万 m^3,其中需冷藏库库容 289 万 m^3,需冷冻库库容 557 万 m^3[①]。

5.4.2 福建省中转集散冷链需求预测分析

预计到 2025 年,福建省中转集散冷链需求约为 504 万 m^3;到 2030 年,福建省中转集散冷链库容需求约为 575 万 m^3(表 5-9)。

2025 年、2030 年福建省生鲜产品中转集散需求测算　　表 5-9

年份	中转量(万 t)	库容需求(万 m^3)
2021 年	1011	420
2022 年	1032	437
2023 年	1054	459
2024 年	1076	481
2025 年	1099	504
2030 年	1222	575

注:根据《"十四五"冷链物流发展规划》中 2025 年肉类、果蔬、水产品产地低温处理率的目标值,考虑福建地区主要中转产品为果蔬,冷链综合流通率取 30%。

---

① 冷链流通率根据国务院办公厅印发的《"十四五"冷链物流发展规划》中 2025 年肉类、果蔬、水产品产地低温处理率的目标值确定。

5.4.3 福建省下行冷链需求预测分析

根据 2015~2021 年福建省生鲜产品人均消费量变化情况，预测 2025 年、2030 年福建省生鲜产品人均消费量（表 5-10）。到 2025 年，福建省主要生鲜产品人均消费量约为 260.47kg，其中蔬菜及食用菌人均消费量约为 98.58kg，肉类人均消费量约为 50.34kg，水产品人均消费量约为 27.35kg，蛋类人均消费量约为 12.06kg，牛奶人均消费量约为 14.27kg，水果人均消费量约为 57.87kg；2030 年，福建省主要生鲜产品人均消费量约为 284.27kg，其中蔬菜及食用菌人均消费量约为 103.92kg，肉类人均消费量约为 51.93kg，水产品人均消费量约为 28.05kg，蛋类人均消费量约为 12.94kg，牛奶人均消费量约为 15.44kg，水果人均消费量约为 71.99kg。

2025 年、2030 年福建省主要生鲜产品人均消费量测算（单位：kg） 表 5-10

指标	2021 年	2022 年	2023 年	2024 年	2025 年	2030 年
蔬菜及食用菌人均消费量	94.50	95.50	96.52	97.54	98.58	103.92
肉类人均消费量	49.10	49.41	49.72	50.03	50.34	51.93
水产品人均消费量	26.80	26.94	27.07	27.21	27.35	28.05
蛋类人均消费量	11.40	11.56	11.73	11.89	12.06	12.94
牛奶人均消费量	13.40	13.61	13.83	14.05	14.27	15.44
水果人均消费量	48.60	50.77	53.03	55.40	57.87	71.99
总计	243.80	247.79	251.90	256.12	260.47	284.27

根据 2021~2025 年福建省生鲜产品人均消费量和常住人口增长规律，预测 2025 年、2030 年福建省主要生鲜产品消费总量（表 5-11）。到 2025 年，福建省生鲜产品消费总量将达到 1098 万 t，其中蔬菜及食用菌消费总量为 416 万 t、肉类消费总量为 212 万 t，水产品消费总量为 115 万 t，蛋类消费总量为 51 万 t，牛奶消费总量为 60 万 t，水果消费量为 244 万 t；2030 年，福建省生鲜产品消费总量将达到 1212 万 t，其中蔬菜及食用菌消费总量为 443 万 t，肉类消费总量为 221 万 t，水产品消费总量为 120 万 t，蛋类消费总量为 55 万 t，牛奶消费总量为 66 万 t，水果消费总量为 307 万 t。

2025 年、2030 年福建省主要生鲜产品消费总量测算（单位：万 t） 表 5-11

项目	2021 年	2022 年	2023 年	2024 年	2025 年	2030 年
常住人口（万人）	4187	4195	4204	4212	4220	4262
蔬菜及食用菌	396	401	406	411	416	443
肉类	206	207	209	211	212	221
水产品	112	113	114	115	115	120
蛋类	48	49	49	50	51	55
牛奶	56	57	58	59	60	66
水果	203	213	223	233	244	307
总计	1021	1040	1059	1079	1098	1212

2019年福建省接待游客人数为5.37亿人次，通过将福建省接待游客人数折算成常住人口，2025年、2030年福建省生鲜产品消费量将上浮7%。因此，如果计入接待游客人数，2025年福建省的下行冷链库容需求约为468万m^3，2030年约为504万m^3。

5.4.4 福建省冷链仓储需求总量预测分析

根据福建省冷链物流企业调研反馈，虽然冷链物流市场需求面临较多的不确定性，但冷链物流企业对经济回暖、冷链规模增长的预期较好。经过测算，2022年福建省冷链仓储库容需求约为1458万m^3，"十四五"时期，福建省将迎来多项政策叠加机遇，全方位推动福建省冷链物流市场稳定发展。2025年、2030年，福建省冷链设施库容需求将分别达到1697万m^3、1925万m^3，而目前福建省冷库库容为1228万m^3，所以到2025年福建省冷库库容约有469万m^3的缺口，到2030年约存在698万m^3的缺口（表5-12）。

2025年、2030年福建省冷链设施需求分析（单位：万m^3）　　表5-12

年份	上行需求	中转需求	下行需求	冷链仓储总体需求	市场缺口量
2022年	599	437	422	1458	230
2025年	725	504	468	1697	469
2030年	846	575	504	1925	698

5.5 福建省冷链产业发展趋势

5.5.1 福建省"新丝路"国际贸易通道优势更加突出

在交通基础设施方面，福建省加快融入新发展格局和全国统一大市场建设，不断发挥"21世纪海上丝绸之路"核心枢纽、陆海内外联动国际贸易物流通道、海峡两岸融合发展战略支柱的重要作用。截至2022年，"丝路海运"命名航线达到100条，联通43个国家和地区的117座港口，已累计开行11018艘次，完成集装箱吞吐量1279.5万标箱。

5.5.2 国际农产品贸易仍是拉动福建省冷链物流增长的主要动力

在农产品国际贸易环境方面，福建省港航服务能力、国际货物组织能力和农产品供应链经贸合作能力将不断增强。国家发展改革委提出将推进中欧班列、丝路海运、西部陆海新通道联动发展，完善多式联运一体化服务体系，2022年5月，首批基于多式联运"一单制"提单物权凭证功能的金融服务应用在厦门成功落地，厦门港实现陆海联运无缝对接，福建省铁水联运业务规模快速增长，已覆盖福建、江西、湖北、湖南、四川、重庆等地区。依托"丝路海运"国际航运综合服务平台，可实现亚非欧地区的港口、航运、物流、贸易、金融等数据共享、信息互通，助力福建省加快融入全球农产品供应链，有助于提升福建省农业对外合作水平，扩大农产品贸易规模。RCEP自由贸易协定的签订和自由贸易试验区的建设将进一步降低福建省农产品贸易关税壁垒，提高通关效率，有助于推动福建省与日本、韩国、东盟、澳大利亚和新西兰等国家和地区之间的农产品贸易。

5.5.3 福建省将加大对冷藏冷冻业经营行为管理

2019年，福州市市场监督管理局印发了《福州市食品冷冻库经营规范和监督管理工作指导意见》，规范了不同冷链物流市场主体和从业人员的经营行为，强有力地支撑政府强化冷链行业市场监管，提升冷链物流企业服务能力，有助于保障生鲜产品安全，标志着福建省冷链物流行业进入到更加公平有序的市场竞争环境。

（本章撰稿人：温晓辉、姜宇鹏、代冰琳、李婧、张志芳、邢艳辉、石斌、刘昌、杨双超、刘一凝、王丹、王波）

第6章 湖北省冷链产业发展分析

6.1 湖北省冷链产业环境

湖北省地处华中腹地,通衢九州,得水而优,被誉为"千湖之省",是全国重要通商口岸和商品集散中心,是我国内地主要的粮棉油生产基地、最大的淡水产品生产基地,也是我国中部最大的流通中心和货物集散地。因位于江汉平原,湖北省气候适宜,阳光充足,适宜农作物生长,主要农产品在全国占有重要地位。作为全国淡水产品第一大省,2022年湖北全省水产品总产量达500.42万t,淡水产品产量连续27年居全国第一位。蔬菜产业综合能力在全国处于第一方阵,年调出量900万t以上,外调能力居全国首位。从农产品流通的区位优势上看,湖北省地处长江黄金水道与京广铁路大动脉的十字交会点,是我国内陆最大的水陆空交通枢纽,大量国内外产品通过中欧班列在湖北中转、集散,形成了连通陆上丝绸之路经济带与海上丝绸之路的闭环。2022年,湖北省主要出口农产品为调味品及制品、干香菇、茶叶、蘑菇罐头、中药材、活性酵母、活猪、鲜蛋、淡水小龙虾等,农产品出口的国家和地区达146个。潜江龙虾、随州香菇等6个品牌被纳入2022年农业农村部农业品牌精品培育计划名单,入选数量全国第二。2021年湖北省农产品物流总额4591.3亿元,同比增长19%,农产品冷链物流需求量增速稳步提升。

6.1.1 湖北省农产品生产环境

6.1.1.1 生鲜产品生产概况

湖北省是农业大省,是我国主要农副产品生产基地。作为南北过渡地段,湖北省生物种类丰富,是我国的种子大省,在优质水稻、双低油菜、生猪、淡水鱼、柑橘、沙梨等育种技术上位于全国前列。2022年,湖北省实现农林牧渔业总产值8939.20亿元,较上年增长4.40%;实现农林牧渔业增加值5321.87亿元,较上年增长4.30%;2021年,湖北省生鲜产品总产量达6534.23万t,同比增长5.94%(图6-1)。分品类看,2021年湖北省蔬菜产量4299.80万t,同比增长4.38%。水果产量1119.38万t,同比增长4.93%。肉类产量425.51万t,同比增长38.40%。禽蛋产量196.72万t,同比增长1.88%。牛奶产量9.61万t,同比降低28.23%。水产品产量483.21万t,同比增长3.27%(表6-1)。

2017~2021年湖北省主要生鲜产品生产情况(单位:万t)　　表6-1

品类	2017年	2018年	2019年	2020年	2021年	同比增速
肉类	435.35	430.95	349.2	307.44	425.51	38.40%
水产品	465.42	458.4	469.54	467.93	483.21	3.27%
牛奶	12.76	12.81	13.38	13.39	9.61	−28.23%

续表

品类	2017年	2018年	2019年	2020年	2021年	同比增速
蔬菜	3826.4	3963.94	4086.71	4119.4	4299.80	4.38%
水果	948.44	997.99	1010.23	1066.83	1119.38	4.93%
禽蛋	168.17	171.53	178.75	193.09	196.72	1.88%

数据来源：湖北省统计局。

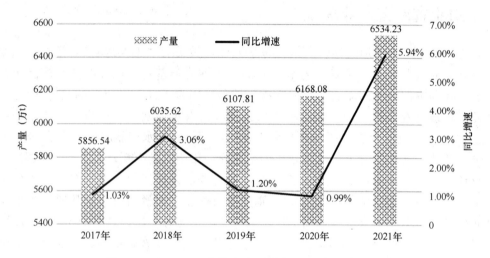

图6-1　2017～2021年湖北省生鲜产品产量及变化情况

2021年，湖北省主要生鲜产品人均占有量约为1120.79kg，高于全国平均水平（923.65kg），其中蔬菜、肉类、禽蛋、水产人均占有量高于全国平均水平，水果、牛奶人均占有量低于全国平均水平。蔬菜人均占有量737.53kg，水果人均占有量192.00kg，肉类人均占有量72.99kg，禽蛋人均占有量33.74kg，牛奶人均占有量1.65kg，水产品人均占有量82.88kg（图6-2）。

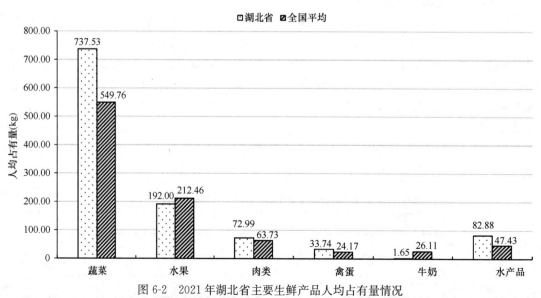

图6-2　2021年湖北省主要生鲜产品人均占有量情况

6.1.1.2 生鲜产品分布情况

表6-2为湖北省主要生鲜产品地区分布情况。湖北省的蔬菜产量大，以4299.80万t的总产量位居全国第六位，拥有全国领先的蔬菜产业生产优势。湖北省的蔬菜生产地主要分布在西南和东部地区，城郊蔬菜生产地主要是以武汉和宜昌为核心的蔬菜生产区，两市蔬菜产量占全省的31.8%。其中，露地越冬蔬菜产地主要集中在天门、襄州和嘉鱼等地；高山反季节蔬菜产地主要集中在长阳、五峰和兴山等14个高山蔬菜主产县市。水生蔬菜产地多分布于蔡甸、东西湖、江夏等县（市、区）。在水果生产方面，形成了长江三峡优质柑橘经济区、汉江流域优质砂梨带、三峡库区优质甜橙带，水果产量破千万吨，位居全国第十位。柑橘产区主要分布在宜昌、荆门、十堰和荆州，其中宜昌几乎占到全省柑橘总产量的1/2。在肉类生产方面，湖北省形成了长江流域生猪、江汉平原家禽、汉江流域肉牛、清江流域肉羊和宜黄高速公路沿线奶牛五大产业带。肉类产区主要集中在襄阳、宜昌、黄冈和荆州部分地区，其肉类产量占全省的一半以上。在水产品生产方面，主要以小龙虾、河蟹、斑点叉尾鮰和青虾为主。水产品产区主要位于荆州和黄冈，荆州的水产品产量连续3年居全省第一，其水产品总产量占全省的24.40%。

2021年湖北省主要生鲜产品地区分布情况（单位：万t）　　　　表6-2

地区	猪肉	牛肉	羊肉	禽蛋	园林水果
武汉	14.36	0.30	0.04	10.84	14.90
黄石	7.63	0.18	0.05	5.10	11.39
十堰	12.10	0.94	1.42	7.34	47.16
宜昌	42.61	0.66	2.10	7.47	417.82
襄阳	45.56	4.62	1.92	38.02	70.42
鄂州	5.49	0.09	0.03	3.71	4.55
荆门	27.45	1.13	0.63	13.00	41
孝感	22.49	1.22	0.34	27.25	16.02
荆州	27.35	0.45	0.20	18.55	49.25
黄冈	33.81	3.53	0.94	32.53	13.44
咸宁	17.89	0.23	0.30	5.69	9.49
随州	15.57	1.01	0.70	14.61	17.91
恩施	31.09	0.98	0.92	4.57	34.74
仙桃	4.55	0.08	0.00	1.83	1.71
潜江	4.44	0.22	0.03	2.64	5.79
天门	5.31	0.18	0.01	3.54	2.09
神农架林区	0.28	0.02	0.02	0.04	0.02

数据来源：湖北省统计局。

6.1.1.3 生鲜产品生产情况分析

2018~2022年湖北省生鲜产品总产量均保持在6000万t左右，总体保持稳定增长。2021年湖北省生鲜产品总量为6534.23万t，2022年达到6748.96万t，同比增长5.7%，农副产品生产状况总体上形势乐观，农业生产呈现稳中向好的发展态势。

分品类看，2018~2022年湖北省蔬菜、水果增长速率较快，经济效益较高，其产量也保持稳定增长（图6-3）。2022年湖北省蔬菜播种面积稳定在1850万亩左右，蔬菜产量4407.93万t，同比增长2.5%。肉类产品一直处于较为稳定的增长状态，尽管2019~2020年因为猪瘟导致产量有所波动，但总体而言，升幅较为稳定。在肉类产品中以猪肉为主，占比超过75%，牛肉次之，羊肉第三。禽蛋类产量持续缓慢上升，年均增幅2.3%。而牛奶产品产量增长迅速。湖北省水产品产量在过去十年中稳步增长，以淡水产品为主，年均增幅约为4.4%。其中，虾蟹类淡水产品产量迅速增长，近5年增幅达34.5%。

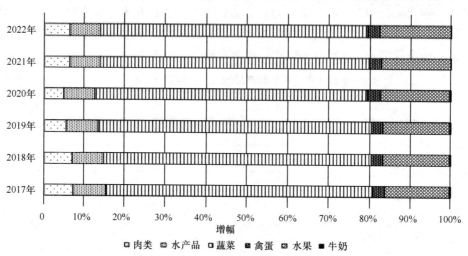

图6-3　2017~2022年湖北省主要生鲜产品生产趋势分析

6.1.2　湖北省农产品加工环境

湖北省农产品加工业发展优势明显。2021年，湖北省规模以上农产品加工产值1.22万亿元、同比增长12.2%，农产品加工转化率达70%，成为全省第一大产业。2021年，湖北省新增国家级龙头企业20家、省级龙头企业125家；农业产业化招商引资额达到2064.3亿元、同比增长62.8%；省级以上农业产业化龙头企业达到990家，全省规模以上农产品加工企业达4932家，创建15个国家级特色农产品优势区、6个国家级优势特色产业集群、61个国家级农业产业强镇，培育全国"一村一品"示范村镇162个。全省形成了农产品加工四大产业集群，即以武汉、荆州、襄阳、荆门、孝感、黄冈、天门等地为主的粮油加工产业集群，以宜昌、荆州、潜江、仙桃、武汉、鄂州、黄冈和宜城、安陆、京山为主的畜禽水产品加工产业集，以宜昌、荆州、黄石、武汉、黄冈、仙桃、咸宁和丹江口为主的酒类饮料产业集群，以鄂西南、鄂西北、鄂东南和大洪山周边地区为主的特色农品加工产业集群。

武汉市作为湖北省农产品加工产业强市，2021年其农产品加工业产值达2900亿元，排在副省级城市前列（表6-3）。其农产品加工业产值与农业总产值之比达到3.74∶1，远高于全国、全省平均水平。

2021年全国主要副省级城市农产品加工产值 表6-3

序号	城市	国家级龙头企业数量	农产品加工业产值产品（亿元）	农林牧渔产值（亿元）	农产品加工业产值与农业总产值的比值
1	武汉	16	2900.00	775.46	3.74∶1
2	青岛	10	1943.00	897.00	2.17∶1
3	南京	10	1700.00	504.01	3.37∶1
4	广州	15	1500.00	550.00	2.73∶1
5	哈尔滨	12	1000.40	1196.00	0.84∶1
6	杭州	9	1275.00	510.00	2.50∶1
7	沈阳	12	877.00	657.30	1.33∶1
8	大连	24	724.00	1021.60	0.71∶1
9	济南	10	600.00	758.40	0.79∶1
10	成都	30	—	—	—

6.1.3 湖北省农产品贸易环境

6.1.3.1 农产品国内贸易情况

2021年湖北省亿元以上的农产品交易市场全年交易额473.61亿元，交易产品主要以水产品和干、鲜果品为主（表6-4）。其中，水产品类批发市场全年成交额358.25亿元，占比75.64%；干、鲜果品类批发市场全年成交额107.34亿元，占比22.66%；蔬菜类批发市场全年成交额1.33亿元，占比0.28%；粮油类批发市场全年成交额1.03亿元，占比0.22%。根据限额以上食品、饮料及烟酒批发和零售企业的销售数据，批发业仍然是农产品流通的主渠道，2021年，湖北省食品、饮料及烟酒批发业营业收入2107.48亿元，零售业收入为313.95亿元，限额以上食品、饮料及烟酒批零业销售比约为6.71∶1。

2021年湖北省亿元以上农产品交易市场情况统计表 表6-4

类别	年末市场出租摊位数（个）	全年成交额（亿元）	成交额占比
农产品市场	7959	473.61	100%
一粮油市场	566	1.03	0.22%
一肉禽蛋类	—	—	—
一水产品类	3103	358.25	75.64%
一蔬菜类	180	1.33	0.28%
一干、鲜果品类	3565	107.34	22.66%
一其他农产品市场	545	5.66	1.20%

数据来源：湖北省统计局。

6.1.3.2 湖北省农产品国际贸易情况

2022年，湖北省农产品进出口总额达337.74亿元，其中，进口额为103.58亿元，同比增长50.29%；出口额为234.16亿元，同比增长32.90%，保持全国第七位，内陆省份第一位。

表6-5给出了2022年湖北省农产品进出口情况。湖北省农产品贸易额占全国农产品贸易总额的1.1%,其中,出口额占全国农产品出口总额的2.9%,进口额占全国农产品进口总额的0.4%。前五大出口农产品是蔬菜、饮品、畜产品、水果和药材,占全省农产品出口总额的63.9%,主要出口农产品为调味品及制品(含香菇酱)、蘑菇(加工)、未混合的蔬菜汁、干香菇、茶叶、其他植物液汁及浸膏等,深加工产品出口逐年大幅上升。湖北省农产品出口的国家和地区达159个。湖北省前五大进口农产品是油籽、畜产品、植物油、棉麻丝和饮品,占全省农产品进口总额的82.7%,主要来自巴西、美国、阿根廷、印度尼西亚和法国。

2022年湖北省农产品进出口情况统计表 表6-5

品类	出口		进口	
	数量(t)	金额(万元)	数量(t)	金额(万元)
农产品	911128	2341600	403035	1035800
食品	—	207000	—	950000
—畜产品	58985	117971	64936	142861
—蔬菜	484844	63029	—	—
—水果	38548	49341	—	—
—冻品	—	—	260000	520000
—大豆	—	—	—	158000
—油籽	—	—	—	144696

数据来源:湖北省武汉海关总署。

6.1.4 湖北省居民消费情况

从表6-6可知,2016~2022年湖北省常住人口年均增速为-0.09%,生鲜产品人均消费增速为2.48%。2021年,湖北省常住人口约5830.00万人,生鲜产品人均消费量265.4kg,消费总量1547.28万t。经测算,2025年湖北省常住人口将达5828.01万人,人均消费量约289.41kg,总消费量达1686.68万t。

2025年、2030年湖北省居民生鲜产品消费规模测算 表6-6

年份	人口规模(万人)	人均消费量(kg)	消费总量(万t)
2016年	5885.00	230.1	1354.14
2017年	5904.00	234.1	1382.13
2018年	5917.00	223.8	1324.22
2019年	5927.00	209.8	1243.48
2020年	5745.00	238.5	1370.18
2021年	5830.00	265.4	1547.28
2022年	5844.00	268.9	1571.45
2025年	5828.01	289.40	1686.67
2030年	5806.76	319.20	1853.53

数据来源:湖北省统计局。

表6-7为湖北省主要生鲜产品消费体量预算。到2025年,湖北省蔬菜人均消费量为134.50kg,消费总量约783.87万t;水果人均消费量为60.20kg,消费总量约350.85万t;肉类人均消费量为44.90kg,消费总量约261.72万t;牛奶人均消费量为15.80kg,消费总量约92.08万t;禽蛋人均消费量为11.50kg,消费总量约67.02万t;水产品人均消费量为22.50kg,消费总量约131.13万t。

2025年、2030年湖北省居民主要生鲜产品分类消费量测算　　　表6-7

品类	2021年		2025年		2030年	
	人均消费量（kg）	总量（万t）	人均消费量（kg）	总量（万t）	人均消费量（kg）	总量（万t）
蔬菜	129.00	752.07	134.50	783.87	145.50	844.88
肉类	35.90	209.30	44.90	261.72	53.40	310.09
水产品	21.00	122.43	22.50	131.13	25.60	148.65
蛋类	9.60	55.97	11.50	67.02	14.80	85.94
水果	56.00	326.48	60.20	350.85	63.40	368.15
牛奶	13.90	81.04	15.80	92.08	16.50	95.81
合计	265.40	1547.29	289.40	1686.67	319.20	1853.53

6.2　湖北省冷链政策环境

近年来,湖北省积极推进冷链物流发展,强化政策支持和监管,加大对冷链行业的扶持力度,努力提升冷链物流服务水平和食品安全质量。

6.2.1　湖北省农产品生产政策

湖北省出台了一系列政策支持农产品生产与发展,提高农产品质量和效益,进一步促进全面乡村振兴。在农产品保供方面,2023年3月,湖北出台了《全面促进农林牧渔业稳产保供2023年行动方案》,明确提出全力以赴推动粮食和重要农产品稳产保供。在产业发展方面,《湖北省推进农业农村现代化"十四五"规划》提出以产业发展为重点,打造农业农村"六区",加快推进农业农村现代化,提升湖北农业农村发展能级和水平。在乡村振兴方面,《中共湖北省委　湖北省人民政府贯彻〈中共中央　国务院关于做好2023年全面推进乡村振兴重点工作的意见〉的实施意见》中强调,要全力抓好粮食和重要农产品稳定保供,加强现代农业基础设施建设,突破性发展乡村产业,全面推进乡村振兴,加快建设农业强省。

6.2.2　湖北省农产品加工政策

为促进农产品加工业高质量发展,推进农产品加工业转型升级,加强农产品加工业集聚水平,湖北省出台多项政策。在产业集聚方面,《湖北省人民政府办公厅关于进一步促进农产品加工业发展的实施意见》提出促进农产品加工业发展形成四大产业集群。《湖北省农业产业化暨农产品加工业发展"十四五"规划》提出优化农产品加工产业结构,完善产业布局，聚焦加工业发展重点，提升农产品加工业整体水平。

6.2.3 湖北省农产品贸易政策

在国内贸易方面，湖北省人民政府办公厅印发《持续深化一流营商环境建设若干措施的通知》，提出持续深化湖北省市场化、法治化、国际化的一流营商环境建设，进一步提升通关便利化水平、降低跨境贸易成本、优化外商投资环境、建设开放型经济新平台。在国际贸易方面，《武汉海关　湖北省商务厅　湖北省农业农村厅关于支持湖侬产品进出口若干措施的公告》提出支持农产品进出口十五条措施，不断提升农产品通关便利化水平，压缩农产品进出口检验检疫时间、促进优质种质资源和粮食进口、扩大对食品农产品生产出口企业的对外推荐注册、指导湖北农业产业化龙头企业设立海外仓、推动优质农产品开拓RCEP市场、指导企业有效应对国外技术性贸易措施等；在武汉海关发布的"促进外贸保稳提质三十条措施"中，强调进一步优化口岸营商环境，促进湖北外贸保稳提质，湖北省人民政府办公厅印发的《关于促进外资扩增量稳存量提质量若干措施》中，提出更好发挥利用外资在深度融入全球产业链供应链的重要作用，促进湖北建设全国构建新发展格局先行区。

6.2.4 湖北省农产品消费政策

湖北省人民政府办公厅印发的《2023年全省"稳预期、扩内需、促消费"工作方案》，从加强援企稳岗、租金减免、融资担保、贷款贴息、应急转贷纾困等方面给予支持。湖北省人民政府办公厅印发的《加快消费恢复提振若干措施》，支持住宿、餐饮、零售、文旅、体育消费，推出以展助销活动，增强消费发展综合能力。

6.2.5 湖北省农产品流通政策

在农产品流通方面，湖北省人民政府办公厅印发《关于促进农产品流通的若干措施》，提出加快发展订单直销、网络直播、连锁配送、电子商务等新型流通业态，构建农产品市场流通新格局。加强冷链物流基础设施建设，建设一批农产品批发市场、冷链仓储物流设施、农产品集配中心等，增强仓储、分拣、包装、初加工、运输、寄递等综合服务能力。湖北省人民政府办公厅印发的《关于加快推进农村寄递物流体系建设的实施意见》中提出优化冷链设施建设布局，提升农产品流通效率和效益。打造区域性枢纽物流冷链基地，围绕"一主引领、两翼驱动、全域协同"区域发展布局，突出武汉城市圈、"襄十随神"城市群、"宜荆荆恩"城市群辐射功能，着力打造区域性大型枢纽物流冷链基地（集散中心），打通跨区域冷链物流通道。

6.2.6 湖北省冷链物流资金支持政策

湖北省围绕发展农产品冷链物流体系建设内容，重点从提升冷链物流管理水平、完善冷链物流网络基础设施和升级冷链物流设备三个方向进行支持。具体支持内容为：一是支持企业推广现代冷链物流管理理念、标准和技术，每个项目原则上支持不超过50万元；二是支持企业配备预冷、低温分拣加工、冷链仓储、冷藏运输、温度监控等冷链设施设备，具有覆盖农产品加工、运输、储存、销售等环节的多功能冷链物流体系，每个项目原则上支持不超过 500 万元。三是支持企业建设具有集中采购或跨区域配送能力的农产品冷链物流集散中心，每个项目原则上支持不超过 500 万元。

2023 年 7 月，武汉市政府印发的《武汉市加快推进物流业高质量发展若干政策措施》提出从提升枢纽能级、拓展通道能力、构建产业物流体系、完善民生物流品质、提升主体实力、优化营商环境、增强创新能力、强化基础支撑 8 个方面，积极引进国内外知名大型物流、货运代理和供应链头部企业，按照政策规定给予 200 万元至 4000 万元落户、办公用房等资金奖励补贴。对列入"五型"国家物流枢纽建设名单的实施主体企业，给予一次性奖励 300 万元；对入选国家骨干冷链物流基地、中欧班列集结中心示范工程、国家级示范物流园区（中心）的实施主体企业，给予一次性奖励 150 万元；对入选并通过验收的国家、省级多式联运示范工程的实施主体企业，分别给予一次性奖励 300 万元、100 万元。在鼓励冷链物流企业做大做强方面，对被认定为全国五星级、四星级的冷链物流企业，分别给予 50 万元、20 万元一次性奖励，升级给予补差奖励，引导企业打造品牌。在企业设备设施更新升级方面，对实际投入达到 300 万元以上的，按一定比例给予奖励。

6.3 湖北省冷链市场现状

6.3.1 湖北省冷链市场基本情况

6.3.1.1 冷链行业现状分析

湖北省冷链基础设施不断完善，截至 2023 年 7 月，湖北省冷库库容 1656.36 万 m³，冷藏车 2500 辆。其中，冷冻库库容 1126.15 万 m³，约占冷库总库容的 68%；冷藏库库容 530.21 万 m³，约占总库容的 32%（图 6-4）。湖北省有冷库 395 座，冷链物流重点企业 129 家，其中 25 家企业的冷库库容超过 1 万 m³，重点企业拥有冷藏车 350 辆，载重能力 4175t。拥有冷链业务的食品加工与流通企业 324 家。

湖北省冷冻库与冷藏库地区分布情况如图 6-5 所示。湖北省冷链物流设施主要分布在武汉市、襄阳市、鄂州市、荆州市、荆门市和宜昌市。大型冷链物流节点

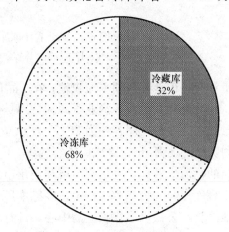

图 6-4 湖北省冷藏库与冷冻库分布情况

大多分布在武汉市内，武汉市拥有的大型冷链物流仓储库容约占全省的一半以上。武汉市冷藏库库容约为 389.79 万 m³，冷冻库库容约为 844.06 万 m³；武汉市万吨以上规模冷库占比达 80%，其中 30% 集中在东西湖区，20% 集中在黄陂区。襄阳市为长江流域首个百亿斤粮食大市，猪牛羊、果菜茶等主要农产品生产水平也居湖北省前列，农产品加工产值占全省总量的 1/7，冷链仓储设施库容在湖北省位居第二，冷藏库库容约为 67.25 万 m³，冷冻库库容约为 22.74 万 m³。鄂州市是连接我国南北的重要交通枢纽，冷链仓储设施库容位居湖北省第三，冷藏库库容约为 0.99 万 m³，冷冻库库容约为 73.98 万 m³。荆州市、

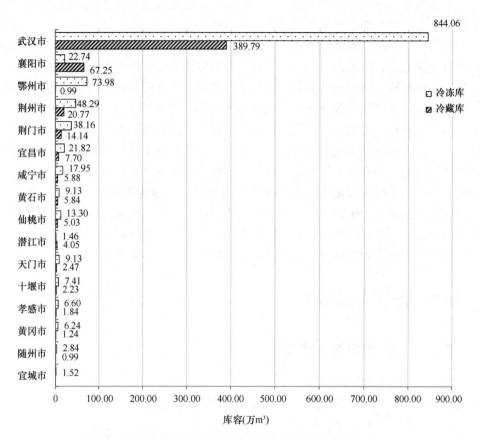

图 6-5 湖北省冷冻库与冷藏库地区分布情况

注：样本数据以库容在 5000m³ 及以上冷库为主。

荆门市和宜昌市地处两湖平原腹地，农产品包括江汉平原的露地冬春蔬菜和沿江沿湖的淡水鱼、小龙虾和武昌鱼等渔业资源。特别是位于"两湖平原"中心的荆州市水产品流通规模体量较大，冷藏库库容约为 20.77 万 m³，冷冻库库容约为 48.29 万 m³；荆门市冷藏库库容约为 14.14 万 m³，冷冻库库容约为 38.16 万 m³；宜昌市是鄂西重要的生鲜产品、生鲜产品的物流集散地，也是宜昌市和荆州市的储备肉基地，年战略储备肉 3000t，目前宜昌市冷藏库库容约为 7.70 万 m³，冷冻库库容约为 21.82 万 m³。咸宁市和黄石市作为鄂东南地区具有公铁水多式联运的中心，具有农产品流通的优势条件，目前咸宁市冷藏库库容约为 5.88 万 m³，冷冻库库容约为 17.95 万 m³；黄石市冷藏库库容约为 5.84 万 m³，冷冻库库容约为 9.13 万 m³。仙桃市、潜江市和天门市作为鄂中地区的区域性物流枢纽，以生猪板块和油菜产业集群为主，目前仙桃市冷藏库库容约为 5.03 万 m³，冷冻库库容约为 13.30 万 m³；潜江市冷藏库库容约为 4.05 万 m³，冷冻库库容约为 1.46 万 m³；天门市冷藏库库容约为 2.47 万 m³，冷冻库库容约为 9.13 万 m³。十堰市冷藏库库容约为 2.23 万 m³，冷冻库库容约为 7.41 万 m³。孝感市是我国禽蛋产业加工示范城市，禽蛋产量全省第二，蔬菜产量全省第四，目前孝感市冷藏库库容约为 1.84 万 m³，冷冻库库容约为 6.60 万 m³。黄冈市、随州市和宜城市冷链仓储库容在湖北省排名相对靠后，黄冈市冷藏库库容约为

1.24万 m³，冷冻库库容约为6.24万 m³；随州市冷藏库库容约为0.99万 m³，冷冻库库容约为2.84万 m³；宜城市冷冻库库容约为1.52万 m³。

6.3.1.2 冷库功能业态构成分析

湖北省冷链设施主要以区域分拨型的第三方物流型冷库为主。区域分拨型冷库以城市集中配送和区域性的集散分拨为主，具有代表性的区域分拨型冷库有武汉中外运东西湖区冷库和万纬东西湖区冷链物流园；批发市场型冷库以337.99万 m³ 的库容位列第二，占全省总库容的20.41%，具有代表性的批发市场型冷库有武汉四季美农贸城、武汉肉联万吨交易市场、武汉白沙洲农副产品大市场和新发地襄阳批发市场，均在万吨以上规模，农产品流通体量较大。另外，湖北省服务终端市场的城市配送型冷库也是主要的冷链物流设施，库容约为321.43万 m³，占全省总库容的19.41%。除此之外，湖北省产地保鲜型冷库库容约为19.21万 m³，占全省总库容的1.16%，存量较小，目前湖北省已发布相关政策，支持产地冷藏保鲜设施规模进一步扩大。湖北省医药冷库库容较小，仅为0.99万 m³，约占全省总库容的0.06%（图6-6）。

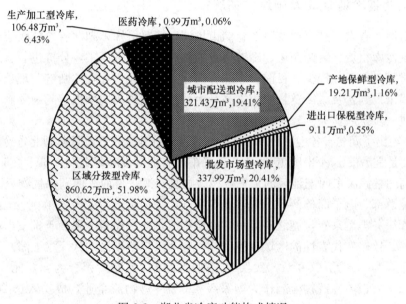

图6-6 湖北省冷库功能构成情况

6.3.1.3 冷库建筑结构分析

湖北省冷库的建筑结构形式见图6-7。湖北省土建式冷库最多，约占冷库总数的58.54%，其次为装配式冷库，约占冷库总数的31.70%；还有部分土建/装配混合式冷库，约占冷库总数的2.44%；自动立体冷库占比约为7.32%。土建式冷库具有坚固、使用寿命长、能耗低等特点；自动立体冷库作为现代化高标准冷库，有着快捷高效和存储量大等优点，但也存在造价高、成本回收期长的问题，目前在湖北省冷库总量中占比较小。

6.3.1.4 冷库使用制冷剂情况分析

由图6-8可以看出，湖北省存量冷库使用的制冷剂以氨和氟利昂为主，其中，氨系统冷库约占46%，氟利昂系统冷库约占50%，二氧化碳复合系统冷库占比4%。

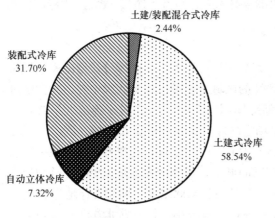
图 6-7 湖北省冷库的建筑结构形式

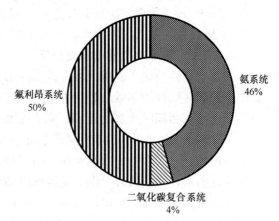
图 6-8 湖北省冷库使用制冷剂情况

6.3.2 湖北省冷链仓储设施运营情况

通过对湖北省农产品流通及冷链仓储市场调研情况可知，湖北省冷链物流企业经营模式多以传统冷库租赁、装卸搬运、冷链运输等基础功能服务为主，分拣包装、加工服务和供应链金融等增值服务较少。目前，湖北省部分冷链企业仍存在"断链"现象，同时现代信息技术尚未得到普及。冷链物流成本高、冷链信息系统集成度低等问题限制了湖北省冷链物流的进一步发展。

图 6-9 给出了湖北省各地区冷库平均租金情况。分地区来看，目前湖北省冷库租金较高的地区主要是宜昌市、荆州市和武汉市。武汉市现有冷链设施租金在 2.50~4.50 元/(t·d) 之间，最高的是武汉东西湖地区的第三方冷链物流冷库，目前东西湖保税物流园区形成了第三方物流总部、电子商务产业、快递业等集群，平均租金为 3.80~4.00 元/(t·d)。另外，从冷库服务类型来看，湖北省第三方冷链物流企业冷库租金要高于批发市场型和产地保鲜型冷库。比较有代表性的区域分拨型冷库有武汉东西湖区的武汉（上海）鲜波隆供应链冷链，租金为 4.5 元/(t·d)，武汉兆安时代冷藏物流冷库租金为 4.0 元/(t·d)。同时，宜昌市三峡银岭冷链物流园作为国家级 4A 级冷链物流企业，成功入选 2022 年度国

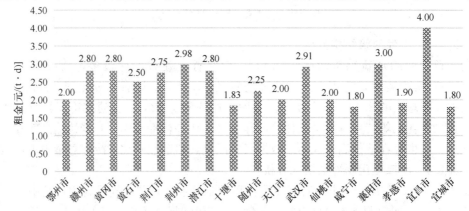
图 6-9 湖北省各地区冷库平均租金情况
注：租金为区间范围的平均值。

家骨干冷链物流基地，其功能业态包括生鲜冷链交易区、全温区冷链仓储区、肉禽分割加工配送区、大数据冷链流通管理平台和电商产业园等多项综合性增值服务功能，租金为4.0元/(t·d)，整体出租率在80%左右，园区整体经营情况良好。

6.3.3 湖北省冷链物流行业综合发展情况总结

湖北省冷链物流行业整体发展良好，冷链仓储设施的不足和过剩同时存在。武汉市、宜昌市、襄阳市三个城市冷链设施设备好于其他城市，整体而言，供给和需求不匹配。另外，城市端冷链物流发展速度明显快于乡村产地冷链保鲜发展水平，生鲜产品的产地保鲜设施相对缺乏，冷链保鲜库和冷藏车配送问题未得到有效解决，导致农副产品流通环节的腐损率达40%左右。

同时，湖北省冷链物流产业园的总体信息化水平较低，真正实行信息化整体规划、建立物流企业的信息管理系统、专业物流企业的网站、运用RFID等先进物流信息技术的企业较少，道路货运信息化建设明显滞后，先进的信息技术应用较少，应用范围有限。立体仓库、条码识别、自动导向车系统、货物自动跟踪系统等物流自动化设施应用较少。物流企业信息化整体规划能力较低，对信息化的理解不深，对自身的信息化未来发展也缺乏规划，缺乏覆盖整个企业的、全面集成的信息系统。

湖北省冷链物流行业的发展规模目前无法满足生鲜产品的冷链需求。企业组织化管理水平比较落后，物流各环节缺乏系统化、规范化、连贯性的统一运作，操作规范和标准不统一，会出现"断链"现象。专业化冷链物流企业培育不够，集冷藏加工、运输、配送于一体的冷链物流企业严重不足。

6.4 湖北省冷链市场需求预测

6.4.1 湖北省上行冷链需求预测分析

根据2019~2022年湖北省主要生鲜产品生产情况，通过科学预测方法对湖北省2025年和2030年主要生鲜产品产量进行了测算，结果见表6-8。2025年和2030年，湖北省主要生鲜产品总产量分别为6630.70万t和6767.70万t。

2025年、2030年湖北省主要生鲜产品产量测算（单位：万t）　　表6-8

品类	2019年	2020年	2021年	2025年	2030年
肉类	349.20	307.44	425.51	410.20	420.50
水产品	469.54	467.93	483.21	490.50	495.20
牛奶	13.38	13.39	9.61	10.00	12.00
蔬菜	4086.71	4119.4	4299.8	4300.00	4350.00
水果	1010.23	1066.83	1119.38	1220.00	1280.00
禽蛋	178.75	193.09	196.72	200.00	210.00
合计	6107.81	6168.08	6534.23	6630.70	6767.70

根据湖北省生鲜产品产量、冷链流通率、年周转次数及库容使用率，测算2025年湖北省上行冷链库容需求为824万m^3，2030年为844万m^3。

6.4.2 湖北省中转集散冷链需求预测分析

根据2019~2022年湖北省主要生鲜产品进出口市场交易数据，对湖北省生鲜产品中转集散冷链需求趋势进行测算。到2025年和2030年，湖北省生鲜产品中转集散总量分别为528.63万t和555.06万t（表6-9）。

2025年、2030年湖北省生鲜产品中转集散需求测算（单位：万t）　　表6-9

类型	2020年	2025年	2030年
国外中转量	144.825	193.56	226.97
国内中转量	285.735	335.00	328.08
合计	430.56	528.56	555.05

根据湖北省生鲜产品国内国外中转集散量、冷链流通率、年周转次数及库容使用率，测算2025年湖北省中转集散冷链库容需求为473万m^3，2030年为496万m^3。

6.4.3 湖北省下行冷链需求预测分析

根据湖北省常住人口数量和湖北省生鲜产品人均消费量，对2025年和2030年湖北省下行冷链需求进行测算。2025年和2030年，湖北省生鲜产品消费需求分别为1686.67万t和1853.53万t；湖北省下行冷链库容需求分别为761.6万m^3和868.5万m^3（表6-10）。

2025年、2030年湖北省下行冷链需求测算　　表6-10

类型	消费量（万t）		库容需求（万m^3）	
	2025年	2030年	2025年	2030年
蔬菜	783.87	844.88	95.4	102.9
肉类	261.72	310.09	404.4	479.1
水产品类	131.13	148.65	109.3	124.0
蛋类	67.02	85.94	12.2	15.6
牛奶	350.85	368.15	106.8	112.1
水果	92.08	95.81	33.5	34.8
合计	1686.67	1853.53	761.6	868.5

6.4.4 湖北省冷链设施需求总量预测分析

经过测算，2022年湖北省冷链库容需求约为1707万m^3。2025年和2030年冷链库容约为2059万m^3和2208万m^3。而目前湖北省冷链库容为1656万m^3，2025年存在约403万m^3的缺口。随着市场需求体量在未来的进一步增长，2030年的缺口会进一步增大，约为453万m^3（表6-11）。

2025 年、2030 年湖北省冷链设施需求分析（单位：万 m³）　　　表 6-11

年份	上行需求	中转需求	下行需求	冷链仓储总体需求	市场缺口量
2022 年	766	385	556	1707	51
2025 年	824	473	762	2059	403
2030 年	844	496	868	2208	452

6.5　湖北省冷链产业发展趋势

湖北省农产品资源丰富，特别是食品加工业在全国名列前茅，但中高端和有影响力的品牌农产品不多，特色农产品产业链短，精深加工发展滞后，未来冷链产业发展应立足产业基础和比较优势，依托特色鲜明、优势聚集、带动能力强的特色产业聚集区，提高特色农产品的品牌优势和市场竞争力，促进现代农业发展和特色农产品流通体系的建立和完善。

1. 湖北省特色农产品精深加工的品牌效应将更加显著。

"十四五"时期，湖北省将依托现有的长江中游柑橘产业发展带、鄂东及江汉平原家禽特色产区、江汉水牛、黄陂黄牛、宜昌白山羊和潜江龙虾等优势资源和品牌，发展特色农产品精深加工，延长农产品流通产业链，挖掘特色农产品的加工潜力，提升增值空间，增强区域特色产品品牌影响力。

2. 湖北省农产品流通基础设施建设更加完善，跨区域配送能力将得到进一步提升。

未来湖北省将继续加强产地收储设施基地建设，在特色农产品优势区内就近建设一批预选分级、加工配送、包装仓储等基础设施，完善收购网点，配套建设仓储、物流和冷链设施。同时，进一步完善标准化交易专区、集配中心、冷冻冷藏、电子结算、检测检验等设备设施，提升特色农产品批发市场综合服务功能。

3. 现代物流体系将进一步完善，形成全国性的商贸物流中心。

湖北省农产品流通体系将以武汉城市圈同城化发展为依托，强化武汉"五型"国家物流枢纽承载城市功能定位，形成国家商贸物流中心；以"襄十随神"城市群集聚协同发展为依托，形成襄阳和十堰生产服务型国家物流枢纽；以"宜荆荆恩"城市群绿色联动发展为依托，形成宜昌港口型国家物流枢纽。未来将进一步形成长江中游城市群 2h 高效物流服务圈和武汉到中部地区主要城市 3h 物流圈。在国际方面将深度融入"一带一路"，加强与共建国家和地区的物流合作，形成"全球 123 快货物流圈"。

（本章撰稿人：温晓辉、姜宇鹏、代冰琳、李婧、张志芳、邢艳辉、石斌、刘昌、杨双超、刘一凝）

第7章 湖南省冷链产业发展情况

7.1 湖南省冷链产业环境

湖南省农业资源丰富,"三品一标"产品拥有量居全国前列,大宗农产品、特色农产品产量逐年增长。湖南省加快推进由农业大省向农业强省迈进,2022年湖南省农林牧渔总产值8160.13亿元,南县稻虾米、炎陵黄桃、永顺蜜橘、保靖黄金茶等一大批优质特色农产品畅销全国,农产品产地冷藏保鲜设施建设加快推进,农产品商品化包装和初加工处理能力不断增强,农业产业附加值不断提高,农产品上行规模持续增长。湖南省是全国农产品流通骨干枢纽,是中部地区重要的农产品集散分销节点,作为承东启西、贯通南北的重要交通枢纽,发挥作为东部沿海地区和中西部地区过渡带、长江开放经济带和沿海开放经济带接合部的区位优势,其中长沙已经发展成为中部地区最大的水果、水产品集散中心。长江经济带发展、中部地区崛起、粤港澳大湾区和西部陆海新通道建设等为湖南省构建国内农产品大流通格局提供新发展机遇,共建"一带一路"、自贸试验区建设等开放新格局不断提升湖南省内陆开放前沿地位,农产品进出口通道也将加速畅通,湖南省农产品进出口贸易规模将进一步增长。可以看出,在国内国际双循环背景下,湖南省冷链物流市场具有广阔的增长潜力。截至2019年,湖南省生鲜产品的综合冷链流通率约为14%,冷链物流市场需求量超2200万t。

7.1.1 湖南省农产品生产环境

7.1.1.1 农产品生产概况

湖南省农业基础较好,农业资源十分丰富,有"九州粮仓""鱼米之乡"的美誉,宁乡更是全国闻名的"生猪之乡"。2021年,湖南省农林牧渔业总产值高达7662.36亿元,位居全国第七。2017~2021年,湖南省生鲜产品总产量逐年增加,2021年总产量约为6414.32万t,同比增长5.17%(图7-1)。2017~2021年湖南省主要生鲜产品产量数据见表7-1。

表7-1　2017~2021年湖南省主要生鲜产品生产情况(单位:万t)

品类	2017年	2018年	2019年	2020年	2021年	同比增速	全国排名
蔬菜及食用菌	3671.62	3822.04	3969.44	4110.10	4268.92	3.86%	7
水果	956.39	1016.82	1061.99	1150.75	1193.64	3.73%	9
肉类	543.25	541.72	459.42	454.95	562.05	23.54%	4
禽蛋	103.20	105.40	114.70	118.80	117.90	−0.76%	9
奶类	6.05	6.20	6.30	5.60	5.70	1.79%	28
水产品	241.53	246.94	254.41	258.92	266.11	2.78%	10

数据来源:国家统计局。

第 7 章 湖南省冷链产业发展情况

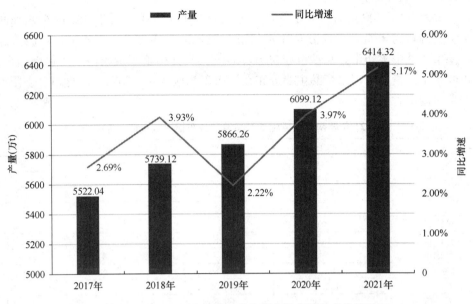

图 7-1　2017~2021 年湖南省生鲜产品产量及变化情况
数据来源：国家统计局。

2021 年湖南省主要生鲜产品人均占有量约为 968.64kg，高于全国平均水平（923.65kg），其中蔬菜及食用菌、肉类人均占有量高于全国平均水平，水果、禽蛋、奶类、水产品人均占有量低于全国平均水平（图 7-2）。

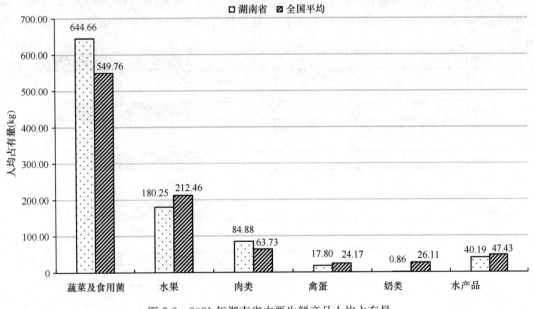

图 7-2　2021 年湖南省主要生鲜产品人均占有量
数据来源：国家统计局。

7.1.1.2 农产品分布情况

表 7-2 为 2021 年湖南省主要生鲜产品地区分布情况,可以看出,湖南东北和西南地区的果蔬资源较为丰富,主要分布在永州市、邵阳市、怀化市、郴州市、长沙市、益阳市、常德市,其中永州市、长沙市和益阳市的蔬菜及食用菌产量较高,怀化市、永州市、常德市的水果产量较高;水产品主要分布在湖南东北地区,岳阳市、常德市、益阳市的水产品产量居湖南省前三。

2021 年湖南省主要生鲜产品地区分布情况（单位:万 t）　　表 7-2

城市	蔬菜及食用菌	水果	其中:柑橘	水产品
长沙市	574.65	39.50	10.83	12.07
株洲市	339.19	43.22	8.40	10.20
湘潭市	174.71	12.45	1.97	9.97
衡阳市	221.23	56.14	8.28	29.02
邵阳市	322.69	122.70	70.09	9.67
岳阳市	270.25	55.53	10.90	53.31
常德市	357.27	142.57	110.46	47.43
张家界市	106.09	33.83	27.04	0.87
益阳市	490.11	64.08	24.75	44.76
郴州市	349.36	99.83	46.03	11.21
永州市	643.16	173.36	72.12	19.06
怀化市	171.98	225.12	174.33	7.91
娄底市	166.92	29.92	8.22	9.12
湘西州	81.30	95.37	69.78	1.52

数据来源:湖南省统计局。

7.1.1.3 农产品生产情况分析

2017~2021 年湖南省农产品总产量均超过 5500 万 t,年均复合增速约为 3.52%,整体呈稳定增长趋势（图 7-3）。分品类来看,蔬菜及食用菌、水果产量保持稳定增长;肉

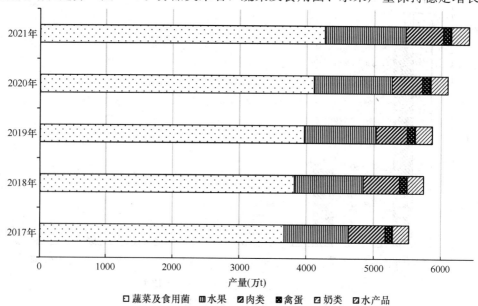

图 7-3　2017~2021 年湖南省主要生鲜产品生产趋势分析

数据来源:国家统计局。

类产量在 2017~2018 年波动增长，在 2019 年非洲猪瘟后受猪肉减产影响产量下降，2021 年已恢复增长，牛肉产量波动增长，羊肉、禽肉产量均保持稳定增长；奶类产量整体呈下降趋势，2017~2021 年总体维持在 6 万 t；水产品产量波动增长，2017 年产量出现短暂下滑后恢复增长，总体维持在 240 万 t 以上。

7.1.2 湖南省农产品加工环境

湖南省着力打造农业优势特色千亿产业，发展壮大农产品加工业，2021 年，湖南省规模以上农副食品加工业产值达到 113.4 亿元，同比增长 0.2%；农副食品加工业利润总额为 113.4 亿元，同比增长 0.2%。其中，湖南省规模以上农产品加工企业增加 649 家，同比增长 13%，上市农业企业数量达 22 个。经过多年发展，湖南省农产品加工业形成了以粮食、畜禽、果蔬、油料、茶叶、水产品、棉麻、竹木等加工为主，其他特色农产品加工为辅的产业体系。截至目前，湖南省培育规模以上农产品加工企业 5200 家、市级龙头企业 3308 家、省级龙头企业 899 家、国家重点龙头企业 80 家。据相关统计，2021 年湖南省粮食、畜禽、蔬菜及食用菌、茶叶、油茶、水产、水果、中药材、南竹等农业优势特色产业全产业链产值达 13345 亿元，同比增长 7.3%；全省农产品加工业营业收入达 19900 亿元，同比增长 7%；农产品加工业实现利润 730 亿元，同比增长 6.5%；其中，2021 上半年全省规模以上农产品加工业实现营业收入约 5902 亿元，同比增长 25% 左右。

7.1.3 湖南省农产品贸易环境

7.1.3.1 农产品批发零售情况

表 7-3 为 2017~2021 年湖南省亿元以上农产品交易市场情况，可以看出湖南省农产品综合市场的市场数量整体呈现波动变化，市场成交额整体呈现增长趋势。2020 年湖南省农产品综合市场规模化整合效果显著，2021 年农产品综合市场数量和营业面积缩减，市场成交增长至 1252.54 亿元，相比 2017 年增长了 731.24 亿元；2020 年湖南省农产品专业市场数量、摊位数、营业面积均出现缩减，2021 年农产品专业市场数量、摊位数、成交额恢复到 2019 年水平，2021 年农产品专业市场交易额达到 709.10 亿元（表 7-4）。

2017~2021 年湖南省亿元以上农产品交易市场情况　　　　表 7-3

年份	市场类型	市场数量（个）	摊位数（个）	营业面积（万 m²）	市场成交额（亿元）
2017 年	农产品综合市场	41	26386	130.83	521.30
	农产品专业市场	43	18154	95.15	638.80
2018 年	农产品综合市场	40	26711	137.13	550.26
	农产品专业市场	41	17638	70.03	564.28
2019 年	农产品综合市场	40	26420	136.05	586.90
	农产品专业市场	40	17857	67.19	737.77
2020 年	农产品综合市场	41	29094	147.80	1211.70
	农产品专业市场	37	14396	50.07	252.47
2021 年	农产品综合市场	39	25871	103.08	1252.54
	农产品专业市场	41	20726	140.51	709.10

数据来源：湖南省统计局。

2020~2021年湖南省亿元以上农产品专业市场情况　　　　　表 7-4

类别	2020年		2021年		成交额同比增速
	摊位数量（个）	成交额（亿元）	摊位数量（个）	成交额（亿元）	
农产品	14396	252.47	20726	709.10	180.87%
—粮油类	415	28.46	415	26.46	-7.03%
—肉禽蛋类	1963	7.13	2650	11.70	64.10%
—水产品类	729	92.63	729	87.74	-5.28%
—蔬菜类	3694	57.13	3684	61.45	7.56%
—干、鲜瓜果类	2074	29.67	7727	481.08	1521.44%
—其他	5521	37.46	5521	40.67	8.57%

数据来源：湖南省统计局。

由图 7-4 可知，湖南省限额以上食品、饮料及烟酒批发额和零售额均呈增长趋势，2021年限额以上食品、饮料及烟酒批发额为 1646.51 亿元，零售额为 332.13 亿元，批零额比值约为 5：1。

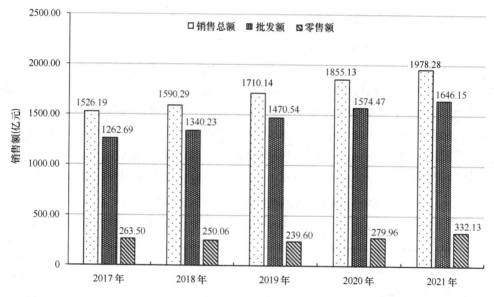

图 7-4　2017~2021年湖南省限额以上食品、饮料及烟酒批发和零售企业商品销售情况
数据来源：湖南省统计局。

7.1.3.2　农产品进出口情况

由表 7-5 可以看出，湖南省主要出口生鲜产品为蔬菜及食用菌、少量干、鲜瓜果及坚果、肉类和水产品。2018~2022年，湖南省蔬菜及食用菌出口稳定增长，2022年蔬菜及食用菌出口 57.61 万 t，相比 2021年缩减了 1.61 万 t，其中鲜或冷藏蔬菜是主要出口品类，出口量为 56.89 万 t，相比 2021年缩减了 1.37 万 t；2022年干、鲜瓜果及坚果出口

8.75万t，相比2021年增加了5.51万t，其中苹果是主要出口水果，2022年出口苹果0.68万t，相比2021年增加了0.54万t；2021年、2022年肉类出口量均在2万t以下，2022年肉类（包括杂碎）出口1.09万t，同比增长25.29%；水产品出口量较少，2022年仅出口水产品0.65万t。

2018～2022年湖南省主要生鲜产品出口情况（单位：万t） 表7-5

品类	2018年	2019年	2020年	2021年	2022年
生鲜产品	—	—	—	121.73	112.14
—肉类（包括杂碎）	—	—	—	0.87	1.09
水产品	—	—	—	0.34	0.65
—食用水产品	—	—	—	0.34	0.65
蔬菜及食用菌	21.21	32.38	48.85	59.22	57.61
—鲜或冷藏蔬菜	20.65	31.60	—	58.26	56.89
干、鲜瓜果及坚果	—	—	—	3.24	8.75
—苹果	—	—	—	0.14	0.68

数据来源：长沙海关，"—"表示未在海关月度统计表中查到。

2018～2022年湖南省主要农产品进口情况见表7-6。湖南省主要进口农产品为粮食，以及少量水产品、肉类、乳制品和鲜、干水果及坚果。2020～2022年水产品进口波动增长，2022年水产品进口7.93万t，同比增长138.86%；2018～2020年肉类进口持续增长，随后逐年下降，2022年进口量仅为8.86万t，相比2021年下降了5.97万t，牛肉、猪肉、羊肉、禽肉进口均减少，其中猪肉降幅最大，相比2021年缩减3.74万t；鲜、干水果及坚果进口量呈现波动状态，总体维持在6万t以上；乳品进口量从2020年开始持续下降，2022年乳品进口4.65万t，同比下降13.4%；粮食进口整体呈上升趋势，2022年粮食进口366.11万t，相比2018年增加了282.49万t。

2018～2022年湖南省主要农产品进口情况（单位：万t） 表7-6

品类	2018年	2019年	2020年	2021年	2022年
农产品	—	—	—	502.50	443.26
肉类（包括杂碎）	9.60	15.64	20.45	14.83	8.86
—牛肉	2.59	5.43	—	4.94	4.68
—猪肉	—	—	—	4.47	0.73
—羊肉	—	3.21	—	2.96	1.88
—禽肉	—	—	—	0.08	0.04
水产品	—	—	4.06	3.32	7.93
—冻鱼	—	—	—	0.39	2.03
乳品	5.13	6.04	5.86	5.37	4.65
奶粉	3.94	4.94	—	5.27	4.41
干、鲜瓜果及坚果	—	7.17	6.07	9.69	6.95
粮食	83.62	103.36	356.61	434.81	366.11

数据来源：长沙海关，"—"表示未在海关月度统计表中查到。

7.1.4 湖南居民消费环境

2015年起湖南省生鲜产品人均消费量逐年增长，2021年为252.9kg，同比增长6.84%。通过对湖南省2015~2021年主要生鲜产品人均消费情况进行统计分析（表7-7），可以看出，湖南省主要消费生鲜产品为蔬菜及食用菌、水果、肉类、少量禽类、水产品、蛋类和奶类。2015~2021年蔬菜及食用菌人均消费量较为稳定。2021年蔬菜及食用菌人均消费量约为104.4kg；水果人均消费量呈波动增长，2021年人均消费量为61.9kg，同比增长8.6%；肉类（不含禽类）人均消费量总体稳定，2021年人均消费量为36.9kg；禽类人均消费量缓慢增长，2021年人均消费量为15.3kg，相比2015年增加了5.6kg；2021年水产品人均消费量为14.6kg，相比2015年增加了3.1kg；2021年蛋类人均消费量为10.9kg，相比2015年增加了3.7kg；2021年奶类人均消费量为8.9kg，相比2015年增加了3.1kg。

2015~2021年湖南省主要生鲜产品人均消费量（单位：kg） 表7-7

指标	2015年	2016年	2017年	2018年	2019年	2020年	2021年
蔬菜及食用菌人均消费量	102.0	101.4	104.9	94.4	97.9	104.5	104.4
肉类人均消费量（不含禽类）	30.0	29.5	31.8	34.5	30.3	27.1	36.9
禽类人均消费量	9.7	10.7	10.7	10.8	13.7	15.8	15.3
水产品人均消费量	11.5	12.3	11.8	11.9	14.8	14.6	14.6
蛋类人均消费量	7.2	7.6	8.0	7.8	8.7	10.3	10.9
奶类人均消费量	5.8	5.4	5.7	6.7	6.9	7.4	8.9
水果人均消费量	50.5	52.2	53.0	57.5	60.6	57.0	61.9
总计	216.7	219.1	225.9	223.6	232.9	236.7	252.9

数据来源：国家统计局。

在对2015~2021年湖南省生鲜产品人均消费需求测算的基础上，测算2015~2021年湖南省主要生鲜产品消费总量（表7-8）。2021年湖南省主要生鲜产品消费总量约为1675万t。

2015~2021年湖南省主要生鲜产品消费总量（单位：万t） 表7-8

项目	2015年	2016年	2017年	2018年	2019年	2020年	2021年
常住人口（万人）	6615	6625	6633	6635	6640	6645	6622
蔬菜及食用菌	675	672	696	626	650	694	691
肉类	263	266	282	301	292	285	346
水产品	76	81	78	79	98	97	97
蛋类	48	50	53	52	58	68	72
奶类	38	36	38	44	46	49	59
水果	334	346	352	382	402	379	410
生鲜产品消费总量	1434	1451	1499	1484	1546	1572	1675

7.2 湖南省冷链政策环境

湖南省围绕构建现代冷链物流体系出台了一系列政策和文件，提出完善果蔬、肉禽、水产品、中药材和药品领域冷链物流体系，通过优化布局、筑牢设施基础、重点项目铺底，在全省范围内构建"一核三区多基地"冷链物流格局。通过加大对冷链物流领域关键项目的资金支持、减税降费、金融扶持力度、用地供应保障力度以及人才保障力度，促进湖南省冷链物流业实现高质量发展。

7.2.1 湖南省加快完善冷链物流体系建设，完善设施布局，优化产业建设

2019 年 7 月，湖南省人民政府办公厅印发《湖南省推进电子商务与快递物流协同发展实施方案》，要求各市州按照布局合理、供需平衡、适当超前的原则，加快规划建设一批高端冷链物流中心。推进快递物流与农副产品基地的对接，打造从田间到餐桌 6h 鲜活农产品省内快递物流配送圈。支持快递物流企业、电子商务企业设立快递末端综合服务场所、公共服务平台，配备专用冷冻、冷鲜设备。加快智能投递末端节点布局，合理规划建设带冷藏功能的智能投递设施。

2020 年 4 月，湖南省发展和改革委员会印发了《湖南省冷链物流业发展规划（2020—2025 年）》，提出以果蔬、肉禽水产、中药材和药品领域为重点，依托农副产品批发市场、农产品生产加工龙头企业和大型连锁超市等，完善冷链物流体系，扩大冷链市场规模。结合国土空间规划编制，综合考虑冷链基础、区位、特色产品生产布局、消费习惯及消费水平等因素，完善湖南省冷链物流空间布局。通过引进培育冷链物流龙头企业，完善冷链物流基础设施网络，推进冷链物流标准化建设，提升冷链物流信息化水平，发展"互联网＋冷链物流"新业态等多举措整体提升冷链物流发展水平。

2022 年 5 月，《湖南省人民政府办公厅关于加快农村寄递物流体系建设的实施意见》中提出加快农村冷链物流布局。鼓励共建共享预冷保鲜、低温分拣、冷藏仓储等设施，推广标准化智能设备循环共用。引导支持邮政快递企业自建、租用冷链仓储设施，提升冷链寄递服务水平。加强产销对接，优化产供销配套服务，提高产地商品化处理能力，提高冷链物流集约化、信息化水平。积极融入全省骨干冷链物流网，支持建设一批农产品冷链物流基地、区域性产地冷链集配中心和镇村田头农产品产地冷藏保鲜设施等。

2022 年 8 月，湖南省人民政府办公厅印发了《湖南省冷链物流体系建设行动方案（2022—2025 年）》，提出依托农产品优势产区、重要集散地和主销区，打造若干国家级、省级骨干冷链物流基地，建设一批区域性产销冷链集配中心和特色农产品冷链物流基地，产地"最先一公里"和销地"最后一公里"冷链物流设施得到明显加强。通过强化冷链运输一体化运作、完善城乡双向冷链物流服务以及发展冷链物流多式联运，提高冷链运输服务效率。推进冷链物流全流程创新、强化冷链物流支撑能力、加强冷链物流全链条监管，着力构建"全链条、严标准、可追溯、高效率"的现代冷链物流体系。

7.2.2 湖南省冷链物流资金支持政策梳理

2020 年 4 月，湖南省人民政府办公厅印发了《关于促进冷链物流业高质量发展的若

干政策措施》，提出对主导制定国家标准和地方标准的省内冷链物流企业或行业协会，一次性给予不超过30万元和15万元补助。冷链物流企业开展研发活动中实际发生的研发费用，未形成无形资产计入当期损益的，在按规定据实扣除的基础上，2018年1月1日至2020年12月31日期间，再按照实际发生额的75%在税前加计扣除；形成无形资产的，在上述期间按照无形资产成本的175%在税前摊销。冷链物流企业购入固定资产、支付过路过桥费和财产保险费时取得增值税合法有效抵扣凭证，符合规定的允许作为增值税进项税额抵扣。对于在湖南省内享受西部大开发政策的县市区投资的冷链物流项目，依法落实相关税收优惠政策。

《湖南省冷链物流体系建设行动方案（2022—2025年）》要求加强财政金融保障，充分发挥专项资金引导作用，有条件的地区可以设立专项资金，支持重点项目建设。加大地方政府专项债券、产业基金等对冷链物流领域关键项目的投资力度，引导社会资本参与各级冷链物流节点建设，推动冷链物流企业与金融机构合作，创新发展保理、保险等供应链金融业务。对符合信贷支持条件的重大冷链物流项目，由各级农发行研究开辟"绿色通道"，并依据相关政策给予优惠支持。

7.3 湖南省冷链市场现状

7.3.1 湖南省冷链市场基本情况

7.3.1.1 冷库温区分布

根据调研结果对湖南省各城市冷库类型进行统计分析，截至2023年7月，湖南省冷库总库容约为1241.63万m^3，其中，冷藏库库容约为307.36万m^3，约占冷库总库容的25%；冷冻库库容约为934.27万m^3，约占冷库总库容的75%（图7-5）。

分地区来看，湖南省冷链物流设施主要分布在中部地区及与其他省份接壤城市(图7-6)。长株潭地区作为湖南省冷链物流核心区，冷库设施存量最高，其中长沙市作为湖南省省会城市，农产品生产、消费和流通量均居湖南省前列，长沙市冷藏库、冷冻库存量全省排名第一，冷冻库库容约为478.26万m^3，冷藏库约为142.55万m^3；同时，长沙市的冷库规模化程度较高。湘潭市冷冻库库容约为125.86万m^3，冷藏库库容约为26.49万m^3。株洲市冷冻库库容约为22.96万m^3，冷藏库库容约为2.79万m^3，可以看出长株潭地区冷链物流阶次发展，"十四五"时期长株潭地区将加快构建衔接紧密、往返互动的区域性冷链流通网络。湘西南

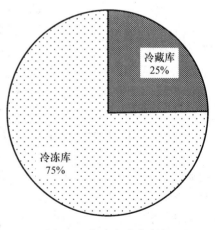

图7-5 湖南省冷藏库与冷冻库分布情况

地区的衡阳、怀化、邵阳是湖南省重要的畜牧业产区，冷链基础设施条件较好。2020年，怀化市入选首批国家骨干冷链物流基地，其冷链设施存量在湖南省排名第二，冷冻库库容约为141.26万m^3，冷藏库库容约为54.87万m^3，随着怀化市加快对接西部陆海新通道、

第 7 章 湖南省冷链产业发展情况

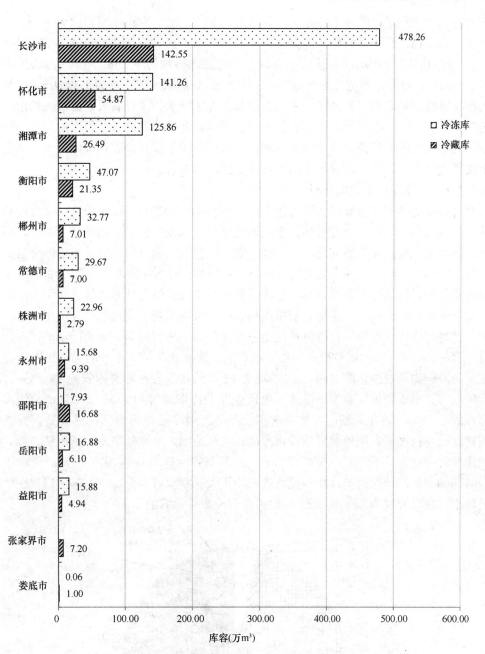

图 7-6 湖南省冷冻库与冷藏库地区分布情况

注:样本数据以库容在 5000m³ 及以上冷库为主。

RCEP 等国际发展战略,加快提升怀化国家骨干冷链物流基地建设发展水平,加快怀化国际陆港铁路冷链物流园建设和开通怀化至东盟等国际冷链铁路班列,怀化市冷链物流发展水平将不断提高。衡阳、郴州、邵阳是湖南省重要的农产品流通集散地,例如衡阳市西园蔬菜批发市场,货源来自 20 个省份,衡阳及其周边地区及赣东、粤北、桂北等地区的蔬菜多在衡阳集散分销,衡阳、郴州的冷链存量设施居湖南省前列。衡阳市冷冻库库容约为 47.07 万 m³,冷藏库库容约为 21.35 万 m³;郴州市冷冻库库容约为 32.77 万 m³,冷藏库库容约为 7.01 万 m³；邵阳市冷冻库库容约为 7.93 万 m³，冷藏库库容约为 16.68 万 m³。湘北地区的常德、岳阳、益阳是湖南省重要的水产品产区，常德市冷冻库库容约为 29.67 万 m³，冷藏库库容约为 7.00 万 m³；岳阳市冷冻库库容约为 16.88 万 m³，冷藏库库容约为 6.10 万 m³；益阳市冷冻库库容约为 15.88 万 m³，冷藏库库容约为 4.94 万 m³。从湖南省农产品流通格局来看，长沙市的一级农产品批发市场承担了外省农产品进入湖南的集散分销功能，张家界、湘西州、益阳、岳阳、永州等农业产业基础较好地区的农产品多销往外省，但这些地区的冷链设施建设水平较低，农产品流通模式仍以传统经纪人产地直采或集市现货交易为主，冷链流通效率低于长沙、湘潭等地区。

7.3.1.2 冷库功能构成分析

湖南省冷链物流已形成以优质特色农产品生产基地为基础，以区域性、综合性和专业性冷链物流市场为依托，以冷链物流企业为载体的多元发展格局。由图 7-7 可知，湖南省冷链设施以服务农产品交易流通为主，服务农产品批发、农贸市场交易流通的交易型冷库库容约为 432.49 万 m³，约占湖南省冷库总库容的 34.84%，湖南省作为中部地区农产品流通枢纽，拥有红星冷冻食品市场、云冷冷链冻品市场、怀化佳惠市场、衡阳白沙洲物流园、永州嘉信农副产品批发市场、衡阳尚邦农产品批发市场等农产品批发市场，这些市场均拥有良好的冷链基础设施。冷链物流企业建设的冷库库容约为 329.70 万 m³，占全省冷库总库容的 26.55%。湖南省服务肉类、水产品、速冻食品加工企业的生产加工型冷库也是主要的冷链物流设施，库容约为 239.07 万 m³，约占全省冷库总库容的 19.25%。湖南省生鲜电商、寄递物流企业发展迅速，电商企业的冷库库容约为 87.20 万 m³，约占全省总库容的 7.02%。近年来湖南省加快落实农产品产地冷藏保鲜整县推进政策，促进冷链物流建设向乡村倾斜，因地制宜建设预冷库、机械冷库、气调储藏库、通风储藏库，湖南省产地保鲜型冷库库容约为 80.42 万 m³，约占全省冷库总库容的 6.48%，预计"十四五"时期湖南省产地保鲜型冷库规模将进一步扩大。湖南省医药冷库和进出口保税型冷库规模较小，其库容仅为 72.25 万 m³，约占全省冷库总库容的 5.86%。

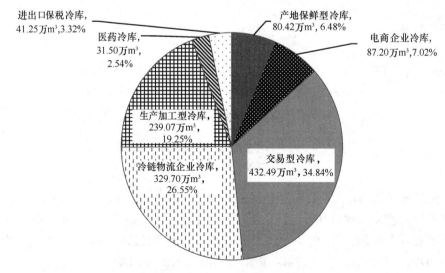

图 7-7 湖南省冷库功能构成情况

7.3.1.3 冷库建筑结构分析

对湖南省冷库的建筑结构形式进行统计分析,可以看出,湖南省土建式冷库最多,约占冷库总量的75%,其次为装配式冷库,约占冷库总量的23%;还有少量土建装配混合式冷库,约占冷库总量的2%(图7-8)。

7.3.1.4 冷库使用制冷剂情况分析

对湖南省冷库使用的制冷剂种类进行统计分析,可以看出,湖南省存量冷库使用的制冷剂以氨和氟利昂为主,氨系统冷库约占45%,氟利昂系统冷库约占49%,二氧化碳复合系统冷库占比较小,仅为6%(图7-9)。

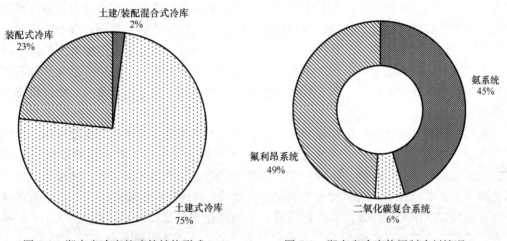

图7-8 湖南省冷库的建筑结构形式　　　　图7-9 湖南省冷库使用制冷剂情况

7.3.2 湖南省冷链仓储设施运营情况分析

调研发现,湖南省冷链物流企业经营模式仍以传统的冷库出租、装卸搬运、冷链运输为基础服务,较少开展分拣包装、"直销配送+""电商微商+"等供应链增值服务,因此冷链物流企业的经营收入以冷库租金、装卸搬运费、干支线冷链运输费和城市配送费为主,增值收入渠道较少。湖南省冷链设施的信息化、标准化水平较低。目前,湖南省尚无冷链物流公共信息平台、交易平台和监管平台,冷链过程缺乏有效监控,"断链"现象普遍,标准化、规范化冷链设施服务水平较低,冷链物流企业多存在操作流程不规范、制度化管理缺位等问题。

从冷链物流设施建设主体类型和使用功能来看,湖南省服务肉类屠宰加工、果蔬初加工、槟榔加工等的生产加工型冷库多为自用,农产品批发市场、冷链物流园、冷链物流企业冷库多对外出租。长沙市综合型冷链物流园冷库的出租情况较好,例如红星冷链冷冻食品市场、云冷冷链物流园、绝配供应链等企业的冷库出租率为100%,农产品批发市场的冷库出租率为40%~70%,但也有部分冷链物流企业的冷库出租情况较差,甚至处于亏损运营状态。从冷库服务类型来看,湖南省第三方冷链物流企业冷库租金要高于交易冷库、产地冷库等,产地冷库租金水平最低,普遍低于2元/(m^2·d);从地区分布来看,怀化、长沙市、湘潭市的冷库租金较高,怀化市冷库租金高价可达到4.2元/(t·d),长沙、湘潭第三方冷链物流企业冷库的租金高价可达到4元/(t·d),长沙、湘潭地区冷库的平均租金约 2.7 元/(t·d)。衡阳、岳阳、株洲、益阳和郴州等地的冷库出租价格不超过 3 元/(t·d)，在 2～2.5 元/(t·d) 之间，按面积出租的冷库租金更低，约为 1.6 元/(m^2·d)。

7.3.3 湖南省冷链物流行业综合发展情况总结

"十三五"时期，湖南省冷链物流规模增长迅速，冷链设施建设水平不断提高，但区域分布不均衡、产业支撑服务能力弱、冷链龙头企业示范水平低等问题依然较多。

湖南省冷链设施总体供给仍需不断提高，冷链物流设施仍需加快完善，尤其是需要完善农业产业发达地区的农产品上行和中转冷链物流基础设施建设。湖南省大部分冷库集中在长株潭和环洞庭湖地区，选址、规模设计、辐射范围等缺乏科学规划，肉类冷库多、果蔬冷库少，城区大型冷库多、县乡村冷库少。冷库利用率和冷链企业运维效率仍需不断提高。冷库建设与实际需求的匹配度不高，部分冷库由于前期策划时定位不准确导致利用率较低，个别地区气调库自建成起就处于闲置状态。产地预冷设施建设薄弱，冷链设施闲置与供给不足并存。

湖南省仍需不断加强冷链物流对农业发展和农产品流通体系建设的支撑作用。湖南省田头市场、产地市场的农产品流通模式仍以传统产地直采为主，缺乏预冷保鲜、分拣分级、包装贴标等商品化功能；在生产加工环节，湖南省农产品初加工多、精深加工少，一般品牌多、知名品牌少，大多数农产品附加值较低，全程冷链的溢价空间不大，农产品冷链物流有效需求不足，海外产品开拓不够，冷链产业市场规模较小。截至 2019 年，湖南省农产品综合冷链流通率仅为 14%，全口径农产品流通环节腐损率为 21%。

湖南省需加快培育具有区域化、网络化运营能力的冷链龙头企业。湖南省大部分冷链企业机械化、自动化、智能化程度较低，大多是为满足自身冷链仓储运输需求而自建自用，第三方冷链企业数量少、规模小、实力弱，缺乏区域竞争力和影响力。仍需不断强化冷链企业的设施运维能力、规范化作业能力，不断拓展具备信息服务和金融服务的供应链管理能力，加快改善冷链企业经营收益结构，提高冷链企业市场竞争力。

湖南省冷链企业还面临投资运营等方面的发展难点。部分地区冷链重点项目用地保障难，支持冷链物流产业发展的金融服务水平不高，行业用电、用能成本仍然较高，冷链配送车辆进城难，冷链物流专业人才紧缺。冷链企业面临投资建设回收期长、运维成本高、招商困难等方面的发展难题。

7.4 湖南省冷链市场需求预测

7.4.1 湖南省上行冷链需求预测分析

首先对 2025 年、2030 年湖南省主要生鲜产品的产量进行预测，结果见表 7-9。2017～2021年，湖南省蔬菜及食用菌、水产品、禽蛋、水果产量稳定增长；受非洲猪瘟影响，肉类产量稍有波动，奶类产量总体呈下降趋势。到 2025 年，湖南省主要生鲜产品产量将达到 6962.0 万 t，其中蔬菜及食用菌产量将为 4648.1 万 t，水果产量将为 1305.0 万 t，肉类产量将为 581.5 万 t，禽蛋产量将为 134.7 万 t，奶类产量将为 5.4 万 t，水产品产量将为 287.3 万 t；到 2030 年，湖南省主要生鲜产品产量将达到 7646.2 万 t，其中蔬菜及食用菌产量将为 5072.7 万 t，水果产量将为 1478.3 万 t，肉类产量将为 606.8 万 t，禽蛋产量将为 159.1 万 t，奶类产量将为 5.0 万 t，水产品产量将为 324.3 万 t。

2025 年、2030 年湖南省主要生鲜产品产量预测（单位：万 t） 表 7-9

品类	2021 年	2022 年	2023 年	2024 年	2025 年	2030 年
蔬菜及食用菌	4268.9	4410.7	4488.5	4567.6	4648.1	5072.7
肉类	562.1	566.9	571.7	576.6	581.5	606.8
水产品	266.1	267.2	273.1	280.4	287.3	324.3
禽蛋	117.9	121.9	126.0	130.3	134.7	159.1
奶类	5.7	5.6	5.5	5.5	5.4	5.0
水果	1193.6	1198.6	1241.5	1272.8	1305.0	1478.3
总计	6414.3	6570.9	6706.9	6833.2	6962.0	7646.2

到 2025 年，湖南省上行冷链库容需求约为 532 万 m³，其中需冷藏库库容 355 万 m³，需冷冻库库容 177 万 m³；到 2030 年，湖南省上行冷链库容需求约为 560 万 m³，其中需冷藏库库容 380 万 m³，需冷冻库库容 180 万 m³。

7.4.2 湖南省中转集散冷链需求预测分析

湖南省是华中地区肉类、蔬菜及食用菌、水果的主要中转集散节点，可分销到重庆、粤港澳大湾区、江西、贵州等地。湖南省中转集散冷链需求包括服务生鲜产品国内集散和国际进出口的冷链设施。到 2025 年，湖南省中转集散冷链库容需求约为 276 万 m³；到 2030 年，湖南省中转集散冷链库容需求约为 303 万 m³（表 7-10）。

2025 年、2030 年湖南省生鲜产品中转集散需求测算 表 7-10

年份	中转量（万 t）	库容需求（万 m³）
2021 年	822	187
2022 年	838	199
2023 年	856	212
2024 年	873	225
2025 年	890	276
2030 年	975	303

注：根据《"十四五"冷链物流发展规划》中 2025 年肉类、果蔬、水产品产地低温处理率的目标值，考虑湖南地区主要中转产品为果蔬，冷链综合流通率取 30%。

7.4.3 湖南省下行冷链需求预测分析

根据 2015～2021 年湖南省生鲜产品人均消费量情况，预测 2025 年和 2030 年湖南省主要生鲜产品人均消费量，见表 7-11。到 2025 年，湖南省主要生鲜产品人均消费量约为 270.80kg，其中蔬菜及食用菌人均消费量约为 106.03kg，肉类人均消费量约为 53.21kg，水产品人均消费量约为 17.12kg，蛋类人均消费量约为 11.71kg，奶类人均消费量约为

11.84kg，水果人均消费量约为 70.90kg；2030 年，湖南省主要生鲜产品人均消费量约为 297.22kg，其中蔬菜及食用菌人均消费量约为 108.11kg，肉类人均消费量约为 54.50kg。

2025 年、2030 年湖南省主要生鲜产品人均消费量测算（单位：kg）　　表 7-11

指标	2021 年	2022 年	2023 年	2024 年	2025 年	2030 年
蔬菜及食用菌人均消费量	104.40	104.81	105.21	105.62	106.03	108.11
肉类人均消费量	52.20	52.45	52.70	52.96	53.21	54.50
水产品人均消费量	14.60	15.19	15.81	16.45	17.12	20.89
蛋类人均消费量	10.90	11.10	11.30	11.50	11.71	12.80
奶类人均消费量	8.90	9.56	10.27	11.02	11.84	16.92
水果人均消费量	61.90	64.04	66.25	68.53	70.90	84.00
总计	252.90	257.15	261.54	266.08	270.80	297.22

根据湖南省常住人口数量和生鲜产品人均消费量，2025 年，湖南省生鲜主要产品消费总量将达到 1795 万 t，其中蔬菜及食用菌消费总量将为 703 万 t，肉类消费总量将为 353 万 t，水产品消费总量将为 113 万 t，蛋类消费总量将为 78 万 t，奶类消费总量将为 78 万 t，水果消费总量将为 470 万 t；2030 年，湖南省主要生鲜产品消费总量将达到 1971 万 t，其中蔬菜及食用菌消费总量将为 717 万 t，肉类消费总量将为 361 万 t，水产品消费总量将为 139 万 t，蛋类消费总量将为 85 万 t，奶类消费总量将为 112 万 t，水果消费总量将为 557 万 t（表 7-12）。

2025 年、2030 年湖南省主要生鲜产品消费总量测算（单位：万 t）　　表 7-12

项目	2021 年	2022 年	2023 年	2024 年	2025 年	2030 年
常住人口（万人）	6622	6623	6624	6626	6627	6633
蔬菜及食用菌	691	694	697	700	703	717
肉类	346	347	349	351	353	361
水产品	97	101	105	109	113	139
蛋类	72	73	75	76	78	85
奶类	59	63	68	73	78	112
水果	410	424	439	454	470	557
消费总量	1675	1702	1733	1763	1795	1971

2019 年湖南省接待游客 8.32 亿人次，将接待游客人数折算成常住人口，2025 年、2030 年湖南省主要生鲜产品消费总量将上浮 7%。因此，如果计入湖南省接待游客人数，2025 年湖南省下行冷链库容需求约为 647 万 m^3，2030 年约为 725 万 m^3。

7.4.4　湖南省冷链设施需求总量预测分析

以湖南省冷链物流设施存量市场调研和各环节冷链物流需求预测为基础，分析 2025

年、2030 年湖南省冷链物流市场缺口，结合湖南省冷链物流产业的政策导向，预计"十四五"时期及其更远的未来湖南省冷链产业市场需求将进一步增加，市场规模将进一步增长。到 2025、2030 年，湖南省冷链设施库容需求将分别达到 1455 万 m^3 和 1588 万 m^3，而目前湖南省冷库总库容为 1241 万 m^3，所以到 2025 年，存在约 213 万 m^3 的库容缺口；到 2030 年，存在约 347 万 m^3 的库容缺口（表 7-13）。

2025 年、2030 年湖南省冷链设施需求分析（单位：万 m^3） 表 7-13

年份	上行需求	中转需求	下行需求	冷链设施总库容	市场缺口量
2022 年	309	199	549	1057	—
2025 年	532	276	647	1455	213
2030 年	560	303	725	1588	347

7.5 湖南省冷链产业发展趋势

1. 湖南省国家骨干冷链物流枢纽通道优势更加显著

《中华人民共和国国民经济和社会发展第十四个五年规划和 2035 远景目标刚要》提出加快建设武汉都市圈和长株潭都市圈，湖南长沙、衡阳等区域重点城市发展能级将不断提升，有助于长江中游城市群与京津冀、粤港澳大湾区、长三角、黄河流域、成渝城市群等协同发展，湖南省在形成贯通我国主要城市群的骨干冷链物流网络方面具有举足轻重的作用。湖南省长沙市、怀化市、衡阳市、永州市已获批国家骨干冷链物流基地，愈加显示出湖南省在国家骨干冷链物流网络中的重要性。

2. 湖南省冷链设施布局更加合理

根据《湖南省冷链物流体系建设行动方案（2022—2025 年）》的建设目标，到 2025 年，在区域布局方面，湖南省将基本构建起以长株潭地区为核心区块，以湘南、洞庭湖、大湘西地区为区域中心，以多个特色基地为重要节点，布局合理、结构优化、运行高效、管理规范的现代冷链物流体系。在产业环节方面，湖南省将不断强化冷链设施的产业支撑服务能力，重点强化农产品优势产区、重要集散地和主销区等环节的冷链设施建设水平，完善提升配套服务功能。

3. 湖南省在强化骨干枢纽服务能力的同时加速冷链向农村下沉

湖南省提出以提升冷链流通效率和交通服务体系为重点，不断强化湖南省国际冷链集散枢纽地位，打造长沙中欧班列、岳阳城陵矶江海联运、株洲（联动衡阳）湘粤非铁海联运、怀化东盟货运、长沙黄花机场（联动张家界机场）国际航空货运五大国际物流通道和货运集结中心，不断提升骨干枢纽城市的区域辐射和冷链企业的网络化运营能力。同时，湖南省将加快完善农产品出村进城冷链服务体系建设，不断提高县乡村一级冷链设施覆盖率，加速冷链设施向农业产业环节下沉，不断提高冷链物流促进湖南省农产品流通和农业现代化的高质量服务能力。

（本章撰稿人：温晓辉、姜宇鹏、代冰琳、李婧、张志芳、邢艳辉、石斌、刘昌、杨双超、刘一凝）

第8章 广西壮族自治区冷链产业发展情况

8.1 广西壮族自治区冷链产业环境

广西壮族自治区地处亚热带湿润季风气候区域，适宜多熟栽培，一年四季均可种植农作物，生态优势明显；广西农产品种类多、产量大，秋冬菜、名特优水果、桑蚕、糖料蔗等多种农产品产量保持中国第一，盛产火龙果、荔枝、金橘、蜜橘、龙眼等，素有"水果之乡"的美誉；南邻北部湾，水产资源丰富。广西面向东南亚，背靠大西南，东邻粤港澳，南邻北部湾，西接中南半岛，处于泛北部湾、泛珠三角和大西南3个经济圈的接合部，是中国与东盟合作的前沿省份。广西是大西南地区最便捷的出海口和海上丝绸之路的重要枢纽，在西部大开发和中国对东盟自由贸易合作方面，具有承东启西、连南接北的区位优势。2023年上半年，广西农产品进出口贸易总额353.38亿元，同比增长35.05%，已开通覆盖东盟10国的28条航线，以东盟为主的"一带一路"国际航空大通道初步成型。2022年，广西与东盟农产品进出口总额222.9亿元，其中，出口额105.9亿元，同比增长29%。广西与东盟双边贸易持续增长，出海通道愈加畅通、便利化水平不断提升、RCEP政策红利持续释放。因此，对农产品流通的需求和冷链物流需求量逐步增加。

2022年，广西壮族自治区人民政府办公厅印发《广西物流业发展"十四五"规划》，提出要建立畅通高效、安全绿色、智慧便捷、保障有力的现代冷链体系，提高冷链物流服务质量和效率。2021年，广西壮族自治区全区农产品物流总额7617.92亿元，作为全国重要的农产品生产和消费以及东盟进出口地区，冷链物流产业前景广阔。

8.1.1 广西壮族自治区农产品生产环境

8.1.1.1 农产品生产概况

广西壮族自治区农业资源丰富，盛产蔬菜及食用菌、水果、水产品、生猪、肉禽等各类农产品，作为全国8个边境省区之一，与越南接壤边境线长达696km，中越边境线上有口岸12个、边民互市贸易点26个。每年经广西进入中国的东盟水果高达200多万吨。广西已成为全国最大的水果进出口省份和最大的秋冬菜生产基地。2022年，广西壮族自治区实现农林牧渔业总产值6868.97亿元，较上年增长5.2%；实现农林牧渔业增加值4269.81亿元，较上年增长5%。2021年，广西壮族自治区生鲜产品总产量达7679.62万t，同比增长4.05%（图8-1）。分品类来看，2021年，广西壮族自治区蔬菜及食用菌产量4047.46万t，同比增长5.66%。水果产量2798.08万t，同比增长0.44%。肉类产量440.97万t，同比增长15.97%。禽蛋产量27.08万t，同比增长1.42%；牛奶产量13.09万t，同比增长17.08%。水产品产量352.94万t，同比增长2.06%；其中，海水产品产量206.66万t，同比增长3.80%（表8-1）。

第 8 章 广西壮族自治区冷链产业发展情况

图 8-1 2017~2021 年广西壮族自治区生鲜产品产量及变化情况

2017~2021 年广西壮族自治区主要生鲜产品生产情况（单位：万 t） 表 8-1

品类	2017 年	2018 年	2019 年	2020 年	2021 年	同比增速
肉类	420.5	426.85	380.01	380.25	440.97	15.97%
水产品	320.77	332	342.15	345.8	352.94	2.06%
牛奶	8.14	8.87	8.71	11.18	13.09	17.08%
蔬菜及食用菌	3282.63	3432.16	3636.36	3830.77	4047.46	5.66%
水果	1900.4	2116.56	2472.13	2785.74	2798.08	0.44%
禽蛋	24.2	22.31	25.09	26.7	27.08	1.42%

数据来源：广西壮族自治区统计局。

2021 年，广西壮族自治区主要生鲜产品人均占有量约为 1589.15kg，高于全国平均水平（923.65kg），其中蔬菜及食用菌、水果、肉类、水产品人均占有量高于全国平均水平，禽蛋、牛奶人均占有量低于全国平均水平，水果人均占有量为 619.64kg，肉类人均占有量为 87.55kg，禽蛋人均占有量为 5.38kg，牛奶人均占有量为 2.60kg，水产品人均占有量为 70.44kg（图 8-2）。

8.1.1.2 生鲜产品分布情况

表 8-2 为广西壮族自治区主要生鲜产品地区分布情况，可以看出，广西壮族自治区在蔬菜及食用菌和水果的生产方面占据主要优势。广西壮族自治区的蔬菜及食用菌产量大，是我国"南菜北运"的重要基地，蔬菜及食用菌年产值达 240 亿元。广西气候差异较大，且基本无冬季，形成了四季均可生产时令蔬菜及食用菌的优势，特别是秋冬蔬菜上市时期与区外产地错开，丰富了市场供应品种；拥有全国领先的蔬菜及食用菌产业生产优势。广西壮族自治区的蔬菜及食用菌生产地主要集中在南宁、桂林和玉林等地，三市蔬菜及食用菌产量占全省的 42.37%。在水果生产方面，广西壮族自治区的水果产地主要集中在桂

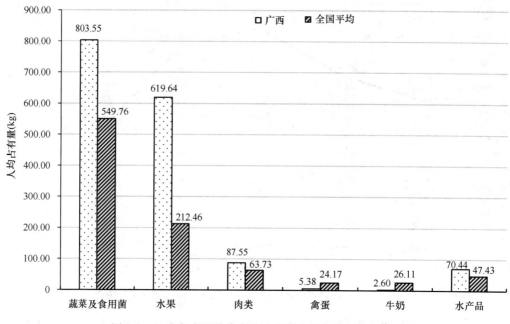

图 8-2 2021 年广西壮族自治区主要生鲜产品人均占有量

林、南宁以及钦州地区，其产量占全省的 57.70%，其中南宁市以香蕉、脐橙为主，桂林以沙田柚、金橘、柿子为主，钦州以荔枝和龙眼为主。在肉类生产方面，广西壮族自治区的肉类产量全国排名第九位，主要以猪肉和禽肉为主。猪肉产量约占全区肉类总产量的 57.6%，禽肉产量约占全区禽肉总产量的 36.7%，广西优质肉鸡总产量占全国 1/4，家禽出栏量占全国总量的 6.7%，仅次于山东、广东、河南，居全国第四位，每年向全国 28 个省份销售鸡苗约 3 亿只，占全国优质鸡苗外销量的 30% 以上，是全国优质鸡种苗生产基地。在水产品生产方面，广西壮族自治区具有优质的临海资源，水产资源丰富，水产养殖主要集中在广西南部地区（北海、钦州和防城港），水产养殖产量最高的是北海市（117.83 万 t），占广西水产品总产量的 33.47%；其次是钦州和防城港，各占 16.70% 和 15.60%。

2021 年广西壮族自治区主要生鲜产品地区分布情况（单位：万 t）　　　表 8-2

地区	蔬菜及食用菌	水果	肉类	牛奶	禽蛋	水产品
南宁市	697.44	453.91	64.73	1.30	3.74	23.42
柳州市	302.90	126.72	22.40	0.67	1.46	7.08
桂林市	562.21	894.66	56.73	0.14	5.5	10.64
梧州市	307.40	106.77	22.03	0.12	1.68	8.31
北海市	124.21	16.21	12.71	0.27	1.56	117.83
防城港市	38.70	13.38	5.44	0.35	0.35	55.84
钦州市	221.69	266.04	33.99	3.47	1.77	59.08
贵港市	232.67	57.31	37.60	0.91	2.12	20.94

续表

地区	蔬菜及食用菌	水果	肉类	牛奶	禽蛋	水产品
玉林市	455.34	154.40	87.84	0.72	5.22	14.78
百色市	327.76	210.45	26.64	0.05	3.07	9.38
贺州市	253.74	140.44	18.62	2.90	0.71	6.65
河池市	199.80	81.05	22.92	0.00	0.78	6.80
来宾市	173.46	167.58	15.88	0.88	0.41	6.13
崇左市	150.14	109.14	13.44	1.44	1.98	6.06

数据来源：广西壮族自治区统计局。

8.1.1.3 生鲜产品生产情况分析

由图 8-3 可知，2018～2021 年，广西壮族自治区主要生鲜产品总产量均超过 6000 万 t，年均复合增速约为 4.70%，整体呈增长趋势，特别是 2021 年生鲜产品总产量超过 8000 万 t。分品类来看，肉类产量在 2019～2020 年受猪瘟影响，出现价格波动和减产，2021 年恢复正常水平；其他品类，包括蔬菜及食用菌、水果和水产品总量呈稳定增长态势；特别是果蔬产量在 2021 年均有新的突破，水果产量突破 3000 万 t，蔬菜及食用菌产量突破 4000 万 t，成为我国西南地区名副其实的蔬果之乡。

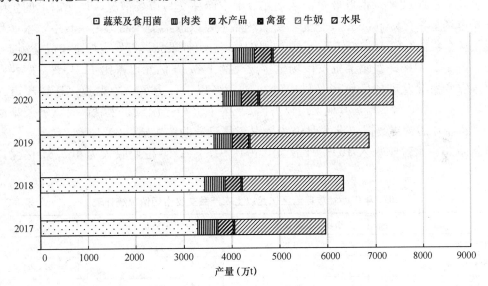

图 8-3　2017～2021 年广西壮族自治区主要生鲜产品生产趋势分析

8.1.2　广西壮族自治区农产品加工环境

广西壮族自治区农产资源丰富，为农产品加工业发展奠定了良好基础。2021 年，广西农产品加工业主营业务收入 8187.90 亿元，同比增长 6.7%，主要农产品加工转化率达 65%，农产品加工业产值比达到 1.62∶1.00。2021 年，广西农业产业化重点龙头企业达 1492 家，自治区级农业龙头企业 293 家，总数比上年增长 64.6%。年销售收入 2000 万元以上的规模农产品加工企业 1900 多家，占规模以上工业企业的 29.23%，亿元以上的农产品加工企业358家。因此，农产品加工业已成为广西壮族自治区支柱产业。

目前，广西壮族自治区形成了带状分布明显的农产品加工业的产业集群和产业带，如桂北的果蔬加工带、桂中南的现代中药加工集群、桂东南的畜禽加工带、桂南的水产品加工带、桂西的林产品加工带、桂中的烟草加工业带和桂西南的香料加工带等。

在畜禽加工方面，肉牛、肉羊加工聚集在百色、河池、南宁、柳州、来宾、桂林等地；肉鸡加工集中在玉林、贵港、梧州、贺州、南宁、钦州、北海、桂林、柳州等地。水产品加工方面，主要以北海市为中心，南宁、防城港、钦州为辅的水产品加工产业集群。蔬菜加工方面，重点发展南宁、钦州、北海、防城港、玉林创汇优势蔬菜加工，发展百色市外调秋冬优势蔬菜加工，发展柳州、桂林、来宾外调夏秋反季节蔬菜加工，发展贵港、梧州、贺州优势蔬菜加工。

但就目前发展现状来看，广西农产品加工水平滞后，农产品加工率低，大多数产品尚处于初级加工、粗加工阶段，精深加工能力较差，多位于产业链上中游，下游加工增值链条较短，农产品二次以上精深加工率仅为20%，未来农产品加工有待进一步提升。

8.1.3 广西壮族自治区农产品贸易环境

8.1.3.1 农产品国内贸易情况

表8-3为2021年广西壮族自治区亿元以上农产品交易市场情况，亿元以上的生鲜产品交易市场全年交易额366.64亿元，交易产品主要以蔬菜类产品为主。其中，水产品类批发市场全年成交额12.14亿元，占比3.31%；干、鲜果品类批发市场全年成交额19.48亿元，占比5.31%；蔬菜类批发市场全年成交额148.40亿元，占比40.48%。广西壮族自治区农产品批发市场生鲜产品供应量达到73%以上，为第一主渠道；连锁超市占比22%，电商平台占比3%，其他渠道仅占比2%左右。根据限额以上食品、饮料及烟酒批发和零售企业的销售数据，批发业仍然是农产品流通的主渠道。2021年，食品、饮料及烟草制品批发业营业收入1833.91亿元，占比94.5%；零售业收入为105.81亿元，占比5.5%。

2021年广西壮族自治区亿元以上农产品交易市场情况统计表 表8-3

类别	市场出租摊位数（个）	全年成交额（亿元）	成交额占比
农产品市场	17496	366.62	100%
—肉禽蛋类	8485	77.76	21.21%
—水产品类	900	12.14	3.31%
—蔬菜类	3800	148.40	40.48%
—干、鲜果品类	775	19.48	5.31%
—其他农产品市场	3536	108.84	29.69%

数据来源：广西壮族自治区统计局。

8.1.3.2 农产品国际贸易情况

2022年广西壮族自治区主要生鲜产品进出口总额约达593.47亿元，其中，进口额约476.32亿元，同比增长23.23%；出口额约117.15亿元，同比下降2.33%（表8-4）。在蔬菜及食用菌进出口方面，2022年出口约38.54万t，同比下降9.1%，金额约38.96亿元,同比下降8.0%。在干、鲜瓜果及坚果进出口方面,2022年出口约3.12万t,同比下降7.8%,进口约47.27万t,同比下降15.3%;主要以苹果出口为主,苹果出口量为962t,同比增长47.3%。在肉类进出口方面,2022年出口21t,同比下降29.5%,金额59万元,同比下降38.4%;进口7664t。广西市面上的进口肉类品种主要有冻猪肉及副产品、冻禽肉产品、冻羊肉产品、冻牛肉产品,主要来自美国、澳大利亚、加拿大、阿根廷、乌拉圭、英国、法国等。

2022年广西壮族自治区主要生鲜产品进出口情况统计表　　　表8-4

品类	出口 数量（t）	出口 金额（万元）	进口 数量（t）	进口 金额（万元）
主要生鲜产品	—	1171519	—	4763190
—肉类（含杂碎）	21	59	7664	16909
—蔬菜及食用菌	385429	389556		
—干、鲜瓜果及坚果	31231	39682	472673	1080804
—鲜或冷藏蔬菜	375570	371352		
—水产品	36333	130582	40131	83102
—乳品			912	3392
—大豆	—	—	5990000	2222766

数据来源：广西壮族自治区南宁海关总署。

8.1.4 广西壮族自治区居民消费情况

2016~2022年,广西壮族自治区常住人口年均增速为0.55%,生鲜产品人均消费增速为0.06%。2021年,广西壮族自治区常住人口约5037.00万人,生鲜产品人均消费量为215.20kg,生鲜产品消费总量1083.96万t。经测算,2025年广西壮族自治区常住人口将达5130.78万人,主要生鲜产品人均消费量约219.70kg,消费总量达1127.23万t（表8-5）。

2025年、2030年广西壮族自治区主要生鲜产品消费规模测算　　　表8-5

年份	人口规模（万人）	人均消费量（kg）	消费总量（万t）
2016年	4857.00	217.40	1055.91
2017年	4907.00	217.60	1067.76
2018年	4947.00	210.60	1041.84
2019年	4982.00	209.90	1045.72
2020年	5019.00	208.40	1045.96
2021年	5037.00	215.20	1083.96
2022年	5047.00	218.00	1100.25
复合增速	0.55%	0.06%	—
2025年	5130.78	219.70	1127.23
2030年	5244.65	223.00	1169.56

数据来源：广西壮族自治区统计局。

到2025年，广西壮族自治区蔬菜及食用菌人均消费量为98.20kg，消费总量约503.84万t；水果人均消费量为52.00kg，消费总量约266.80万t；肉类人均消费量为37.00kg，消费总量约189.84万t；牛奶人均消费量为9.50kg，消费总量约48.74万t；禽蛋人均消费量为6.50kg，消费总量约33.35万t；水产品人均消费量为16.50kg消费总量约84.66万t（表8-6）。

2025年、2030年广西壮族自治区居民主要生鲜产品分类消费量测算　　表8-6

品类	2021年		2025年		2030年	
	人均消费量（kg）	消费总量（万t）	人均消费量（kg）	消费总量（万t）	人均消费量（kg）	消费总量（万t）
蔬菜及食用菌	97.30	490.10	98.20	503.84	97.50	511.35
肉类	36.10	181.84	37.00	189.84	37.00	194.05
水产品	15.40	77.57	16.50	84.66	17.00	89.16
禽蛋	6.60	33.24	6.500	33.35	6.70	35.14
水果	50.30	253.36	52.00	266.80	55.00	288.46
牛奶	9.50	47.85	9.50	48.74	9.80	51.40
合计	215.20	1083.96	219.70	1127.23	223.00	1169.56

8.2　广西壮族自治区冷链政策环境

为提升冷链物流发展水平，助力乡村振兴，广西壮族自治区出台一系列政策措施，为冷链物流的发展提供了良好的环境和支持。这将促进广西壮族自治区冷链物流行业的发展，推动农产品的稳定供应和质量提升。

8.2.1　广西壮族自治区农产品生产政策

广西壮族自治区在农产品生产方面注重发展设施农业，提升农产品产地品牌影响力，同时通过补贴和保险等手段，支持农民从事农产品生产，推动农业现代化建设，促进农产品的质量和竞争力提升。

在设施农业方面，《中共广西壮族自治区委员会　广西壮族自治区人民政府关于做好2023年全面推进乡村振兴重点工作的实施意见》提出要加快发展现代设施农业，保障合理的设施农业用地需求，强化金融政策支持，推进设施农业高质量发展。在农产品产地方面，广西壮族自治区农业农村厅印发了《"十四五"广西农产品产地高质量发展规划》，提出推进产地市场信息化建设、完善产地市场基础设施、拓展农产品产地市场功能、完善产销衔接体系等，提高广西优质农产品的竞争力。在提升农产品质量方面，广西壮族自治区农业农村厅办公室印发了《广西农产品"三品一标"四大行动实施方案》，提出实施广西农产品"三品一标"优质农产品生产基地建设行动、农产品品质提升行动、优质农产品消费促进行动、达标合格农产品亮证行动四大行动，以推动广西壮族自治区农产品高质量发展。在农业补贴方面，公布了《广西壮族自治区本级惠民惠农财政补贴资金政策清单》，对耕地地力保护、生猪良种、稻谷生产、农机购置等农业农村方面给予补贴。

8.2.2 广西壮族自治区农产品加工政策

农产品加工业是农村产业兴旺的关键组成部分，是农业农村经济的支柱产业，是农业现代化建设的重要支撑力量。为加快农产品加工业的发展，加强农产品加工业集聚水平，广西壮族自治区发布多项政策。

在产业布局方面，广西壮族自治区工业和信息化厅印发了《广西农产品加工业发展"十四五"规划》，提出依托广西特色和优势农产品资源，做大做强八个主要农产品加工产业及壮大五个特色农产品加工产业，培育广西名牌产品，把农产品加工业打造成广西经济发展的重要支柱产业和绿色经济示范产业。在产业集聚方面，广西壮族自治区农业农村厅办公室印发了《2021年广西农产品加工集聚区提升行动方案》，以"提升农产品加工集聚区建设规模、提升集聚区专用原料基地建设能力、提升农产品加工集聚区科技水平、提升农产品加工集聚区产品品牌影响力"为主要任务，着力构建布局合理、链条完备、效益明显的产业集群，把农产品加工业打造成为乡村振兴、县域经济发展的支柱产业。在特色产业集群建设方面，《广西壮族自治区人民政府关于提升质量安全 推动地方特色食品产业发展的实施意见》提出强化产业链协同配套、开展大中小企业梯度培育、开展大中小企业梯度培育，推动特色产业集群建设。

8.2.3 广西壮族自治区农产品贸易政策

为促进农业国际交流合作，扩大农产品贸易规模，推动农产品走向国际市场，助力农业增效农民增收，广西壮族自治区出台多项政策支持农产品贸易发展。

在扩大农产品贸易规模方面，《自治区农业农村厅关于扎实推进广西农业高质量对接RCEP促进农业国际合作与农产品贸易的通知》提出建立广西—RCEP经贸大数据分析平台，建设自治区级农产品出口示范基地、境内外农业开放合作示范区以及国家级农业国际贸易高质量发展基地，并开展经贸对接，畅通农产品出口渠道。在内外贸融合发展方面，广西壮族自治区人民政府办公厅印发了《促进广西内外贸一体化发展实施方案》，从提升内外贸一体化服务水平、增强市场主体内外贸一体化发展能力、强化内外贸融合发展平台支撑和强化金融支持等方面促进广西内外贸一体化发展。在畅通国内国际双循环发展方面，广西壮族自治区人民政府办公厅印发了《广西打造国内国际双循环重要节点枢纽行动方案》，重点聚焦新发展格局在消费、产业、物流、开放等领域的新机遇，重点推进国际消费中心城市、跨境产业链、陆海新通道枢纽、自贸试验区等，加快构建国内国际双循环重要节点枢纽。

8.2.4 广西壮族自治区农产品消费政策

为促进农业产业发展、扩大农产品市场份额，提高农民收入广西壮族自治区出台多项政策，推动农产品销售和农村消费的增长。

在增强农产品消费能力方面，广西壮族自治区人民政府办公厅印发了《关于进一步促进消费的若干措施》，从提振餐饮消费、升级夜间消费和拓展新型消费等方面，激发消费活力，促进广西消费持续恢复。推动农村消费提质扩容，全面推进乡村振兴、推动城乡融合发展，促进农村消费。广西壮族自治区商务厅等17部门印发了《关于加强县域商业体系建设促进农村消费的实施方案》，提出开发适合农村市场的消费品，优化农村生活服务供给，丰富农村消费市场，满足农民消费需求。

8.2.5 广西壮族自治区农产品流通政策

为解决农产品销售堵点、难点问题，广西壮族自治区正加快构建农产品现代流通体系，提升农产品流通效率，助力乡村振兴。

在农产品产地冷藏保鲜设施建设方面，广西壮族自治区人民政府办公厅印发了《广西物流业发展"十四五"规划》，提出要健全冷链物流服务体系，夯实产销地冷链物流基础，提高冷链物流服务质量。在冷链物流网络构建方面，出台了《广西统筹推进农村物流高质量发展行动方案（2022—2025年）》，提出打造寄递物流、冷链物流、电子商务、物流支撑"四大"体系，进一步推动冷链物流服务网络向农村延伸。在农产品销售方面，广西壮族自治区人民政府办公厅印发了《广西农产品销售体系建设方案》，提出实施农产品流通能力攻坚工程，开展农产品流通保障能力建设，创新农产品流通发展财政扶持机制，引导金融机构和社会资本投入农产品流通基础设施建设和农产品市场拓展等。

8.2.6 广西壮族自治区冷链物流资金支持政策

为进一步补齐冷链物流设施短板，提升冷链物流发展水平，助力乡村振兴，2022年广西壮族自治区财政加大投入力度，统筹财政资金7.07亿元，推动冷链物流产业发展。在提高农产品产地商品化处理水平方面，广西壮族自治区立足当地农产品丰富的优势，大力支持农产品冷链物流设施建设，畅通城乡经济循环。一方面，争取中央农业生产发展资金3.05亿元，支持新型农业经营主体等建设农产品产地冷藏设施及其他农业生产项目，打通鲜活农产品产地"最后一公里"。另一方面，安排自治区服务业发展专项资金1460万元，支持11个冷链物流设施及信息化建设项目，进一步提高产地农产品商品化处理能力。与此同时，广西壮族自治区安排了乡村振兴资金1.88亿元，支持一批符合条件的冷链物流中心、冷链物流产业园等基础设施项目建设，完善冷链物流服务体系，提升冷链物流服务品质。

2023年，《关于加快广西公共型农产品冷链物流基础设施骨干应用网建设的提案〉自治区商务厅关于对自治区政协十三届一次会议第20230385号提案的答复》中提到，2021~2023年安排自治区服务业发展资金3660万元支持冷链物流项目19个，拉动3.5亿元社会资本投入冷链物流基础设施建设。支持、鼓励龙头企业冷链基础设施提质升级，支持建成一批高效益、规模化、现代化的跨区域冷链物流配送中心，培育壮大本地龙头企业，建立区、市、县三级冷链物流体系和覆盖城乡的冷链物流网点，加快农产品冷链物流基础设施骨干应用网建设。广西壮族自治区商务厅将进一步强化财政资金支持力度，推动县域冷链物流设施建设，建立区、市、县三级冷链物流体系和覆盖城乡的冷链物流网点，进一步完善农产品冷链物流配送体系，做大做强广西壮族自治区冷链物流产业。

8.3 广西壮族自治区冷链市场现状

广西壮族自治区农业资源丰富，是我国重要农产品生产基地之一，是重要的亚热带水果基地、畜牧水产基地，也是全国最大的秋冬蔬菜生产基地。同时，作为连接中国与东盟各国贸易往来的桥头堡，广西壮族自治区每年承接国内与东盟各国大量的农产品进出口贸易，因此用于农产品流通和集散的冷链需求量较大，冷链物流市场的发展潜力巨大。

8.3.1 广西壮族自治区冷链市场基本情况分析

8.3.1.1 冷链仓储设施基本情况

截至2023年7月，广西壮族自治区冷库总容库容为779.30万 m^3。全区拥有冷库1245座，冷藏车辆2500辆，冷藏车占全部运营货车的0.38%，略高于全国的0.3%。目前，广西壮族自治区有A级物流企业达到98家，其中5A级企业9家。广西壮族自治区冷库以冷冻库为主，冷冻库库容约499.88万 m^3，占比约64%，主要存放水产品及肉类等；冷藏库库容约279.42万 m^3，占比约36%，主要存放水果及蔬菜等生鲜产品（图8-4）。

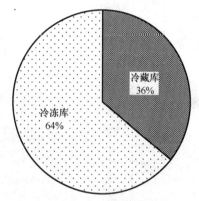

图8-4 广西壮族自治区冷藏库与冷冻库占比分布情况

图8-5为广西壮族自治区，冷冻库与冷藏库地区分布情况。由图8-5可知，广西壮族自治区冷链建设存在区域分布不平衡的问题，现有冷库主要集中在南宁、柳州等中心城市，桂林、百色、河池、梧州等农业生产大市冷链设施严重不足。其中，南宁市作为广西壮族自治区的省会城市，也是我国西南地区出海通道的重要枢纽，目前南宁市的冷藏仓储设施容量在广西壮族自治区位列首位，冷藏库库容约为117.02万 m^3，冷冻库库容约为218.21万 m^3；防城港市作为我国唯一与东盟海陆河相连的门户城市，是中新互联互通"西部陆海新通道"的重要节点，也是中国同东盟进行区域性贸易的国际航运枢纽和港口物流中心，目前其冷藏库库容约为104.93万 m^3，冷冻库库容约为106.17万 m^3；百色市是全国最大的芒果生产基地，"百色芒果"是中欧地理标志互认农产品，是全国唯一入选的热带水果，同时拥有目前全国唯一获批建设的芒果产业集群，百色市目前冷藏库库容约为25.77万 m^3，冷冻库库容约为42.36万 m^3；钦州市作为平陆运河的出海口，钦州港口是连接东南亚和我国内陆的重要节点，也是与东盟自由贸易区的重要门户之一，目前钦州市冷藏库库容约为3.05万 m^3，冷冻库库容约为56.42万 m^3；柳州市是西江经济带的龙头城市，形成了以螺蛳粉为主的特色产业集群，目前柳州市冷藏库库容约为10.61万 m^3，冷冻库库容约为24.26万 m^3；北海市是我国"南菜北运"产地集配中心基地，同时已形成独具特色的水产产业聚集区和水产品冷链物流产业体系，其冷藏库库容约为10.19万 m^3，冷冻库库容约为24.16万 m^3；河池市是西部陆海新通道重要节点城市，具有桑蚕、糖料蔗、食用菌、优质水果等特色农业产业优势资源，其冷藏库库容约为0.81万 m^3，冷冻库库容约为9.15万 m^3；崇左市作为我国重要边境城

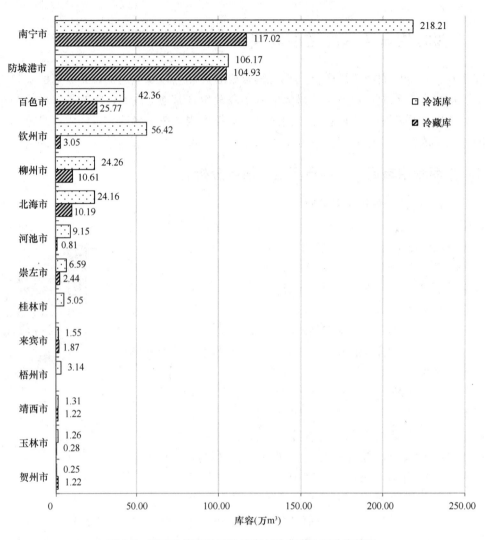

图 8-5 广西壮族自治区冷冻库与冷藏库地区分布情况

注：样本数据以库容在 5000m³ 及以上冷库为主。

市，也是北部湾经济区的重要节点城市，是广西壮族自治区最大的边贸果蔬出口集散地，目前崇左市冷藏库库容约为 2.44 万 m³，冷冻库库容约为 6.59 万 m³；桂林市、来宾市、梧州市和靖西市冷链仓储容量在广西壮族自治区排名相对靠后，桂林市冷冻库库容约为 5.05 万 m³；来宾市冷藏库库容约为 1.87 万 m³，冷冻库库容约为 1.55 万 m³；梧州市冷藏库库容约为 3.14 万 m³；靖西市冷藏库库容约为 1.22 万 m³，冷冻库库容约为 1.31 万 m³；玉林市农产品加工业产值占全市规模以上工业总产值的 39.95%，农产品加工转化率为 68%，玉林市冷藏库库容约为 0.28 万 m³，冷冻库库容约为 1.26 万 m³；贺州市冷链仓储设施容量较小，冷藏库库容约为 1.22 万 m³，冷冻库库容约为 0.25 万 m³。

8.3.1.2 冷库功能构成分析

广西壮族自治区是我国与东盟进行贸易合作的重要贸易通道，每年承接国内与东盟各国大量的农产品进出口贸易。因此，冷链设施主要以区域分拨型为主。区域分拨型冷库主要分布在南宁、防城港、钦州、百色和崇左等地的主要的区域性交通枢纽和沿边口岸,特别是北钦防国际冷链物流产业聚集区。目前广西壮族自治区区域分拨型冷库存量约为432.27万 m³,约占全区冷库总库容的55.49%,具有代表性的区域分拨型冷库有南宁国际综合物流园、防城港市的北部湾国际冷链物流园和百色一号冷库(东盟农产品交易中心)。城市配送型冷库库容约为148.17万 m³,占全区冷库总库容的19.02%,主要以服务终端市场的城市供配服务为主。批发市场型冷库库容约106.33万 m³,占全区冷库总库容的20.40%,广西海吉星农产品物流中心、南宁金桥农产品批发市场、玉林宏进农产品批发市场、新柳邕农副产品批发市场和北海保通冷冻食品有限公司等大型农产品批发市场和农产品流通企业都建设有千吨以上规模的冷库。南宁国际综合物流园有限公司的20万 t 冷库、广西金桥农产品批发市场的5万 t 冷库、南宁保税物流中心的冷链物流基地的6万 t 冷库等项目目前均已建成使用。广西壮族自治区产地冷藏保鲜设施建设基础薄弱,果蔬在流通环节的损腐率高达25%。目前广西壮族自治区产地保鲜型冷库存量较少,自治区政府已发布相关政策,支持产地冷藏保鲜设施规模进一步扩大。到2022年底,广西壮族自治区已累计扶持71个县(市、区)实施项目,建成冷藏保鲜设施3441个。广西壮族自治区进出口保税型冷库存量也相对较小,主要分布在钦州和防城港的保税港区、边贸口岸以及南宁的玉洞保税区等,占比不到1%(图8-6)。

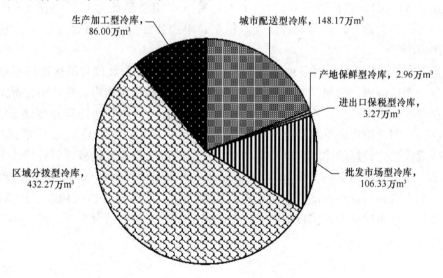

图8-6 广西壮族自治区冷库功能构成情况

8.3.1.3 冷库建筑结构分析

由图8-7可以看出,广西壮族自治区冷库的建筑结构以装配式冷库和土建式冷库为主,其中,装配式冷库约占冷库总量的69.57%,土建式冷库约占冷库总量的30.43%。

8.3.1.4 冷库使用制冷剂情况分析

图8-8为广西壮族自治区冷库使用制冷剂情况。广西壮族自治区存量冷库使用的制冷剂以氨和氟利昂为主,其中,氨系统冷库约占34%,氟利昂系统冷库约占60%,二氧化碳复合系统冷库占比较小,约为6%。

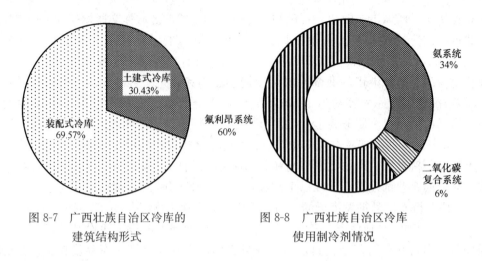

图 8-7　广西壮族自治区冷库的
建筑结构形式

图 8-8　广西壮族自治区冷库
使用制冷剂情况

8.3.2　广西壮族自治区冷链仓储设施运营情况

根据广西壮族自治区现有冷链设施在运营成本方面的市场调研数据，冷库平均租金为 2.20~4.33 元/(t·d)，普遍高于华北和华东地区的冷库平均租金。其中，冷冻库租金最低为 2.0 元/(t·d)，最高为 6.0 元/(t·d)；冷藏库租金最低为 0.83 元/(t·d)，最高 6.0 元/(t·d)。大部分冷库经营者仅收取租金，单边装卸费平均为 30 元/t，双边装卸平均费用在 50 元/t。

图 8-9 为广西壮族自治区各地区冷库平均租金。目前广西壮族自治区冷库租金排名靠前的城市分别是柳州、钦州、来宾和百色市，排在首位的是柳州市，柳州市食品加工企业众多，农产品流通体量大，冷链市场需求规模也大，因此，柳州市冷链仓储设施的整体租金水平较高。柳州市冷库平均租金为 3.00~5.00 元/(t·d)，平均租金为 4.33 元/(t·d)。柳州市运营情况比较好的冷库有柳工集团食品投资有限公司投资的柳州万吨冷库和海吉星批发市场冷库，平均租金均为 5 元/(t·d)，平均出租率均在 98%，基本处于满租状态。钦州市、来宾市和百色市的冷链仓储设施平均租金在广西壮族自治区均属于较高的水平。其中，百色一号冷库和河池国投福达农产品冷链公司冷库运营情况良好。河池福达冷库租

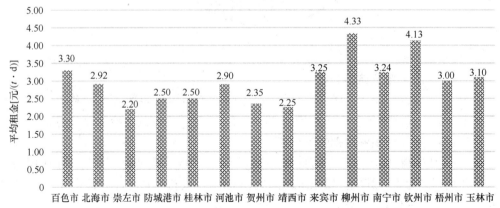

图 8-9　广西壮族自治区各地区冷库平均租金
注：租金为区间范围的平均值。

金高达 6 元/(t·d)，出租率可达 100%；百色一号冷库依托东盟农产品交易中心，作为集仓储、物流、加工、贸易等功能于一体的综合性农产品集散平台，出租率高达 100%，租金为 3.30 元/(t·d)。冷库租金较高的城市还有玉林市、来宾市和南宁市，南宁市冷库平均租金为 3.24 元/(t·d)，玉林市冷库平均租金为 3.10 元/(t·d)。靖西市、崇左市冷库平均租金水平较低。

8.3.3 广西壮族自治区冷链物流行业综合发展情况总结

经过多年的发展，虽然广西壮族自治区的冷链物流已有一定的发展基础，但与发达地区相比仍存在较大差距。

从物流成本来看，广西壮族自治区的土地、储存、交通、劳务等成本逐年增加，农产品冷链物流的运输成本也不断上涨，使得物流企业在利润空间和经营范围上面临一定压力。冷链物流产业链分为上游的冷链设备制造商和供应商以及中下游的储存及流通环节。其中，储存及运输的要求较高，这虽然增加了农产品冷链物流成本，但大大降低了农产品在运输中的损耗率。冷链物流成本比普通物流高 35%～55%。

从发展形势来看，在新经济形态下，广西壮族自治区物流产业缺乏影响力大的企业，中小冷链企业占据多数，冷链物流行业仍呈现散、小、杂的特点，冷链资源整合力度不足，冷链企业市场集中度亟须提升。自治区内物流信息系统相对落后，仅有少数厂家能满足国际冷链物流的要求。当前，广西亟须建造一批具有专业性、先进性的冷链物流群，为农产品的储存、运输等环节提供全面、基础的冷链服务。

8.4 广西壮族自治区冷链市场需求预测

8.4.1 广西壮族自治区上行冷链需求预测分析

根据广西壮族自治区 2019～2022 年主要生鲜产品生产情况，通过科学预测方法对广西壮族自治区 2025 年和 2030 年主要生鲜产品产量进行测算，结果如表 8-7 所示。到 2025 年和 2030 年，广西壮族自治区生鲜产品总产量分别为 8176.62 万 t 和 8477.03 万 t（表 8-7）。

2025 年、2030 年广西壮族自治区主要生鲜产品产量测算（单位：万 t） 表 8-7

品类	2019 年	2020 年	2021 年	2025 年	2030 年
肉类	380.01	380.25	432.44	450.20	462.20
水产品	342.15	345.8	352.94	362.10	370.20
牛奶	8.71	11.18	13.09	13.80	14.13
蔬菜及食用菌	3636.36	3830.77	4047.46	4120.50	4250.00
水果	2472.13	2785.74	2798.08	3200.20	3350.40
禽蛋	25.09	26.7	27.08	29.82	30.10
合计	6864.45	7380.44	7671.09	8176.62	8477.03

根据广西壮族自治区生鲜产品产量、冷链流通率、年周转次数及库容使用率，测算 2025 年广西壮族自治区上行冷链库容需求为 1187.68 万 m³，2030 年为 1232.23 万 m³。

8.4.2 广西壮族自治区中转集散冷链需求预测分析

根据广西壮族自治区 2019~2022 年主要生鲜产品进出口市场交易数据，对广西壮族自治区生鲜产品中转集散需求进行测算。2025 年和 2030 年，广西壮族自治区生鲜产品中转集散总需求量分别为 428.87 万 t 和 563.05 万 t（表 8-8）。

2025 年、2030 年广西壮族自治区主要生鲜产品中转集散需求测算（单位：万 t） 表 8-8

类型	2020 年	2022 年	2025 年	2030 年
国外中转量	96.77	111.62	123.76	146.98
国内中转量	241.17	253.30	305.11	416.07
合计	337.94	364.92	428.87	563.05

根据广西壮族自治区生鲜产品国内国外中转集散量、冷链流通率、年周转次数及库容使用率，2025 年广西壮族自治区中转集散冷链库容需求为 383.46 万 m^3，2030 年为 503.44 万 m^3。

8.4.3 广西壮族自治区下行冷链需求预测分析

根据广西壮族自治区常住人口数量和生鲜产品人均消费量，通过科学方法对广西壮族自治区 2025 年和 2030 年生鲜产品需求进行测算。2025 年和 2030 年，广西壮族自治区生鲜产品消费需求分别为 1127.23 万 t 和 1169.56 万 t（表 8-9）。

2025 年、2030 年广西下行冷链需求测算（单位：万 t） 表 8-9

品类	消费量（万 t）		库容需求（万 m^3）	
	2025 年	2030 年	2025 年	2030 年
蔬菜及食用菌	503.84	511.35	61.40	62.30
肉类	189.84	194.05	293.30	299.80
水产品类	84.66	89.16	70.60	74.30
蛋类	33.35	35.14	6.10	6.40
牛奶	266.80	288.46	81.20	87.80
水果	48.74	51.40	17.70	18.70
合计	1127.23	1169.56	530.30	549.30

根据广西壮族自治区生鲜产品消费量、生鲜产品损腐率、冷链流通率、年周转次数及库存利用率，同时考虑速冻食品的人均消费，到 2025 年和 2030 年广西壮族自治区下行冷链库容需求分别为 530.30 万 m^3 和 549.30 万 m^3。

8.4.4 广西壮族自治区冷链仓储需求总量预测分析

由表 8-10 可知，2022 年广西壮族自治区冷链库容需求约为 1819 万 m^3；2025 年和 2030 年，冷链库容需求约为 2101 万 m^3 和 2285 万 m^3。目前广西冷链库容为 779 万 m^3，2025 年冷链库容存在约 1322.44 万 m^3 的库容缺口，2030 年存在约 1505.97 万 m^3 的库容缺口（表 8-10）。

2025 年、2030 年广西壮族自治区冷链设施需求分析（单位：万 m³） 表 8-10

年份	上行需求	中转需求	下行需求	冷链库容需求	市场缺口量
2022 年	1049.83	326.28	443.60	1819.71	1040.71
2025 年	1187.68	383.46	530.30	2101.44	1322.44
2030 年	1232.23	503.44	549.30	2285.97	1505.97

8.5　广西壮族自治区冷链产业发展趋势

广西壮族自治区作为我国西南地区和东盟经济圈衔接交会点，是西部唯一沿海区域和西南地区最便捷的出海口，也是我国与东盟国家唯一既有海上要道又有陆地接壤的重要通道，处在"一带一路"交会对接和陆海统筹关键区域，依托西部陆海新通道发展物流业，区位优势明显，战略地位突出。未来广西壮族自治区冷链产业发展将依托区位优势条件，深化与东盟各国的经济贸易合作，发展"通道经济"，建立智能高效的冷链流通网络体系。

1. 广西壮族自治区将加快冷链物流服务转型和结构升级

未来广西壮族自治区将顺应发展动能转换、经济结构优化、产业迈向中高端、居民消费升级、生态约束增强等变革，推进西部陆海新通道由出口型物流转向进出口双向对流，从生产性物流服务转向兼顾生产与消费性物流服务，加快提升服务供给质量，调整运输结构，提高组织效率，实现高效、绿色发展。

2. 广西壮族自治区将着重提升供应链物流的高效组织运作能力

加快供给侧结构性改革，推动物流与相关产业深度融合发展，加强产业组织网络化、智能化协同，创新物流技术、业态、模式，构建现代供应链。通过通道化组织、一体化服务，降低物流成本，提高物流效率，提升服务水平，支撑内陆地区高起点承接产业转移，融入全球产业链和迈向价值链中高端。

3. 广西壮族自治区将扩大引领西部陆海新通道物流辐射范围

依托北部湾经济区开放开发和珠江—西江经济带双核驱动，对接粤港澳大湾区等，沿西部陆海新通道扩大物流服务范围，为广西壮族自治区扩大对外开放与合作搭建更广泛、更开放、更高层次的发展平台。

（本章撰稿人：温晓辉、姜宇鹏、代冰琳、李婧、张志芳、邢艳辉、石斌、刘昌、杨双超、刘一凝）

第9章 江西省冷链产业发展情况

9.1 江西省冷链产业环境

江西省地处长江中下游,气候条件适宜农作物生长,其农业在全国具有得天独厚的优势和非常重要的地位,素有"鱼米之乡"的美誉。江西省是我国水稻等粮食作物和油茶、油菜籽、花生、芝麻等油料作物的重要产区之一,省内有我国第一大淡水湖——鄱阳湖,是我国淡水渔业重点省份之一。此外,江西省依托丰富的富硒土壤资源,富硒功能农业已进入快速发展期。江西省为长三角、珠三角、海峡西岸的中心腹地,联动两大城市群及海峡西岸经济区,商品粮、茶叶、油料作物、水产品、柑橘等特色果蔬、富硒农产品等作物供给全国。

作为传统农业大省和"一带一路"倡议的内陆腹地战略支撑区域,江西省多措并举,支持农产品"走出去",不断扩大出口规模,是我国重要的茶叶、鳗鱼、果蔬、活猪出口省份之一。2022年,江西省农食产品进出口额为89.1亿元,同比增长32.7%,米粉出口居全国第二。"十三五"时期,江西省商务厅等5部门制定了《江西省冷链物流发展规划(2018—2022)》;2022年,江西省商务厅、省财政厅印发《江西省2022年支持农产品供应链体系建设 加快冷链物流发展工作方案》,支持江西省冷链物流发展,助力农产品走出去。《江西省"十四五"农业农村现代化规划》指出,加快推动江西省成为长三角、粤港澳大湾区和"一带一路"的蔬菜供应基地,不断拓宽"一带一路"共建国家销售市场。截至目前,江西省综合冷链流通率仅有13%,果蔬、肉类、水产品冷链流通率分别为3.9%、17.2%和10.1%,冷链物流发展水平仍有提升的空间。2021年,江西省农产品物流总额4.2万亿元,冷链物流总额1933.28亿元,增长21.6%,占全省商贸物流总额的8.44%。江西省有丰富的农产品优势资源,大量品种已形成产业化生产,并行销全国乃至世界,冷链物流需求量大且增速稳步提升,冷链物流产业前景广阔。

9.1.1 江西省农产品生产环境

9.1.1.1 生鲜产品生产概况

江西省农业人口多、农村地域大,粮、猪、油、菜、水产等主要农产品产量在全国占有重要地位。江西省是全国水稻重要产区,稻谷产量位居全国第三位,以占全国2.13%的耕地生产了占全国3.21%的粮食;是柑橘优势产区,产量位居全国前列,其中赣南脐橙种植面积世界第一、产量世界第三;是蔬菜优势产区,供港有机蔬菜排在全国前列;水产品产量位居内陆省份第二位,出口居内陆省份第一位。江西省每年外销粮食100亿斤、外调生猪1000万头、外调水产品100万t以上,是长三角、珠三角和港澳等地重要的农产品供应基地。2022年,江西省实现农林牧渔业总产值4223.80亿元,较上年增长4.30%。2022年,江西省主要生鲜产品总产量达3254.38万t,同比增长2.97%(图9-1)。

分品类来看，2022 年，蔬菜产量 1786.90 万 t，同比增长 3.95%；水果产量 749.38 万 t，同比增长 0.64%；肉类产量 358.60 万 t，同比增长 3.95%；禽蛋产量 68.40 万 t，同比增长 9.32%；水产品产量 283.20 万 t，同比增长 5.08%（表 9-1）。

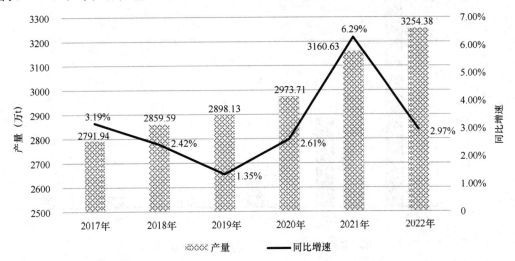

图 9-1 2017~2021 年江西省生鲜产品产量及变化情况

2017~2021 年江西省主要生鲜产品生产情况（单位：万 t）　　表 9-1

品类	2017 年	2018 年	2019 年	2020 年	2021 年	2022 年	同比增速
肉类	326.05	325.68	299.79	285.18	344.96	358.60	3.95%
水产品	250.55	255.95	258.81	262.69	269.51	283.20	5.08%
牛奶	9.49	9.63	7.28	9.11	8.32	7.90	-5.05%
蔬菜	1490.07	1537	1581.81	1642.7	1730.58	1786.90	3.25%
水果	670.12	684.37	693.27	712.82	744.64	749.38	0.64%
禽蛋	45.66	46.96	57.17	61.21	62.62	68.40	9.32%

数据来源：江西省统计局。

图 9-2 为 2021 年江西省主要生鲜产品人均占有量情况。2021 年江西省主要生鲜产品人均占有量约为 699.72kg，低于全国平均水平（923.65kg），其中蔬菜、水果、禽蛋、牛奶人均占有量低于全国平均水平，肉类、水产品人均占有量高于全国平均水平，蔬菜人均占有量为 383.13kg，水果人均占有量为 164.85kg，肉类人均占有量为 76.37kg，禽蛋人均占有量为 13.86kg，牛奶人均占有量为 1.84kg，水产品人均占有量为 59.67kg。

9.1.1.2 生鲜产品分布情况

表 9-2 为江西省主要生鲜产品的地区分布情况，可以看出江西省在蔬菜和水果的生产方面占据主要优势。在蔬菜生产方面，江西省的蔬菜生产地主要集中在赣州、吉安和宜春，三市蔬菜产量占全省的 51.62%。在水果生产方面，江西的园林水果产地主要集中在赣州和抚州两地，其产量占全省的 68.52%，其中赣州以脐橙、蜜橘和甜柚为主，尤其是赣南脐橙年产量达 138 万 t，实现总产值 120 亿元；抚州以丰南蜜橘为主。在肉类生产方

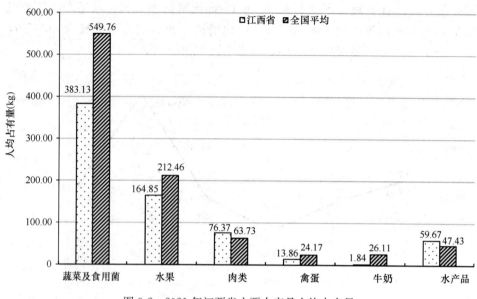

图 9-2 2021 年江西省主要农产品人均占有量

面,江西省肉类生产主要集中在赣州市,是江西优质肉羊生产基地。在水产品生产方面,江西省水产养殖主要集中在上饶市和九江市,两地水产总量占江西省总产量的 37.21%。

2021 年江西省主要生鲜产品分布情况(单位:万 t)　　　　表 9-2

地区	蔬菜	水果	水产品
南昌	134.50	13.58	43.01
景德镇	113.04	10.92	3.01
萍乡	68.64	8.55	4.14
九江	107.69	26.97	47.20
新余	28.41	24.34	5.66
鹰潭	30.66	12.93	5.42
赣州	414.89	231.86	31.20
吉安	273.90	106.02	22.79
宜春	204.33	55.11	36.17
抚州	162.83	218.94	17.81
上饶	191.68	35.42	53.12

数据来源:江西省统计局。

9.1.1.3　生鲜产品生产情况分析

2017~2022 年,江西省生鲜产品总产量均保持在 3000 万 t 左右,总体保持稳定增长。2022 年生鲜产品总量达 3043 万 t,同比增长 3.45%。农副产品生产状况总体上形势乐观,农业生产呈现稳中向好的发展态势。

分品类看（图9-3），2017～2022年江西省蔬菜种植面积和产量保持稳步增长，2022年江西省蔬菜种植面积为704.4khm^2，同比增长2.6%。蔬菜产量由"十二五"末期的1420万t增长到1786.9万t，保持了年均增幅3%的增率。在园林水果生产方面，由于江西省气候适宜，阳光充足，水果产量保持稳步增长，2022年赣南脐橙以品牌价值686.37亿元位列全国区域品牌（地理标志产品）水果类第一，实现品牌价值八连冠。在肉类生产方面，江西省肉类产量升幅较为稳定，牛羊产业蓬勃发展，家禽产业稳中有进。2022年，全省牛出栏147.3万头，同比增长0.5%；羊出栏186.8万只，同比增长8.9%；家禽出栏59263.5万只，同比增长2.7%。在水产品生产方面，江西省的渔业生产以年均3.2%的增率保持稳步增长。"十三五"末期，江西省水产养殖面积稳定在600万亩以上，池塘面积稳定在240万亩以上，水产品总产量稳定在260万t以上，渔业产值由"十二五"末期的925亿元提高到1061亿元。

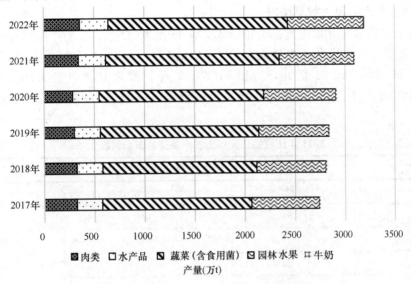

图9-3　2017～2022年江西省主要生鲜产品生产趋势分析

9.1.2　江西省农产品加工环境

2021年江西省规模以上农产品加工企业4117家，同比增加860家；全省农产品加工业总产值7355亿元，同比增长13.2%，其中，富硒功能农业综合产值超600亿元；全省农业产业化省级龙头企业总数963家，其中国家重点龙头企业69家、新增17家。年销售收入超亿元的龙头企业769家，其中超10亿元的50家，超100亿元的有5家，超1000亿元的有1家。目前，江西省农业产业化龙头企业由数量扩张向增量提质并重转变，农产品加工由初加工向精深加工转变，全省农产品加工转化率达70%，其中农产品精深加工率达34%。

目前，江西省的农产品加工产业已初具规模且趋于集中。经过长期的资源优化整合，江西省已经形成了几大具有地方特色的农产品加工产业基地，包括以赣南脐橙、绿色蔬菜等为主的特色产业集群；以赣东、赣中和赣南为主的生猪养殖与加工基地；赣南、赣东北、赣西北和赣东四大板块的鳗鱼养殖基地；环鄱阳湖区、赣东和赣中三大板块的蟹虾、珍珠养殖基地；赣东北、赣北、赣中和赣南四大板块的鲫鱼、乌鱼、罗非鱼养殖基地，以龙头企业带动农户的农产品加工产业化格局已具雏形。

在经济作物加工方面，形成了以信丰县、寻乌县和安远县为主的赣南脐橙产业集群和以南丰县、南城县和临川区为主的南丰蜜橘产业集群。在蔬菜加工方面，形成了以高安市、南昌县、新建区、安义县和永修县等为主的环南昌蔬菜加工产业集群，以及以乐平为主的蔬菜加工产业集群。在肉类加工方面，形成了以南昌为主的生猪产业集群和饲料产业集群，在宁都形成了黄鸡产业集群，赣中南的大余县、赣县、南康区等形成了板鸭加工产业集群，以及以高安为主的肉牛产业集群。在水产加工方面，形成了以丰城为主的水禽产业集群。

9.1.3 江西省农产品贸易环境

9.1.3.1 农产品国内贸易情况

2021年，江西省亿元以上食品类市场成交额1108.62亿元，交易产品以蔬菜类为主。其中，肉禽蛋类批发市场全年交易成交额130.34亿元，占比11.75%；水产品类批发市场全年交易成交额125.61亿元，占比11.33%；干、鲜果品类批发市场全年成交额271.74亿元，占比24.51%；蔬菜类批发市场全年成交额332.92亿元，占比30.03%（表9-3）。

2021年江西省亿元以上农产品交易市场情况 表9-3

类别	市场出租摊位数（个）	全年成交额（亿元）	成交额占比
食品类市场	23959	1108.62	100%
—粮油类	3498	129.29	11.67%
—肉禽蛋类	3133	130.34	11.76%
—水产品类	2211	125.61	11.33%
—蔬菜类	8426	332.92	30.03%
—干、鲜果品类	4174	271.74	24.51%
—饮料类	890	15.76	1.42%
—烟酒类	1087	27.99	2.52%
其他	540	74.97	6.76%

数据来源：江西省统计局。

9.1.3.2 农产品国际贸易情况

2020年江西省主要生鲜产品贸易额31.92亿元，比上年下降6.3%。其中，生鲜产品进口额为5.32亿元，同比增长28%；出口额为26.60亿元，同比下降14.7%（表9-4）。前五大出口生鲜产品是蔬菜、饮品、水产品、畜产品和水果，占全省主要生鲜产品出口总额的76.6%。与2019年相比，2020年江西省蔬菜、饮品、水产品、畜产品和水果出口额分别下降4.3%、7.9%、39%、8.5%和6.7%。在农产品进口方面，前两大进口生鲜产品分别是水产品、畜产品，其中水产品进口额为3.04亿元，同比下降28.8%；进口来源地主要是智利、美国、越南、法国和日本，合计占全省主要生鲜产品进口总额的58.6%。

2020 年江西省主要生鲜产品进出口情况统计表　　　　表 9-4

品类	出口		进口	
	数量（t）	金额（万元）	数量（t）	金额（万元）
主要生鲜产品	—	266000	—	53200
—畜产品	22800	45600	7664	22800
—蔬菜及食用菌	52615	68400	—	—
—水果	23750	30400	—	—
—水产品	20862	53200	40131	30400
—饮品	—	68400	—	—

数据来源：江西省南昌海关总署。

9.1.4 江西省居民消费情况

江西省生鲜产品消费规模测算见表 9-5。2016~2022 年，江西省常住人口年均增速为 0.10%，生鲜产品人均消费增速为 6.94%。2022 年，江西省常住人口约 4528 万人，主要生鲜产品人均消费量为 272.28kg，消费总量为 1232.88 万 t。经测算，2025 年江西省常住人口将达 4541.95 万人，主要生鲜食品人均消费量约 293.97kg，消费总量达 1335.20 万 t。

2025 年、2030 年江西省居民主要生鲜产品消费规模测算　　　　表 9-5

年份	人口规模（万人）	人均消费量（kg）	消费总量（万 t）
2016 年	4495.64	177.29	797.03
2017 年	4511.48	153.78	693.78
2018 年	4513.49	164.4	742.02
2019 年	4515.94	170.64	770.60
2020 年	4518.86	192.32	869.07
2021 年	4517.40	243.56	1100.26
2022 年	4528.00	272.28	1232.88
复合增速	0.10%	6.94%	0.00
2025 年	4541.95	293.97	1335.20
2030 年	4560.62	319.88	1458.85

数据来源：江西省统计局。

对江西省主要生鲜产品消费规模发展趋势和人口增长趋势进行测算，2025 年，江西省蔬菜人均消费量为 140.24kg，消费总量约 636.96 万 t；水果人均消费量为 60.24kg，消费总量约 273.61 万 t；肉类人均消费量为 38.42kg，消费总量约 174.50 万 t；牛奶人均消费量为 13.47kg，消费总量约 61.18 万 t；蛋类人均消费量为 18.25kg，消费总量约 82.89 万 t；水产品人均消费量为 23.35kg，消费总量约 106.05 万 t（表 9-6）。

2025 年、2030 年、2035 年江西省居民主要生鲜产品分类消费量测算　　表 9-6

品类	2021 年		2025 年		2030 年		2035 年	
	人均消费量（kg）	消费总量（万 t）	人均消费量（kg）	消费总量（万 t）	人均消费量（kg）	消费总量（万 t）	人均消费量（kg）	消费总量（万 t）
蔬菜	121.83	550.35	140.24	636.96	154.15	703.02	162.25	744.53
肉类	33.90	153.14	38.42	174.50	40.25	183.56	42.24	193.83
水产	16.75	75.67	23.35	106.05	26.55	121.08	29.44	135.09
蛋类	12.14	54.84	18.25	82.89	21.33	97.28	24.22	111.14
水果	50.09	226.28	60.24	273.62	63.25	288.46	65.54	300.75
牛奶	8.85	39.98	13.47	61.18	14.35	65.44	15.52	71.22
合计	243.56	1100.26	293.97	1335.20	319.88	1458.85	339.21	1556.56

9.2 江西省冷链政策环境

9.2.1 江西省农产品生产政策

近年来，江西省出台了多项政策夯实农业生产基础、打造乡村治理新模式，支持乡村产业振兴。在整体布局上，出台了《江西省"十四五"农业农村现代化规划》，从夯实农业生产基础、推进科技与机制创新、构建乡村产业体系、实施乡村建设行动、加强生态环境治理、打造乡村治理新模式、推进脱贫地区乡村振兴、深化农村改革、健全规划落实机制九个方面提出了具体措施。为解决农业农村发展"用地难"问题，促进农村土地节约集约利用，优先保障农业农村产业发展用地，以更大力度推动乡村全面振兴，江西省人民政府办公厅印发了《优先保障农业农村产业发展用地的若干措施》；为加强农业农村标准化工作，江西省市场监管局、江西省农业农村厅印发了《关于加强农业农村标准化工作的实施方案》，提出 4 个方面共计 12 条重点任务，充分发挥标准化在推进农业农村现代化中的基础性、战略性作用，推动实施乡村振兴战略。

9.2.2 江西省农产品加工政策

为促进农产品初加工、精深加工和综合利用加工全面发展，江西省发布多项政策。在农产品加工方面，发布了《江西省人民政府关于做大做强农产品加工业推动农业高质量发展的实施意见》，提出以标准化生产、精细化加工、集群化发展为方向，做大做强农产品加工业，积极培育农业新业态新产业，引领农村一二三产业融合，实现农业高质量发展；为推动富硒农产品发展，江西省人民政府办公厅印发了《加快推动富硒功能农业高质量发展三年行动方案（2023—2025 年）》，推动江西省富硒功能农业高质量发展，奋力在富硒功能农业赛道上勇争先。

9.2.3 江西省农产品贸易政策

在农产品贸易方面，江西省人民政府印发了《江西省"十四五"农业农村现代化规划》，提出为防止"卖难"和"买难"现象，要深化农业对外合作，加强农业国际合作，扩大农产品贸易；《江西省复制推广自由贸易试验区第五批改革试点经验工作实施方案》中提出要对进境粮食检疫全流程监管，创新"互联网＋全程监督"工作模式，并优化进口粮食江海联运检疫监管措施。

9.2.4　江西省农产品消费政策

消费是拉动经济增长的"三驾马车"之一，为加快推动消费升级，推动经济高质量跨越式发展，《江西省"十四五"消费升级发展规划》提出要围绕建设国家绿色有机农产品重要基地，依据国家标准，完善绿色农业标准体系，实施绿色生态农业"十大行动"，进一步扩大绿色农产品消费；江西省人民政府办公厅印发的《关于进一步促进和扩大消费的若干措施》提出要持续开展"数商兴农"产销对接活动，提升农产品可电商化水平，扩大农产品网络销售规模，打造一批农产品电商品牌。

9.2.5　江西省农产品流通政策

在农产品流通方面，《江西省商贸物流"十四五"发展规划》提出打造寄递物流、冷链物流、电子商务、物流支撑"四大"体系，努力把江西打造成为中部地区重要的商贸物流中心，将商贸物流业建设成为辐射国内、联通国际、促进全省经济高质量发展的重要支柱产业。《江西省人民政府办公厅关于加强鲜活农产品流通体系建设的实施意见》提出要加强鲜活农产品流通基础设施建设，加快培育流通主体，构建流通链条，完善市场布局，进一步减少流通环节，降低流通成本，建立完善高效、畅通、安全、有序的鲜活农产品流通体系。

为不断提高江西省农产品流通效率和现代化水平，《江西省2022年支持农产品供应链体系建设加快冷链物流发展工作方案》提出要通过支持一批集散地、销地农产品批发市场、农产品流通企业、冷链物流企业和城市供应链末端连锁商超、农贸市场、生鲜电商等流通企业提升改造农产品冷链流通基础设施，进一步增强农产品流通主渠道冷链服务能力；《江西省推动物流高质量发展促进形成强大国内市场三年行动计划（2020—2022年)》提出实施"六化"行动："网络化"构建行动、"集约化"发展行动、"智能化"推进行动、"标准化"推广行动、"便利化"提升行动，旨在进一步推动江西省物流高质量发展促进形成国内强大市场；《江西省数字政府建设总体方案》提出加快推广云计算、大数据、物联网、人工智能在农业生产经营管理中的运用，实施"互联网＋"农产品出村进城工程，建设冷链物流大数据中心。

9.2.6　江西省冷链物流资金支持政策

为加快江西省农产品供应链体系建设，《江西省2022年支持农产品供应链体系建设加快冷链物流发展工作方案》中强调要进一步加强支持农产品批发市场冷链流通基础设施改造升级，鼓励建设公共冷库、中央厨房，配备清洗、烘干、分级、分拣、包装、检测等设备，单个项目支持比例不超过总投资的30%，支持金额最高不超过800万元。支持销地农产品流通企业、冷链物流企业等改扩建冷链集配中心和低温配送中心，建设低温加工区、包装区、分拣区、配送区等。单个项目支持比例不超过总投资的30%，最高金额不超过600万元。

9.3 江西省冷链市场现状

江西省是传统的农业大省，优越的地理环境和气候条件，使得江西省农产品资源丰富，农产品的产量大且呈逐年增长趋势，增加了江西省冷链仓储设施需求。近年来，江西省冷链物流行业得到了政府的大力支持和鼓励，发展迅速。目前，江西省冷链市场已经形成了一定规模，覆盖了食品、医药、农产品等多个领域。通过对江西省现有冷链物流设施情况进行深入的市场调查研究，明确江西省冷链仓储设施的规模、分布情况、功能业态及运营现状等。

9.3.1 江西省冷链市场基本情况分析

9.3.1.1 冷链行业现状分析

截至2023年7月，江西省冷库总库容约1101万m^3，其中冷冻库库容约为713.98万m^3，占比65%，主要存放水产品及肉类等冻品；冷藏库库容约为388.02万m^3，占比35%（图9-4）。

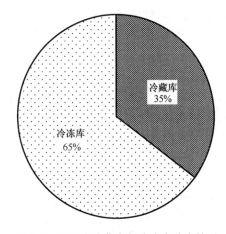

图9-4 江西省冷藏库与冷冻库分布情况

由图9-5可知，不同地区的冷冻库和冷藏库分布情况不同，各地区冷库设施建设与其农业和农产品加工业产业结构相匹配。其中，作为江西省的省会城市，南昌市"公铁空水"的现代化立体综合交通运输网络日益完善；绿色食品产业快速发展，产业规模位列全省第一、中部六省省会城市第二，农产品产地冷藏保鲜设施建设在江西省居领先地位，为南昌市冷链物流行业发展提供了强有力的支撑。南昌市现有冷库120余座，冷藏库库容约213.74万m^3，冷冻库库容约372.74万m^3，冷库总库容约586.48万m^3，居全省第一。作为销地市场，南昌市冷链仓储设施建设以企业为主，主要有玉丰实业（玉恒实业）、太仔实业、煌上煌集团、肉联厂、南深农、南昌菜园、空中田园等企业和基地，主要应用于蔬菜、玉米、果汁、肉类产品、烤卤加工产品等保鲜冷藏。上饶是农业大市，其冷链设施存量全省排名第二，冷藏库库容约为53.02万m^3，冷冻库库容约为78.34万m^3。赣州市农业自然资源丰富，目前已形成以优质、特色农产品为基础，以农产品批发市场、区域性冷链物流集散地为依托，以农产品生产企业、流通企业、加工及出口企业为载体的多元发展格局，赣州市现有冷藏库库容约40.74万m^3，冷冻库库容约85.98万m^3，这对赣州市提高农副产品的附加值与食品安全有着十分重要的作用。九江市作为江西省唯一通江达海的港口城市，其冷链设施存量在全省排名第四，现有冷藏库库容约15.77万m^3，冷冻库库容约41.74万m^3。新余市现有冷藏库库容约12.87万m^3，冷冻库库容约33.66万m^3。景德镇市现有冷藏库库容约19.46万m^3，冷冻库库容约25.11万m^3。宜春市冷藏库库容约27.21万m^3，冷冻库库容约

第9章 江西省冷链产业发展情况

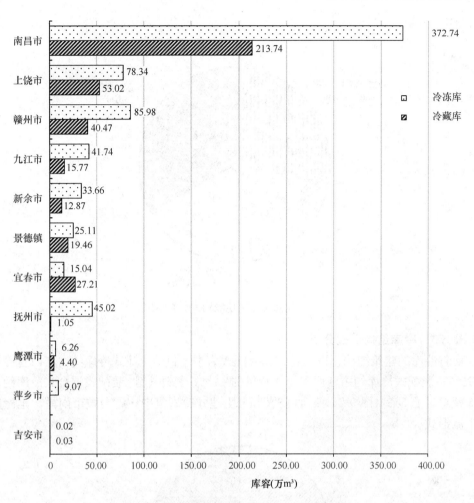

图 9-5 江西省冷冻库与冷藏库地区分布情况

注：样本数据以库容在 5000m³ 及以上冷库为主。

15.04 万 m³。抚州市冷冻库库容约 45.02 万 m³，冷藏库库容量很小。而鹰潭市、萍乡市和吉安市的冷链设施存量排名较为靠后。

9.3.1.2 冷库功能构成分析

江西省冷链设施以批发市场型冷库和冷链物流企业冷库为主。江西省批发市场型冷库库容约为 363.33 万 m³，占全省冷库总库容的 33%。其次为冷链物流企业冷库，库容约为 297.27 万 m³，占全省冷库总库容的 27%。服务肉类、速冻食品加工企业的生产加工型冷库，库容约为 220.20 万 m³，约占全省冷库总库容的 20%。大型生产企业如南昌肉联食品集团公司、南昌双汇食品有限公司、江西国鸿集团有限公司均是肉类冷链带头企业，推动了江西省冷链物流的发展。江西省作为全国优质农产品的供应基地，全省近 1/4 的农产品销往外地市场，为了给农产品外销提供重要保障支撑，江西省亟须建设完善的冷链物流体系。据统计，江西省产地保鲜型冷库库容约 209.19 万 m³，占全省冷库总库容的 19%，如江西供销（信丰）冷链物流园暨粤港澳大湾区菜篮子产品配送中心。江西省进出口保税型冷库库容约 11.01 万 m³，约占全省冷库总库容的1%（图9-6）。

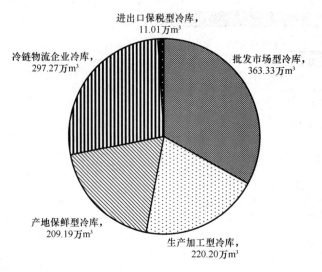

图9-6　江西省冷库功能构成分布情况

9.3.1.3　冷库结构形式分析

江西省冷库的建筑结构仍以土建式和装配式为主。目前土建式冷库约占江西省冷库总量的51%；装配式冷库约占江西省冷库总量的44%；另外土建/装配式混合式冷库约占江西省冷库总量的5%（图9-7）。江西省大部分土建式冷库集中在省会城市南昌，是冷库建筑的主流形式。

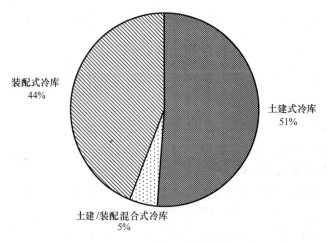

图9-7　江西省冷库的建筑结构形式

9.3.1.4　冷库使用制冷剂情况分析

图9-8为江西省冷库使用制冷剂情况，可以看出，江西省存量冷库使用的制冷剂以氨和氟利昂为主，其中，氨系统约占43%，氟利昂系统约占53%，二氧化碳复合系统约占4%。使用氨系统最多的城市是宜春市和萍乡市。

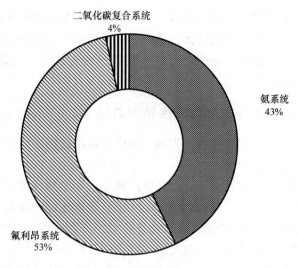

图 9-8 江西省冷库使用制冷剂情况

9.3.2 江西省冷链仓储设施运营情况

图 9-9 为通过市场调研得到的江西省冷库平均租金地区分布情况。江西省冷库平均租金最低为 1.30 元/(t·d)，最高为 3.10 元/(t·d)。大部分冷库经营者仅收取租金，双边装卸费平均为 50~60 元/t，单边装卸费平均为 20 元。

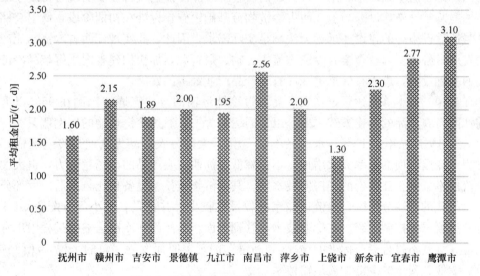

图 9-9 江西省冷库平均租金地区分布情况
注：租金为区间范围的平均值。

通过对江西省冷库租金调研情况分析可知，目前冷库平均租金排名靠前的城市分别是鹰潭市、宜春市和南昌市。冷库平均租金最高的是鹰潭市，鹰潭市是华东重要的交通枢纽，交通运输部二级重要交通节点城市，在农产品流通和冷链物流方面具有优势基础，鹰潭市冷库平均租金为 3.10 元/(t·d)。鹰潭市运营情况比较好的冷库有丰华源冷库，平均租金均为 4 元/(t·d)，平均出租率为 80%。其次，南昌市和宜春市的冷库平均租金在江西省均属于中等偏高的水平。其中，赣西农副产品批发市场集团冷库运营情况良好，冷库云平台采集监控数据，生鲜产品流转体量较大，冷库租金高达 3.30 元/(t·d)，出租率可达 100%。除此之外，上饶市和抚州市冷库平均租金相对较低，上饶市冷库平均租金为 1.30 元/(t·d)，抚州市冷库平均租金为 1.60 元/(t·d)。

9.3.3　江西省冷链物流行业综合发展情况总结

近年来，江西省冷链物流产业快速发展，但农产品冷链物流发展仍处于起步阶段，现代化的冷链物流体系尚未形成。

江西省在冷链基础设施建设方面差距较大。比如：用于储存生鲜产品的冷藏库、保鲜库等专用存储冷库数量还很少。目前，市场上大部分从事生鲜产品贸易的企业规模都比较小，还不具备建设专业的冷链物流设施的经济能力。江西省的冷链物流基础设施设备陈旧，难以满足生鲜产品保存的需求，这是约束江西省冷链物流发展的重要原因。目前江西省内的冷库数量少，冷藏条件差，据不完全统计，江西省人均冷库库容低于全国平均水平 15 个百分点，在全国排名中靠后。同时，冷藏运输车数量也存在明显不足。建设现代化冷库，增加冷藏运输车，是推动江西省冷链物流发展的必要前提。

同时，物流行业中专门从事第三方冷链物流的企业比较少，现实中大多数生鲜产品的运输工作进行物流外包的很少，主要由生鲜产品经营者自身承担。总的来说，高昂的生鲜产品物流运输成本与低下的物流运输效率直接造成了生鲜产品企业经营压力的增大，构建完善的冷链物流基础设施刻不容缓。江西省生鲜产品冷链物流行业要实现可持续发展，必须要加强基础设施建设。当前江西省冷链物流基础设施建设处在初期阶段，低温仓储设备和冷藏运输设施等的建设还远远无法满足实际需求，因此，要实现江西省冷链物流产业的健康发展，必须全力整合全省冷链物流人、物、财资源，加快构建省内生鲜产品冷链物流相关的基础设施，进而有效推进江西省农产品产业经济的发展。

在美国、日本等发达国家，农产品通过冷链运输的方式流通的比例在 95% 以上，而目前江西省农产品的运输方式主要是以常温运输为主，通过冷链运输的比例蔬菜类产品不足 5%、肉类产品不足 15%、水产品不足 20%，大部分农产品无法通过冷链运输，在流通过程中变质腐损的概率大大增加，不但降低了江西省农产品的市场竞争力，也大大增加了物流成本。由于江西省的经济发展水平，其冷链物流技术设备也比较落后。大部分企业缺乏封闭式的冷链分拣区，冷链运输车的数量也较少，并且只有一小部分配备 GPS 定位系统和湿度温度控制系统。在专业技术和管理方面，农产品在冷链运输的过程中也常常出现温度或湿度不符合专业标准的情况，"断链"的现象时而发生。总的来说，江西省缺少高效、专业、安全的冷链物流运输体系。

9.4　江西省冷链市场需求预测

9.4.1　江西省上行冷链需求预测分析

根据江西省 2019~2021 年主要生鲜产品生产情况，对江西省 2025 年、2030 年主要生鲜产品产量进行测算，结果见表 9-7。2025 年和 2030 年，江西省主要生鲜产品总产量分别为 3154.05 万 t 和 3327.73 万 t。

2025 年、2030 年江西省主要生鲜产品产量测算（单位：万 t） 表 9-7

品类	2019 年	2020 年	2021 年	2025 年	2030 年
肉类	299.79	285.18	344.96	340.20	345.20
水产品	258.81	262.69	269.51	262.51	262.28
牛奶	7.28	9.11	8.32	7.59	8.20
蔬菜	1581.81	1642.7	1730.58	1722.98	1828.87
水果	693.27	712.82	744.64	756.56	815.03
禽蛋	57.17	61.21	62.62	64.21	68.15
合计	2898.13	2973.71	3160.63	3154.05	3327.73

根据江西省生鲜产品产量、冷链流通率、年周转次数及库容使用率，测算 2025 年江西省上行冷链库容需求为 642.65 万 m^3，2030 年为 662.94 万 m^3。

9.4.2 江西省中转集散冷链需求预测分析

根据江西省 2019~2022 年主要生鲜产品进出口市场交易数据，对江西省生鲜产品中转集散需求进行测算。2025 年和 2030 年，江西省生鲜产品中转集散总需求量分别为 826.14 万 t 和 886.45 万 t（表 9-8）。

2025 年、2030 年江西省主要生鲜产品中转集散需求测算（单位：万 t） 表 9-8

中转类型	2020 年	2022 年	2025 年	2030 年
国外中转量	29.74	39.58	45.65	57.88
国内中转量	741.68	753.00	780.49	828.57
合计	771.42	792.58	826.14	886.45

根据江西省生鲜产品国内国外中转集散量、冷链流通率、年周转次数及库容使用率，测算 2025 年江西省中转集散冷链库容需求为 738.66 万 m^3，2030 年为 792.59 万 m^3。

9.4.3 江西省下行冷链需求预测分析

根据江西省常住人口数量和生鲜产品人均消费量，对江西省 2025 年、2030 年居民生鲜产品消费量进行测算。2025 年和 2030 年江西省居民生鲜产品消费量分别为 1335.20 万 t 和 1458.85 万 t（表 9-9）。

2025 年、2030 年江西省下行冷链需求测算 表 9-9

品类	消费量（万 t）		库容需求（万 m^3）	
	2025 年	2030 年	2025 年	2030 年
蔬菜	636.96	703.02	77.60	85.60
肉类	174.50	183.56	269.60	283.60
水产品类	106.05	121.08	88.40	101.00
蛋类	82.89	97.28	15.10	17.70
牛奶	61.18	65.44	22.20	23.80
水果	273.61	288.46	83.30	87.80
合计	1335.19	1458.84	556.20	599.50

根据江西省居民生鲜产品消费需求、生鲜产品损腐率、冷链流通率、年周转次数及库存利用率，同时考虑人均速冻食品的消费，测算 2025 年和 2030 年江西省下行冷链库容需求分别为 556.20 万 m^3、599.50 万 m^3。

9.4.4 江西省冷链设施需求总量预测分析

表 9-10 为 2022 年、2025 年、2030 年江西省冷链设施总体需求。2022 年，江西省冷链库容需求约为 1510.76 万 m^3。2025 年、2030 年冷链库容需求约为 1937.51 万 m^3、2054.98 万 m^3。而目前市场冷链仓储设施保有量为 1101 万 m^3，2025 年存在约 836.51 万 m^3 的缺口，2030 年存在约 954.03 万 m^3 的缺口。

2025 年、2030 年江西省冷链设施需求分析（单位：万 m^3）　　　　表 9-10

年份	上行需求	中转需求	下行需求	冷链库容总需求	市场缺口量
2022 年	583.41	582.32	345.00	1510.73	409.73
2025 年	642.65	738.66	556.20	1937.51	836.51
2030 年	662.94	792.59	599.50	2055.03	954.03

9.5 江西省冷链产业发展趋势

作为农业大省，江西省盛产赣南脐橙、军山湖螃蟹等优质农产品。近年来，江西省大力推进以"冷库＋冷链干线物流网"为主要内容的城乡冷链物流骨干网建设，完善现代农产品流通体系。

1. 江西省正积极打造"双循环"和"双升级"冷链物流发展体系

江西省未来将构建陆海联动、东西互济、各展所长的开放新格局，必将推进其冷链物流适应国际供应链环境，加强与国内外冷链市场的高效对接。产业结构和居民消费"双升级"趋势，将加快推动江西省冷链物流服务品质化、精细化、个性化发展。加快建设全国统一大市场和推进现代流通体系建设势必为江西省冷链物流与产业融合、适配新型消费、畅通产业循环奠定坚实基础，为冷链物流创造更加广阔的发展空间。

2. 通过科技创新和"数字江西"激活江西省冷链物流升级新动能

"十四五"时期，江西省将继续推进企业上云，用数赋智，加快新一代信息技术在冷链物流行业的创新应用，实现冷链物流全链条、全过程的温度可控、过程可视、源头可溯，进一步提升冷链作业和行业管理的智能化水平，以适应新零售、冷链宅配、同城冷链快速增长需求。未来江西省在冷链物流与农业、制造业、商贸流通的跨界融合将不断加深，加快冷链物流数字化转型和智慧化升级，促进冷链物流业态模式创新和行业治理能力现代化。

3. 江西省将持续推进农业农村现代化，加速冷链向农村下沉

未来江西省将在冷链基础设施建设上发力，进一步推进产地冷藏保鲜设施和冷链集配中心建设，完善农村冷链物流服务网络。农产品电商、农产品加工等乡村经济业态不断丰富，将加速释放农产品城乡双向流通需求，进一步促进城乡冷链均衡发展。

4. 江西省将持续推进冷链设施设备节能降耗，创新低碳工艺

江西省将持续推进冷链设施设备节能降耗，优化用能结构，强化绿色低碳技术工艺创新，加快减排降耗和低碳转型步伐，以绿色低碳冷链助力"美丽江西"建设迈向新境界。

（本章撰稿人：温晓辉、姜宇鹏、代冰琳、李婧、张志芳、邢艳辉、石斌、刘昌、杨双超、刘一凝）

第10章 海南省冷链产业发展情况

10.1 海南省冷链产业环境

海南省是全国最大的"热带宝地",是常年蔬菜供应基地、热带水果主产区、水产养殖主产区,农产品供给能力较强。同时,海南省还是农业经济总量和农业人口占比较高的省份,80%的土地在农村,60%的户籍人口是农民,20%的国内生产总值(GDP)来自农业,冷链物流产业基础较好。海南省区位优势明显,处于经马六甲海峡到日本的航线之上,是该国际航线的中转和枢纽之一。同时,海南是国内离东南亚最近的沿海省份,也是"一带一路"倡议的支点,拥有对外开放的前沿阵地和背靠超大规模国内市场的发展优势。冷链物流是海南加快自由贸易港建设、构建现代流通体系和融入国内统一大市场的重要组成部分,"十三五"时期,海南省已初步形成了以海口市和三亚市为核心的冷链物流发展格局。"十四五"时期,海南省将依托区位优势和自由贸易港建设制度优势,加快推进国际冷链物流发展,加快完善跨境冷链物流体系,加快提升旅游业、热带高效农业、现代服务业等主导产业发展能级,进一步促进海南冷链物流市场规模增长。根据《海南省"十四五"冷链物流发展规划》,2020 年海南省果蔬产品冷链流通率约为13%,肉类冷链流通率约为15%,水产品冷链流通率约为29%,海南省冷链物流市场需求量超 300 万 t。

10.1.1 海南省农产品生产环境

10.1.1.1 生鲜产品生产概况

海南省地处热带地区,是我国最大的"天然大温室",是我国重要的反季节水果、蔬菜生产地及出口地。热带特色高效农业是海南省主导产业,是海南自由贸易港建设和"3+1+1"现代产业体系的重要领域。随着高新技术加快迭代更新,海南热带水果、冬季瓜菜以及海洋捕捞、海上养殖等热带农产品将进入"量—质"升级期,推动了农产品流通服务向价值链、产业链中高端发展,为海南省农产品市场体系建设提供了广阔市场。2021 年,海南省农林牧渔业总产值达 2014.79 亿元,同比增长 10.6%。海南省是我国冬季瓜菜生产的优势区,每年供应国内市场和出口的冬季瓜菜、热带水果等鲜活农产品约 900 万 t。海南省的海洋水产资源具有海洋渔场广、品种多、生长快和渔汛期长等特点,是我国发展热带海洋渔业的理想之地。海南省海洋渔场面积近 30 万 km²,可供养殖的沿海滩涂面积 2.57 万 hm²,沿海区域内海水产品总产量达 207.29 万 t,占全国水产品产量的约 6%。2017~2021 年,海南省生鲜产品产量整体呈增长趋势,2021 年海南省主要生鲜产品总产量约为 1350.67 万 t,同比增长 4.17%(图 10-1)。

分品类来看,2021 年海南省蔬菜及食用菌产量 588.92 万 t,同比增长 2.81%;肉类产量 66.87 万 t,同比增长 14.56%;水产品产量 164.09 万 t,同比下降 0.33%;禽蛋产量

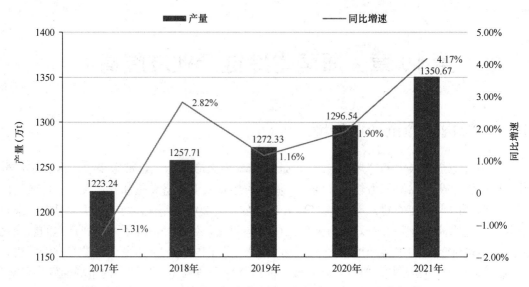

图 10-1　2017～2021 年海南省主要生鲜产品产量及变化情况
数据来源：国家统计局。

5.02 万 t，同比增长 3.72%；奶类产量 0.1 万 t，同比下降 61.54%；水果产量 525.67 万 t，同比增长 6.06%（表 10-1）。

2017～2021 年海南省主要生鲜产品生产情况（单位：万 t）　　表 10-1

品类	2017 年	2018 年	2019 年	2020 年	2021 年	同比增速	全国排名
蔬菜及食用菌	553.05	566.77	571.98	572.8	588.92	2.81%	24
肉类	78.67	79.86	67.06	58.37	66.87	14.56%	25
水产品	180.79	175.82	172.16	164.64	164.09	−0.33%	13
禽蛋	4.75	4.66	4.75	4.84	5.02	3.72%	28
奶类	0.50	0.19	0.23	0.26	0.10	−61.54%	31
水果	405.48	430.41	456.15	495.63	525.67	6.06%	22

数据来源：国家统计局。

2021 年，海南省主要生鲜产品人均占有量约为 1324.19kg，高于全国平均水平（923.65kg），其中蔬菜及食用菌、水果、肉类、水产品人均占有量高于全国平均水平，蛋奶人均占有量小于全国平均水平（图 10-2）。

10.1.1.2　生鲜产品分布情况

表 10-2 为海南省主要生鲜产品地区分布情况，可以看出，琼北和琼东地区农产品资源供给能力相对较强，水果产区主要分布在琼西和琼南地区，蔬菜及食用菌产区主要分布在琼北和琼东地区，水产品产区主要分布在琼北和琼东地区，肉类产区主要分布在琼东地区。2021 年，蔬菜及食用菌产量较高的地区为琼海市、海口市；水果产量较高的地区为

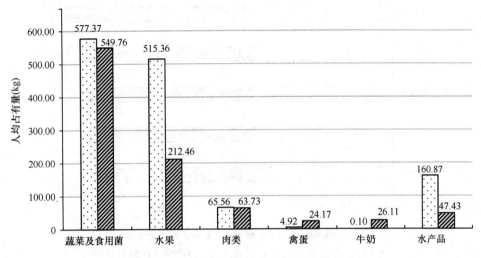

图 10-2 2021年海南省主要生鲜产品人均占有量
数据来源：国家统计局。

三亚市、东方市；肉类产量较高的地区为文昌市；水产品产量较高的地区为儋州市、文昌市。

2021年海南省主要生鲜产品地区分布情况（单位：万 t）　　表 10-2

地区	蔬菜及食用菌	水产品	水果	肉类
海口市	50.26	5.07	24.30	5.40
三亚市	36.37	4.17	46.20	1.36
儋州市	36.78	31.68	12.66	9.58
五指山市	5.83	0.23	2.56	0.30
文昌市	44.59	29.08	12.71	10.61
琼海市	52.83	8.65	26.97	7.51
万宁市	45.69	7.49	27.71	4.08
东方市	25.45	2.74	43.88	1.31

数据来源：海南省统计局。

10.1.1.3 生鲜产品生产情况分析

从图 10-3 可以看出，2017~2021 年海南省主要生鲜产品总产量均超过 1200 万 t，年均复合增速约为 1.33%，整体呈增长趋势。分品类来看，蔬菜及食用菌产量在 2017 年出现小幅度下降后保持稳定增长；水果产量在 2017~2021 年稳定增长；肉类产量呈波动下降，羊肉、牛肉产量稳定，猪肉产量波动下降；奶类产量整体稳定在 0.1~0.5 万 t；2017~2021 年水产品总产量持续下降，2021 年已经下降至 164.09 万 t，同比下降 0.33%。

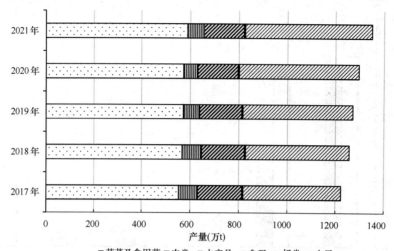

图 10-3 2017~2021 年海南省主要生鲜产品生产趋势分析

数据来源：国家统计局。

10.1.2 海南省农产品加工环境

经过近 30 年的发展，海南省农产品已形成以果蔬、水产品、禽蛋等为主导的农产品加工业格局。海南省从原料产地创建、特色产品开发、产业融合升级等方面靶向发力，全省农产品加工业发展取得显著成效，总体保持平稳增长态势。2021 年，海南省共有规模以上农产品加工企业 146 家，同比增长 5.0%；全年农产品加工业总产值达 653.18 亿元，同比增长 25.1%。其中，规模以上农产品加工业总产值达 509.39 亿元，同比增长 22.2%；完成增加值 92.67 亿元，其中规模以上农副食品加工业总产值 228.46 亿元。

冷冻水产品和乳制品是海南省主要工业食品，2010~2021 年海南省冷冻水产品产量呈波动下降趋势，2021 年冷冻水产品产量为 10.55 万 t，同比下降 38.88%；2010~2021 年海南省乳制品产量呈下降趋势，2021 年乳制品产量 0.05 万 t，同比下降 78.26%（图 10-4）。

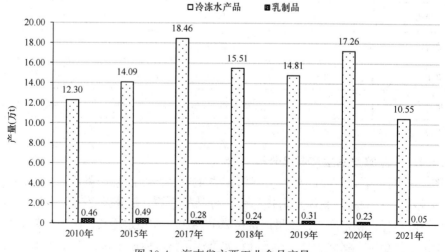

图 10-4 海南省主要工业食品产量

数据来源：海南省统计局。

10.1.3 海南省农产品贸易环境

10.1.3.1 农产品批发零售情况

表 10-3 为海南省亿元以上农产品交易市场情况，可以看出，海南省农产品综合市场和农产品专业市场的市场规模较小，2020 年海南省农产品综合市场和农产品专业市场成交额有所下滑。2021 年，海南省亿元以上农产品综合市场成交额 32.58 亿元，同比增长 5.5%；亿元以上农产品专业市场仅有 1 个，摊位数 380 个，营业面积 5 万 m^2，市场成交额 20.87 亿元。

2017～2021 年海南省亿元以上农产品交易市场情况　　　　　表 10-3

年份	市场类型	市场数（个）	摊位数（个）	营业面积（m^2）	市场成交额（亿元）
2017 年	农产品综合市场	1	540	1200	1.42
	农产品专业市场	1	677	4000	2.03
2018 年	农产品综合市场	—	—	—	—
	农产品专业市场	1	422	3000	3.08
2019 年	农产品综合市场	1	1696	130000	31.03
	农产品专业市场	3	1230	102284	37.19
2020 年	农产品综合市场	1	1696	130000	30.88
	农产品专业市场	2	896	53000	22.48
2021 年	农产品综合市场	1	1696	130000	32.58
	农产品专业市场	1	380	50000	20.87

数据来源：海南省统计局。

由图 10-5 可知，海南省限额以上食品、饮料及烟酒批发和零售企业的销售额稳定增长。2021 年，海南省限额以上食品、饮料及烟酒批发额 457.13 亿元，零售额 13.75 亿元，批发额约占限额以上食品、饮料及烟酒销售总额的 97%。

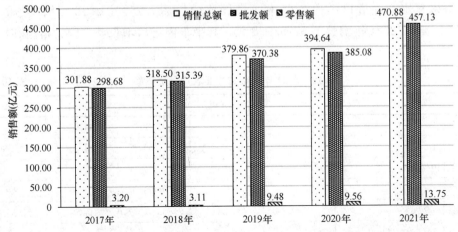

图 10-5　2017～2021 年海南省限额以上食品、饮料及烟酒批发和零售企业商品销售情况
数据来源：海南省统计局。

10.1.3.2 农产品进出口发展情况

由表 10-4 可以看出,海南省主要出口生鲜产品为水产品、蔬菜及食用菌、粮食,以及少量鲜、干水果及坚果。水产品出口额较大,在 2018~2022 年呈波动增长,2022 年水产品出口额为 35.48 亿元,同比增长 4.26%;蔬菜及食用菌出口额在 2020 年起开始下滑,2022 年为 5932.7 万元,同比下降 13.99%;鲜、干水果及坚果出口额总体呈增长趋势,2022 年为 1489.8 万元,相比 2021 年缩减了 30.3 万元,其中苹果是主要出口水果,2022 年苹果出口额为 175.5 万元,相比 2021 年增加了 172 万元;粮食 2022 年出口额为 932.8 万元,相比 2021 年增长了 887.4 万元。

2018~2022 年海南省主要农产品出口额　　　　表 10-4

项目	2018 年	2019 年	2020 年	2021 年	2022 年
总计(亿元)	2.68	36.77	34.90	38.27	40.48
水产品(亿元)	2.37	32.87	31.62	34.03	35.48
—食用水产品(亿元)	—	—	—	33.19	33.90
蔬菜及食用菌(亿元)	0.06	0.84	0.73	0.69	0.59
—鲜或冷藏蔬菜(亿元)	0.03	0.42	0.44	0.36	0.35
干、鲜瓜果及坚果(亿元)		0.05	0.03	0.15	0.15
—苹果(万元)	—	—	—	3.5	175.5
粮食(万元)				45.4	932.8

数据来源:海口海关,"—"表示未在海关月度统计表中查到。

通过对海南省 2018~2022 年主要农产品进口情况进行统计分析(表 10-5),可以看出,海南省主要进口农产品为粮食、乳制品,以及鲜、干水果及坚果和少量水产品、肉类。粮食进口整体呈增长趋势,2018~2022 年粮食进口额逐年增长,2022 年粮食进口额为 27.81 亿元,相比 2018 年增加了 27.70 亿元;乳品进口呈高速增长,2022 年乳品进口额达到 14.92 亿元,同比增长 652.7%;鲜、干水果及坚果进口逐年增长,2022 年鲜、干水果及坚果进口额到达 13.03 亿元,同比增长 6.37%;水产品进口额 2022 年由下降恢复增长,2022 年水产品进口额为 2.67 亿元,同比增长 287.75%;2022 年肉类进口额为 3.41 亿元,相比 2021 年增长了 6778.5 万元,其中羊肉进口增长,牛肉、猪肉和禽肉进口均减少。

2018~2022 年海南省主要农产品进口额　　　　表 10-5

项目	2018 年	2019 年	2020 年	2021 年	2022 年
总计(亿元)	1.40	30.09	43.35	63.03	114.39
粮食(亿元)	0.11	0.31	4.50	13.33	27.81
肉类(包括杂碎)(亿元)	—	0.01	1.05	2.73	3.41
—牛肉(亿元)			0.93	2.47	2.04
—猪肉(亿元)		0.01	0.04	0.07	0.01
—羊肉(亿元)				0.09	0.73
—禽肉(亿元)				0.07	—

续表

项目	2018年	2019年	2020年	2021年	2022年
水产品（亿元）	0.25	1.45	0.86	0.69	2.67
—食用水产品（亿元）	—	—	—	0.21	2.08
—冻鱼（亿元）	0.20	0.80	0.24	0.02	0.49
乳品（亿元）	0.04	1.54	2.19	1.98	14.92
—奶粉（亿元）	0.03	1.40	1.97	1.46	2.99
干、鲜瓜果及坚果（亿元）	0.53	8.80	6.44	12.25	13.03

数据来源：海口海关，"—"表示未在海关月度统计表中查到。

10.1.4 海南省居民消费环境

从表10-6可以看出，2015～2021年海南省主要生鲜产品人均消费量均呈增长趋势，2021年主要生鲜产品人均消费量为248.0kg，同比增长11.46%。2021年海南省蔬菜及食用菌人均消费量为107.4kg，相比2020年增长了8kg；肉类（含禽类）人均消费量为62.2kg，相比2020年增长了10.6kg，其中猪、牛、羊肉人均消费量增长较快，增长了12.9kg，禽类人均消费量稍有下降；水果人均消费量为33.3kg，相比2020年增长了3.1kg。2021年，海南省蛋类、水果、水产品、蔬菜及食用菌类人均消费量增幅较小，肉类、奶类人均消费量增幅较大。可以看出，海南省生鲜产品消费结构中，奶、动物性食物中牛、羊、猪肉人均消费量增速较快，蛋类、水产品、植物性食物人均消费量平稳增长。

2015～2021年海南省主要生鲜产品人均消费量（单位：kg） 表10-6

指标	2015年	2016年	2017年	2018年	2019年	2020年	2021年
蔬菜及食用菌人均消费量	88.3	95.3	93	90.7	95.9	99.4	107.4
肉类人均消费量（不含禽类）	28.9	31.4	29.3	33.9	25	21.2	34.0
禽类人均消费量	18.9	21.5	20.4	18.8	24.7	30.4	28.2
水产品人均消费量	26.8	26.7	25.6	27	31.6	30.8	33.6
蛋类人均消费量	4.8	5	4.5	4.8	4.9	5.6	5.8
奶类人均消费量	4.3	4.4	4.2	4.7	4.5	4.9	5.7
水果人均消费量	27.7	30	29.3	28.4	30.9	30.2	33.3
总计	199.7	214.3	206.3	208.3	217.5	222.5	248.0

数据来源：国家统计局。

在对2015～2021年海南省主要生鲜产品人均消费统计的基础上，测算2015～2021年海南省主要生鲜产品消费总量。2021年，海南省主要生鲜产品消费总量253万t，其中蔬菜及食用菌消费量约为110万t，肉类消费量约为63万t，水产品消费量约为34万t，蛋类消费量约为6万t，奶类消费量约为6万t，水果消费量约为34万t（表10-7）。

2015～2021年海南省主要生鲜产品消费总量（单位：万t） 表10-7

项目	2015年	2016年	2017年	2018年	2019年	2020年	2021年
常住人口（万人）	945	957	972	982	995	1012	1020
蔬菜及食用菌	83	91	90	89	95	101	110
肉类	45	51	48	52	49	52	63
水产品	25	26	25	27	31	31	34
蛋类	5	5	4	5	5	6	6
奶类	4	4	4	5	4	5	6
水果	26	29	28	28	31	31	34
生鲜产品消费总量	188	206	199	206	215	226	253

数据来源：国家统计局。

10.2 海南省冷链政策环境

10.2.1 冷链物流是海南省加快构建现代产业体系的重要内容

2021年7月，海南省人民政府办公厅印发了《海南省"十四五"冷链物流发展规划》，提出冷链物流是海南自由贸易港建设、构建现代流通体系和现代产业体系的重要组成部分，"十四五"时期，海南省将加大资金投入，建设农产品、食品和药品等仓储保鲜冷链物流基础设施，构建现代冷链物流设施体系，将冷链供应链打造为海南自由贸易港建设经济发展新引擎。《海南省国民经济和社会发展第十四个五年规划和二〇三五年远景目标纲要》明确了"十四五"时期海南省将高质量高标准建设自由贸易港，加快发展以旅游业、现代服务业、热带特色高效农业为主导产业的现代产业体系，冷链物流是服务现代产业体系的基础支撑，海南省将持续加强农产品冷链物流体系建设，依托海口罗牛山、湾岭、琼台等农产品加工园区和海口港、美兰机场等交通枢纽，打造国际热带农产品加工、畜禽深加工、储藏、冷链物流和交易中心。在洋浦、海口（澄迈）、东方等地建设大型国际中转型冷库。培育壮大具有国际竞争力的物流园区和现代物流企业。综合运用自由贸易港税收优惠政策引进有影响力的冷链企业。《海南省"十四五"时期产业结构调整指导意见》也提出现代物流体系尤其冷链物流是构建海南自由贸易港现代服务业体系的关键，将持续推动冷链物流和物流服务贸易创新发展，建设洋浦国际冷链物流中心、琼海国际中转型冷库、万宁乌场港冷链物流园，支持打造江东临空物流冷链产业中心。农产品冷链物流体系是做强做优热带特色高效农业的基础支撑，海南省将加快打造国际热带农产品加工、畜禽深加工、储藏、冷链物流和交易中心。《海南省农产品市场体系建设"十四五"发展规划》明确提出建设海南大宗生鲜产品交易中心是海南省建设是全省农产品中心市场的核心功能区，其中，完善农产品冷链物流设施体系、完善冷链物流服务网络、创新农产品冷链加工贸易是海南省农产品市场体系建设的主要任务。

10.2.2 冷链物流是海南省推进农业现代化推进乡村振兴的重要任务

冷链物流、仓储保鲜是稳定产销对接，助力消费帮扶产品上行的基础，2021年11

月,海南省供销合作联社等 19 个单位联合印发了《海南省巩固拓展消费帮扶成果同乡村振兴有效衔接实施方案》,重点加大对与消费帮扶相关联的冷链物流,仓储保鲜,标准化、规模化、品牌化供给等方面的财政、投资、土地、金融、人才等政策倾斜,强化资金保障支持。增加对县、乡、村三级农村物流体系建设的支持幅度,加大对农副产品分拣、加工、包装、预冷等一体化集配设施建设支持力度。以产地仓储保鲜为重点,建设多层次农副产品仓储保鲜冷链网络,合理规划布局冷链物流设施,支持各市县加快新建改建一批冷藏库、移动冷库等基础设施,或整合本地冷链物流资源。支持物流企业新建、改造冷库等冷链设施或购买冷藏车,对符合条件的项目给予一定补助。《中共海南省委 海南省人民政府关于做好 2023 年全面推进乡村振兴重点工作的实施意见》提出将持续推动冷链物流服务网络向乡村下沉,加快农产品交易和冷链物流体系建设,推进农产品产地冷藏、冷链物流设施建设。根据《海南省"十四五"推进农业农村现代化规划》,"十四五"时期,海南省将实施乡村产业发展行动,建设国家热带现代农业基地,保障自贸港重要农产品有效供给,做强做优热带特色高效农业,补齐加工流通服务短板,推动农业产业链供应链优化升级。2023 年 3 月,海南省人民政府办公厅印发了《加快渔业转型升级 促进海南渔业高质量发展三年行动方案(2023—2025 年)》,提出从加快推进水产品加工产业、渔业流通体系建设、渔业品牌创设、渔业对外贸易四个方面加快推动渔业市场体系建设,将推动水产品加工集群发展,扶持渔业生产企业(合作社)建设水产品初加工和冷储保鲜设施设备;加快建设冷链物流配送中心,完善健全全省水产品冷链运输网络,鼓励渔业企业和集中养殖区配套建设水产品冷储设备设施;加快渔业外向型发展,积极推动更多品类深加工水产品出口,利用外经贸发展专项资金支持水产品外贸企业拓展国际市场、开展资质认定、境外商标注册等,打造水产品自有外贸品牌,着力提升渔业进出口便利性,对进口鲜活水产品设立"绿色通道",实行 24h 预约通关,实施"随报随检、即检即放",对出口水产品实施"边检边放"。

10.2.3 海南省拥有贸易自由、税收优惠和资金扶持等政策优势

2020 年《海南省自由贸易港建设总体方案》的发布实施,加快了建设贸易自由便利和投资自由便利制度设计,海南省冷链物流发展可充分利用贸易自由、运输便利自由和零关税、低税率等制度优势,加快提升海南连接全球的通道能力,建设服务国内超大规模市场的"国家冷链大仓库",形成国际国内冷链贸易、物流服务和供应链动能转换核心,努力把海南打造成为区域性国际冷链物流中心。2020 年 9 月,海南省发展和改革委员会、海南省交通运输厅印发了《海南省关于进一步降低物流成本的实施方案》,提出将持续降低物流制度成本、要素成本,保障物流用地,现代物流用地可按规定参照工业用地出让价格;拓宽融资渠道和完善风险补偿分担机制;将进一步降低物流税费成本,大宗商品仓储用地城镇土地使用税减半征收、降低公铁空水货运收费及多式联运成本、降低港口检验检疫等收费。海南省持续推进乡村振兴补助资金、农业生产发展资金、渔业发展补助资金、中央基建投资资金等加大对冷链物流的资金扶持力度。2022 年 6 月,《海南省财政厅等关于加强衔接推进乡村振兴补助资金使用管理的实施意见》提出乡村振兴补助资金将重点支持农产品精深加工、以农业产业为主体的一二三产业融合发展,其中关键支持以当地农产品为主要原料供应的加工、产地冷藏保鲜等产业配套设施,鼓励建设标准化生产、加工、

仓储基地。根据《海南省财政厅关于下达2022年城乡冷链和国家物流枢纽建设项目基建支出预算的通知》，2022年海南省用于支持城乡冷链和国家物流枢纽建设用中央基建资金共1900万元。2022年3月，海南省发展和改革委员会、海南省财政厅和海南省邮政管理局联合印发了《海南省现代物流业发展奖补资金管理实施细则》，充分发挥财政资金对冷链项目建设的引导作用，补齐冷链物流设施短板；设立海南省现代物流业发展奖补资金，重点支持物流企业建设物流信息平台、新建冷库、购买冷藏设备及冷藏车辆（冷链运输车辆），对物流企业建设物流信息平台投资500万元以上的，按投资额的30%给予补贴，最高不超过300万元；对物流企业新建冷库（1万 m³ 及以上）、购买冷藏设备、冷藏车辆，总投资500万元以上的，按投资额的30%给予补贴，最高不超过500万元。

10.3 海南省冷链市场现状

10.3.1 海南省冷链市场基本情况

10.3.1.1 冷库温区分布

根据调研结果，截至2023年7月，海南省冷库总库容约为286.27万 m³。其中冷藏库库容约为182.42万 m³，占比约64%；冷冻库库容约为103.85万 m³，占比约36%（图10-6）。海南省冷库以服务果蔬的收购、存储和销售为主，因此冷藏库库容高于冷冻库，虽然海南省的水产品也具有区域流通优势，但有70%的水产品通过省外市场销售，海南省海鲜运销"小型""分散"，缺乏大型水产品交易市场，水产品流通环节多，且海南省肉类产能低，所以冷冻库建设需求不足。

目前，海南省在营冷库932家，其中经营进口生鲜产品的冷库416家，第三方冷库192家（从事冷藏冷冻食品储存业务的非食品生产经营者）。海南省市场监管部门对所有冷（冻）库实施网格化动态监管，实行冻品入库存放手续核验制度，建立冻库进出货台账，加强冷（冻）库经营保管活动日常检查（每月不低于2次），严查经营加工走私冻品和为走私活动提供存放保管及其他便利的行为。

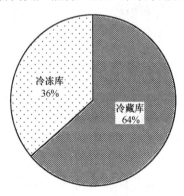

图10-6 海南省冷藏库与冷冻库分布情况

从图10-7可以看出，海南省冷库主要分布在北部和南部海岸，集中于海口市、三亚市、澄迈县、万宁市、琼海市等地区，剩余县市冷库存量较少。海口市、三亚市、澄迈县冷库以服务终端消费环节的农产品批发市场、城市配送为主，服务果蔬预冷、分拣包装和区域分拨的冷藏库存量较高，海口市还是服务肉类、水产品和水果进口的城市，因此这些地区冷库存量较高。通过对比海南省农产品供给能力和冷库建设情况可以看出，海南省冷库存量与海南省农产品供给、流通结构并不匹配，海口市、三亚市、文昌市、琼海市、万宁市是海南省主要的果蔬供给地区，但冷链设施分布较不均衡，表明这些地区的冷链设施建设情况不能较好地支持该地区的果蔬初加工、冷链流通和进出口贸易等功能。

第 10 章 海南省冷链产业发展情况

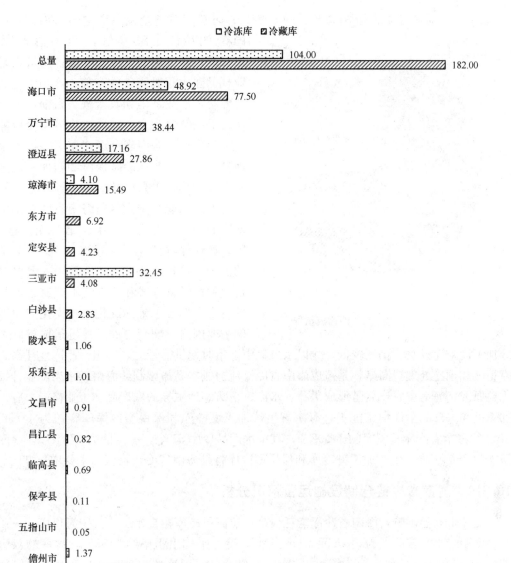

图 10-7 海南省冷冻库与冷藏库地区分布情况（单位：万 m³）
注：样本数据以库容在 5000m³ 及以上冷库为主。

10.3.1.2 冷库功能构成分析

图 10-8 为海南省冷库功能构成情况。海南省冷链设施以冷链物流企业建设的冷库为主，冷链物流企业冷库库容约为 120.95 万 m³，约占全省冷库总库容的 40.13%。其次是服务农产品批发、农贸市场商贸流通的交易型冷库和服务产地预冷保鲜的产地保鲜型冷库，海南省拥有南北水果批发市场、江楠农产品批发市场、罗牛山冷链物流园等农产品集散流通中心，交易型冷库库容约为 76.25 万 m³，约占全省冷库总库容的 25.30%。热带水果和冬季瓜菜是海南省特色产业，海南省拥有 29 科 53 属 400 余个品种的水果，主产水果有香蕉、芒果、菠萝、火龙果、荔枝及龙眼等。其中，菠萝产量占全国总产量的 25.28%，居全国第二位；火龙果产量占全国总产量的 16.45%，芒果产量占全国总产量

的23.10%，荔枝产量占全国总产量的8.32%；香蕉产量占全国总产量的9.81%，居全国第四位；龙眼产量占全国总产量的3.32%，居全国第五位。海南省热带水果产业现已建成相对完善的产前、产中、产后综合配套，产业基地初具规模。目前，海南省果蔬仍以鲜食为主，需通过冷链物流保障果蔬流通质量。海南省已经建立了一批水果产地集配中心，产地冷藏保鲜和初加工设施设备以服务热带水果分拣分级、预冷包装等商品化处理功能为主，目前海南省现有田头预冷库的预冷能力达270万t，预冷企业超156家，产地保鲜型冷库库容约为57.97万m³，约占全省冷库总库容的19.24%。但单户小规模种植经营方式和传统线下流通渠道是制约海南省热带水果标准化、规模化流通加工的主要因素，配套冷库、冷链运输设施、预

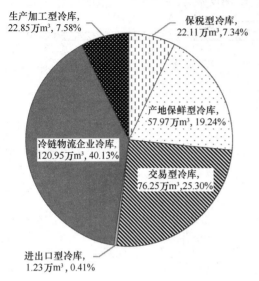

图10-8 海南省冷库功能构成情况

冷加工设施建设水平仍然较低，尤以水果集中上市时期供需矛盾较突出。冷库能耗高，冷库租金和预冷处理费高昂，是造成海南省冷链流通成本高昂，制约海南省水果产业升级的主要原因。海南省农产品已形成果蔬、水产、畜禽等为主导的农产品加工业格局，有一定的肉类和水产品生产加工能力，海南省生产加工型冷库和保税型冷库库容约为44.96万m³，约占全省冷库总库容的14.92%，其中水产品冷库55个，冻结能力3734t/d，冷库冷藏能力7544t/次，生产加工型冷库和保税型冷库将是海南省冷链物流的主要增长方向。

10.3.2 海南省冷链仓储设施运营情况分析

受热带高温影响，海南省冷库能耗较高，拉高了冷库租金水平，其中海口市、三亚市的冷库租金水平较高，为3~5元/（m²·d），冷库平均出租率约为56%，冷库的双边装卸搬运费为40~60元/t，预冷库的预冷费为60元/t，复冻费为50元/t。海南省冷链物流企业的业务模式除基本的仓储、装卸搬运和冷链运输外，还拓展了分拣包装、预冷、速冻等增值服务，同时还开发了线上线下一体化冷链物流交易结算和配送服务平台，例如海南冻品云供应链科技有限公司，上游对接双汇、圣农、安井、思念等品牌供应商，依托大型供应商标准化、规模化的冻品交易流通渠道，通过轻资产、平台化的运营，以小吃餐饮、单位食堂、冷链便利、农贸市场、连锁酒店等终端消费环节为下游服务对象，打造了B2B冷链供应链服务模式，可以缩减冷链流通环节，联通产地、加工车间与销地市场。

10.3.3 海南省冷链物流行业综合发展情况总结

海南省果蔬冷链设施服务水平整体居全国前列，"十三五"时期，产地预冷设施发展迅速，但海南省整体冷链设施存量仍然较低，尚未形成覆盖全省的冷链物流服务体系，冷链物流企业市场竞争力仍然较弱。

海南省冷库建设结构较不均衡，产地预冷设施建设基础薄弱，加工环节冷冻库配套设

施也存在市场缺口，表现为肉类冷库少、果蔬冷库多，大型冷库少；同时，海南省田头预冷库设备老旧、利用率低，缺乏现代化冷库，冷链设施闲置与供给不足并存，造成"最先一公里"品质难以保障。

海南省大部分冷链企业规模小，冷库设施自动化、智能化程度不高。缺乏具有规模化、网络化运营能力的第三方冷链服务企业，冷链网络覆盖范围小，缺乏区域竞争力和影响力。海南省农产品流通大多数为初加工产品，附加值较低。

海南省冷链物流企业运营模式仍较为传统，冷链运营服务效率较低。大多数企业尚未建设冷链物流资源交易运营平台或管理系统，冷链数据的动态采集、及时响应及决策分析功能缺失。操作流程不规范，制度化管理缺位，冷链标准化服务意识薄弱。冷链物流服务标准化、数字化、智能化有待加大投入。

10.4 海南省冷链市场需求预测

10.4.1 海南省上行冷链需求预测分析

对2025年、2030年海南省上行冷链需求进行测算，主要包括蔬菜及食用菌、水果、肉类、禽蛋、奶类和水产品六大类。首先对2025年、2030年海南省主要生鲜产品的产量进行预测（表10-8），根据海南省生鲜产品的供需结构分析主要上行生鲜产品品类和规模。

海南省蔬菜及食用菌、水果、肉类、水产品、禽蛋将保持增长趋势，奶类产量或有上升趋势。预计到2025年，海南省主要生鲜产品总产量为1617.49万t，其中蔬菜及食用菌产量将为633.25万t，水果产量将为701.61万t，肉类产量将为86.31万t，禽蛋产量将为5.76万t，奶类产量将为0.14万t，水产品产量将为190.42万t；到2030年，海南省主要生鲜产品总产量为1971.74万t，其中蔬菜及食用菌产量将为659.41万t，水果产量将为957.18万t，肉类产量将为118.75万t，禽蛋产量将为6.85万t，奶类产量将为0.20万t，水产品产量将为229.35万t。

2025年、2030年海南省主要生鲜产品产量预测（单位：万t） 表10-8

品类	2021年	2022年	2023年	2024年	2025年	2030年
蔬菜及食用菌	588.92	599.70	610.68	621.87	633.25	659.41
水果	525.67	565.01	607.30	652.75	701.61	957.18
肉类	66.87	71.28	75.97	80.98	86.31	118.75
禽蛋	5.02	5.20	5.38	5.57	5.76	6.85
奶类	0.10	0.11	0.12	0.13	0.14	0.20
水产品	164.09	170.31	176.77	183.47	190.42	229.35
总计	1350.67	1411.61	1476.22	1544.75	1617.49	1971.74

预计到2025年，海南省上行冷链库容需求约为194万m^3，其中需冷藏库库容63万m^3，需冷冻库库容131万m^3；到2030年，海南省上行冷链库容需求约为249万m^3，其中需冷藏库库容83万m^3，需冷冻库库容166万m^3。

10.4.2　海南省中转集散冷链需求预测分析

预计到 2025 年，海南省中转集散冷链库容需求约为 366 万 m³；到 2030 年，海南省中转集散冷链库容需求约为 571 万 m³（表 10-9）。海南省服务中转集散的冷链设施多以预冷保鲜和初加工服务为主，因此考虑中转流通频次效率更高，冷链设施应以果蔬预冷保鲜为主。

2025 年、2030 年海南省生鲜产品中转集散需求测算　　表 10-9

年份	中转集散量（万 t）	库容需求（万 m³）
2021 年	1115	155
2022 年	1221	196
2023 年	1337	244
2024 年	1465	283
2025 年	1924	366
2030 年	2396	571

10.4.3　海南省下行冷链需求预测分析

根据海南省 2015～2021 年主要生鲜产品人均消费量情况，预测"十四五"时期海南省主要生鲜产品人均消费量（表 10-10）。预计到 2025 年，海南省主要生鲜产品人均消费量约为 263.71kg，其中蔬菜及食用菌人均消费量约为 112.88kg，肉类人均消费量约为 62.71kg，水产品人均消费量约为 37.53kg，蛋类人均消费量约为 6.07kg，奶类人均消费量约为 6.88kg，干、鲜瓜果类人均消费量约为 37.65kg；2030 年，海南省主要生鲜产品人均消费量约为 285.56kg，其中蔬菜及食用菌人均消费量约为 120.12kg，肉类人均消费量约为 63.34kg，水产品人均消费量约为 43.09kg，蛋类人均消费量约为 6.42kg，奶类人均消费量约为 8.70kg，干、鲜瓜果类人均消费量约为 43.89kg。

2025 年、2030 年海南省主要生鲜产品人均消费量测算（单位：kg）　　表 10-10

指标	2021 年	2022 年	2023 年	2024 年	2025 年	2030 年
蔬菜及食用菌人均消费量	107.40	108.74	110.10	111.48	112.88	120.12
肉类人均消费量	62.20	62.33	62.45	62.58	62.71	63.34
水产品人均消费量	33.60	34.54	35.51	36.50	37.53	43.09
蛋类人均消费量	5.80	5.87	5.93	6.00	6.07	6.42
奶类人均消费量	5.70	5.97	6.26	6.56	6.88	8.70
水果人均消费量	33.30	34.34	35.41	36.51	37.65	43.89
总计	248.00	251.79	255.67	259.64	263.71	285.56

预计到 2025 年，海南省主要生鲜产品消费总量将达到 315.0 万 t，其中蔬菜及食用菌消费总量将为 135.0 万 t，肉类消费总量将为 75.0 万 t，水产品消费总量将为 45.0 万 t，蛋类消费总量将为 7.0t，奶类消费总量将为 8.0 万 t，水果消费总量将为 45.0 万 t；2030 年，海南省主要生鲜产品消费总量将达到 365.0 万 t，其中蔬菜及食用菌消费总量将为 154.0

万t,肉类消费总量将为81.0万t,水产品消费总量将为55.0万t,蛋类消费总量将为8.0万t,奶类消费总量将为11.0万t,水果消费总量将为56.0万t(表10-11)。

2025年、2030年海南省主要生鲜产品消费总量测算(单位:万t)　　表10-11

项目	2021年	2022年	2023年	2024年	2025年	2030年
常住人口(万人)	1020	1155	1170	1185	1200	1279
蔬菜及食用菌	110	126	129	132	135	154
肉类	63	72	73	74	75	81
水产品	34	40	42	43	45	55
蛋类	6	7	7	7	7	8
牛奶	6	7	7	8	8	11
水果	34	40	41	43	45	56
总计	253	292	299	307	315	365

2019年海南省接待游客8311.2万人次,若将海南省接待游客人数折算成常住人口,2025年海南省主要生鲜产品消费总量将上浮6%,2030年将上浮8%。因此,如果计入海南省接待游客人数,2025年的下行冷链库容需求约为161万m^3;2030年约为188万m^3。

10.4.4　海南省冷链设施需求总量预测分析

根据《海南省"十四五"冷链物流发展规划》,"十四五"时期,海南省农产品生产、消费和国际贸易体量均保持稳定增长,结合提高冷链流通率、降低腐损率和物流成本的冷链物流发展目标,"十四五"时期海南省冷链设施需求将进一步增加。经过测算,2022年海南省冷链库容需求约为492万m^3,到2025年和2030年冷链库容需求将分别达到721万m^3和1008万m^3。而目前海南省冷库总库容为286万m^3,所以到2025年海南省存在约436万m^3的缺口,到2030年存在约722万m^3的缺口(表10-12)。

2025年、2030年海南省冷链设施需求分析(单位:万m^3)　　表10-12

年份	上行需求	中转需求	下行需求	冷链库容总需求	市场缺口量
2022年	144	196	152	492	205
2025年	194	366	161	721	436
2030年	249	571	188	1008	722

10.5　海南省冷链产业发展趋势

1. 多元政策叠加优势有助于提升海南省冷链设施辐射能力

《海南省"十四五"冷链物流发展规划》对海南省冷链物流发展提出了明确定位,即根据海南自由贸易港建设冷链市场需求，可充分利用贸易自由、运输便利自由和零关税、低税率等叠加政策优势，依托西部陆海贸易新通道、国际航运枢纽和国际航空枢纽定位，积极提升海南连接全球的通道能力，具备服务国内超大规模市场的冷链服务能力，同时把海南省打造成为区域性国际冷链物流中心。

2. 海南省冷链物流体系建设仍需多环节发力

海南省国际消费中心城市建设将进一步助力海南省旅游业、热带特色高效农业、现代服务业快速发展，因此，海南省农产品生产、加工、贸易等环节冷链物流市场规模将稳定增长。但同时也应注意到，海南省冷链产业仍存在薄弱环节，一是需加快提升海南省果蔬初加工、流通包装等方面的冷链设施建设水平，逐渐培育具有供应链服务能力的品牌化、规模化企业，尤其是要不断拓宽海南省果蔬冷链干支线和零单配送的多渠道运营模式，改善冷链企业收益结构；二是需加快转变海南省作为消费终端市场的农产品流通地位，完善海南省水产加工、流通等产业体系，提升肉类、水产品的自给能力，在做大规模的前提下注重市场主体培育和品牌建设；三是需不断提升海南省融入国际农产品供应链的市场化能力，提高海南省农产品在国际贸易中的市场份额，提高本地农产品国际竞争力，强化国际冷链物流组织能力，畅通国内国际冷链服务体系。

3. "十四五"时期国际冷链物流设施布局将是海南省主要发力点

根据海南省独特的地理位置，海运和空运是进出岛的主要运输方式，海南省将依托综合交通运输体系，建设以洋浦为中心，海口、东方、三亚、琼海为重要节点的国际冷链设施服务体系。海南省冷链物流设施布局以提升国际农产品供应链服务能力为主要任务，不仅是新发展格局背景下强化海南省国际门户枢纽功能的重要内容，也有助于提升海南省农产品流通供需两端的市场规模化水平，有助于扩大国际农产品供给，助力海南自由贸易港和国际消费中心建设。

（本章撰稿人：温晓辉、姜宇鹏、代冰琳、李婧、张志芳、邢艳辉、石斌、刘昌、杨双超、刘一凝）

技 术 篇

第11章 "双碳"目标下冷链技术发展

11.1 背景

11.1.1 冷链与"双碳"目标

我国"双碳"目标的实施将加快我国降低碳排放步伐，有利于引导绿色技术创新，提高产业和经济的全球竞争力，对未来全社会各行业发展均提出了新的要求。

冷链是关系国计民生的重要行业，是国内国际双循环的重要支撑。冷链的重要性具体体现在：冷链作为我国快速发展的经济方式之一，是减少农产品产后损失和食品流通浪费，扩大高品质市场供给，更好满足人民日益增长美好生活需要的重要手段；是支撑农业规模化、产业化发展，促进农业转型和农民增收，助力乡村振兴的重要基础；是满足城乡居民个性化、品质化、差异化消费需求，推动消费升级和培育新增长点，深入实施扩大内需和促进形成强大国内市场的重要途径；是推动"一带一路"倡议实施的重要推手，推动"一带一路"共建国家或地区的新鲜农副产品交易规模和频次大幅度提升；是健全"从农田到餐桌、从枝头到舌尖"的生鲜产品质量安全体系，提高医药产品物流全过程品质管控能力，支撑实施食品安全和建设健康中国的重要保障。

然而，冷链低温环境的获得与保持也带来了大量的碳排放，并会随着我国冷链物流的高速发展而快速增加。因此，有效控制和降低碳排放已成为我国冷链产业高质量发展的必然要求。我国高度重视冷链行业的发展，2021年12月国务院办公厅印发《"十四五"冷链物流发展规划》，明确指出发展基本原则之一是"顺应绿色生产生活方式发展趋势和推进碳达峰、碳中和需要，把绿色发展理念贯穿到冷链物流全链条、各领域""加速绿色化发展进程：提高冷链物流设施节能水平＋加大绿色冷链装备研发应用""提升技术装备创新水平：加强……高效节能与可再生能源利用、环保制冷剂……基础性研究"。《"十四五"冷链物流发展规划》对我国冷链技术发展提出了新的要求，研究和布局合理可行的低碳技术路径势在必行。

11.1.2 冷链发展现状

近十多年来，随着冷链装备发展和冷链物流体系的逐步建立和完善，生鲜产品的流通腐损率呈下降趋势。蔬菜、水果的流通腐损率由10年前的20%～30%降低到接近20%（蔬菜）、11%（水果）；肉类腐损率由10年前的12%降低为8%，水产品腐损率由10年前的15%降低为10%。上述数据表明，我国在降低生鲜产品的流通腐损率上已取得了明显进步。

"十三五"以来，冷链基础设施与设备得到快速发展。2016～2022年，我国冷库容量从4200.0万t增长至8365.0万t（图11-1），冷藏车数量从11.5万辆增长到39.0万辆

（图11-2），基础冷链装备与设施的发展为我国冷链物流行业发展奠定了良好基础。

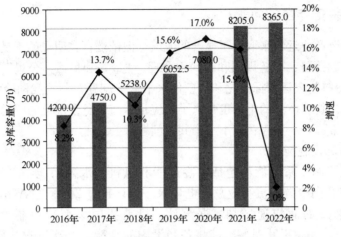

图11-1 中国冷库容量增长情况

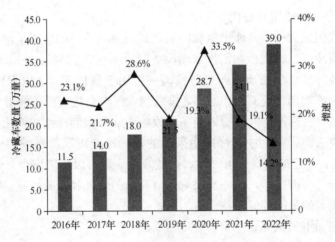

图11-2 中国冷藏车数量增长情况

果蔬预冷技术与设备得到了提升，并且已在产地逐步推广应用。自动堆积螺旋式食品速冻装置得到发展，替代冻结间的智能立体冻结隧道提高了自动化、智能化和系统能效。在大型冷链设施安全性保障方面，针对涉氨冷库安全取得了一些较好的研究成果并推广应用，主要成果有采用NH_3/CO_2载冷剂系统和复叠式制冷系统大幅降低氨的充注量。带可调节喷射器的跨临界二氧化碳机组，提升了宽室外温区的系统能效。在冷藏车用制冷系统方面，近年来利用新型工质的车用制冷系统也取得较快发展，主要工质包括CO_2、R448A等。在冷藏销售和冷藏消费设备方面，减少围护结构冷损失、改进制冷循环、压缩机和换热器零部件迭代提升了设备能效；R290天然制冷剂的应用，在满足设备功能和能效的前提下，减少了制冷剂泄漏造成的碳排放。随着互联网的快速发展，RFID、GPS、GPRS等信息技术在冷链物流中已得到应用，提升了冷链物流的信息化水平；基于GPRS和GPS的冷链监测系统，将定位信息、行车状态信息、车辆运输信息以及物品信息通过GPRS网络传输至监控中心，让冷链物流的运输管理过程变得"透明化"，进一步加强对冷链物流的监管，并提升了冷链物流的运输效率。

11.1.3 冷链装备存在的问题

虽然我国冷链产业近年来取得了显著的成绩，但依然存在明显的不足。在冷链物流体系方面，存在基础薄弱、冷链规划和布局不合理、"最先和最后一公里"短板明显、全程冷链"断链"、冷链物流运营标准化和信息化水平低等问题，制约我国冷链物流健康发展和食品品质保障。物流体系的不足也带来了相应技术与装备发展上的问题。

在冷链装备方面，主要存在以下三个共性问题：

1. 冷链装备和设施能耗高

以冷库为例，制冷系统能耗包括供冷用能和风机、水泵用能，占到冷库总能耗的 80% 以上。目前我国冷链物流行业总耗电量保守估计超过 2000 亿 kWh，且会随着我国冷链物流的高速发展而快速增加。据统计，目前我国大型冷库制冷系统的电耗为 183kWh/（t·a），远高于欧洲。冷链装备和设施的高能耗是冷链物流碳排放的主要来源之一。

2. 非环保制冷剂的使用与替代安全

虽然近年来我国在大中型冷库中氨和二氧化碳天然制冷剂的应用呈增长趋势，但是一些预冷设备、小型冷库、冷藏车和销售末端设备制冷系统，仍采用以 R22 为主的 HCFCs 类制冷剂，属于破坏臭氧层物质；而目前我国一些用于替代 R22（以 R404A、R507A 为主）的 HFCs 类制冷剂属于高 GWP 工质，排放到大气中会造成严重的温室效应，与当前我国提出的"双碳"目标不吻合。冷链装备和设施中非环保制冷剂的使用是冷链物流碳排放的另外一个主要来源。在大中型冷库中采用的氨制冷剂以及冷链销售末端设备采用的 HFCs 制冷剂，具有一定的毒性或可燃性，虽然规范应用可以保障安全，但从技术角度仍需要进一步研究安全防控技术，进一步采取规范有效的管理和保障措施，能够确保其安全使用，并发挥出最大的节能环保效益。

3. 信息化和智能化程度低

目前我国冷链信息化处于初级阶段，冷链信息化配套设施建设基础薄弱，信息技术应用滞后，未形成完善的冷链物流信息共享网络；冷链装备多处于独立不互通状态，缺乏物流温湿度实时监测，未能追踪全程温湿度变化情况。冷链装备的自动化和智能化程度低，部分冷链装备用制冷系统还需要人工调节，操作不规范易造成安全和高能耗问题。

11.2 冷链碳排放及减排分析

分析"双碳"目标下的冷链产业发展方向首先需要厘清我国冷链目前和未来的碳排放水平以及减排潜力，从而为技术发展提供量化的分析依据。本节对我国冷链碳排放及减排潜力进行测算。需要说明的是，这里的碳排放仅包括冷链过程的碳排放，不包括制造等相关产业的碳排放。

11.2.1 计算方法

11.2.1.1 冷链发展规模预测

通过对全国水果产量、蔬菜产量数据的分析,发现其增长呈线性趋势,因此对2012~2021年的产量进行线性拟合,得出拟合计算公式,如图11-3所示。其中 R^2 代表拟合程度,其趋近于1,表明拟合度较好。

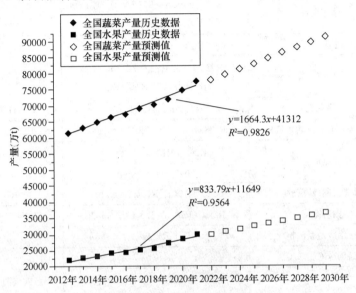

图 11-3 全国果蔬历年产量及预测值

注:□表示预测值。

目前我国果蔬预冷率约为20%,其中绝大部分是通过冷库进行的,冷库尚未配置专业化的预冷设施;若考虑到2030年果蔬预冷情况得到改善,预冷率达到40%,则会有近4.4亿t的果蔬预冷需求。根据国家统计局2021年数据和近年券商研报预测,2030年,我国冷却肉产量为1800万t,冷冻肉产量为1250万t,低温奶产量为1200万t,冷冻饮品为240万t,速冻米面制品为1000万t,冷冻水产品为750万t。2030年,预计我国速冻设备总容量为2022年的2倍,单位能耗降低10%。

预计我国冷库总体增长速度将会持续高于国内生产总值(GDP)的增长速度,2030年前能保持在5%左右,因此预计到2030年,我国冷库总容量将为12190万t,较2021年增长1.9倍。

根据欧美发达国家情况,预计未来十年我国冷藏车保有量将按照15%的年增长率增长,2030年我国冷藏车保有量约为119万辆。

对于冷藏销售设备,年增长率8%计算,预测2030年我国冷藏销售设备将达到1827万台。

对于冷藏消费设备,主要有家用冰箱和冰柜。2022年我国冰箱保有量为4.5亿台,家用冷柜数量超1亿台。由于市场的高保有量,因此年增长率取10%。

11.2.1.2 制冷剂泄漏碳排放及替代制冷剂

冷链包括冷加工、冷冻冷藏、冷藏运输、冷藏销售、冷藏消费五个环节,制冷设备包括冷加工设备、冷库制冷设备设施、冷藏车制冷机、商业冰柜、家用冰箱冷柜等。表11-1中列出了冷链各环节制冷设备/设施目前使用的主流制冷剂以及未来的替代制冷剂。

冷链各环节制冷设备/设施目前使用的主流制冷剂及未来替代制冷剂　　　表 11-1

环节	设备/设施	现用制冷剂	替代制冷剂
冷加工	果蔬预冷设备	R22、R404A、R507A	R717、R744、HFOs
	动物性食品冷却与冻结设备	R22、R404A、R507A、R717	R717/R744 复合
	速冻设备	R22、R404A、R507A、R717、HFCs/R744、R717/R744	R717/R744 复合
冷冻冷藏	小型冷库	R22、R404A、R507A	HFOs、R744
	大中型冷库	R22、R404A、R507A、R717、HFCs/R744、R717/R744	R717、R744、R717/R744
冷藏运输	冷藏车	R22、R134a、R404A	HFOs、R744
冷藏销售	带制冷功能的自动售货机	R134a、R404A、R290、R600a	R290、R744、HFOs
	自携式制冷陈列柜	R290、R134a、R600a、R404A、R410A	R290、R600a、R744、HFOs
	远置式制冷陈列柜	R22、R134a、R404A、R410A	R744、HFOs
	厨房冰箱	R290、R134a、R404A、R600a	R290、R600a、HFOs
	医用冷藏温区柜	R134a	R600a
	医用冷冻温区柜	R404A	R290
	－86℃医疗柜	R134a/R23、R404A/R23、混合工质	碳氢混合工质（如：R600a/R290/R170/R150）
	海鲜低温柜（－60℃）	R290/R170、R600a/R170	R290/R170、R600a/R170
冷藏消费	家用冰箱冷柜	R134a、R600a、R290	R600a、R290

果蔬预冷设备取单位制冷功率制冷剂充注量为 3kg/kW，动物性食品冷却与冻结设备取单位制冷量制冷剂充注量为 8kg/kW，制冷功率依据所需冷量换算获得，综合二者可获得制冷剂总充注量。制冷剂年泄漏率取 5％。2030 年冷加工设备环保制冷剂使用率将达到 50％。

冷库制冷系统制冷剂充注量与制冷系统规模、系统供液形式、蒸发器的类型等有关（表 11-2）。受制冷技术、设备及投资影响，小型冷库卤代烃系统几乎全部采用直接膨胀供液，分为直接膨胀＋冷风机和直接膨胀＋冷排管两种系统形式；中大型冷库卤代烃系统既有直接膨胀供液，又有泵供液，规模越大泵供液的比例越高，分为直接膨胀＋冷风机、直接膨胀＋冷排管、桶泵＋冷风机和桶泵＋冷排管四种系统形式；近些年，卤代烃/CO_2 复合系统在大型冷库中得到快速推广。从现在起，新建中大型制冷系统的制冷剂全部采用氨或二氧化碳替代。制冷剂年泄漏率取 15％。

不同制冷系统制冷剂充注量　　　表 11-2

制冷系统	系统形式	占比	制冷剂充注量（t/万 m³）
小型冷库卤代烃系统	直接膨胀＋冷风机	70％	3.5
	直接膨胀＋冷排管	30％	5

续表

制冷系统	系统形式	占比	制冷剂充注量（t/万 m³）
中大型冷库卤代烃系统	直接膨胀＋冷风机	41%	3.5
	直接膨胀＋冷排管	3%	5
	桶泵＋冷风机	46%	10
	桶泵＋冷排管	10%	15
卤代烃/CO_2复合系统	—	—	1.9

冷藏车制冷机组制冷剂充注量一般为0.5～10kg，微型车辆一般是0.5～1kg，轻型冷藏车充注量为3～5kg。在泄漏率方面，由于冷藏车使用环境的复杂性，冷藏运输制冷设备使用过程中的年均泄漏量取充注量的20%。未来发展环保制冷剂，替代率按照50%计算。

冷藏销售设备细分产品的制冷剂保有量及年泄漏量见表11-3。2030年冷藏销售设备环保制冷剂替代率将增加30%。

冷藏销售设备细分产品的制冷剂保有量及泄漏量　　　表11-3

细分产品	制冷剂保有量（t）	年泄漏量（t）
带制冷功能的自动售货机	367.92	18.40
远置式制冷陈列柜	1737.82	139.03
自携式制冷陈列柜	6397.19	319.86
厨房冰箱	2945.38	147.27
商用制冰机	2621.48	131.07
商用冰淇淋机	2064.00	103.20
葡萄酒储藏柜	273.18	13.66
医用冷柜	723.14	36.16
车载冰箱	652.60	32.63
合计	17782.73	941.27

冷藏消费设备的家用冰箱中，R134a的使用比例为20%，制冷剂年泄漏量可按10%取值。

11.2.1.3 冷链环节能耗碳排放

1. 冷加工环节

冷加工环节中的制冷设备与设施主要有果蔬预冷设备、动物性食品冷却设备与设施、速冻设备与设施，涉及的主要产品有果蔬、冷却肉、冷冻肉、冷冻水产、速冻米面食品、低温奶和冷冻饮品。

根据测定的35种常见果蔬比热容，计算其平均值为3.275kJ/(kg·℃)，果蔬预冷的温度从25℃降到5℃，因此单位质量热容为65.5kJ/kg；冷却肉单位质量热容为50kJ/kg；考虑到冷冻肉的凝固热，其单位热容取260kJ/kg；低温奶单位质量热容取150kJ/kg；冷冻饮品单位质量热容为400kJ/kg；速冻米面单位质量热容为200kJ/kg；冷冻水产单位质量热容为320kJ/kg。根据上述食品的冻藏所需冷量，再考虑20%的设备设施漏冷，计算出冷加工电耗。

2030 年我国果蔬预冷量将达 44000 万 t，预冷设备能耗将降低 10%。

2. 冷冻冷藏环节

对于小型冷库卤代烃系统，其耗电量平均值为 0.436kWh/(t·d)；对于中大型冷库卤代烃系统，其耗电量平均值为 0.266kWh/(t·d)；对于卤代烃/CO_2 复合系统，其耗电量平均值为 0.27kWh/(t·d)。2030 年我国冷库能耗将降低 10%。

3. 冷藏运输环节

燃油冷藏车和电动冷藏车在制冷过程中产生的 CO_2 排放量见表 11-4。与燃油冷藏车相比较，单台电动冷藏车每年将减排 10t CO_2。2030 年我国电动冷藏车在用量将增加 25%。

冷藏车在制冷过程中产生的 CO_2 排放量　　　　表 11-4

车辆类型	制冷量（W）	EER	折合油/电耗（L/kWh）	CO_2 排放量（t）
燃油冷藏车	4000	1.8	6000	16
电动冷藏车	4000	2.16	15000	6

4. 冷藏销售环节

冷藏销售环节设备主要包括：冷柜（自携式和远置式）、带制冷功能的自动售货机、厨房冰箱、商用制冰机、商用冰淇淋机、葡萄酒储藏柜、医用冷柜等，其中自携式冷柜销量占比最大，2022 年占总量的 45.4%。对于自携式冷柜，其制冷剂采用 R290、R134a、R600a、R404A，每台设备年碳排放量分别取 407kg、604kg、848kg 和 1272kg。2030 年设备能耗将降低 10%。

5. 冷藏消费环节

每台家用冰箱每年平均电耗按照 320kWh、每台家用冷柜每年平均电耗按照 500kWh 取值。2030 年设备能耗将降低 10%。

目前全国电力平均排放因子为 0.5839t CO_2/MWh，按照我国能源结构调整目标及发达国家情况，2030 年我国电力平均排放因子可达到 0.4t CO_2/MWh。

11.2.1.4　食品腐损碳排放

目前我国水果、蔬菜、肉类、水产品流通腐损率分别达到 11%、20%、8%、10%。对标发达国家，当采用先进保鲜技术和具备完备的冷链体系后，2030 年可将果蔬、肉类、水产品流通腐损率分别降为 8%、5%、6%。

对于蔬菜、水果、肉类和水产品等农业活动的排放因子，Poore 研究了食物生产过程中对环境的影响。Hannah 在牛津大学开发的数据平台（Our World in Data）上提供了食品供应链中不同食品的 CO_2 排放量，如表 11-5 所示。

食品供应链中不同食品的 CO_2 排放量　　　　表 11-5

项目	活动	CO_2 排放量
生产	蔬菜生产	260g/kg
	水果生产	893.1g/kg
	牛肉生产	45 kg/kg

续表

项目	活动	CO_2排放量
生产	羊肉生产	24kg/kg
	猪肉生产	5.5kg/kg
	禽类生产	3.5kg/kg
	水产生产（养殖）	4.5kg/kg
垃圾处理	填埋处理	41.21g/kg
	果蔬腐烂	111.2g/kg

11.2.2 碳减排潜力分析

11.2.2.1 制冷剂泄漏碳排放

依据上述方法，计算了我国不同冷链环节 2022 年制冷剂泄漏的碳排放量、按照现有技术继续发展的 2030 年冷链制冷剂泄漏 CO_2 排放量和采用环保制冷剂替代后 2030 年的冷链制冷剂泄漏 CO_2 排放量，结果如表 11-6 所示。

不同冷链环节现用制冷剂及环保制冷剂泄漏的 CO_2 排放量　　表 11-6

环节	阶段	CO_2排放量（万 t）
冷加工	2022 年	125
	2030 年（现有制冷剂）	166
	2030 年（环保制冷剂）	83
冷冻冷藏	2022 年	2090
	2030 年（现有制冷剂）	3282
	2030 年（环保制冷剂）	2082
冷藏运输	2022 年	143
	2030 年（现有制冷剂）	448
	2030 年（环保制冷剂）	337
冷藏销售	2022 年	690
	2030 年（现有制冷剂）	952
	2030 年（环保制冷剂）	69
冷藏消费	2022 年	215
	2030 年（现有制冷剂）	236
	2030 年（环保制冷剂）	0.2

11.2.2.2 冷链能耗碳排放

计算了我国不同冷链环节 2022 年制冷设备能耗的碳排放量、按照现有技术继续的 2030 年冷链制冷设备能耗 CO_2 排放量和采用低碳技术的 2030 年冷链制冷设备能耗 CO_2 排放量，如表 11-7 所示。

不同冷链环节的能耗 CO_2 排放　　表 11-7

环节	阶段	CO_2排放量（万 t）
冷加工	2022 年	200
	2030 年（现有技术）	302
	2030 年（低碳技术）	186

续表

环节	阶段	CO_2排放量（万t）
冷冻冷藏	2022年	312
	2030年（现有技术）	490
	2030年（低碳技术）	302
冷藏运输	2022年	616
	2030年（现有技术）	1880
	2030年（低碳技术）	1583
冷藏销售	2022年	3280
	2030年（现有技术）	4920
	2030年（低碳技术）	3033
冷藏消费	2022年	11328
	2030年（现有技术）	12460
	2030年（低碳技术）	7682

11.2.2.3 食品腐损碳排放

根据国家统计局2022年的统计数据以及牛津大学提供的食物碳排放相关数据，可计算得到2022年食品腐烂造成的碳排放，结果如表11-8所示。

2022年食品腐烂损失造成的碳排放　　　表11-8

品类	产量（万t）	单位碳排放量（t/t）	腐损量（万t）	CO_2排放量（万t）
水果	31296.2	0.89	3442.6	3449.5
蔬菜	79100.0	0.26	15820	5885.0
牛肉	718.3	45.0	57.5	2588.2
羊肉	524.5	24.0	42.0	1008.8
猪肉	5541.4	5.5	443.3	2456.4
禽肉	2443	3.5	195.4	692.0
水产品①	5565.5	4.5	556.6	2527.3
水产品②	1300.4	3.0	130.0	395.5
合计	—		—	19003.0

①为养殖；②为捕捞。

随着冷链发展，食品的腐烂损失势必会降低，按照发达国家的情况考虑，计算了2030年全程冷链完善后的相关食品腐烂碳排放，如表11-9所示。

2030年全程冷链完善后的相关食品腐烂碳排放　　　表11-9

品类	产量（万t）	单位碳排放量（t/t）	腐损量（万t）	CO_2排放量（万t）
水果	36662.7	0.89	2933.0	2938.9
蔬菜	91241.0	0.26	7299.3	2715.3

续表

品类	产量 (万 t)	单位碳排放量 (t/t)	腐损量 (万 t)	CO_2排放量 (万 t)
牛肉	718.3	45.0	35.9	1617.7
羊肉	524.5	24.0	26.2	630.5
猪肉	5541.4	5.5	277.1	1535.2
禽肉	2443	3.5	122.2	432.5
水产品①	5565.5	4.5	333.9	1516.4
水产品②	1300.4	3.0	78.0	237.3
合计	—	—	—	11624.0

①为养殖；②为捕捞。

将冷链制冷剂泄漏、能耗和食品腐损造成的碳排放计算结果汇总，如表 11-10 所示。当前与冷链相关的碳排放量达到了 38002 万 t。可以看出，由于冷链不健全造成的食品腐损碳排放占最大份额，因此应该大力发展和完善我国冷链设备设施和全程冷链体系，以降低食品腐损造成的碳排放。然而，若按照现有技术发展我国冷链，虽然能够显著降低食品的腐损，减少生产等过程的碳排放，但与此同时增加了大量的冷链设备，使得冷链设备设施的能耗和制冷剂泄漏造成的碳排放增加，对我国"双碳"目标的实现不利。在冷链设备设施的碳排放中，冷藏消费设备和冷藏销售设备的能耗占比较大，所以需要进一步提升这两大类设备的能效。冷库制冷系统是造成制冷剂泄漏直接碳排放量的主要来源，且主要来自中大型冷库制冷系统，因此中大型冷库制冷系统是制冷剂替代的主要目标。如果考虑环保制冷剂替代、节能低碳能源利用等新技术，则 2030 年我国与冷链有关的碳排放为 26891 万 t，比 2022 年减少 11021 万 t。

各阶段与各方面的冷链碳排放量（单位：万 t） 表 11-10

阶段	2022年	2030年（现有技术）	2030年（低碳技术）
食物腐损	19003	11624	11624
制冷设备能耗	15736	20052	12786
制冷剂泄漏	3263	5084	2571
总量	38002	36760	26981

因此在"双碳"目标下，需要全面建设发展全程冷链体系，并加快环保制冷剂的应用、提升制冷系统能效以及加速可再生能源的利用。

11.3 低碳技术路径

从前文的计算可知，采用低碳技术可以显著降低冷链的碳排放。本节将从生鲜产品减损、节能与低碳能源应用、环保制冷剂三个方面，对冷链低碳技术途径进行概述并提出建议。

11.3.1 生鲜产品减损

1. 生鲜产品品质控制工艺

探究不同冷藏储运条件下，不同成熟度果蔬、不同加工工艺生鲜产品的品质变化规律，建立不同食品种类的品质控制工艺体系，实现根据食品种类进行低碳化与差异化冷藏储运环境调控。

2. 精准环控技术

精准控制冷链装备与设施内环境是实现生鲜产品品质保障的重要手段，表征环境的主要参数有温度、湿度、气体浓度、风速、压力、光强度以及其他参数的波动等，其中环境温度及其波动是影响食品质量变化和腐败变质的最主要因素。综合制冷系统容量调节、均匀供冷末端设备、气流组织优化等技术，实现精准的储运环境参数及其波动控制，有效减少生鲜产品腐损。

3. 冷链信息化

建立从"最先一公里"到"最后一公里"、不"断链"的全程冷链体系，除了需要在生产、加工、储藏、运输、销售等环节提供满足要求的低温环境以外，还需要进行全程信息化管理，才能显著降低生鲜产品腐损率。在保障生鲜产品安全、产品品质、食品价值、近零腐损的前提下，以冷链物流的低碳和低成本为目标，采用高效、环保、精准的冷链装备，在信息技术和大数据的基础上，分析温度流、能量流、品质流、价值流的相互影响，可获得生鲜产品冷链物流优化流程和优化体系。

11.3.2 节能与低碳能源应用

11.3.2.1 节能技术

1. 低冷负荷环境构建

将新材料、新结构应用在冷链设备设施的围护结构中，减少冷链物流储运过程中的冷损失。可以利用智能双重自动冷库门，减少库门开启时间。采用控制排管或冷风机的传热温差控制，采用电场等物理场方式减缓结霜，并研究新型低能耗除霜方式，减少由于蒸发器结霜与融霜造成的能耗。

2. 制冷系统能效提升

开发高效制冷部件，例如发展磁悬浮压缩机、直线压缩机等新型高效压缩机技术；采用强化微肋、多孔结构、纳米流体、异形传热管、换热面振动、电磁场作用等技术强化换热，基于CFD对换热器进行结构优化，开发高效制冷换热器；采用微通道强化传热，在考虑换热器制造成本的同时，根据换热器组成部件进行参数化研究，获得高效经济的微通道换热器；采用双压缩机、双毛细管、喷射器增效、电子膨胀阀等系统，改善制冷系统流程；采用变容量调节提升部分负荷能效，通过人工智能、神经网络、遗传算法等先进控制算法实现系统自动化和智能化，提升系统运行维护水平，降低运行能耗。

3. 冷热综合利用

冷链设备设施的制冷系统是一个冷量、电能和热能的转化过程，发展高效制冷供热耦合系统集成技术，可利用制冷系统冷凝热回收开发能够满足用户不同温度下用热需求的冷热联供集成系统，提升系统冷热利用综合效率。

11.3.2.2 低碳能源利用技术

1. 太阳能利用技术

发展基于太阳能光伏发电的冷库制冷技术、基于太阳能的吸收式制冷技术、利用太阳能同时驱动动力系统和制冷系统的太阳能冷藏车。将太阳能利用技术与冷链装备结合可以显著降低冷链碳排放，虽然目前受限于技术经济可行性尚未广泛应用，但未来具有良好的应用潜力。

2. 低温天然工质冷能利用

利用低温天然工质（如液氮）进行速冻，具有冷却介质温度低、冻结速冻快、冻结食品品质高、设备简单、使用寿命长等优点，可用于一些高品质要求和高附加值的生鲜食品冻结。

在港口冷链园区，将LNG转化为常温气体时释放的冷能用作港口冷链园区的冷源，大幅度降低冷链园区能耗。

需要指出的是，由于低温天然工质冷能利用不需要耗电，且采用的是天然低温工质，所以属于低碳能源。但只有在所利用的低温工质原本需要转化为常温的场合，才具有节能的意义。

3. 自然冷能利用技术

在我国冬、春季时间较长的地区，也正是我国果蔬的主要产区，此类地区室外空气温度低，适合进行自然冷源的开发和利用。例如，冬季北方地区利用自然冷能进行果蔬冷藏，通过引入单相介质的方法（如采用室外新风、冷水）或引入两相介质的方法（如热管技术），利用室外冷源可以显著降低冷藏能耗。自然冷能利用的供冷量需要根据冷负荷变化精准调控，实现满足生鲜食品冷藏需要的温湿度，并减少自然冷能输配能耗。

4. 蓄冷技术

开发利用风能和太阳能将会成为能源领域实现碳中和的主要途径，目前其发电成本已经与化石燃料发电不相上下，存在的主要问题是发电不稳定、储能成本高，冷加工、冷冻冷藏、冷藏运输等冷链设备设施可以采用成本较低的蓄冷技术，是提高"低碳电能"利用比例的潜在用户。0℃以上的冷能需求可以采用冰蓄冷技术，流态冰是很好的选择并且技术成熟；0℃以下有低温载冷剂和相变蓄冷材料，因此蓄冷技术及其系统将会成为推进冷链设备设施实现碳中和的重要组成。

5. 新能源冷藏运输技术

传统冷藏车的车辆行驶和制冷能耗均来自燃油发动机，车辆尾气造成了环境污染和碳排放。对于城市和短途冷藏输配，可以采用车辆和冷藏车厢制冷均为动力电池驱动的纯电动冷藏车。对于远距离冷藏运输，可以采用氢燃料电池冷藏车，其中的液氢燃料电池冷藏车还可以利用液氢的天然低温工质冷能为冷藏车厢供冷。

11.3.3 环保制冷剂

采用低GWP值的环保制冷剂，尤其是NH_3、CO_2、HC等天然制冷剂，替代目前使用的破坏臭氧层和高GWP值的制冷剂；研究制冷剂低充注和安全保障技术，采取制冷剂减漏、制冷剂回收与再利用等技术措施，有效减少冷链设备设施制冷剂应用造成的直接碳排放。

11.4 小结

本章对"双碳"目标与冷链的关系、我国冷链发展现状与存在的问题、冷链碳排放水平与减排潜力、冷链低碳技术路径进行了阐述。

冷链碳排放是我国碳排放的重要组成部分，冷链碳减排对"双碳"目标的实现具有重要意义。冷链碳排放测算表明，通过研发和推广低碳技术，发展先进全程冷链体系，可以大幅度减少冷链碳排放，这凸显了技术升级和创新驱动的必要性。在生鲜产品减损、提升能效及可再生能源的利用、环保制冷剂三个技术领域，未来冷链碳减排工作大有可为。

本章参考文献

[1] 田长青，孔繁臣，张海南，等. 中国冷链碳排放及低碳技术减排分析[J]. 制冷学报，2023，44(4)：68-74，111.
[2] 田长青，孔繁臣，张海南. 冷链碳减排技术途径及成效测算[J]. 制冷与空调，2022，22(3)：72-77.
[3] JUNREN WANG, DENIC BERFIN KARAKOC, MEGAN KONAR. The carbon footprint of cold chain food flows in the United States[J]. Environmental Research：Infrastructure and Sustainability，2022，2：021002.
[4] 张敏，钟志友，杨乐，等. 果蔬比热容的影响因素[J]. 食品科学，2011，32(11)：9-13.
[5] 于鑫，王虹月，曾文洁，等. 中国水产品冷链物流与冷链装备可持续发展报告[R]，2021.
[6] EVANS J A, SCAR CELLI S, SWAIN M. Temperature and energy performance of refrigerated retail display and commercial catering cabinets under test conditions[J]. International Journal of Refrigeration，2007，30(3)：398-408.
[7] 肖杨，刘小朋. 商用冷柜能效标准及节能技术分析与研究[J]. 冷藏技术，2015，(4)：8-12.
[8] 康友才. 仓储系统低碳性的综合评价体系研究[D]. 成都：西南交通大学，2012.

（本章撰稿人：田长青、张海南、王波）

第12章 冷 藏 运 输

12.1 概述

12.1.1 冷藏运输发展状况

　　冷藏运输是指在温控环境下运输的全过程中，在装卸搬运、变更运输方式、更换包装设备等环节，都使所运输货物始终保持在一定温度环境下进行操作。冷链物流运输环节主要集中在干支线、城市揽收和城市配送等流通场景。冷藏运输方式可以是单一的公路运输、水路运输、铁路运输、航空运输，也可以是多种运输方式组成的综合运输。冷藏运输是冷链物流的一个重要环节，其成本高，而且包含了较复杂的移动制冷技术和保温箱制造技术，冷藏运输管理包含更多的风险和不确定性。根据中物联冷链委测算，2022年我国食品冷链物流需求总量预计超过3.3亿t。其中，水果冷链物流需求总量为8127万t，蔬菜冷链物流需求总量为10400万t，肉类冷链物流需求总量为4577.7万t，水产品冷链物流需求总量为4540.41万t，乳制品冷链物流需求总量为2137.62万t。

　　公路冷藏运输主要以冷藏汽车为运输工具，根据中物联冷链委统计，我国90%的冷链物流货运量由公路冷藏运输来完成，是目前冷藏运输中最主要、最普遍的运输方式。截至2022年，我国冷藏车市场保有量达到38万辆。公路运输的优点是灵活机动、速度较快、可靠性高、可实现"门到门"运输，缺点是货运量相对较小。然而公路运输效率已经达到巅峰，长距离运输可以做到24h无休，速度达到了极致，提升空间很小，而且长距离运输还存在较多不确定性。

　　铁路冷藏运输主要以冷藏车厢作为运输工具，具有运量大、运输范围广、成本低、安全性高等优点，但由于受轨道限制，其运输灵活性较差，运输时间长，不适用于短距离运输。近年来，我国铁路固定资产投资稳步提升，2022年投产新线4100km，截至2022年底，全国铁路营业里程达到15.5万km。且随着中欧班列开行规模不断扩大，多条国际冷链专列相继开通，极大丰富了运输手段，降低了运行成本。然而铁路冷藏运输量虽然有所增加，但是在冷藏运输市场规模中占比仍然最小，难以达成规模效应。相比于其他冷藏运输方式，铁路冷藏运输的冷链资源相对较少，难以满足市场需求。

　　水路冷藏运输主要以冷藏船和冷藏集装箱为运输工具。水路冷藏运输的优点是成本低、运量巨大，适用于长距离、低价值、高密度的货物运输，缺点是灵活性差。自2020年开始，海运生鲜产品贸易受到酒店业关闭的影响，落叶水果和冷冻马铃薯等冷冻品的需求量大为减少。不过海运生鲜产品贸易的总体收缩幅度要比干货集装箱贸易低很多，这表明冷藏货物的贸易对经济下行冲击的抵御能力更强。海运冷藏运输量在2021年上半年开始回升，同比增长4.8%，主要是肉类、柑橘等货物贸易领涨。有专业公司预测，从2022年开始，更多的运输方式份额增长和旺盛的货运需求将使集装箱冷藏运输的增长速度超过干货集装箱贸易。

　　航空冷藏运输主要以装载冷藏集装箱为运输手段。航空冷藏运输的优点是运输速度快，缺点是运量相对较小、成本高、受天气影响大、可靠性较差。截至2020年底，我国航空冷链物流规模接近300亿元，其中主要的业务涵盖鲜花、果蔬、医药等物品和生鲜电商业务。航空冷链物流是个系统工程，其参与主体多元化、链条衔接复杂，需要航空公司、机场、货运代理、地面分拨、海关和检验检疫部门协同合作，才能保障航空冷链物流的高效运转。

　　多式联运是指由两种及其以上的交通工具相互衔接、转运而共同完成的运输过程，统称为复合运输，我国习惯上称之为多式联运。《联合国国际货物多式联运公约》对国际多式联运所的定义是：按照国际多式联运合同，以至少两种不同的运输方式，由多式联运经营人将货物从一国境内接管货物的地点运至另一国境内指定交付货物的地点。而《中华人民共和国海商法》对于国内多式联运的规定是：运输方式之一必须为海运。根据交通运输部资料，2020年，前三批70个多式联运示范工程完成集装箱多式联运量约480万标箱。全国港口完成集装箱铁水联运量687万标箱，同比增长29.6%。但目前国内多式联运规模较小，与发达国家相比仍有较大差距。进一步推进多式联运发展，强化多式联运系统建设，推动多式联运运行水平提升，依旧是"十四五"时期我国交通和物流领域的重要任务。预计未来几年，国内多式联运市场还有较大增长空间。

12.1.2　冷藏运输发展政策

　　据不完全统计，2020年国家层面出台的冷链相关政策、规划新增36项，各地方配套政策超过百余项。2021年冷链物流行业依旧火热，有关部门持续发力，引导行业正规发展。据不完全统计，在"十四五"开局之年，国家层面出台冷链物流相关政策69项，其中由国务院出台的超过9项，从多维度部署冷链物流行业健康发展。

　　1.《交通强国建设纲要》

　　2019年，中共中央、国务院印发了《交通强国建设纲要》，其中提出了2021～2035年发展目标：到2035年，基本建成便捷顺畅、经济高效、绿色集约、智能先进、安全可靠的现代化高质量国家综合立体综合交通网，实现国际国内互联互通、全国主要城市立体畅达、县级节点有效覆盖，有力支撑"全国123出行交通圈"和"全球123快货物流圈"。

　　2.《"十四五"冷链物流发展规划》

　　2021年，国务院办公厅印发《"十四五"冷链物流发展规划》，为当前和今后一个时期我国冷链物流高质量发展明确了顶层设计和系统指引。该规划聚焦"6+1"重点品类，包括肉类、水果、蔬菜、水产品、乳品、速冻食品等主要生鲜食品以及疫苗等医药产品，聚焦冷链物流发展中的突出瓶颈和痛点、难点、卡点问题，对"十四五"时期冷链物流发展作出全面部署。根据规划，到2025年，初步形成衔接产地销地、覆盖城市乡村、联通国内国际的冷链物流网络，基本建成符合我国国情和产业结构特点、适应经济社会发展需要的冷链物流体系，调节农产品跨季节供需、支撑生鲜产品跨区域流通的能力和效率显著提高，对国民经济和社会发展的支撑保障作用显著增强。

　　为充分发挥冷链物流对促进消费、改善社会民生的重要作用，《"十四五"冷链物流发展规划》重点从三个方面进行系统谋划。一是在宏观层面，完善网络架构，拓展冷链物流服务网络覆盖"广度"和"深度"。建设"四横四纵"8条国家冷链物流骨干通道，串接农产品主产区和19个城市群，形成内外联通的国家冷链物流骨干通道网络，打造"三级节点、两大系统、一体化网络"的"321"冷链物流运行体系。二是在行业层面，创新组织模式，创新性地提出产销冷链集配中心建设。三是在运行层面，打造消费品双向冷链物流新通道，促进农民增收和消费升级。

为贯彻落实国家《"十四五"冷链物流发展规划》，交通运输部会同有关部门印发了《关于加快推进冷链物流运输高质量发展的实施意见》，聚焦冷链物流发展面临的重点、难点问题，出台一系列政策举措，加快推进冷链物流高质量发展。一是加快完善基础设施网络。一方面，要优化枢纽、港、站冷链设施布局；另一方面，要完善产销冷藏运输设施网络。要结合国家冷链物流骨干通道网络建设，依托所在地的货运枢纽、主要港口、铁路物流基地、枢纽机场，统筹规划布局冷链物流基础设施，拓展冷链物流运输服务功能，提升支撑保障能力。在城市和乡村的产销地，要进一步改善冷链物流的设施条件，着力解决"最初一公里"和"最后一公里"问题，不断提升便民服务水平。二是推动技术装备更新升级。要在运输工具专业化和运载单元标准化等方面下功夫，推动冷藏运输车辆按规定配备制冷和温度监测设备，推广应用标准化周转箱、托盘等运载单元，推广应用智能化温控设施设备。三是创新运输组织服务模式。积极发展冷链多式联运、公路冷链专线、冷鲜航班等运输模式，培育冷藏运输骨干企业，支持冷链物流企业建设网络货运平台，优化整合产品、冷库、冷藏运输车辆等资源，提升冷藏运输服务品质。四是健全冷藏运输监管体系。包括研究制定道路冷藏运输管理规定，完善冷链物流细分领域运输服务标准规范，建立冷藏运输追溯管理制度，加强冷藏运输市场动态运行监测等方面，进一步提高冷藏运输监管水平。

3. 《推进多式联运发展优化调整运输结构工作方案（2021—2025年）》

近年来，国家全面鼓励多式联运发展，在国家重大政策以及密集出台的若干政策中，均明确全方位促进与保障多式联运发展措施。"十三五"期间，国务院及多个部委在相关政策中，都将多式联运作为供给侧改革、增强经济活力、交通强国战略、物流业发展等领域重中之重，进行强力的政策引导。2021年12月，国务院办公厅印发了《推进多式联运发展优化调整运输结构工作方案（2021—2025年）》，明确提出到2025年，多式联运发展水平明显提升，基本形成大宗货物及集装箱中长距离运输以铁路和水路为主的发展格局，全国铁路和水路货运量比2020年分别增长10%和12%左右，集装箱铁水联运量年均增长15%以上。

12.1.3 冷藏运输存在的问题

1. 温度监控不到位

车辆温度监控技术的应用，逐步成为管理部门监控低温商品质量的手段，但是目前我国冷藏车温度在线监控率小于50%。从运输结构看，国内生鲜产品75%左右采用的是常温或土保温的运输模式；剩下的25%采用控温运输模式，而这25%中，保温运输占三成，冷藏运输占七成。

2. "断链"现象严重

冷链物流是一个系统工程，环环相扣。但目前企业或者合作社关注的重点一直在货物的运输和仓储上，很少注意到预冷与配送过程。目前我国果蔬预冷率仅为20%左右（发达国家超过80%）。另外，由于冷藏运输能耗高，部分供应商为了降低成本，经常采用土法保温替代冷藏运输或者提高运输温度，导致产品品质下降或腐烂变质。

3. 流通率低，腐损率高

冷链流通需求规模不断扩大，我国冷链物流基础设施市场供给不能满足冷链市场需求，冷链设施补短板工作还需不断推进，农产品"卖难买贵"现象持续存在。目前我国农产品市场冷链物流比例远落后于发达国家，而冷藏运输正是目前我国冷链发展的瓶颈，具有非常大的发展空间。

12.2 冷藏运输装备技术应用状况

12.2.1 机械制冷技术

机械制冷依靠发动机驱动蒸气压缩式制冷循环系统从而达到制冷目的，是冷藏运输过程中应用最广泛的制冷技术。蒸气压缩式制冷系统主要是由压缩机、冷凝器、蒸发器、膨胀阀、保护装置等组成。经过长期研究，机械制冷技术已相对成熟，调温范围广（一般从-30℃到常温），车厢内温度可实现自动控制，很适合短、中、长途或特殊冷藏货物的运输。机械制冷工作原理如图12-1所示，蒸发器中的低压气态制冷剂经压缩机压缩后，变为高压蒸气流向冷凝器，在冷凝器中冷凝变成液态制冷剂，将制冷剂的热量排向大气，然后流经膨胀阀降压成为低压的两相制冷剂，在蒸发器中进行蒸发，从车厢中吸收热量，从而使车厢内的温度降低，制冷剂蒸气再次进入压缩机，如此周而复始地循环，不断将车厢内的热量转移到周围大气。

近年来，为了解决传统机械制冷机组能源转换效率低的问题，研究人员在能源替代方面进行了大量研究，引入新能源技术：用锂电池发电机组代替传统燃油发动机，通过锂电

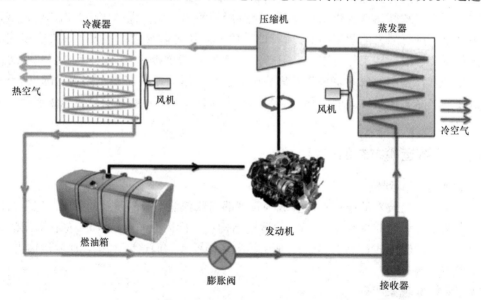

图12-1 机械制冷工作原理图

池储存多余的电量,当没有外接电源时,锂电池能为制冷系统供能,可以使压缩机以最佳固定转速运行,极大地提高了能源转化率及制冷系统 COP,减少运行过程中的碳排放量。此外,有研究将太阳能等可再生能源应用于机械制冷系统,通过在装备上加装太阳能板等设备,达到节能减排的目的。

12.2.2 相变储能技术

相变储能技术的研究始于20世纪40年代,80年代开始得到快速发展,近年来在"双碳"目标下,相变储能越来越受到冷链运营商的青睐。相变储能技术是利用相变材料的高潜热特性,在低谷电价时段或能量盈余时进行相变储能,在用冷时通过内置相变材料相变吸收热量,达到制冷目的,实现能源削峰填谷,降低电网峰值用电负荷,具有环保、节能、安全、成本低等优点,能有效减少冷链过程中的"断链"现象及高能耗等问题。

当前对相变储能技术在冷藏运输中的应用研究主要分为对蓄冷剂的研发、蓄冷单元布置方式优化及新型蓄冷装备研发等方面,主要包括:

(1) 在蓄冷剂研发方面,以复合相变材料为主,优化其相变温度、潜热性能及导热性能。

(2) 在蓄冷单元布置方式方面,通过仿真及实验研究探究最佳蓄冷单元布置方式,在提升车厢内温度均匀性的同时有效降低车厢重心。

(3) 在新型蓄冷装备研发方面,围绕提高充冷速率、应用灵活性、降低车厢重心及装备自重等方面开展研究。

12.2.3 气调技术

气调技术是在低温冷藏的基础上,通过控制箱体内的气体组分(主要是氧气和二氧化碳的浓度),来控制生鲜产品呼吸作用等生理活动,以实现保鲜目的。通常空气中的氧气浓度在21%左右,二氧化碳浓度在0.04%左右,不会对生鲜产品的呼吸作用产生抑制。气调冷藏运输中,通过人为干预的方式降低氧气浓度,提高二氧化碳浓度,且氧气和二氧化碳的浓度配比根据运输货物的不同而相应变化。此外,冷藏加气调是生鲜产品运输的双控指标,能更有效地抑制生鲜产品呼吸作用、减少水分蒸发、延缓生理代谢、推迟后熟衰老进程和防止腐败变质,从而降低运输损失。

气调技术应用于冷藏运输的研究始于20世纪,最早冷藏集装箱的气调运输装置使用一种叫Transflash的系统,其原理是装货后在门上挂塑料薄膜帘密封,然后在运输过程中不断向箱内充氮气,进行气体组分调控。这种方法较为原始,准备工作时间长,且由于箱体密封性能不佳经常导致气调失败。

经过长期研究,目前冷藏集装箱制冷装置已发展到制冷装置本身能实施气调,气调装置和制冷装置一体化,能精确控制箱内气体成分,促使气调运输方便化、普及化。这是冷藏运输发展的方向,今后将有越来越多的冷藏集装箱采用带气调装置的制冷装置。

此外,国外研究人员发明了EverFlash气调装置,利用小型压缩机压缩的空气,通过氮气分子筛过滤后,充入氮气,实现气调。此外,部分研究人员利用水果、蔬菜在运输中不断消耗氧气产生二氧化碳的原理,配以电脑控制的新鲜空气通风控制系统,把二者结合起来,巧妙地控制箱内气体成分,实现了气调运输,其特点是装置成本低廉且效果明显。

12.2.4 车厢隔热技术

1. 车厢隔热材料

冷藏运输装备的厢体结构主要由内外支撑材料与中间的隔热材料两大部分组成，大部分国家生产使用的冷藏厢体已由铝制箱体转为不锈钢箱体，隔热材料主要有聚苯乙烯隔热材料（EPS）、挤塑聚苯乙烯隔热材料（XPS）、聚氨酯隔热材料（PU），以及真空绝热板（VIP）。隔热厢体的隔热材料、厢体的制作与发泡技术直接影响着冷藏运输装备的隔热性能以及冷藏车厢体的机械强度。

近年来，为了提高车厢隔热性能，常采用改变隔热材料、增加围护结构厚度等方法，但由于车厢质量及制造成本等因素限制，这种方法不适用于大规模生产，因此辐射制冷材料被逐渐应用于冷藏车。辐射制冷材料是利用大气窗口中的长波将热量辐射到外太空，在使用时只需在围护结构表面涂刷辐射制冷材料，由于该类材料在辐射窗口波段具有较高的红外发射率，在其他波段具有高反射率，因此可利用地球与外太空之间的温差，降低自身得热量并实现被动制冷。可见，辐射制冷材料具有零能耗、零排放、环境友好和成本低廉等优点。辐射制冷技术与传统机械制冷技术配合使用，不仅能很好地改善机械制冷装置的降温特性，降低成本及能耗，还能有效提高冷链装备内部温度场的均匀性。

2. 发泡技术

1997 年以前，制造冷藏集装箱的关键技术——发泡技术，可以分为两大类：整箱发泡技术和三明治发泡技术。

整箱发泡技术是先将冷藏集装箱外壳和加强筋一起做好，在加强筋上铆上内衬板，形成一个带孔的空壳箱，在专门的发泡房内一次性把所有箱壁孔填充发泡，因此称为整箱发泡。整箱发泡投资少、生产成本低，但对操作人员素质要求高，质量难以控制，且由于发泡密度低，长时间使用后，泡体容易收缩变形，吸收水分。从发泡角度看，顶板、底板等的水平发泡，以及发泡时怎样排气也是难点。

三明治发泡技术是先将冷藏集装箱侧板、顶板、底板预先发泡，形成有外板、内板加中间发泡层的板。在装配线上把侧板、顶板、底板装成一个箱，然后在 12 条边上的缝隙中发泡，制成完整的冷藏集装箱。三明治发泡技术的特点是生产技术容易掌握，可随时检查质量，发泡密度为高，泡体不容易变形，也不易吸收水分。除了设备投资外，三明治发泡的最大缺点是一旦发生分层，其分层会一直延展到脚柱边上，造成整块板面分层。

近年来，我国研究人员结合整箱发泡技术中加强筋的概念，根据不锈钢箱的特点，将加强筋焊接在侧板上，既可以实现三明治板整腔发泡的高效率，又能加强侧板的抗弯强度，特别是能中止分层的延伸。

此外，在整箱发泡方面，我国也创出了一条新路，吸取三明治发泡排气通畅的优点，把整箱发泡中排气最难的水平发泡的顶板、底板改为带倾斜角的三明治发泡，从而解决排气问题。在装配线上把三明治板的底板、顶板、中空的侧板组成一个箱，最后对垂直的两个中空侧板充泡，制成一个完整的冷藏集装箱，因此可以称为半整箱发泡技术。

目前，纯整箱发泡技术和纯三明治发泡技术已经消亡，取而代之的是二者相融合的新发泡技术，改进型的三明治发泡技术和半整箱发泡技术已成为当今发泡技术的主流。

12.3 冷藏运输装备存在的问题及关键技术分析

12.3.1 制冷剂替代与回收

1. 制冷剂替代

制冷剂是冷藏运输装备制冷系统中循环制冷的工作物质，是不可缺少的。传统制冷剂广泛采用全氯氟烃类（CFCs）和氢氯氟烃类（HCFCs）物质，对臭氧层有破坏作用且产生温室效应，从而使冷藏运输行业面临着严峻挑战。因此，制冷剂替代问题被各国研究人员普遍关注。目前冷藏运输中广泛使用的制冷剂R134a和R404A属于氢氟烃类（HFCs），R404A占比为70%~80%，R134a和R22的占比分别为10%~20%和3%~5%，此外还有少量的R410A和R507A等。新制造的冷藏制冷机组充注的制冷剂大部分为R404A，占比达90%以上，而较为老旧的设备中R22仍有使用。

不同尺寸的冷藏制冷机组制冷剂充注量不同，从0.5kg到10kg不等，微型车辆一般为0.5~1kg，轻、中型冷藏车为3~5kg。在制冷剂泄漏方面，由于冷藏车使用环境的复杂性，冷藏运输制冷设备使用过程中制冷剂的年均泄漏量往往达到充注量的5%~20%。

随着老旧冷藏车的逐渐报废，R22即将全面停止使用；R134a开始冻结产量并逐步削减；R404A的ODP值虽然为零，但其GWP值很高，无法满足当前控制温室气体排放的环保要求，R404A/R507A也将逐步加速淘汰。

2. 制冷剂回收

欧盟要求含有ODS和GWP大于150制冷剂的产品在报废处理前，必须将制冷剂进行回收，针对CFCs、HCFCs和HFCs制冷剂回收率应大于或等于预期量的90%。近年来，欧盟的制冷剂回收量已突破了万吨。

然而，我国虽然作为世界上最大的制冷剂生产、消费和出口国，但制冷剂管理工作尚处于起步阶段，设备维修过程中和设备报废后均无成熟的回收体系，制冷剂回收率不超过10%，且由于回收工艺的限制，制冷剂回收残留率一般在50%以上，阻碍了冷藏运输装备的低碳发展。

12.3.2 能源代替问题

传统机械制冷系统依靠燃油发动机带动压缩机进行制冷循环，但其能源转化率仅有35%~40%。另外，燃油发动机运行过程中产生的CO_2是冷藏运输过程中碳排放的主要来源，在碳达峰、碳中和政策背景下，利用新能源代替传统燃油发动机刻不容缓。

因此，为了减少能耗、降低对环境的污染，研究人员将蓄冷、锂电、氢能等新能源技术应用于冷藏车。从目前的市场来看，燃油冷藏车占据绝对的主导地位，占比约90%，新能源冷藏车还有很大的提升空间，这主要是因为新能源冷藏车在实际使用过程中仍存在比较突出的短板。新能源冷藏车对温度要求高、耗电量大。受限于电池等关键技术，目前新能源冷藏车存在电池蓄电量不高、续航里程短、充电不便和充电时间长，以及电池提供动力不稳定等问题，进而导致生鲜产品冷藏保鲜效果差、产品质量不稳定，并且无法长距离运输，运输时效差，经济效益不理想。短期内，新能源冷藏车在运输过程中如何确保品质、全程监控、提高效率依旧是行业的难点。

目前新能源冷藏车能够参与的场景主要是城配运输。大致有两种场景：一种是城市配送中心到众多零售店（如专卖店、连锁店、餐馆店、超市等），另一种是到终端消费者的"最后一公里"配送。市面上大多数纯电冷藏轻卡动力电池电量在100kWh以内，工况续航里程为210~250km。如果是城配运输，按照常规来说，续航里程基本足够。关键在于新能源冷藏车相对常规的燃油冷藏车价格高。以一辆冷藏轻卡车为例，燃油冷藏轻卡车的售价为15万元左右，而新能源冷藏轻卡车则需要20万元左右。另外，在配送运输时要预留一部分安全电量，车辆续航里程又会因为电池虚电、满载、冷机耗电等因素而大打折扣，所以多数用户反映纯电动冷藏轻卡车续航里程不够、性价比不高。

12.4 冷藏运输低碳评价

以冷藏车作为冷藏运输装备的典型代表。冷藏车碳排放主要从两个方面进行评价：一方面是冷藏车车体本身，其生产阶段的工艺水平、运输安装阶段的运输距离、使用维护阶段的制冷温度和报废回收阶段的有效回收率等，均会影响碳排放水平；另一方面是制冷剂，制冷剂是充注在冷藏车的制冷机组中的，在制冷机组中通过相态变化，持续地循环流动，将冷量通过通风管道循环至冷藏车车厢中，从而维持车厢内温度处于规定的范围。冷藏车性能参数、制冷剂理化性质等，均会对最终的碳排放造成程度不一的影响，冷藏车碳排放评估模型以全生命周期评价理论为指导思想，结合冷藏车各部件、各生命周期阶段的碳排放特征，研究不同影响因素下冷藏车系统碳排放的动态变化。

功能单位是产品系统功能表现的度量单位，目的在于提供标准化的输入和输出数据，并确保生命周期评价结果可以进行比较。在比较不同产品或服务时，不同功能单位会产生不同的生命周期评价结果，恰当的功能单位应该能反映产品或系统的全部功能单位。冷藏车的基本功能是进行冷链货物的运输、配送服务，本书选择货运周转量作为功能单位，相比于仅以里程作为功能单位，不仅反映了冷藏车提供货物运输服务的基本功能，也能够体现新能源冷藏车与传统燃油冷藏车在额定载货量等方面的差异。基于我国冷藏车发展特征，同时考虑冷藏车的服务功能性质，模型以满足 1t·km 的货物运输服务作为评价的功能单位，即在一定运行时间内，平均有效载货量与运输配送服务里程的乘积，其碳排放水平以 $gCO_2 e/(t·km)$ 表示。

车辆全生命周期包括车辆周期和燃料周期。在车辆周期方面，考虑车辆及制冷剂从车辆生产到最终报废的生命周期过程，分别从生产、原料运输、组装、运行以及回收阶段量化其碳排放，不考虑车辆原材料生产的能源消耗，同时忽略对整个生命周期而言能耗和排放较小的车辆维修部分。此外，由于冷藏车运输功能的特殊性，将制冷剂单独考虑，考察其全生命周期的环境影响。在燃料周期方面，电力、柴油等能源或燃料的全生命周期过程较为清晰，主要包括原材料的开采、运输、加工以及冷藏车行驶过程中的燃料消耗，因此在消耗燃料的碳排放计算上采用排放因子法。综上所述，冷藏车全生命周期碳排放模型主要包括生产阶段（车辆制造、制冷剂生产）、运输和安装阶段、使用阶段、报废回收阶段，系统边界如图 12-2 所示。

在碳排放分析基准工况（冷藏车车型为轻型冷藏车，行驶城市为广州，车厢外综合环

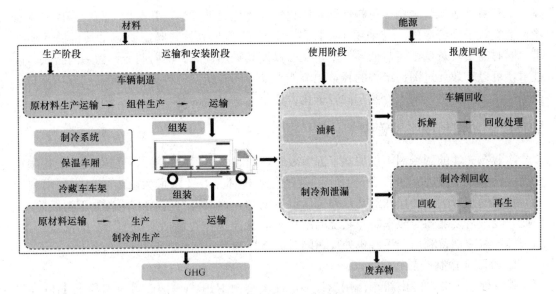

图 12-2 冷藏车碳排放系统边界

境温度随广州当地环境温度和太阳辐射实时变化,制冷温度为 0℃,车辆行驶过程中不开门,电力由国家电网提供,充注的制冷剂类型为 R404A)下,冷藏车碳排放水平为 571.1 $gCO_2 e/(t \cdot km)$,其组成分析见表 12-1。

从主要构成部分来看,冷藏车车体、制冷剂全生命周期的碳排放水平分别为 549.6 $gCO_2 e/(t \cdot km)$ 和 21.5 $gCO_2 e/(t \cdot km)$,占比分别为 96.2%、3.8%,这反映了冷藏车系统碳排放主要来自于冷藏车车体。

另外,从冷藏车系统全生命周期来看,其生产阶段、运输和安装阶段、使用阶段及报废回收阶段碳排放水平分别为 9.3 $gCO_2 e/(t \cdot km)$、104.3 $gCO_2 e/(t \cdot km)$、445.3 $gCO_2 e/(t \cdot km)$、12.2 $gCO_2 e/(t \cdot km)$,占比分别为 1.6%、18.3%、78.1%、2.1%,使用阶段的碳排放最大,这是由于在使用阶段冷藏车消耗的能源远远高于其他阶段,制冷剂总泄漏量也远远高于其他阶段。因此,应主要从使用阶段分析系统的减排潜力。

冷藏车碳排放组成分析 [单位:$gCO_2 e/(t \cdot km)$]   表 12-1

生命周期阶段	生产阶段	运输和安装阶段	使用阶段	报废回收阶段	合计
冷藏车车体	8.4	104.0	428.5	8.8	549.6
制冷剂	0.9	0.3	16.8	3.4	21.5
合计	9.3	104.3	445.3	12.2	571.1

12.5 冷藏运输发展趋势

12.5.1 轻量化与节能设计

近年来,我国在零部件的轻量化设计和轻量化材料及成型工艺技术等领域均取得了较大进步,整车轻量化水平提升明显。我国率先发布了《乘用车整车轻量化系数计算方法》,

建立了车身参数化与结构—材料性能—体化集成优化设计方法，并在自主品牌乘用车车身设计上实现了推广应用。与乘用车不同的是，冷藏车车厢材料既需要满足其机械性能要求，同时需要具备低密度与低导热率，从而保证其隔热性能。辐射制冷作为一门新兴节能技术，可以有效促进围护结构的轻量化节能设计，随着新型材料技术的突破，近年来日益受到关注，可以将其纳入冷藏车的轻量化设计。

12.5.2 加强制冷工质管控

冷藏车充注的制冷剂不仅加剧了温室效应，同时破坏了臭氧层。目前欧美等发达国家和地区已形成了报废、回收和再利用的规范化管理体系，要求最大限度地回收利用制冷剂。我国的制冷剂生产量和消费量均位居世界前列，但制冷剂管控工作尚处于初级阶段。因此，我国需要加强冷藏车制冷系统的制冷工质管控工作，包括加快HFCs的淘汰进程、积极推动制冷剂再利用和无害化处理，同时严格控制制冷剂的泄漏和排放。

1. 冷藏运输制冷剂替代

限制使用R22，停止新车使用R134a，逐步淘汰R404A，推广可供替换的HFOs等环保制冷工质。在替代路线方面，鉴于冷藏运输制冷剂用量相对较小，替换难度较高，建议冷库等大型冷链设施先行替代，冷藏运输装备待技术成熟度提升后逐步实施。

2. 替代制冷剂及其系统的风险评估

开展未来主流替代制冷剂的环境风险评估，重点围绕替代产品向环境中的释放途径、暴露水平、迁移转化和环境效应等方面开展研究，为后续环境管理决策、制冷剂替代路径选择提供科学依据。

3. 制冷剂应用全程溯源与全程管理

在生产环节引导企业利用电子标签等手段明确制冷剂信息标识，实现制冷剂信息全程追溯，为履约执法提供技术保障。

从管理手段上看，借鉴欧美发达国家制冷剂回收行业认证管理经验，出台制冷剂分类收集技术规范并严格操作流程，制定促进制冷剂回收利用的产业激励及财政扶持政策，提高回收处理企业的积极性，鼓励建立区域性收集中转站，降低制冷剂回收利用成本；加强监测能力和日常监测，将重点风险企业纳入各级政府部门的日常监管范围，建立健全制冷剂排放风险预警制度。探索"政府监管，社会监督，行业自律"的管理模式。

12.5.3 提升车辆使用能效

在使用阶段的能源消耗是冷藏车碳排放的最大来源，因此主要考虑在使用阶段降低冷藏车能源消耗带来的减排效应。提升冷藏车使用能效应从管理和技术两个层面共同进行。

（1）从技术研发上看，冷藏车燃油发动机的热效率仍存在较大的提升空间，应围绕冷藏车发动机、变速箱和制冷压缩机等关键零部件进行技术研发，同时加快混动动力汽车技术储备，提升燃油经济性。此外，我国冷藏运输还存在空载现象，因此可通过合理的路线规划提升冷藏运输的运行效率，减少空载现象的发生，从而降低冷藏运输产生的无效碳排放。

（2）从管理手段上看，参考乘用车双积分政策，制定冷藏车积分管理制度，实现传统车节能与新能源冷藏车发展的双目标优化，进一步提升车辆能效和排放标准，限制甚至淘汰低能效冷藏车，引导行业选择和使用高能效、低排放的冷藏车。此外应加强驾驶行为规范管理，减少不良驾驶行为。

12.5.4 构建清洁能源体系

冷藏运输清洁能源体系的构建包括能源的生产、能源的储存以及终端能源使用，具体包括以下几个方面：

1. 提升能源清洁水平

能源清洁水平影响着冷藏运输的碳排放水平，因此我国电力生产结构的优化对于冷藏车的低碳发展有着至关重要的作用。一方面，随着电动冷藏车等新能源冷藏车的推广应用，电力排放因子对于冷藏车的碳排放水平影响程度将大幅上升；另一方面，冷藏车的原材料获取以及冷藏车生产等各个阶段产生的排放均与电力排放因子密切相关。目前我国电网的平均碳排放因子相比于欧美等发达国家还比较高，主要是因为我国煤电占比较高。从能源安全的角度出发，煤电是我国电力安全的保障，但出于碳减排的需求，在降低排放的过程中需要考虑逐步限制煤电，提升可再生能源的发电占比，同时加强电网的建设，提升电力的调度能力。

2. 推广储能系统

我国电力供应最突出的矛盾是高峰时段电力不足而低谷时段电力过剩，电网的整体利用效率低下。近年来国家相继出台了相关政策，推动发展壮大新型储能产业。在冷链领域，随着蓄冷制冷技术的不断改进，蓄冷运输装备通过利用相变材料的相变吸热、放热特性来代替机械制冷装备，合理利用了夜间谷电，通过夜间充冷白天放冷的使用模式降低了冷藏运输的成本，同时达到节能降耗的目的。

3. 推动冷藏车电动化

近年来国家高度重视电动车的推广应用。目前电动冷藏车的市场份额仅为1.6%，远远低于传统燃油冷藏车的市场份额，但在"双碳"目标下，在国家政策和行业技术突破的背景下，电动冷藏车的发展将会是未来我国冷藏车发展的主要方向之一。

12.5.5 其他低碳发展措施

冷链物流正逐步向数字化、智能化转型，人工智能、大数据等技术正逐渐为冷链行业提效降本和低碳发展赋能。冷链数字化的应用包括利用物联网、无线传感器网络、机器学习等先进技术来优化供应链路径、商品全程追溯和精准温控管理。WSN 的主要应用包括生鲜食品的货架期预测、冷藏运输状态检测和冷链信息的可追溯，但目前由于其较高的应用成本无法得到大范围的推广。冷藏运输企业可以通过收集运输过程中车厢内部以及生鲜食品的温湿度等数据，利用机器学习建立温湿度监控模型，判断冷藏运输过程中的具体状态并实现全程精准温控管理，实现在保障食品质量的同时降低食品腐损率，并减少食品腐损带来的无效碳排放。另外，可以通过物联网技术与机器学习联合优化冷藏运输的配送路径，降低无效运输，从而降低冷藏运输过程中的碳排放。

本章参考文献

[1] WU JUNZHANG, LIU GUANGHAI, MARSON ALESSANDRO, et al. Mitigating environmental

burden of the refrigerated transportation sector: Carbon footprint comparisons of commonly used refrigeration systems and alternative cold storage systems[J]. Journal of Cleaner Production, 2022, 372 (20): 1-14.

[2] WU JUNZHANG, LI QINGTING, LIU GUANGHAI, et al. Evaluating the impact of refrigerated transport vehicles in China on climate change from the life cycle perspective[J]. Environmental Impact Assessment Review, 2022, 97(11): 1-11.

[3] 中国物流与采购联合会冷链物流专业委员会, 国家农产品现代物流工程技术研究中心, 深圳市易流科技股份有限公司. 中国冷链物流发展报告(2022)[M]. 北京: 中国财富出版社, 2022.

[4] 田长青. 中国战略性新兴产业研究与发展·冷链物流[M]. 北京: 机械工业出版社, 2020.

[5] 高润森, 宋孟杰, 高恩元, 等. 冷链装备制冷剂相关温室气体减排研究进展[J]. 化工学报, 2023, 74(S1): 1-7.

[6] DONG YABIN, MILLER SHELIE A, KEOLEIAN GREGORY A. Estimating the greenhouse gas emissions of cold chain infrastructure in China from 2021 to 2060[J]. Sustainable Production and Consumption, 2022, 31: 546-556.

[7] DONG YABIN, XU MING, MILLER SHELIE A. Overview of cold chain development in China and methods of studying its environmental impacts[J]. Environmental Research Communications, 2021, 2(12): 122002.

[8] GAO ENYUAN, CUI QI, JING HUAQIAN, et al. A review of application status and replacement progress of refrigerants in the Chinese cold chain industry[J]. International Journal of Refrigeration, 2021, 128: 104-117.

[9] SELVNES HAKON, ALLOUCHE YOSR, MANESCU RALUCA IOLANDA, et al. Review on cold thermal energy storage applied to refrig eration systems using phase change materials[J]. Thermal Science and Engineering Progress, 2021, 22: 100807.

[10] 王月, 宓宏, 徐宏, 等. 制冷剂回收再生的碳排放评估及经济性分析[J]. 制冷学报, 2021, 42(5): 48-55.

[11] 杨天阳, 田长青, 刘树森. 生鲜产品冷链储运技术装备发展研究[J]. 中国工程科学, 2021, 23(4): 37-44.

[12] LIU BIN, LI JIAWEI, CHEN AIQIANG, et al. Selection of the cold logistics model based on the carbon footprint of fruits and vegetables in China[J]. Journal of Cleaner Production, 2022, 334(1): 130251.

[13] FENG TIANPING, JI JUN, ZHANG XUELAI. Research progress of phase change cold energy storage materials used in cold chain logistics of aquatic products[J]. Journal of Energy Storage, 2023, 60(4): 106568.

[14] 刘广海, 李庆庭, 谢如鹤, 等. 基于辐射制冷技术的冷链保温箱隔热性能测试与能耗分析[J]. 农业工程学报, 2022, 38(11): 318-325.

[15] 高恩元. 中国冷链装备碳排放与碳达峰路径研究[D]. 南京: 东南大学, 2023.

[16] 陈轶嵩, 兰利波, 郝卓, 等. 氢燃料电池汽车动力系统生命周期评价及关键参数对比[J]. 环境科学, 2022, 43(8): 4402-4412.

(本章撰稿人: 刘广海、邝淑敏、李庆庭)

第13章 冷藏销售设备

13.1 设备概述

冷链物流冷藏销售设备作为食品的终点站或最接近终点的中转站，是在冷链物流最后环节保障食品品质的关键装备。根据使用场景划分，目前主要的冷藏销售设备包括制冷陈列柜、带制冷功能的自动售货机、厨房冰箱、葡萄酒储藏柜、冰淇淋机、商用制冰机、商用低温冷柜等。此外，随着消费模式的多元化发展，车载冰箱、制冷自提柜、移动配送制冷箱、步入式冷柜、超市餐厅用小装配冷库、户外冰箱等新型冷藏销售设备也应运而生。

制冷陈列柜在冷藏销售设备中体量最大，主要应用于大型超市、零售店等，包括远置式制冷陈列柜、冰淇淋柜、饮料柜和其他食品展示柜，使存放的食品温度保持在规定的范围内，并且对展示性也有很强的要求。由于制冷空间相对不封闭，制冷陈列柜的耗能较高，因此节能是其主要技术发展方向，可从部件结构、系统循环、控制技术及制冷剂替代方面进行改进。

随着更加便捷、智能的新零售模式兴起，带制冷功能的自动售货机大受欢迎，被广泛应用在学校、医院、机场、车站等公共场所，用于冷藏与销售饮料、盒饭、药品、零食等。相对其他设备，带制冷功能的自动售货机作为与人交互最为密切的终端，其技术发展除了对制冷系统及部件性能进行持续优化外，智能化技术如重力感应、图像识别、视觉识别等迭代要求不断提升。

厨房冰箱为星级酒店、饭店、大排档等非家庭场所使用的餐饮用制冷储藏柜，按照冷却食物的方式主要分为直冷式、风冷式及风冷直冷混合式。厨房冰箱储藏的食材丰富多样，不同种类食材的储藏方式也不同。因此，对保鲜、除菌、除异味、食材管理等方面的技术要求较高，同时对节能也有一定要求。

葡萄酒储藏柜专门营造恒温、恒湿、避光、避振、通风等条件冷却和储藏葡萄酒，按制冷方式的不同主要有压缩机制冷型储藏柜和半导体制冷型储藏柜，前者的制冷温度范围比后者大，但是后者无压缩机振动。智能化已成为当今葡萄酒储藏柜行业的主流趋势，智能化酒柜可以通过互联网进行远程操控、智能控制温湿度、紫外线杀菌等。随着其他固态制冷技术如弹热制冷、磁制冷的成熟，也可逐步应用于葡萄酒储藏柜。

冰淇淋机按冰淇淋成品所需要的形态可分为软质冰淇淋机和硬质冰淇淋机。软质冰淇淋机又称为冰淇淋凝冻机，是用来生产冷冻甜品冰淇淋而专门设计的自动化设备。硬质冰淇淋机是专门用来生产经过硬化处理的硬冰淇淋的设备。冰淇淋机对制冷速度和制冷量要求高，所以多数采用压缩机制冷系统，小型冰淇淋机也可采用半导体制冷系统。

商用制冰机是利用制冷系统将水自动制成冰的设备。大型制冰机主要应用在大型商业超市、肉食品加工、混凝土降温等领域，小型制冰机主要应用在酒店餐饮、商业场所（咖啡店、KTV、酒吧等）、医疗生物等领域。其技术发展方向主要集中于快速制冰、提升制冰质量、降低单位制冰能耗、储冰技术、制冷剂替代等。

商用低温冷柜是利用制冷系统冷却柜体获得－86～－40℃制冷温度的设备，主要用于血站、医院、疾病预防控制中心、科研院所、电子化工、企业实验室、生物医学工程所、远洋渔业公司等，根据制冷系统循环流程可分为J-T式、自复叠式和复叠式。商用低温冷柜的温控要求高，其技术发展主要通过制冷系统、关键部件和保温层等的优化设计来提升冷冻能力、降低温度波动及不均匀性。同时，为避免系统故障使储物失效，提高系统可靠性也是一大关键技术。另外，结合物联网技术，实现对疫苗等生物样本储存状态及设备运行情况的实时监控和预警也是未来的发展趋势。

图13-1为2018～2025年我国主要冷藏销售设备销售量统计结果及预测值。2018～2022年，销售量平均增速为8.8%，2022年销量1647万台；2023年，随着一系列消费刺激政策的发布实施，再加上原材料价格的回落，冷藏销售设备市场复苏已经成为大趋势。据初步统计，2023年冷藏销售设备销售量在1783万台，同比增长8.3%左右。按照趋势预测，2024年和2025年可分别达到1826万台和1937万台。

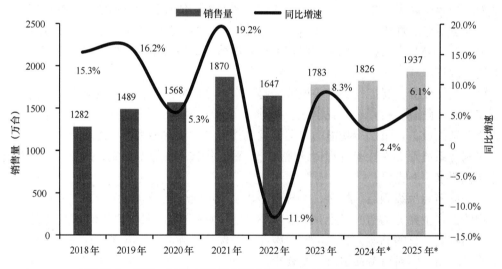

图13-1 2018～2025年我国主要冷藏销售设备销售量统计与预测

数据来源：产业在线。

*表示预测值。

冷藏销售设备的内销量占比近60%，由图13-2可以看出，2012～2021年，冷藏销售设备的内销量总体上呈逐年增长趋势，2022年有所回落，总销量为931万台。其中，自携式制冷陈列柜销量占比最大，近50%。

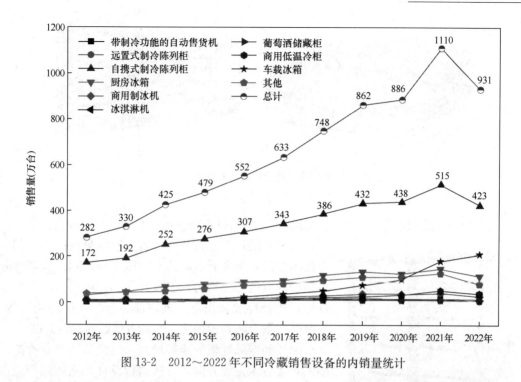

图 13-2　2012~2022 年不同冷藏销售设备的内销量统计

13.2 冷藏销售设备技术现状

13.2.1 制冷陈列柜

制冷陈列柜是指由制冷系统冷却的陈列柜，可存放、陈列冷藏和冷冻食品，并使存放的食品温度保持在规定的范围内，现已成为超市及餐饮行业中必不可少的设备之一。

制冷陈列柜按储存物品的种类可分为以下四种：

（1）果蔬类制冷陈列柜：主要用于储存蔬菜、水果等物品，储藏温度为一般为 5~15℃；

（2）乳制品制冷陈列柜：主要用于储存乳制品、饮料等物品，储存温度一般为 0~10℃；

（3）肉制品制冷陈列柜：主要用于储存熟食类制品等，温度一般为 -2~3℃；

（4）冷冻制冷陈列柜：主要用于储存速冻肉类制品、水产品、冰淇淋等冷冻产品，温度一般在 -18℃ 以下。

按压缩冷凝机组与陈列柜放置方式置可以分为以下三种：

（1）独立式机组陈列柜：其压缩机、冷凝器等设备不分开设置，集中放置在一个柜体内；

（2）分装式机组陈列柜：其压缩机、冷凝器等设备与陈列柜分开设置，一般不放在同一室内；

（3）集中式机组陈列柜：制冷系统向多组陈列柜集中供冷。

按门的设置方式又可分为以下两种：

（1）敞开式制冷陈列柜：存放、取货位置是敞开式的，方便消费者直接接触、购买商品，为消费者提供一个自由、舒适的购物环境，如图 13-3 所示。敞开式制冷陈列柜通常由冷风幕来阻隔敞口处与外界环境之间的热湿交换，这种冷风幕能够减少柜内冷量散失。

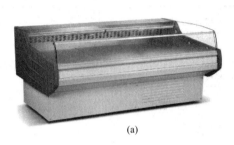 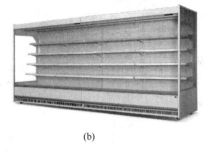

图 13-3　敞开式制冷陈列柜
(a) 卧式；(b) 立式

由于该类型制冷陈列柜为开口设置，相较于封闭式制冷陈列柜，其耗能相对较大。

图 13-4　封闭式制冷陈列柜

（2）封闭式制冷陈列柜：周身箱体呈封闭型，门体为玻璃柜门，用来展示商品，如图 13-4 所示。该制冷陈列柜柜内温度分布均匀，温度波动小，柜内食品卫生条件好，适合存放冰淇淋、乳制品、蛋糕、医药用品等。与敞开式制冷陈列柜相比，它不方便顾客采购商品。

由于制冷陈列柜的能耗较高，因此节能是制冷陈列柜的主要技术发展方向，可从结构设计和系统两个角度考虑。在结构方面，有风幕的优化设计、蒸发器的优化设计、防露加热器的智能控制、夜间罩的使用等。在系统方面，可采用并联机组、液体制冷剂过冷、合适的融霜方式及融霜控制等方式。

对于开口设置、无门体的敞开式制冷陈列柜，虽然采用风幕技术来减少敞口处与外界环境之间的热湿交换，但是与封闭式制冷陈列柜相比，其能耗还是相对较大。研究表明，柜内 50%～70% 的冷量通过风幕而损失，即该类型制冷陈列柜的制冷效果与能耗水平受风幕特性的影响较大。风幕的流动与换热受射流速度、射流温度、射流初始紊流度、风幕宽度、敞口高度和宽度、风幕两侧的压力与温差等影响，常采用 CFD 与实验研究相结合的方式对风幕进行优化设计。常见的风幕优化措施有：

（1）双层（或三层）风幕设计。立式敞开式制冷陈列柜采用双层（或三层）风幕设计可提高风幕的隔热效率。具有双层风幕的陈列柜含有两个独立的送风回路，内层风幕经过冷却器，外层风幕不经过冷却器。它具有如下优点：双层风幕可提高内层风幕的速度，减小柜内空气与食品的温差；风幕强度得到加强，降低外界影响，减少除霜次数；双层风幕使保持一定柜内温度所需的冷冻能力减小，在实现节能的同时提高商品储存质量。三层风幕结构复杂，但隔热效果明显，国外已有该类产品的生产。

（2）高效蜂窝式出风口设计。采用高效蜂窝式出风口，使风幕气流平稳且均匀，减弱环境空气与柜内冷气的换热，同时可减少循环风机风量。在蜂窝式出风口之前采用整流板调整出风口风速场，使出风口送风速度从柜内到柜外逐渐递减，可降低制冷陈列柜的能量消耗。

（3）优化当量直径值。当量直径过小，风幕将封不住敞口，风幕两侧的热湿交换加大；当量直径值过大，将加剧风幕两侧的卷吸作用，加快热湿交换的速率，增加制冷陈列柜的制冷负荷、融霜时间及次数。

合理而高效的蒸发器应该结霜均匀、制冷运转时间较长、融霜时间短、融霜次数少。实验表明，翅片间距不变的蒸发器结霜很不均匀，一般迎风面先结霜，随着霜层的加厚，冷风送风量明显减少，柜内温度上升快。当蒸发器迎风面翅片间距增大，背风面间距不变时，结霜情况有所改善，但仍然不是很均匀。若采用不同翅片间距组合，则效果将会更好。国内蒸发器一般做成一个整体，融霜时制冷系统停止运行，融霜加热启动，融霜时间较长，并且大部分融霜的热量耗散在柜内，导致柜内温度波动大、能耗高。如果采用模块化蒸发器，不间断制冷的热蒸气融霜方式，能明显降低能耗，降低柜内温度波动。这种制冷陈列柜一般做成两个或者三个蒸发器模块，以保证某一蒸发器模块在进行融霜时，其余蒸发器模块仍能够正常制冷。

对于封闭式制冷陈列柜，玻璃门表面结露会大大降低展示效果，可采用降低玻璃门内外温差的方式来防止结露。常见的做法是使用单层的钢化热反射玻璃，能够反射外界辐射，同时降低玻璃门内外的温差。对于敞开式制冷陈列柜，由于要求温度较低，柜壁面、扶手以及蜂窝式出风口处均易结露结霜，尤其是蜂窝式出风口的结霜会逐渐堵塞蜂窝孔，严重降低冷风送风量，所以这些地方均设有软线加热器防止结露。随着季节的变化，环境湿度也会发生变化，柜内各处的结霜情况随之发生变化，防结露加热器的功率应该随之改变。可利用放置在超市内的温湿度传感器检测室内温度和相对湿度，或者利用放在制冷陈列柜内的传感器检测柜内结露部位的温湿度，根据相关温湿度的变化动态调整防露加热器的功率。

由于对制冷陈列柜降温过程的降温速率有要求，造成降温过程与保温过程的冷负荷需求相差较大。为了满足降温速率，往往会选择匹配较大容量的压缩机，但是在保温过程中，实际负荷远远小于系统制冷能力，出现"大马拉小车"的现象，使得制冷系统长期运行在能效较低的部分负荷状态。双（多）压缩机并联系统可较好地解决这个问题：在降温过程满负荷运行，在保温过程单压缩机运行，起到变制冷能力的作用。图 13-5 所示的风

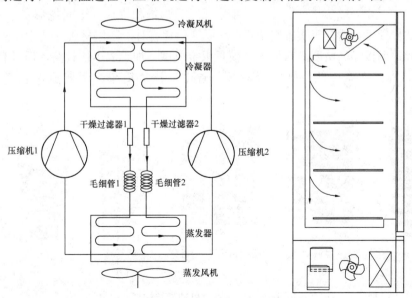

图 13-5　风冷制冷陈列柜并联双压缩机制冷系统

冷制冷陈列柜并联双压缩机制冷系统，通过合理的控制手段，可实现较明显的节能效果。

13.2.2 带制冷功能的自动售货机

自动售货机是一种能根据投入的钱币自动付货的机器，是商业自动化的常用设备，它不受时间与地点限制，能节省人力，方便交易，是一种全新的商业零售形式，又被称为24小时营业的微型超市。

目前市场上带制冷功能的自动售货机的种类很多，如饮料自动售货机、食品自动售货机、盒饭机、咖啡自动售货机、药品自动售货机、玩具自动售货机、XY寻址智能机器人自动售货机等。其中，饮料自动售货机、食品自动售货机和XY寻址智能机器人自动售货机的市场需求量最大。目前，带制冷功能的自动售货机的制冷剂主要采用R134a，少量采用R404A、R290、R600a。

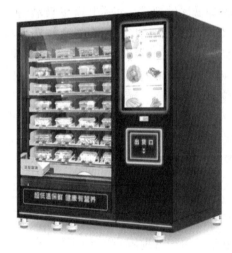

近年来由于手机支付的兴起与冷链技术的逐渐完善，生鲜售卖机与生鲜自提柜也逐渐走进人们的生活，如图13-6所示。生鲜售卖机与传统的售货机相比，能够保证食品冷冻冷藏的需要，由于通常都是出现在社区周围，所以又叫社区生鲜自提柜。社区生鲜自提柜不仅配送快，同时在安全性和便利性方面也远超传统超市大卖场，深受年轻消费者欢迎。

根据功能结构，带制冷功能的自动售货机可分为：

（1）弹簧/履带/推板货道型自动售货机：适合售卖零食、日用品、泡面等，对于售卖瓶装饮料有一定的卡货风险，如图13-7（a）所示。

图13-6 生鲜售卖机

（2）S形堆积货道（也叫蛇形货道）/垂直货道饮料自动售货机：适合售卖罐装饮料，S形堆积货道对于制作材质的技术要求高，一般采用优质镀锌钢板经高精度落料加工和模具钣金成型，加工成本比较高，但具有空间利用率高、不卡货、故障率低、机器寿命长、省电、补货简单、运营成本低等优势，如图13-7（b)所示。

(a)

(b)

(c)

(d)

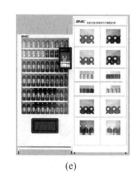
(e)

图13-7 自动售货机功能结构形式

(3) 带升降云台的自动售货机：多采用弹簧或履带货道的层板结构，出货机构为自动升降机，可以售卖水果、蔬菜、盒饭、鸡蛋、汤料、玻璃瓶装商品等怕摔的商品。

(4) XY 寻址智能机器人自动售货机：货物存储机构层板、隔条可调节，以适应不同高度和宽度的货物。同时，货斗固定在 XY 轨道小车上，货斗随小车在轨道上运行，可从不同货道取货。货斗上安装有定位传感器，能自动识别层板、隔条位置。层板、隔条上没有动力，货道取货的动力来源于货斗上的传动机构，从而减少整机电机数量，降低材料和维护成本，如图 13-7（c）所示。

(5) 多门格子柜/扫码开门自取柜：通过相应算法识别技术，可以售卖大尺寸或形状不规则的商品，如图 13-7（d）所示。

(6) 弹夹式自动售货机及其他类型的定制型自动售货机等，如图 13-7（e）所示。

带制冷功能的自动售货机的主要技术发展趋势为：

(1) 部件结构优化

带制冷功能的自动售货机不仅对存储温度有一定要求，而且对展示性也具有较高的要求。带制冷功能的自动售货机很容易结露，影响展示效果。带制冷功能的自动售货机玻璃门表面的结露情况会受到诸多因素的影响，如环境温湿度、玻璃门表面形状、玻璃门材料等。在设备设计中常见的防结露措施方法有采用中空玻璃和电加热玻璃，后者的防结露效果好，但是会导致设备电耗的增加。中空玻璃由两片或多片玻璃板组成，以有效支撑隔条均匀隔开，周边粘接密封，使玻璃板层间形成干燥气体层。玻璃板中间的气体层有单层、双层或多层，中间气体有普通空气或惰性气体，常用于中空玻璃隔热气体的惰性气体为氩气和氪气。玻璃板有普通玻璃和热反射 Low-E 玻璃，根据气体层数不同可以制作单层热反射、双层热反射玻璃。在对防结露要求高的使用环境中，通常在中空玻璃最外层玻璃表面镀一层电加热膜，使玻璃表面温度高于空气的露点温度。为降低电加热玻璃产生的电耗，一般会对电加热功率、时间进行动态调节。此外，也有一些设备利用风幕原理来抑制带制冷功能的自动售货机玻璃门体表面结露，即采用一台除露风机吸入来自压缩机组的冷凝热空气，使该股气流经过蜂窝状通孔形成一道风幕，并将风幕气流持续吹到玻璃表面，以达到防结露的效果。

换热器是系统与外界进行热量交换的主要部件，带制冷功能的自动售货机主要采用翅片管换热器。为了降低换热器材料成本，目前翅片管换热器多应用小管径的铜管。管径由原来的 $\phi 9.52$ mm 缩小为 $\phi 5$ mm，单位长度铜管的表面积减少 47.4%，由于小管径耐压强度的增加，铜管的壁厚可适当减薄，铜材使用量可降低 62.9%。另外，管径的缩小意味着换热器内容积的缩小，制冷系统充注量仅为原来的 25% 左右。这对于易燃型环保制冷剂（如 R290）在小型制冷装置上的应用有一定的促进作用。使用小管径换热器尽管有如上优点，但制冷剂在换热器中的压降也随之上升，目前多数小管径换热器厂家多采用分流方式平衡制冷系统压降，主要应用插孔式分配器、圆锥式分配器、反射式分配器等辅助调节毛细管的长度，以达到最优的换热效果，如图 13-8 所示。

(2) 除菌抗菌

目前，主要除菌抗菌方式有负离子杀菌除异味技术、紫外线杀菌技术、臭氧杀菌技术、化学试剂杀菌技术等。另外，通过 LED 激活光催化物质（$Cu+TiO_2$）进行催化反应的 UV 光（紫外光线）催化抗菌技术、银离子抗菌技术在部分制冷产品上也有一定程度

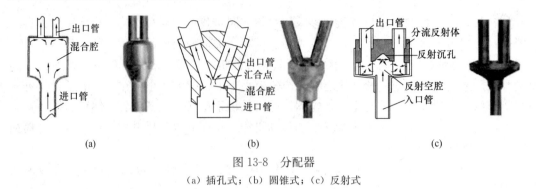

图 13-8 分配器
(a) 插孔式；(b) 圆锥式；(c) 反射式

的应用。

考虑到带制冷功能的自动售货机均为风冷式，使用负离子杀菌除异味技术更具优势，其代表性的三种技术有负离子高压发生器技术、自发性负离子涂料/添加剂技术、IFD（强场电介质）病毒杀灭离子净化除尘技术。同时，在取货口处及周边外表面可喷涂具有抗菌除臭功能的复合型光触媒催化涂料，使得抗菌抑菌效果更显著。

(3) 智能化技术

近年来随着各种智能化技术渐趋成熟，智能售货机逐渐成为无人零售市场的终端选择。目前自动售货机的识别技术主要包括 RFID（射频识别）、重力感应、视觉识别。RFID 的原理为：阅读器与标签之间进行非接触式的数据通信，达到识别目标的目的，在每一件商品上粘贴对应的 RFID 电子标签，商品通过智能售货机的门时会被阅读器识别到该商品的信息，从而得知顾客拿走了哪些商品。重力感应技术是在每个货道上均装有重力感应器，其核心原理是通过感知货道上的重力变化来判断消费者实际拿取的商品。视觉识别技术的原理同人脸识别一样，通过摄像头对某商品进行全方位的拍照建模，保留该商品各个角度的视觉信息到后台商品库，顾客拿走商品后，后台系统会核对前后的视觉信息，从而判断出顾客拿走了哪些商品并自动结算。

13.2.3 厨房冰箱

厨房冰箱以不锈钢为内外箱材料，对食品接触安全有要求。星级酒店常用的厨房冰箱主要有以下 3 种：高身冷柜、卧式工作台和陈列柜，如图 13-9 所示。

图 13-9 厨房冰箱
(a) 高身冷柜；(b) 卧式工作台；(c) 陈列柜

高身冷柜常用于储存当天的食材，方便存取。卧式工作台除了有冷藏、冷冻食品的功能外，还兼具操作台的功能；酒店厨房一般都配有数量众多的卧式工作台，排列起来，组合成一个大型的工作台面，用于切菜、配菜、摆盘。

目前，市场上现有的厨房冰箱以风冷柜为主，直冷柜为辅，R134a和R600a是厨房冰箱常用的制冷剂，少量设备也采用R404A和R290。风冷柜具有降温快、温度均匀的特点，直冷柜降温速度稍慢，箱内温差相对来说要高一点。厨房冰箱的技术发展方向主要有保鲜技术、除菌技术、除异味技术、智能化技术和节能技术，R290制冷剂应用也是其技术研发方向。

1. 保鲜技术

厨房冰箱具有储藏食材多样性的特点，而不同种类食材的储藏保鲜需要依据不同的机理和方法。例如，肉类的保鲜需要适宜的温度和精准的控温，果蔬等生鲜食品的保鲜则需要适宜的温度、湿度和气体成分。

肉类保鲜的关键是确保营养、口感和风味。因此，肉类保鲜技术的好坏，关键在于厨房冰箱的精准控温。较大的温度波动会加速食材变质和汁液流失，使保鲜效果大打折扣。厨房冰箱内部的温度波动可以用温度波动度来衡量，温度波动度是指厨房冰箱内部某一点的温度随时间的变化情况。如何控制好温度，减少厨房冰箱内部的温度波动度，需要对精准控温技术提出更高的要求。因此，变频压缩机、快速制冷、均匀制冷、快速导热材料等技术的应用还需要持续深入地研究。

果蔬保鲜的关键是抑制呼吸作用，维持新鲜品质。果蔬在采摘后仍然进行着水分蒸发、呼吸作用、氧化反应等一系列代谢活动，而且这些代谢活动不可避免地会消耗自身营养成分并导致果蔬的品质降低。通过冰温储藏技术和高湿控制技术可以保证果蔬的新鲜程度。

2. 除菌技术

食品储藏环境中的除菌不容忽视。各类食品在储藏期间，除了自身酶的活动或代谢，还会不可避免地受到微生物的侵害，从而加速营养成分的分解。除菌是采用物理、化学等方法杀灭细菌或妨碍细菌生长繁殖及其活性的过程。例如，紫外线、等离子、臭氧、低温、低湿、低氧等。

3. 除异味技术

食品储藏过程中受微生物侵害造成营养成分分解并产生异味，可以采用化学式抗菌除味和冷触媒抗菌除味等手段来去除异味。

（1）化学式抗菌除味：包括光触媒抗菌除味和臭氧氧化抗菌除味。光触媒抗菌除味：在紫外线的作用下，能量被激发，可分解异味气体，其缺点是需要紫外线的作用才能够发挥良好的抗菌除味性能。臭氧氧化抗菌除味：通过臭味分子氧化，从而达到除臭的目的，但过量的臭氧对人体有害。

（2）冷触媒抗菌除味：可在常温下分解异味气体，同时本身具有抗菌性能。冷触媒抗菌除味具有以下优点：1) 模块风阻较小，不会影响冰箱的整机性能；2) 使用温区较广，可在$-30\sim120$℃温度范围内正常工作，不用任何附加条件；3) 不需要再生，使用寿命较长；4) 安全无毒；5) 耐霉变、耐热耐寒、耐腐蚀；6) 采用氧化分解的方式分解有害物质，但易发生饱和吸附现象和二次污染。

4. 智能化技术

智能化技术是指具备感知、决策、执行和学习能力（包括学习结果的应用能力），并将这些能力综合利用，以实现特定功能。

（1）分区控温：据箱内温度自动调节转速，冷冻室和冷藏室独立控温，实现多温区制冷和更有针对性地保鲜，同时可以降噪消声，有利于环保节能。在不同的温度下，需要同时保证厨房冰箱内部温度场在时间和空间上的均匀性，要求厨房冰箱所有食品储藏间室的温度均匀度平均值不大于3K，温度波动度平均值不大于2.5K。

（2）自动化霜：有自动化霜功能，自动化霜时。在化霜及恢复期，厨房冰箱的储藏温度升高不超过3K。

（3）食材管理：有管理识别食材种类、数量变化的功能，并通过交互界面将结果推送给用户。自动识别的准确率应不低于75%。

（4）故障报警：能够自动采取报警措施，并将故障报警信息通过网络传给服务平台。

5. 节能技术

厨房冰箱的漏热负荷较大，增加发泡层厚度，可减少漏热，但是材料成本高、箱体体积大，且影响有效容积。目前，厨房冰箱保温材料主要采用硬质聚氨酯发泡，但因这种材料含有氟化物，会破坏臭氧层，近年来逐渐出现了一些聚氨酯发泡剂的替代产品，如烷烃（环戊烷）类、HFC类（245fa和365mfc）以及LBA（由LiBr和Sb_2O_3按一定比例混合而成的环保发泡剂）。

由于厨房冰箱冷冻室的内外温差大，漏热负荷较大，真空绝热板（VIP板）在高端产品中应用较多（图13-10）。VIP板是真空保温材料的一种，由填充芯材与真空保护表层复合而成，它可有效避免空气对流引起的热传递，因此导热系数大幅度降低，可以达到$0.002\sim0.004W/(m\cdot K)$，为传统保温材料导热系数的1/10。厨房冰箱冷冻室采用VIP板隔热，可节能10%~30%，并且可增加有效容积20%~30%，还具有体积小、弹性好、不燃等特性。VIP板虽然保温效果好，但其成本较高，多与传统的保温材料结合使用。

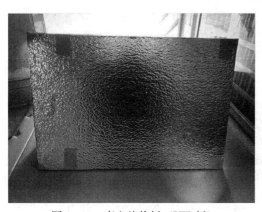

图13-10 真空绝热板（VIP板）

13.2.4 葡萄酒储藏柜

由于葡萄酒的生命周期对葡萄酒的成熟、品质有极大影响，故储存葡萄酒的条件有着十分严格的要求。

按照安装方式，葡萄酒储藏柜分为驻立式酒柜和嵌入式酒柜。驻立式酒柜是固定式酒柜或非便携式酒柜，如图13-11（a）所示；嵌入式酒柜是安装于柜体内、墙凹壁或类似装置的酒柜，如图13-11（b）所示。

按制冷方式，葡萄酒储藏柜可分为蒸气压缩式酒柜和半导体式酒柜两大类。蒸气压缩式酒柜又可细分为直冷式酒柜和风冷式酒柜。半导体式酒柜采用半导体芯片制冷。蒸气压

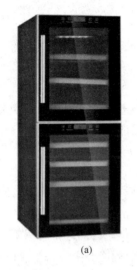 

(a) (b)

图 13-11 葡萄酒储藏柜
(a) 驻立式；(b) 嵌入式

缩式酒柜通过蒸气压缩制冷方式进行冷却，制冷剂主要为 R600a、R134a 和 R410A。蒸气压缩式酒柜温控范围大，一般为 5～22℃，半导式酒柜温控范围一般为 10～18℃。此外，蒸气压缩式酒柜受环境温度影响比较小，即使是在高温环境下，酒柜内温度依然能达到葡萄酒的理想储藏温度，而半导体式酒柜只能降温 6～8℃。蒸气压缩式酒柜使用寿命一般达 8～10a，而半导体式酒柜使用寿命一般为 3～5a。

葡萄酒储藏柜应具备调节柜内温度、湿度、异味和光线等环境条件的技术手段。同时，由于振动对于葡萄酒色泽和成熟度有一定程度的影响，因此，对于葡萄酒储藏柜运行时柜身振动也有一定的技术要求。另外，考虑到用户体验，葡萄酒储藏柜在工作过程中应对噪声进行控制。综上所述，葡萄酒储藏柜有如下技术特点：

1. 精准的温度控制

不同种类的葡萄酒具有不同的最佳储藏温度，过大的温度波动影响葡萄酒的氧化速度，直接影响葡萄酒的成熟度。故葡萄酒储藏柜相比于传统冰箱制冷系统具有更高的温度精度控制要求。一般葡萄酒储藏柜要求在一定工作周期内柜内温度波动不能超过 0.5K，这意味着葡萄酒储藏柜对于制冷系统的运行稳定性具有更高的要求。常利用蒸气压缩式制冷＋正温度系数热敏电阻模块（PTC 模块）、半导体制冷搭配热管技术等手段对葡萄酒储藏柜进行恒温控制。

2. 保湿功能

葡萄酒的最佳储藏湿度为 60%～70%，过高过低的都湿度容易造成软木塞干裂或者滋生细菌及腐烂等问题。因此，葡萄酒储藏柜需要具有湿度自循环系统，以保证葡萄酒处于最佳的储藏湿度。

3. 避光减振

对葡萄酒储藏柜玻璃门采取一些特殊手段减少紫外线射入冷藏室内，如采用多层真空玻璃门、有色玻璃门和镀膜处理等。微小的振动也会影响葡萄酒的感官品质，需要对运行过程中的柜身振动进行控制，可采用减振装置降低振动的传递，以及设置开关门控制结构,减小开关门产生的振动对葡萄酒储藏品质的影响。

4. 去除异味

需要对柜内异味进行控制,利用活性炭过滤器、负离子净化系统等装置去除刺激性气味,保证柜内良好的储藏条件。

5. 辅助加热

配套集成加热器,可利用加热装置对葡萄酒储藏柜进行低温保护,避免外界温度过低影响柜内储藏条件。同时,对门体进行除雾除露,以保证柜内的可视性。

13.2.5　冰淇淋机

软质冰淇淋机可分为台式软质冰淇淋机和立式软质冰淇淋机(图13-12);按照出料口的数量可分为单头、双头、三头或者多头冰淇淋机,市场上多数冰淇淋机为三头冰淇淋机。单头冰淇淋机只有一个储料缸、一个制冷缸和一个出料口,同时只能出一种颜色(即一种口味)的冰淇淋,其价格相对便宜,体积小巧,质量一般为80kg,输入功率一般为750～1800W。单头冰淇淋机一般适用于小型酒吧、咖啡店、西餐厅、KTV和网吧等对冰淇淋的产量和口味要求不多的场合。三头冰淇淋机有两个储料缸、两个制冷缸和三个出料口,同时可以出三种颜色(即三种口味)的冰淇淋,其中包括两种纯口味和一种混合口味,是市场上比较常见的类型,其质量一般为150kg,输入功率为1700～

图13-12　软质冰淇淋机示意图
(a)单头台式;(b)三头立式

4000W。目前,冰淇淋机的制冷剂主要采用R134a,少量设备采用R404A和R290。

由于冷量要求高,商用冰淇淋机多采用蒸气压缩式制冷系统;家用冰淇淋机具有小型便利的特点,多采用半导体制冷技术。

冰淇淋机对所生产的冰淇淋硬度和质地口感都有一定的要求,为了保证冰淇淋的新鲜程度和感官评价,冰淇淋机制冷部分多采用双压缩机双制冷系统,膨化制冷和料缸制冷可独立控制,通过电子数控模块可自由控制冰淇淋硬度。

作为食品用设备,冰淇淋机会配套消毒系统和自动清洗系统,以保证食品卫生安全。

13.2.6　商用制冰机

商用制冰机是用于商业和类似用途的,由工厂制造组装,将冷凝机组和制冰部分组合起来,仅有制冰单元或可按说明书一对一成套装配的分体系统制冰机,是一种把水自动制成形冰的设备,具有制冰和收冰装置,也称为商用自动制冰机。商用制冰机由制冷压缩机、冷凝器、蒸发器、节流装置、供水装置、电气控制、储冰箱等部分组成。

商用制冰机按照与储冰空间的组合形式可分为一体机、单体机和组合机。一体机为同时具有制冰装置、冷凝机组及储冰空间的商用制冰机，见图13-13（a）；单体机为不具备储冰空间的商用制冰机；组合机是将单体式商用制冰机和储冰空间组合在一起的商用制冰机，又称为分体式制冰机，见图13-13（b）。目前，商用制冰机的制冷剂大多采用R134a和R404A，少量还在采用R22，少量已经采用绿色制冷剂R290。

商用制冰机主要分为大型工商用制冰机和小型商业用制冰机。大型工商用制冰机主要应用在大型商业超市、肉食品加

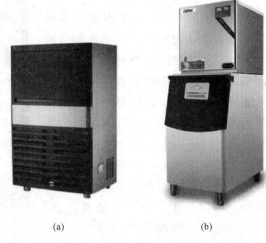

图13-13 商用制冰机示意图
(a) 一体式制冰机；(b) 分体式制冰机

工、冰蓄冷空调、混凝土降温、纺织化工等领域。小型商业制冰机主要应用在酒店餐饮、商业场所（咖啡店、KTV、酒吧等）、医疗生物等领域。2022年，我国制冰机销量约为36万台，商用制冰机占了整个制冰机市场的九成以上。制冰机行业在我国仍是一个新兴行业，市场空间巨大，竞争也在不断加剧。随着时代的发展和人们生活水平的提高，与酒店、娱乐场所有着密切关联的制冰机产品，将有很大的发展前景。

为了获得较快的制冰速度，商用制冰机制冷系统蒸发器需要进行结构优化设计。以方块冰商用制冰机为例，其蒸发器多采用垂直式铜镍蒸发器，该结构形式传热性能好，制冷速度快，表面镀镍使得蒸发器耐高低温交替作用。

除了制冰速度是商用制冰机的技术指标以外，制冰质量和单位制冰能耗也是商用制冰机的设计优化目标。制冰质量与单位制冰能耗往往受环境温度和供水温度的影响，供水温度过高会导致成冰的硬度和产冰量下降、制冰周期和单位制冰能耗升高；环境温度过高会使冷凝器的换热性能恶化，制冰能耗增加。因此，为了缩短制冰和收冰时间，需要优化散水管结构，控制散水量。商用制冰机一般配套蓝光杀菌装置、过滤器和自动清洗装置等一系列辅助装置，以提高食用冰的安全性和成冰品质。过滤器能有效过滤供水中的沙粒、铁锈等颗粒杂质。自动清洗装置能避免杂质、异味和水垢等。

13.2.7 商用低温冷柜

商用低温冷柜主要用于血站、医院、疾病预防控制中心、科研院所、电子化工等单位的实验室，以及生物医学工程、远洋渔业公司等，可用于保存病毒、病菌、红细胞、白细胞、皮肤、骨骼、细菌、精液、生物制品等，也可用来为实验的低温材料提供冷环境。商用低温冷柜主要由温控系统、制冷系统、安全系统和显示系统组成。

一般商用低温冷柜柜内温度可调范围为－86～－40℃。根据适用场合以及不同的用户需求，商用低温冷柜容积一般为30～1000L，如图13-14所示。由于商用低温冷柜蒸发温度低，制冷剂的热力性质又限制了其最佳的热力循环工作温区，因此根据制冷系统循环流程的不同可分为J-T式、自复叠式和复叠式三种，前二者常用混合工质，如R134a/R23、

R404A/R23，复叠制式常采用 R23、R14、R1150 等。复叠式商用低温冷柜多采用适宜沸点的制冷剂承担各温区的热力循环，将各温区制冷剂热力循环叠加起来，构成双压缩机复叠系统。尽管双压缩机复叠系统很好地解决了商用低温冷柜大温差工况所带来的问题，但其结构复杂。为解决上述问题，可采用混合工质多级分凝循环，这种方式构成的自复叠系统只需使用单台压缩机，具有部件少、故障率低、可靠性高的优点。J-T 式商用低温冷柜的结构最为简单、成本最低，结合新型混合工质的开发及回热技术的提升，J-T 式商用低温冷柜应用最广。

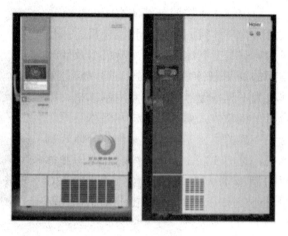

图 13-14　商用低温冷柜

保温层设计对于超低蒸发温度工况的商用低温冷柜也是一大关键技术。由于柜体内外温差大，一旦保温层结构设计不合理，商用低温冷柜漏冷严重，不仅增加能耗，还会影响柜内储藏样品的质量。为达到更好的保温效果，商用低温冷柜多采用内外双层门、多层密封结构设计，柜体六面采用高性能真空隔热材料，在大幅提高保温效果的同时有效消除结霜现象。采用真空隔热结构在不增加占地面积的情况下，储存容量相比于传统隔热保温箱增加 30%，可节省大量的空间，有效提高空间利用率。另外，商用低温冷柜柜内温度分布不均同样会严重影响储藏样品的品质和安全，柜内温度均匀度一般控制在 6℃内。为解决柜内温度不均匀的问题，主要采用优化流道设计、设置透气孔和优化蒸发器设计等措施改善气流组织分布形式。

由于药品、血浆和疫苗等对储藏温控的要求更高，因此，商用低温冷柜需要具有更完备的温控系统。制冷系统除了能满足短时间的快速降温以外，也需要能有效保持低温环境，减小柜内温度波动。同时，为避免系统故障使疫苗等样品失效，提高商用低温冷柜的可靠性也是一大关键技术。另外，商用低温冷柜联合物联网技术，实现对疫苗等生物样本储存状态及设备运行情况的实时监控和预警是未来的发展趋势。通过低温存储与物联网技术的相结合，能有效提升疫苗等生物样品存取管理的准确性和工作效率，使得生物样品的存储更加安全、规范。

13.2.8　其他冷藏销售设备

1. 车载冰箱

车载冰箱是指可以在汽车上携带的冷藏柜。车载冰箱是近年来在国际市场上流行的新一代冷藏器具（图 13-15）。车载冰箱主要有两种，一种是半导体车载冰箱，它的原理是靠电子芯片制冷，利用特种半导体材料构成的 P-N 结，形成热电偶对，产生帕尔帖效应，即通过直流电制冷的一种新型制冷方法；另一种是压缩机车载冰箱，压缩机是传统冰箱的传统技术，可实现的制冷温度低（-18~10℃），制冷效率高，能制冰、保鲜，但其体积大。车载冰箱采用直流压缩机，更节能环保，可以在颠簸、振动和倾斜状态下正常工作，对技术要求更高，因此产品的造价成本更高。

2. 制冷自提柜

制冷自提柜是一种用于电商配送、客户自提以及消费者寄存生鲜产品的智能机柜，它补充了生鲜配送的短板。制冷自提柜具备冷藏功能，制冷温度为$-5 \sim 5℃$，满足生鲜冷藏商品的储藏。制冷自提柜主要由柜体、主控模块、操作屏、制冷机组等组成，其技术特点与带制冷功能的自动售货机相近（图 13-16）。

图 13-15　车载冰箱

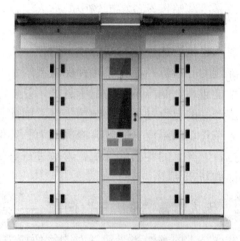

图 13-16　制冷自提柜

3. 移动配送制冷箱

移动配送制冷箱的主要功能是保持食品的新鲜度，将冷冻好的食品放入箱子，利用特殊的 PU 发泡层，延缓箱子内部的温度上升速度，在不需要外部电源的情况下，可以达到理想的保温效果（图 13-17）。为持续保冷效果，也可配合冰袋、冰盒使用，效果更佳。移动配送制冷箱可在家庭旅游、烧烤、钓鱼等户外活动中保存水果、饮料、肉食、海鲜类等生鲜食品，使旅游更惬意，也可在各式餐厅、酒店及外送食品快餐厅中保鲜食品以及在运送食品中保持食物的新鲜度。

图 13-17　移动配送制冷箱

13.3　冷藏销售设备存在的问题及技术瓶颈

13.3.1　节能与降成本的矛盾性问题——综合经济性技术分析

节能和环保是冷链领域永久性的话题，涉及如下常见技术：

(1) 绝热性能提高技术（箱体保温、门封密封、玻璃门防结露及敞开式柜风幕技术等）；
(2) 蒸气压缩式制冷系统循环改进技术（多压缩机系统、多毛细管系统及喷射器增效系统等）；
(3) 压缩机变频与小型化技术等；
(4) 换热器小管径化和结构优化技术等；
(5) 新型自然工质如 R290、CO_2 等的替代技术。

能效是冷藏销售设备在市场中的准入门槛，高能效在某种程度上也代表着企业的技术水平。但是，企业最终追逐的利润，利润关乎营业额和成本，除了追求高营业额以外，有效降低成本也是增加企业利润的技术路径。例如，开发某款设备时，对于同样的温度、能效、冷冻能力等指标，存在着多种保温系统和制冷系统组合。仅从节能角度看，保温系统的绝热性能越高，制冷系统的配置越低，能耗越低。但是绝热性能的提升会带来高昂的成本，造成产品的定价过高，影响销售量。因此，在开发产品时，应以产品各方面的配置参数为输入条件，以温度、能效、冷冻能力、环保等指标为约束条件，以综合经济性最佳为目标函数，对产品的各类部件配置参数进行寻优，得到既能满足性能指标又能给企业带来最大利润的新产品。

13.3.2 无人零售"卡脖子"问题——视频图像解析与识别技术

互联网技术的发展和消费者对购物便捷需求的增加，使我国零售格局发生了很大变化，无人零售以其便利性和 24h 服务受到大众欢迎。与此同时，2020 年以来，无人售卖机解决了人们出行购物的痛点，符合当下的无接触购物理念，采用 24h 营业、智能支付和图像识别等技术，减少了人与人之间的接触，购物环境更加简洁便利，还可节省商家的店面租金以及人工成本，促进了消费方式的升级。今后，无人接触式购物将更为流行，也会更加依赖于智能识别技术。

然而，无人零售的技术核心是计算机视觉、深度学习与智能传感，尤其视频图像解析与识别是"卡脖子"关键技术。目前，我国视频图像识别技术仍处于初级阶段，多为简单识别，存在计算量大、计算时间长及识别精度低等问题，制约了在复杂场景（如无人零售）中的深化应用，影响用户体验，限制了新零售产业化升级。

因此，基于深度学习的高精度视频图像智能识别技术是未来冷藏销售设备的重要发展趋势，相关技术举例如下：
(1) 无标准训练学习技术，降低模型的训练时间，极大地节约了人工及成本，同时提高了学习的效率；
(2) 采用快速模型适配技术实现商品组合对应模型的即时上线，大大降低了商户的运营成本；
(3) 深度模型的多维度信息识别，能够得到更高的识别率，同时对于货损实现较好的控制；
(4) 利用人体所特有的生理特征或行为特征进行个体身份鉴定，包括人脸识别、掌纹识别、指纹识别、虹膜识别、视网膜识别等；
(5) 采用"传感器＋红外人体感应器"，解决了传统展示柜 LED 灯常亮的问题，实现人来灯亮、人走灯灭，在降低耗电量方面效果明显，延长了耗材的使用寿命；

（6）云系统智能互联技术，实时监控箱体运行，动态购物界面管理，实现后台运行管理、云系统管理、订单管理及货物配送调度。

当然，利用云平台存储的管理数据在线滚动训练深度学习模型也是未来的重要技术，可对模型进行不断更新，增强模型的自适应性，提高识别精度。

13.3.3 制冷剂替代路线问题——制冷剂特征、潜在替代物性能与应用的选取、评价

氟利昂作为最常见的制冷剂，其大量使用带来了臭氧层破坏和温室效应的环境问题。《关于消耗臭氧层物质的蒙特利尔议定书》和《〈联合国气候变化框架公约〉京都议定书》的签署促使了 CFCs 类制冷剂的禁用以及 HCFC 和 HFC 类制冷剂的逐步淘汰，零臭氧潜能值（ODP）和低全球变暖潜能值（GWP）的碳氢类自然工质作为第四代制冷剂获得越来越多的关注。我国于 2021 年 6 月 17 日向联合国正式交存了《基加利修正案》接受文书，该修正案已于 2021 年 9 月 15 日起对我国生效。因此，采用自然工质作为制冷剂是冷藏销售设备的发展趋势，这既能提高制冷系统能效，又能满足环境友好型制冷剂的要求。

冷藏销售设备品类繁多，各个设备替代技术差异大，对应的维修服务、消费情况也各不相同。冷链行业是氢氯氟烃（HCFCs）和氢氟碳化物（HFCs）制冷剂主要消费行业之一，并且维修用途的制冷剂消费量增长较快。根据《基加利修正案》，所有第 5 条款缔约方将在 2020～2030 年期间面临 HCFCs 淘汰和控制 HFCs 增加的双重承诺。在这个充满挑战的阶段，冷链是受影响最严重的行业之一，大多数设备高度依赖于高全球变暖潜能值（GWP）的 HFCs 替代技术，冷链行业的 HFCs 消费控制将会是实现《基加利修正案》中长期目标的关键。

制冷维修行业的制冷剂消费具有随机性、分散性和不可控性，通常只能采用间接的方式削减制冷剂的消费量，包括提高设备安装质量以减少泄漏量和故障率、提高维修水平以降低复维率、开展制冷剂回收与再利用以减少维修过程的消耗量、开展报废设备的制冷剂回收以减少制冷剂排放等，而由于现阶段缺少针对冷藏销售设备的维修现状调研和分析，给下一步淘汰活动的设计带来困难。

因此，需要针对冷藏销售设备开展 HCFCs/HFCs 制冷剂消费及维修现状调研，摸清分类设备制冷剂消费情况，掌握制冷剂消费信息数据，更清晰地了解各设备的不同技术选择、制冷剂使用情况、替代选择和维修需求，使行业更有针对性地组织制冷剂替代活动。

13.4 冷藏销售设备节能低碳技术发展趋势

13.4.1 绝热性能提升技术研究

以往冷藏销售设备绝热性能的提升主要集中在保温材料、玻璃门防结露以及风幕多重优化等工作上，随着节能要求越来越高，对密封节能的技术发展也愈发重视，是未来的一大发展趋势。此外，由于敞开式设备的能耗占比仍较大，对该类型冷藏销售设备的风幕技术进行持续创新开发也是发展趋势之一。

1. 密封

门封是一种镶嵌在制冷设备门体与箱体之间的重要密封元件，其功能是阻止箱体内外

空气的交换。门封部位引起的总热负荷占实体门冷藏销售设备的10%~30%，一是以热传导、热对流和热辐射形式引起的传热负荷；二是通过磁条安装面和卡槽安装面的间隙进行空气交换引起的传质热负荷。其中，因作用力不同，立式设备与卧式设备的门封结构略有不同。饮料冷藏陈列柜、葡萄酒储藏柜等立式门体制冷装置的门封由两部分组成，一部分是门封主体，大多为软质聚氯乙烯（SPVC），另一部分是与箱体钢板相互吸引的磁条，门封处于拉伸状态；卧式冷柜等制冷设备门封的密封作用力由门体本身的重力提供，门封处于压缩状态，低温冷柜的门封多为热塑性弹性材料（TPE）。

一直以来，聚氯乙烯（PVC）都是门封条的主要材料，经过十几年的技术完善，基于PVC的密封技术更是趋于成熟，被企业广泛应用。但是PVC材料质地硬、含有卤素，限制了其使用范围。面对这个问题，触感柔软、不含有卤素，同时不会随着时间变硬的TPE成为业界高度关注的材料。

门封基础结构为平直型结构，为适应不同箱体与门体的配合间隙，不断改变门封的结构，主要方式为改变气囊结构、增加辅助气囊和飞边、减小胶条厚度（图13-18）。几十年来，门封从单一的平直结构逐渐衍生到复杂的各向异性结构，其补偿功能不断增加，密封效果也越来越好，但是对生产模具的要求也越来越高。

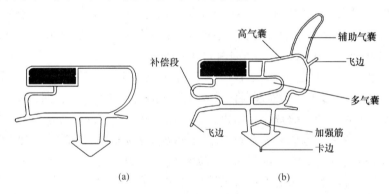

图13-18 门封结构示意图
(a) 基础结构；(b) 改进结构

2. 风幕

风幕柜的热负荷包括敞口风幕漏热、围护结构漏热、与周围墙壁的辐射换热、内部照明发热和风机发热，结构夹带外界环境空气所带来的热量约占风幕柜总热负荷的七成，因此风幕隔热性能对风幕柜的节能降耗具有重要意义。一般从诸如背板开孔方式、层板的位置和尺寸、层板导风条的设置、多层风幕的使用、回风口挡板的高度、出风口导流板的结构等柜体结构的角度做出改进。很少有研究者得出风幕柜在回风口附近的冷量泄漏规律，从回风口挡板的角度提出优化风幕柜性能的改进措施。

由图13-19仿真所得10℃数值模拟等值面可以看出，风幕两侧靠下的位置存在着较为明显的冷量泄漏。在风幕柜的左右两侧各设置一块狭长形挡板，将这部分冷量挡在柜内，能够降低回风口温度、减少冷柜热负荷。挡板的遮挡面积越大，耗电量和化霜水重量降低得越多，其中效果最好的40cm×10cm挡板相比原型—无夜帘能够将12h耗电量降低30.1%，将12h化霜水质量降低51.0%。

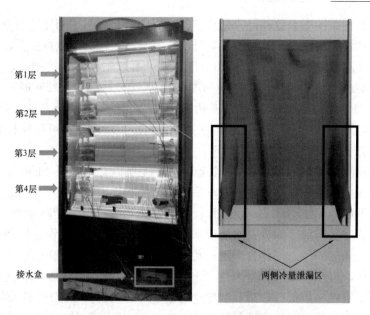

图 13-19　风幕柜及其 10℃数值模拟等值面图

13.4.2　制冷循环改进技术研究

1. 喷射器增效

喷射器结构简单，无运动部件，可代替传统节流阀，回收膨胀功，改善系统性能，应用潜力巨大。针对一款－40℃的 R290 商用低温冷柜，使用喷射增效制冷系统替代传统的蒸气压缩式制冷系统，将商用低温冷柜的目标温度降低到－50℃（图 13-20）。通过实验

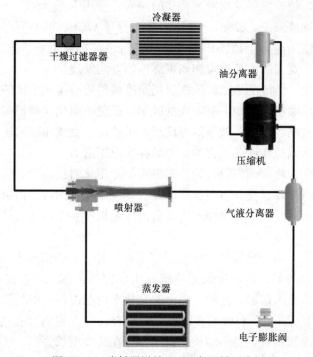

图 13-20　喷射器增效 R290 商用低温冷柜

方法对制冷系统主要性能参数进行研究与分析。研究结果表明，相比于原型样机－40℃循环，喷射制冷系统间室温度设定为－45℃时，喷射制冷系统的耗电量更低，在环境温度为 20～32℃时，耗电量降低了 2.9%～8.6%。另外，通过调整压缩机排量，可以通过喷射增效制冷系统实现－50℃循环。当环境温度分别为 20℃、25℃、32℃时，系统开机率分别为 51.0%、60.1% 和 82.4%，系统耗电量分别为 5.97kWh/24h、7.17kWh/24h、10.06kWh/24h。实验结果验证了喷射器在商用低温冷柜中应用的可行性和节能特性。

2. 电子膨胀阀调节

毛细管是冷藏销售设备中最常用的膨胀装置。毛细管是内径很小的长管，主要通过摩擦阻力来降低压力。这种装置的主要缺点是其几何形状固定，因此一旦确定尺寸，毛细管在非设计条件下可能无法正常工作，导致设备的性能系数降低，能耗增加。《家用制冷器具 特征和试验方法 第 2 部分：性能要求》IEC 62552-2 规定，设备性能要考虑两种环境温度（即 32℃和 16℃）。因此会出现这类情况，即单速压缩机和毛细管的系统在 32℃环境下良好运行，但在 16℃环境下效果可能无法令人满意。替代方案是使用可变膨胀装置，例如使用能够根据热负荷来调节制冷量的电子膨胀阀。对于使用的特定冰箱型号，对比毛细管系统，有高效内部热交换器的系统中使用不产生热量的电子膨胀阀可以使能耗降低 4%～9%，口径 0.19mm 的电子膨胀阀的调控能力与内径为 0.40～0.85mm、长 3m 的毛细管相似。当然，由于冷藏销售设备的流量小，小口径阀体易发生阻塞现象，以及如何补偿毛细管的回热作用，是未来推广应用的技术难点。

13.4.3　重要零部件创新技术研究

1. 压缩机

在制冷剂方面，随着新一轮制冷剂替代的深入，使用 R22、R404A、R134a 等制冷剂的压缩机的产量会逐渐减少，而使用 CO_2、R290 等零 ODP、低 GWP 制冷剂的压缩机产量将会持续增加，使用混合工质的压缩机也将有进一步的发展。未来压缩机必然朝着高效、环保、低噪声、宽工况、低成本和高可靠性的方向发展。

(1) 形式多样化：传统的活塞式压缩机仍是冷藏销售设备压缩机的主要形式。直线压缩机与传统往复式压缩机在结构上有本质的区别，避免了曲柄连杆机构的复杂性和由此带来的机械功耗，具有结构简单、效率高等优点，虽然目前直线压缩机还只是应用于家用电冰箱，但未来直线压缩机在冷藏销售设备领域存在应用潜力。

(2) 产品专用化：冷藏销售设备的压缩机产品专用化对提高产品的可靠性和寿命，降低产品的故障率具有重要意义。目前虽然已经有一些专用压缩机，但由于产品系列少、能力范围窄，因此在一段时间内，冷藏销售设备的压缩机产品专用化将是各设备厂商研究的重点。

(3) 工质自然化：由于臭氧层破坏和温室效应加剧，HCFCs 制冷剂的替代进程已经确定，无论是新合成的 HFOs 制冷剂还是碳氢化合物等自然工质，在目前替代和应用过程中都遇到了不同的技术难题，还没有完全符合要求的制冷剂。但从趋势上看，只有自然工质才能很好地满足零 ODP 和低 GWP 的环保要求，尽管它们存在这样或那样的不足，但使用自然工质的冷藏销售设备压缩机的应用一直在持续增长。

(4) 变频驱动化：压缩机变频、变容量调节，能更好地匹配制冷机组的负荷变化，有效提高机组的全工况运行效率和适应性。正是由于变频技术有大幅节能、温控精度高、能量调节范围大等优点，因此在冷藏销售设备压缩机上实现变速控制成为冷藏销售设备压缩机设备制造商的研究热点。目前，冰箱/冷藏销售设备用变频活塞压缩机产量逐步扩大。随着变频技术的发展，定速压缩机将进一步被取代，同时，现有的变频压缩机的制冷能力范围还有待进一步拓宽。

(5) 体积小型化：产品体积小、占用空间小也将是冷藏销售设备压缩机的发展趋势之一，在保证制冷量和 COP 的前提下，减小压缩机体积可以降低生产成本、节约空间。压缩机小型化后固然会影响散热效果，最为可行的三个技术优化方案均为以提高电机本身性能，从而减小发热为基础，具体可行方式为：磁场设计、绕线方式、材料使用。

2. 换热器

(1) 翅片管换热器

1) 内螺纹铝管：采用内螺纹铝管代替现在通用的翅片管换热器中的铜管，能够提高制冷剂侧换热系数，减小换热器的整体质量，并且能够降低翅片管换热器的成本。

2) 小管径化：采用小管径翅片管换热器可有效降低制冷剂充注量，但采用小管径翅片管换热器可能会导致其换热能力下降。因此，有必要对小管径翅片管换热器的设计方法进行研究，包括翅片结构设计和制冷剂流路设计。

3) 流程优化：管路中制冷剂质量流量越大，制冷剂侧换热系数越大，但是管路沿程阻力产生的压降也越大。因此，可通过制冷剂流程的优化来平衡换热系数和压降的关系，改善换热效果，达到翅片管换热器整体强化换热的目的。

(2) 微通道管换热器

高效换热性能和紧凑结构一直都是换热器优化设计追求的目标，微通道换热器也不例外。从第一代微通道换热器使用宽度较宽、孔径较大的扁管到目前广泛使用的宽度较窄、孔径较小的扁管，其目的就是为了强化传热，使得换热器更为紧凑。在考虑换热器制造成本的同时，可根据换热器组成部件进行参数化研究，得到高效经济的换热器：

1) 翅片的优化：研究翅片形式及其参数，如开窗角度、片间距等，以及与流量、压降、空气侧气流组织及风机功耗间的关系。

2) 换热器的布置：集流管的方向，水平、垂直或是倾斜；换热器的布置，如采用倾斜的方式布置换热器，改善凝结水的排除效果，研究不同布置方式与换热器性能及冷凝水排除效率之间的关系。

3) 扁管：扁管的宽度及其内部开孔的形式和数量，对换热器换热性能和制冷剂充注量影响较大。相同规格的扁管，扁管孔径较小的微通道换热器的换热系数较大且制冷剂充注量较小，但其制冷剂侧的压降会随着孔径的减小而增加。针对不同的需求，对扁管的结构进行最优化设计。

4) 回路设置：微通道换热器的换热性能随着流程数的增加而增加，但当流程达到一定程度时，换热性能不再提高；与此同时，压降会随着流程数的增加而迅速增加。

5) 集流管的设计：特殊结构集流管的设计使得微通道换热器作蒸发器时，制冷剂分配较为均匀，改善其换热性能。

3. 控制器

随着商用低温冷柜市场的竞争日益激烈，厂家都在各自领域开始深耕技术，力争让其产品在细分领域里做到最优秀并最具竞争力。控制器作为重要部件，不仅要从客户角度出发，同时也要配合制冷系统，从控制方面使系统保持在最优工作状态。以下列举几种细分市场的特殊应用。

（1）速冻柜控制器

对一些特殊食材，比如金枪鱼和高端牛肉等都需要速冻，一是其价值高，二是温度直接影响到食品的安全和口感。完整的速冻过程，能够让食品快速降温，既能防止细菌污染保证食品安全，还能避免水分的粗晶体导致食物细胞膜破裂而影响食物品质。通常情况下速冻过程可分为三个阶段：预拉温阶段、正式拉温阶段和保温阶段。对于不同的食品，速冻的温度和时间需求是不一样的。为了满足不同食材的速冻需求，可在控制器中预设多种配置，并能快速切换（图13-21）。

拉温阶段1			拉温阶段2			自动运行 进保持阶段前除霜	保持温度设定点
柜温设定点	食品温度设定点	预设时间	柜温设定点	食品温度设定点	预设时间		
0℃	3℃	90min				否	2℃
−20℃	10℃	60min	0℃	3℃	30min	否	2℃
0℃	−	90min				否	2℃
−20℃		60min	0℃		30min	否	2℃
0℃	3℃	120min	−35℃	−18℃	120min	是	−20℃
−35℃	−18℃	240min				是	−20℃
0℃		120min	−35℃		120min	是	−20℃
−35℃	−	240min				是	−20℃

图13-21　速冻的控制配置图

（2）恒温柜控制器

部分食物需要保持在恒定的温度范围内，比牛奶、酸奶和饮料等，以保证食品安全和口感。冷柜在除霜过程中，柜温会上升，有可能会超过最高安全温度。另外，在不同的环境下，如在冬季户外，冷柜温度会低于安全温度。在上述应用场合就需要冷柜同时具备制冷和制热的功能。控制器可以通过辅助继电器控制加热丝，配合制冷和自然区间（无动作，处于保温阶段）功能，达到恒温的目的（图13-22）。有四种控制方式：

1）带有自然区间的单探头控制。当柜温高于St1时开启制冷；当柜温处于St1-nt与St1之间时，冷柜不动作，处于保温阶段；当柜温低于St1-nt时，开启加热丝进行制热。

2）具有两个独立温度设定点的单探头控制。当柜温高于St1时开启制冷；当柜温低于St2时开启制热。

3）带有自然区间的双探头控制。

4）具有两个独立温度设定点的双探头控制。

另外，有些食物还需要恒定的湿度，如红酒、蛋糕和牛肉等。此时控制器读取湿度传感器的信号，并加入湿度的控制功能，通常采用制冷除湿，用加湿器增湿（图13-23）。

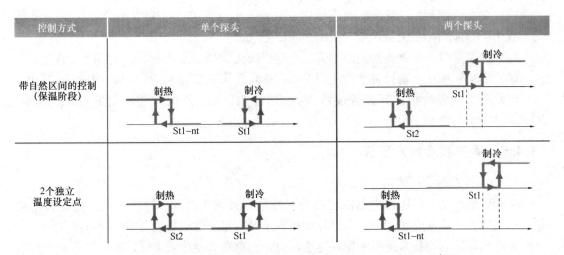

图 13-22 恒温控制方式示意图

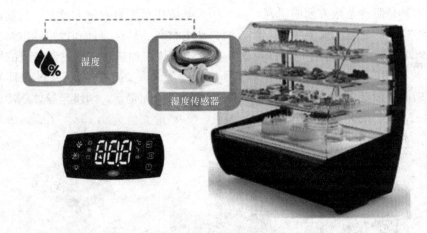

图 13-23 带湿度控制的蛋糕柜示意图

13.4.4 工质替代技术研究

随着旨在削减氢氟碳化物（HFCs）的《基加利修正案》正式生效，制冷工质逐步向天然制冷剂过渡。大部分冷藏销售设备制冷量较小，采用一体化制造，制冷剂使用量较小，易保证无泄漏。采用 R290 和 R600a 比较容易满足相关法规和标准规范的要求。目前主要发展方向如下：

（1）制冷陈列柜：新设备禁止使用 R22，逐步淘汰 R134a 和 R404A，小容积制冷陈列柜用 R600a 替代，大容积或要求低温冷冻的制冷陈列柜用 R290 替代。除 R290 和 R600a 外，目前美国霍尼韦尔公司推出的 R1234ze（E）与 R134a 的物性相近，被认为是制冷陈列柜中可替代 R134a 的新一代制冷剂。

（2）带制冷功能的自动售货机：新设备逐步淘汰 R134a 和 R404A，用 R600a、R290 替代。

（3）厨房冰箱：新设备逐步淘汰 R134a 和 R404A，小容积厨房冰箱用 R600a 替代，大容积厨房冰箱用 R290 替代。

(4) 葡萄酒储藏柜：新设备禁止使用 R22，逐步淘汰 R134a 和 R404A，用 R600a 替代，或用半导体制冷系统替代蒸气压缩式制冷系统。

(5) 冰淇淋机：新设备禁止使用 R22，逐步淘汰 R134a 和 R404A，用 R290 替代。

(6) 商用制冰机：新设备禁止使用 R22，逐步淘汰 R134a 和 R404A，用 R290 替代。

(7) 商用低温冷柜：新设备逐步淘汰 R23、R134a、R404A 等，用 R600a、R290、R170、R1150 等替代。

13.4.5 固态制冷技术研究

1. 半导体制冷

半导体制冷是一门以热电制冷材料为基础的新兴制冷技术。目前，已在葡萄酒储藏柜、车载冰箱、移动配送制冷箱、户外冰箱等小制冷量冷藏销售设备中广泛应用。

虽然半导体制冷技术近年来发展迅速，但仍然存在着制冷效率低、单位制冷量成本高和加工工艺复杂等缺点，在很大程度上限制了该技术的发展和应用。因此，加快对半导体制冷技术尤其是制冷系数方面的研究，对于扩大其应用范围有着重大意义。目前国内外对半导体制冷技术的研究主要集中在 3 个方面：热电材料、结构设计和冷热端散热方式。

图 13-24 所示为两级半导体制冷模块、板翅式散热器和热管式散热器组成的固态制冷系统应用于 37.8L 的食品药品冷冻柜。当环境温度为 25℃ 时，在 4.67A 的最佳输入电流下，冷冻柜内的最低温度可以达到 −14.9℃。在适当的配置下，两级半导体制冷模块的最大温差为 62.1K，最大制冷量可达到 53.50W，COP 最大值为 0.153。实验结果意味着半导体制冷技术的应用领域扩展到了冷冻温区。

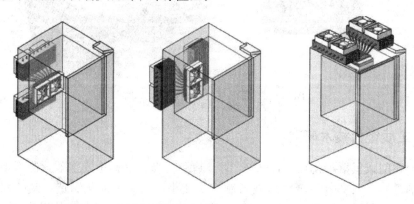

图 13-24 固态制冷系统应用于 37.8L 的食品药品冷冻柜

2. 磁制冷

磁制冷技术基于磁制冷工质的磁热效应，即磁制冷工质在绝热退磁时从外界吸收热量，绝热励磁时向外界放出热量的现象。相对于传统蒸气压缩式制冷，磁制冷不需要制冷工质，环境友好，符合当今社会提倡的低碳经济发展要求，已经成为制冷领域的研究热点之一。

2015 年，海尔集团在美国消费电子展展出了磁制冷酒柜（葡萄酒储藏柜）；2016 年，通用电气公司家电部门展示了用于冷藏的磁制冷原型机；2016 年，卡萨帝展出了磁制冷酒柜，该酒柜可快速降温 50℃ 以上，能耗节省率可达 35%；2018 年，法国 Cooltech Applications 展示了目标为小型水冷机组的磁制冷原型机中的一个制冷模块。磁制冷技术伴随着越来越多的制冷设备制造商的参与而得到进一步发展和应用。

截至目前，磁制冷原型机的零负荷温跨可以达到 40K，零温跨时制冷功率可达 3kW。对食品、红酒、疫苗等冷藏工况而言，根据产品定位和使用环境不同而要求各异，例如温带 N 型至少需要在环境为 32℃时维持约 5℃的冷藏温度，考虑到两侧换热器的热阻，一般需要磁制冷机至少有 40K 的系统温跨，并提供百瓦量级的制冷量。冷冻、空气源热泵类产品需要更大的温跨。因此，现有磁制冷的技术指标距离空调、冷藏和冷冻等产品大规模应用的要求还有一定差距。

3. 弹热制冷

自 2014 年首台弹热制冷机成功研发以来，弹热制冷机的制冷性能得到了快速发展，发展了单级、复叠、主动回热等多种循环方式，构建出水冷、固-固接触等换热形式。尽管弹热制冷机的性能不断取得新的突破，但紧凑性一直是弹热制冷机推广的瓶颈。

弹热制冷是最具潜力的下一代制冷技术，其利用了应力驱动记忆合金产生晶格相变时的制冷效应，具有零温室效应的核心特征，兼具高效、低振动等核心优势。近日，西安交通大学钱苏昕团队与中国科学院宁波材料所刘剑团队合作，成功研制了全球首台弹热制冷冰箱，相比现有水平，紧凑性提升了 26%，实现了 9.2℃的制冷温差和 3.1W 的最大制冷功率，其结构如图 13-25 所示。随着弹热制冷技术的发展，其具有在小型冷藏销售设备如葡萄酒储藏柜、车载冰箱、户外冰箱的应用潜力。

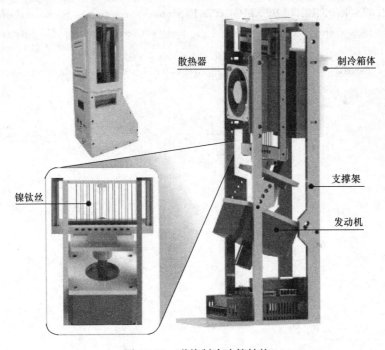

图 13-25　弹热制冷冰箱结构

本章参考文献

[1] 刘国强，晏刚，陆宇，等. 中小型商用制冷设备的技术现状及发展趋势[J]. 制冷与空调，2020，20(7)：9-16.

[2] 李玉红，陈天及，余克志．超市冷冻冷藏陈列柜的节能探讨[J]．制冷，2003，3(6)：75-78.

[3] 晏刚，刘浩，樊超超，等．采用并联双制冷系统的立式风冷陈列柜的性能研究[J]．制冷与空调，2019，19(1)：73-77.

[4] 丁国良，吴国明，刘挺．制冷空调换热器的研究进展(一)——小管径翅片管换热器[J]．家电科技，2019，44(4)：40-45＋58.

[5] LIU GUOQIANG, YAN GANG, YU JIANLIN. A review of refrigerator gasket: development trend, heat and mass transfer characteristics, structure and material optimization[J]. Renewable and Sustainable Energy Reviews, 2021, 144(7): 110975.

[6] HUANG SHENJIE, CHEN QI, LIU GUOQIANG, et al. Performance improvement for an open refrigerated display cabinet by limited coverage on the air curtain opening[J]. International Journal of Refrigeration, 2024, 158: 111-123.

[7] LU YU, BAI TAO, YU JIANLING. Experimental investigation on a －40℃ low-temperature freezer using ejector-expansion refrigeration system[J]. International Journal of Refrigeration, 2020, 118: 230-237.

[8] FERNANDOT. KNABBEN, ADRIANO F. RONZONI, CHRISTIAN J. L. HERMES. Application of electronic expansion valves in domestic refrigerators. International Journal of Refrigeration, 2020, 119: 227-237.

[9] FERNANDO T. KNABBEN, CLAUDIO MELO, CHRISTIAN J. L. HERMES. A study of flow characteristics of electronic expansion valves for household refrigeration applications. International Journal of Refrigeration, 2020, 113: 1-9.

[10] LIU YE, WANG XUELI, LIU XIAO, et al. Experimental research on a semiconductor freezer utilizing two-stage thermoelectric modules[J]. Energy Conversion and Management, 2022, 274(12): 116471.

[11] CHEN YANLIANG, WANG YAO, SUN WEN, et al. A compact elastocaloric refrigerator[J]. The Innovation, 2022, 3(2): 1-7.

（本章撰稿人：刘国强、晏刚、司春强）

第 14 章　冷链物流信息化

14.1　冷链物流信息化发展概况

本节从冷链物流信息化需求分析、发展现状以及问题剖析三个方面对生鲜产品冷链物流信息化发展进行综述，旨在分析当前我国冷链物流信息化发展的现状、面临的困境以及存在的挑战性问题。

14.1.1　需求分析

我国是农产品生产、消费和进出口大国，随着消费的提档升级和产业规模的不断扩大，需借助信息化冷链物流提高农产品流通半径和流通周期，减少农产品产地滞销与销地脱销现象，实现农产品的品牌价值，把农业做大做强。近年来，我国经济平稳增长、对外开放新格局加速形成、食品消费不断升级、城镇化进程不断加快、食品安全意识不断提高以及国际合作空间不断扩展等因素将促进我国冷链物流行业高质量发展与需求市场的持续扩张。冷链市场需求增加、冷链行业监管规范、冷链产业资源投入力度持续增强等利好，将进一步推动传统冷链物流转型升级，快速向数字化、智慧化、体系化等纵深方向发展，以科技创新加快生鲜产品冷链物流信息化建设，对于推动传统农业向现代化农业转变具有重要意义。

我国生鲜产品冷链物流体系建设仍处于初级阶段。相比欧美发达国家，我国冷链物流发展起步晚，尚未形成完整的冷链物流体系，由于基础设施落后、信息化发展滞后、冷链物流标准和服务规范体系不健全等诸多原因，导致生鲜产品冷链流通率低、损失率高、上下游企业协同性不足，经济损失严重等问题。然而，现阶段我国生鲜产品需求量在逐年增长，对冷链物流储运需求也呈增长趋势。因而，及时处理生鲜产品与服务信息、优化配送流程，实现存、取、挑、拣自动化和物流管理智能化成为保证冷链物流高质量与便捷化发展的重要手段。上述目标的实现需要冷链物流信息化技术支撑，即将数据采集技术、可追溯技术、数据管理技术、物联网技术等应用于冷链物流，以显著提升冷链物流质量，如简化冷链物流管理、提高食品可追溯性、优化冷链物流各个环节等。然而，我国冷链物流作业仍以人工为主，自动化分拣、搬运、装卸等设施设备应用不足，冷藏车配套设施数量少且信息化水平不高，智能气调、精准控温、智能仓储、无接触配送、大数据补货等新型冷链物流信息化技术仍在探索推广阶段。鉴于此，提升冷链保质保鲜力、减少冷链"不冷"和"断链"现象，加快冷链物流信息化发展成为助力我国冷链物流行业高质量发展的主要目标与方向。这要求建立生鲜产品物流中心，完善先进的冷链设施，发展精密的冷链物流网络，在全国各地建立大规模、专业化、现代化、跨区域的冷链物流基地。同时，计算机软硬件技术与互联网通信技术的快速发展，加快并促进了我国冷链物流信息化建设，这为降低冷链全链条成本投入、提升冷链物流效率、实现智能化冷链物流提供保障。

我国冷链物流行业处于高速发展阶段，市场规模在不断扩大，但从产业布局来看，我国冷链物流行业软硬件设备还不够完善，大多数生鲜产品在储运过程中难以精准控温，进而加大了冷链损耗，无法满足市场需求，同时也严重阻碍行业发展。回顾我国冷链物流行业数十年来的发展历程，绝大部分冷链企业管理模式仍相对落后，且实现初步信息化建设的冷库比例不足40%。这主要源于冷链物流企业多是传统的个体仓库或配送企业，信息化水平偏低。此外，多数冷链物流企业规模较小、层次较低、实力较弱，仓库管理、装卸与配送等仍以人工为主，难以为生鲜产品流通提供高效率、高技术含量的信息化服务，冷链物流常常出现"断链""脱冷"现象。信息采集技术、信息传输技术、信息处理技术等集成应用在"小而散"的冷链物流企业内部普及率不高。而且，冷链物流市场较为分散，地域差异显著，全国性的统筹布局不足。企业面临开放性不足、信息孤岛等局面，缺乏可共享的冷链物流信息服务平台，难以实现企业间的信息互通，以致生鲜产品产地、加工、冷藏、销售等信息资源无法实时共享、整合及有效利用，出现冷库找不到货品、货品找不到冷库、冷库空置率高、冷藏车满载率低等现象。冷链物流企业作为信息化建设的主体，尚未建立起完善的冷链物流信息化网络体系，产品生产与销售过程中由于缺乏信息平台，信息流动性较差，准确性较低，造成产品信息错位、不对称现象，进一步导致产品市场供需不到位、信息输出混乱等问题。此外，随着冷链物流产业规模的不断扩大，对于冷链全链条的真实性、准确性及完整性提出更高要求，传统的手工作业已不能满足需求。通过集成物联网技术、GPS技术、大数据技术等现代化信息技术可使得冷链全链条具备信息感知、处理、计算、交互及共享等能力，有助于实现冷链物流上、中、下游各环节智能化、自动化、节能化及一体化经营管理，降低冷链物流企业运营成本，提高冷链物流整体效益。因而，数字化、智慧化、体系化是冷链物流行业未来发展的必然趋势，以信息化驱动供应链转型升级，能够最大限度降低冷链物流企业生产经营成本。

近年来，随着国民经济的飞速发展，居民消费水平和消费层次也逐年提升，居民饮食消费习惯已从追求数量逐步转向追求多样化、高质量的深层阶段，对生鲜产品质量、营养与安全提出更高层次的要求，对于高品质、精细化和透明化的冷链物流服务需求也日益增长。为确保生鲜产品的新鲜度与安全性，需要在整个冷链物流储运过程中对生鲜产品进行全方位追踪监管。然而，现阶段我国冷链物流行业存在严重的全程监管力度不足、全程追溯信息不全面、全程追踪系统不完善等问题，无法实现生鲜产品冷链物流的全面监管与追溯，导致无法提供真实、可靠、准确的冷链物流追踪信息数据。例如，在温度监管方面，尽管某些关键环节设定了温度控制，但由于未构建全方位温度控制系统，无法实现全供应链温度管理，容易出现"断链"现象，进而增加生鲜产品损失及相关食品安全问题。因而，加快推进生鲜产品冷链物流信息化建设，可有效提高生鲜产品质量和安全性，确保新鲜产品在生产、储藏、运输、销售及配送等各个环节信息的实时性、可靠性及可追溯性。此外，加快构建生鲜产品冷链物流信息化体系将有利于实现生鲜产品跨区域流通，扩大生鲜产品销售半径，长期保持稳定销量，促进农户收入持续增长，提高生鲜产品供应链整体效益，促进社会经济增长。

14.1.2 发展现状

14.1.2.1 相关政策

我国生鲜产品冷链物流信息化迅速发展的基石是政策的支持。鉴于此，为加快冷链物流信息化发展进程，建立现代化冷链物流体系，我国相继出台大量相关政策，为我国冷链物流行业高质量快速发展营造了良好政策环境。2009年，《物流业调整和振兴规划》指出，大力推进冷链物流服务信息化，促进信息技术的广泛应用，加快智慧物流体系建设与发展。2010年，《农产品冷链物流发展规划》提出积极推进建成跨区域冷链物流服务体系，推动冷链物流信息化，提升我国冷链运输能力与冷链率，促进冷链物流一体化发展。2013年，《中共中央 国务院关于加快发展现代农业进一步增强农村发展活力的若干意见》指出，重点支持农产品冷链物流体系建设，加快构建冷链物流现代化体系。2014年，国务院印发《物流业发展中长期规划（2014—2020年）》明确指出物流业地位上升为"支撑国民经济发展的基础性、战略性产业"，提出大力发展现代物流业，并将智慧物流列入12项重大工程。2015年，《国务院关于积极推进"互联网＋"行动的指导意见》指出，鼓励新型社区化冷链配送模式，完善冷链仓储建设等关键问题。2016年，《中共中央 国务院关于落实发展新理念加快农业现代化全面实现小康目标的若干意见》指出，加快农产品批发市场升级改造，完善流通骨干网络，加强粮食等重要农产品仓储物流设施建设。2017年，《国务院办公厅关于积极推进供应链创新与应用的指导意见》指出，供应链已发展到与互联网、物联网深度融合的智慧供应链新阶段，并明确将于2020年打造出大数据支撑、网络化共享、智能化协作、基本覆盖我国重点产业的智慧供应链体系；《交通运输部关于加快发展冷链物流保障食品安全促进消费升级的实施意见》指出，推动物流业供给侧结构性改革，提升冷链物流信息化水平，加快冷链物流现代化发展，力争到2020年，初步形成现代物流体系，基本解决"断链"问题；《城乡高效配送专项行动计划（2017—2020年）》指出，完善城乡配送网络，优化城乡配送组织方式，推动城乡配送绿色发展，初步建立起城乡高效现代化配送体系。2018年，《中共中央 国务院关于实施乡村振兴战略的意见》高度重视农产品销售中的突出问题，加强农产品产后包装及营销，建设现代化农产品冷链仓储物流体系；《关于开展2018年流通领域现代供应链体系建设的通知》指出，加强物流基础设施网络建设、发展现代化供应链，加快推动现代化供应链体系建设，开展流通领域现代化供应链体系建设。2019年，《中共中央 国务院关于坚持农业农村优先发展做好"三农"工作的若干意见》提出完善县乡村物流基础设施网络，建立健全农产品物流骨干网络，加强冷链物流体系建设；《关于推动物流高质量发展 促进形成强大国内市场的意见》明确指出物流业是支撑国民经济发展的基础性、先导性产业，构建高质量物流基础设施网络体系，大力发展数字物流，发展第三方冷链物流全程监控平台，提升高质量物流服务实体经济能力。2020年，《中共中央 国务院关于抓好"三农"领域重点工作确保如期实现全面小康的意见》指出，启动农产品仓储保鲜冷链物流设施建设工程，加强农产品冷链物流统筹规划，支持建设一批骨干冷链物流基地，加快现代信息技术在冷链领域的应用；《关于进一步降低物流成本实施意见》指出，提高冷链物流规模化、信息化水平，支持农产品产业化发展，布局建设国家骨干冷链物流基地，促进冷链现代化建设；《农业农村部办公厅关于进一步加强农产品仓储保鲜冷链设施建设工作的通知》提出了农产品仓储保鲜冷链信息采集服务工作规范，实现重点冷链全链条信息化追溯，建立快速精准反应机制。2021年，国家发展改革委印发《城乡冷链和国家物流枢纽建设中央预算内投资专项管理办法》，提出补足物流基础设施短板项目，支持冷链物流设施项目，包括冷库新建、智能化改造等；《商贸物流高质量发展专项行动计划（2021—2025年）》指出，提高冷链设施网络覆盖水平，加强冷链物流规划，提升冷链信息化水平，建立全程冷链配送系统。2021年，《"十四五"冷链物流发展规划》明确指出，2035年应全面建成现代冷链物流体系，设施网络、技术装备等达到世界先进水平，行业监管和治理能力基本实现现代化。

自2017年以来，国家对冷链物流领域相关政策扶持力度逐年加大，农产品冷链物流市场发展迅速，规模持续扩大。据中国物流与采购联合会冷链物流专业委员会数据，2017—2021年我国冷链物流市场规模的复合增速高达13.25%。2021年我国冷链物流市场规模达4117亿元，相比2020年的3832亿元，同比增长10.40%。然而，我国冷链物流信息化起步较晚，必要的物流基础设施并不完善，发展水平落后于发达国家，生鲜产品冷链运输率相比发达国家仍有较大差距，无论是产业链布局还是行业集中度都需要蝶变升维。但在我国利好政策的大力支持下，生鲜产品的冷链需求增长、日益完善的冷链基础设施体系、强劲新技术对产业的驱动将造就我国冷链物流信息化体系的新格局，推动冷链物流成为支撑国民经济发展的基础性、战略性产业。

14.1.2.2　基础设施设备水平

我国冷链物流基础设施建设正稳步推进，冷链物流智能化装备水平显著提升，冷链物流快速、高质量发展。此外，自2016年来，我国生鲜电商规模逐年提升，人们生鲜产品线上消费习惯的形成，促进冷链物流信息化水平提升。根据《2021年度中国生鲜电商市场数据报告》，2021年我国生鲜电商交易规模达4658.1亿元，同比增长27.92%。叮咚买菜、每日优鲜、盒马鲜生等"生鲜电商＋冷链宅配"新模式对冷链物流的智能化、高效化、协同化等提出了更高要求，带动了生鲜产品电商的快速发展，进而加快了生鲜产品冷链物流的信息化发展进程。我国作为生鲜产品生产、消费和贸易大国，生鲜产品供给不均衡，生鲜产品生产方式的升级和消费者高品质需求的提升，均将刺激我国生鲜产品冷链市场持续扩张，冷链物流行业进入快速发展阶段。

近几年，冷链物流信息化设施装备研发加快，运用信息与通信技术完成实时监测与管理供应链需求、冷链物流追溯监管、设备操控状态管理等功能，实现"生鲜电商＋冷链宅配"等新模式，满足消费者对生鲜产品消费方式的转变需求，达成生鲜电商的要求。在冷链基础设施相关政策支持下，冷链物流基础设施日益完善，冷链运输方式呈现多元化发展，依托信息化技术实现冷链物流高效率、可持续等新兴物流行业形态，完善产业链布局，加强冷链物理空间与信息空间的密切关系，提高全供应链的信息交流，实现上、中、下游资源与信息的协调与管理等，具有较高的理论意义与现实价值。

14.1.2.3　信息化与智慧化发展

信息化技术的发展使得物联网、机器学习、人工智能等技术在冷链物流各环节得到广泛应用。物联网数据采集技术采集海量数据，实时监控物流对象信息；机器学习具有高效的数据处理能力，优化冷链物流的能源使用及企业管理；人工智能在生鲜产品冷链物流中智能优化供应链的能源消耗、智能监测生鲜产品物流信息、智能控制冷链微环境、智能分析运输效率，为提高生鲜产品品质、降低冷链运输成本、延长生鲜产品货架期等提供保障。

在冷链物流仓储环节，射频识别技术、物流天眼、无线传感网技术、语音技术、地理信息系统等信息化技术得到广泛应用，有利于保持生鲜产品品质，从而满足消费者高标准需求及安全溯源的完整性，回收利用可循环物品降低冷链物流成本，大大提高生鲜产品流通效率和安全性。以物联网技术创新监控系统，实现了仓储的智能管理与检测；以互联网、物联网技术开发电子商务平台，创新了生鲜产品流通方式；利用传感器网络实现对多节点温湿度检测，加强对仓储温湿度的监控，进一步实现对冷链数据的管理。

生鲜产品冷链运输环节是保障货物及时送达、减少货物流通损失以及提升品牌的关键，但能源密集的车辆动力与制冷量维持也是增加冷链经济成本的重要因素。若缺乏对产地及相关配送路线的合理布局和规划，势必导致冷链运输过程耗能较大、冷链成本提高、客户满意度降低等问题。近年来，相关学者对于配送路径动态优化、构建及求解配送路径规划模型、配送流程动态优化、配送成本管理、智能运输管理系统等冷链物流领域多个维度问题展开研究。新兴技术在冷链物流行业的应用日益广泛，信息化发展趋势明显。大数据、云计算等高新技术应用于冷链物流各个环节，为生鲜产品流通全过程提供更为科学的安排。

人工智能、物联网技术因其强大的监控和快速决策能力，正在多个领域掀起革命性变革。未来生鲜产品冷链物流将从单一温度检测向多参数检测转变，从简单的信息分析向集成系统建模转变，从人工管理向智能管理转变。冷链物流信息化不仅可以优化冷链中的能源使用，还可以确保生鲜产品从产地到消费者的物流过程始终处于标准的受控环境中。冷链物流信息化将是我国冷链行业发展的重要任务与方向，虽处于发展起步阶段，但未来提升空间广阔。

14.1.3　问题剖析

14.1.3.1　信息化滞后与覆盖率低

2021年，我国人均国内生产总值（GDP）为12551美元，已连续三年突破10000美元大关，消费者已经从对数量的满足转变到以品质为主要需求的绿色健康食品生产新阶段。为满足现阶段生鲜产品消费升级需求，必须通过信息技术对我国冷链物流进行升级，从粗放型向专业化、智能化、信息化转型。然而目前我国冷链物流信息化转型处于初级阶段，冷链物流信息化配套设施基础薄弱与信息技术应用滞后，未形成完善的生鲜产品冷链物流信息共享网络，无法实现对全链条的可视化监控与信息共享，导致我国冷链流通过程中生鲜产品腐损率高。据统计，我国蔬菜、水果、肉类、水产品冷链腐损率分别为20%、11%、8%、10%，明显落后于发达国家。

首先，冷链企业信息化发展不平衡。我国冷链物流行业内中小型企业数量较多，信息感知、传输、处理技术等在小型冷链企业中应用率极低。大部分冷链物流企业仍以老旧制冷设施为主，仓储管理、装卸搬运仍主要依靠人工操作，导致我国生鲜产品冷链流通率明显偏低。基础设施处于独立不互通状态，无法将设备运行状况与生鲜产品品质相关联，缺乏智能化的物流温湿度实时监测与调控管理，缺少与生鲜产品质量相关联的环境参数控制决策和预测预警系统，未能追踪全链条温湿度与生鲜产品品质变化情况。冷链物流信息化转型初期需要大量资源投入，才能缓解冷链信息化配套设施落后、环境参数监控不足、生鲜产品质量监管等问题，而高成本的资源投入是阻碍中小型冷链物流企业信息化转型的主要因素。因此，国家可以根据冷链物流企业信息化发展程度给予适当的专项财政支持，改善冷链物流企业信息化发展环境，推动冷链物流企业信息化建设，改变行业信息化发展不均衡现状，提高冷链流通率，进而保障生鲜产品品质。

其次，在生鲜产品冷链流通过程中，冷链上、下游主体间的信息化建设未能实现完全覆盖。冷链物流企业主要对仓储、运输及配送等经济效益高的流通环节进行信息化建设，以期提升流通效率、降低物流成本，提高经济收益；较少对生产、加工、销售等环节的信息化管理，难以实现全链条信息高效共享，以致生鲜产品冷链流通过程出现信息"断链"、监控缺失、产品质量安全等问题。因此，务必保证生鲜产品在冷链物流过程中保质保量流通，实现"产供销"一体化管理及冷链全链条智能化、自动化操作，保证生鲜产品冷链物流全过程信息化覆盖。

最后，现阶段我国冷链物流信息化服务平台建设多数以公路运输为主，而铁路、水运、航运等方面的信息化服务平台建设不足，并且现有的冷链物流信息化服务平台信息闭塞，无法实现冷链物流信息化服务平台间资源共享，这也在很大程度上制约了冷链物流多模态运输发展，阻碍了冷链物流智能化转型进程。

14.1.3.2 标准不健全与质量安全问题突出

生鲜产品冷链物流行业标准的制定与执行，是保证冷链统一化管理、规范化经营的前提。信息化标准体系是提高冷链物流信息化水平的基础，也是提升产业经济效益和管理能力的重要举措。关于生鲜产品冷链物流标准，《中国冷链物流标准目录手册（2023版）》中的国家标准、行业标准、地方标准共计385项，主要集中在冷链仓储、运输配送环节，缺少覆盖冷链全过程、衔接各环节的标准。在冷链物流信息化建设与转型方面，尚未明确统一的冷链物流数据感知、传输、处理、存储等信息技术标准，影响冷链物流信息化服务平台建设，阻碍上下游主体间信息沟通，无法实现物流资源的高效整合与共享。当前，我国冷链物流行业标准执行力度不够，相关管理部门监督不到位，行业法律法规监管水平有待提高，造成绝大数行业标准失去其统一管理意义。

冷链流通过程中需要跟踪监控环境参数，调控生鲜产品质量，统筹冷链物流企业信息共享与资源整合，实现链条主体协同保障生鲜产品品质，提升冷链物流服务质量。然而目前我国缺乏统一的冷链流通信息采集方式、数据传输格式、信息技术应用、质量安全监管的标准和规范，缺少系统性规范化管理。使得冷链物流企业信息共享与资源整合能力不足，上下游企业处于孤立状态，组织化程度低，协调配合性差，物流信息无法及时、准确更新，流通环节衔接效率低下，冷链韧性不足，导致流通过程中生鲜产品极易受到污染，经常出现生鲜产品质量安全问题，资源浪费严重，给冷链物流企业带来利益损失，阻碍我国冷链物流智能化发展。

14.1.3.3 冷链信息化专业人才缺乏

冷链物流信息化管理推动我国冷链物流向智能化、数字化方向发展，实现生鲜产品采后的加工、包装、运输、仓储、装卸搬运、配送等冷链物流环节的精准感知、智能分析、及时响应、自动调节等功能，提升我国冷链物流综合实力。实现冷链物流信息化管理的关键是信息化专业人力资源，信息化专业人才的培养涉及多领域交叉技术，需要同时具备生鲜产品品控技术、制冷技术、智能包装、仓储信息管理、食品质量安全控制、物流管理、计算机科学等多学科专业知识。而目前我国冷链物流信息化专业人才稀缺，行业从业人员多数为计算机、制冷等单学科转型工作者，缺乏系统性的冷链物流信息化经营管理的知识与能力，冷链物流综合业务处理能力不足。高校未增设冷链物流信息化专业，无法向社会输送冷链物流信息化专业人才；冷链物流企业因缺乏培养成本与培养计划也未能对企业员工开展冷链物流信息技术培训。上述原因共同造成信息化人才规模、培训速度无法满足冷链物流行业发展要求，导致我国冷链物流信息化转型缓慢。为缓解冷链物流信息化专业人才不能满足行业发展现状，提升我国冷链物流综合实力，高校应新增冷链物流信息专业，同时与冷链物流企业进行校企合作，将冷链物流信息化人才输送到冷链物流企业中进行实践，实现高校教育与冷链物流行业的资源共享与精确对接。同时冷链物流企业应定期对企业员工进行信息技术培训，提高员工信息化管理水平，形成理论知识与实际能力并存的现代化冷链物流信息专业人才特色培养模式，促进我国冷链物流信息化升级。

14.2 冷链物流信息化关键技术及发展现状

14.2.1 智能感知技术

随着物联网、云计算、人工智能等新一代信息技术与传统冷链物流深入融合，加快了传统冷链物流信息化转型，使得冷链物流多源信息采集与智能感知技术也快速发展，为冷链物流数字化、智能化与可视化监管奠定了关键基础。冷链物流智能感知主要基于传感器、物联网、边缘计算、云服务等技术实现储藏环境、储运载体和生鲜产品品质安全等多源信息的动态采集、传输、存储的过程，集成冷链储运信息数据池（即业务数字化），并通过数据清理、挖掘与分析等实现储藏环境、储运载体运行状态以及品质安全的融合决策优化与调控（即数字业务化），进而提升冷链全程标准化、精准化与智能化的服务水平。冷链物流智能感知技术可分为冷链环境感知技术与品质感知技术，冷链环境感知技术又可分为储运环境信息感知、储运载体信息感知，通常利用传感器技术直接实现相关信息感知，品质感知技术旨在对冷链运输过程中生鲜产品品质进行监测，确保生鲜产品的质量安全与新鲜程度。智能感知技术见表14-1。以下从储藏环境信息、储运载体信息及生鲜产品品质信息三方面分别展开简要阐述与分析。

智能感知技术一览表　　　　　　　　　　表 14-1

感知类别	感知方式	技术特性	应用场景
冷链环境感知技术	WSN、蓝牙、GPRS	可读性强，实时性高，具有位置信息，可与传感器配合	环境感知，传输，货架期可视性
	多源传感器、单传感器	可读性强，具有较好的耦合性与相关性	感知，微环境监测，与通信技术配合
	RFID、FNS、智能标签、码技术	标签识别，采集频率可调，配合传感器使用	识别与运输，传感标签，智能包装，过程跟踪与库存管理
	TTI、微生物传感器	时间、温度、货架期可视，计算机可读性较差	品质感知，智能包装，实时货架期监测，智能标签

续表

感知类别	感知方式	技术特性	应用场景
冷链环境感知技术	BDS、GPS、GLONASS、GSNS	位置信息精准,海拔影响程度低,运行速度快	感知,动态物流,智能冷链集装箱,远途物流
品质感知技术	光谱、视频、视觉信息	监测品质特性	感知,抽检
	颜色传感器、颜色指示器	颜色变化表征品质变化,复用性差	新鲜度监测
	电子鼻、电子舌	用以感知气体芳香物质、化学物	实验室为主,货架期监测
	手持设备、记录仪	用以人工获取数据,适应度较低	品质抽检

14.2.1.1 储藏环境智能感知技术

适宜、稳定的低温储藏环境是保障生鲜产品质安全的基础条件,而环境信息的精准感知是精准调控与维持适宜温度储藏环境的前提保障。储藏环境主要包括温度、湿度、光照、含氧量、乙烯含量、硫化氢含量等参数信息,不同参数监测所使用传感器类型不同,且监测目的也略有不同。温湿度监测旨在合理控制制冷系统启停周期,防止温湿度波动超出异常范围;光照监测旨在获取储运载体开门次数,以减少人为因素产生的储藏环境冷损失;含氧量或乙烯含量等监测旨在合理控制生鲜产品成熟进度,以制定营销计划与库存周转率管理等。

温度和湿度是影响生鲜产品采后品质安全最为关键的两个环境参数,也是目前冷链系统的重点监测数据,一旦冷链环境温湿度波动超出果品最佳储藏温湿度范围(即"断链"),将可能打破生鲜产品生理生化代谢平衡,从而造成生鲜产品脱冷变质、加速衰老或冷害等不可逆的品质劣变问题(图14-1)。传感器点部(即一维)测量是目前冷链环境温湿度监控的主要手段,并将其作为评判生鲜产品温湿度是否满足需求或品质是否安全的重要指标,由于传感器数量与精度限制、温湿度分布不均或稳定性差以及果心与空气之间存在温差等现象,致使该监控或评判方式存在片面性、盲目性与不科学性。因此,在确保果品完整性的前提下实现堆栈化果肉果心温湿度三维可视精准监控,对于维持果品品质均匀性与稳定性具有重要意义,也是保障生鲜果品从枝头、田头到"舌头"的无缝衔接和口感如一的关键。Defraeye等研发了一种果品仿生传感器,克服了为监测果肉果心温度而破坏

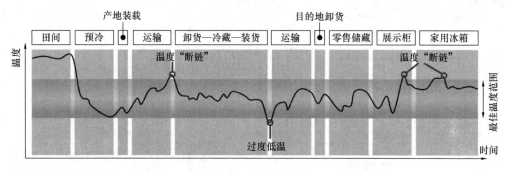

图14-1 一种典型的果品采后温度变化曲线图

果品结构完整性的关键技术难题，为实现果肉果心温度精准监控奠定了基础。然而，由于该传感器所用仿生填充材料主要为水与碳水化合物的凝固体，使得该传感器在鲁棒性与使用寿命方面有待提高或需探寻替代仿生材料，而且仍未突破预冷及储运环节传感器使用数量的局限性。

鉴于冷链环境一维点部监控方式的片面性（极易误判品质问题发生的具体时间与位置），如何基于全冷链果品自身温湿度历程实现品质即时感知、动态监测与精准定位等方面目前仍缺乏系统性研究，而此方面研究对于实现冷链全程堆栈化生鲜产品品质信息多源无损感知、综合评估不同保质方法保质保鲜能力以及精准追溯品质问题发生时间与责任主体等具有重要意义。近年来，基于计算流体力学（CFD）与传热传质学的理论基础，并利用ANSYS仿真技术实现虚拟冷链数字孪生体（或镜像体）构建与仿真已成为当下国内外相关学者研究的热点之一，为动态感知冷链储运环境温湿度场三维时空分布规律、优化储运温湿度分布均匀性以及减少储运生鲜产品品质差异性等奠定了关键基础。然而，目前国内外在虚拟数字冷链方面的研究多针对单一环节或特定实验环境，较少涉及营养品质损耗的时空变化研究，其研究结论或模型与冷链物理系统脱节，导致实际应用中准确性或耦合性较差，难以满足行业需求。Ren 等人指出，通过物联网、区块链、云计算、虚拟现实等现代化信息技术与数字孪生技术相结合构建数字孪生系统平台（图 14-2），可有效感知储藏环境时空状态，进而优化和实时调控冷链环境。Wu 等人构建了柑橘预冷与储藏、运输三个冷链环节的数字模型，实现了基于果品历史温度对其品质损耗的动态评估，然而并未研究果品其他物理或生理特性的时空变化，也未研究末端销售阶段的果品品质损耗，致使该模型的应用性终止于储藏阶段，不能为后续环节基于果品品质执行最佳的配送或促销方案提供决策支持。

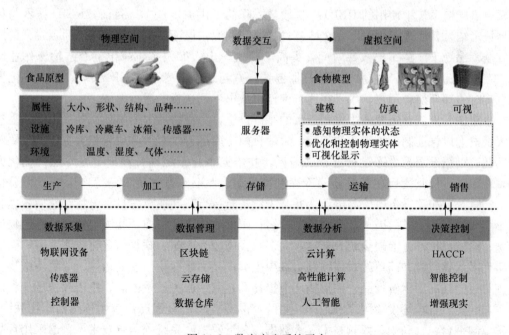

图 14-2 数字孪生系统平台

14.2.1.2 储运载体信息智能感知技术

冷链储运载体主要指冷藏车、冷库、冷藏展示柜等设备，储运载体信息主要包括环境信息、位置信息、运行状态、碳排放等。储运载体信息监测已成为目前冷链物流科技创新与发展的聚焦点，它可以显著提高储运设施的运行质量、利用效率、管理水平和服务能力，提升我国冷链物流基础设施现代化水平。

除储运环境温湿度监控外，储运载体运行状态、位置、能耗及碳排放的实时监控对确保设备正常运转、降低设备运行成本及防止异常中断而引发不可逆品质损失风险等十分重要。冷链运输是维持生鲜产品从产地到销地品质安全的重要手段，货物运输的及时性、短距离是提升生鲜产品送达新鲜度、减少运输成本及提升企业品牌的关键，因此合理制定配送路径优化方案成为相关主体的主要关注点，以期为客户提供可靠运送服务，实现生鲜产品的跟踪查询与全程溯源。全球定位系统与我国北斗定位技术，具有全球、全天候、连续实时、自动化导航、定位、定时、测速等功能，基于供应商与需求方的位置与数量实现最优配送方案制定，提高了物流车辆利用率和周转频率，减少了车辆空载率和空载时间，加强了物流车辆安全管理，提升了物流企业透明性。针对冷藏车编号及运载内部生鲜产品的自动识别主要采用RFID技术，RFID标签由应答器、阅读器和高层组成。应答器是集成电路芯片形式，分为只读应答器、读写应答器和具有识别功能的应答器，控制器是应答器系统的核心部分，包括CPU、存储器、编解码功能单元和天线单元，能够存储冷藏车信息或生鲜产品序列号、序列编码等。阅读器用于产生射频载波，完成与应答器之间的信息交互功能，通过电线实现对应答器识别码和内存数据的读出或写入操作，具有发送器和接收器模块。高层的是信息的管理和决策系统，可以实现冷藏车在运输、装卸过程中生鲜产品信息、环境信息和设备运行状态信息的自动数据采集。Fang等优化了RFID标签，有效减少供应链系统中使用的RFID标签数量，降低了供应链成本。目前，RFID技术与传感器技术结合，实现了生鲜产品全冷链过程追踪溯源，保证了生鲜产品从田间到餐桌的质量安全，缩短了冷藏车出入库时间，提高了冷藏车出入库效率，简化了冷链物流作业流程。京东快递采用GPS芯片实时连接服务器，并与地理信息系统GIS关联，将货物位置信息实时传递至前台用户，用于在线查询订单从出库到送货的运行轨迹。

冷库作为冷链储运载体中体积最大的基础设施，为维持库内低温环境的稳定性，需投入大量电力以保证制冷机组正常运行，致使目前冷库运行状态监测成为相关企业的主要关注问题，以精准洞悉冷库运行过程的能耗，并依据企业碳配额合理制定冷库运行优化方案。冷库碳排放监测旨在通过监测冷库制冷机组、照明、搬卸货设备等产生的电力总估量，实时获取相关设备电流与电压，并基于设备总运行时间换算各自总电量。然后依据我国不同区域电力碳排放因子，实现冷库日运行碳排放估算。目前，我国生鲜产品冷链物流设施、温控操作等方面缺少统一标准，大多数设施较为简陋、缺少信息化监测手段，温控策略大多依靠经验和简单的时序控制，缺少生鲜产品品质变化模型的指导，导致冷链物流设施有效能耗高、生鲜产品仓储运输环节损耗高、营销服务质量落后、投资收益低。相比之下，欧美及日本等发达国家和地区，生鲜产品冷链物流全程广泛应用传感器、物联网、远程控制平台、自动识别射频技术、大数据、条形码追溯系统等信息技术，普遍采用食品新鲜度和货架期剩余量模型等科学知识用于指导冷链温控系统，已经建立起多种冷链物流信息服务平台，将冷链各环节和生产经营销售主体紧密联系在一起。

14.2.1.3 生鲜产品品质信息智能感知技术

生鲜产品品质信息包括外表品质、物理品质、营养品质、安全品质和感官品质，传统生鲜产品品质感知技术采用固定检测设备获取数据，实现感知功能。针对颜色、光泽、形状、大小等外表品质，主要采用相机、电子眼的方法获取数据；针对质构、质量、硬度、黏度、弹性等物理品质，主要采用电子天平、质构仪等设备获取数据；针对糖度、酸度、维生素、碳水化合物等营养品质，主要采用酸度仪等设备获取数据；针对有害微生物、毒素、重金属、有害代谢物、兽药残留等安全品质，主要采用特定传感器获取数据；针对新鲜度、色香味形等感官品质，主要采用电子鼻、电子舌等设备。

传统品质感知技术具有灵敏度低、测点单一等缺点，生鲜产品品质智能感知技术能够获得生鲜产品全面、高精度的数据信息，对促进冷链物流信息化、智能化与可视化发展具有重要意义。智能感知技术主要用于精准获取营养、感官品质等数据，主要包括气味指纹、生物传感器、光谱、新鲜度和蛋白组分析等技术，为生鲜产品品质模型构建提供参考依据。气味指纹技术是指通过使用气相色谱、质谱、气体传感器等分析手段，与多元手段和智能技术相结合，建立适合不同条件下样品的气味指纹图谱库，探索并使用智能技术处理气味信号，分析各种生鲜产品挥发性有机化合物，改善数据处理的局限性，推动其向更精准化方向发展。气味指纹技术能够快速准确地获取生鲜产品感官品质，达到对生鲜产品新鲜度检测和控制的目的。目前，气味指纹图谱常用于肉类产品溯源与品种鉴定，对保证肉类品质及其产品的安全和质量、维护消费者利益、保护地方特色产品均具有重要意义。生物传感器包括酶传感器和微生物传感器，负责检测生鲜产品中生物成分，对保障生鲜产品品质安全具有重要意义。生物传感器将生物信息转化为电、热或光信号等物理信息，其特异性主要基于生物结合反应，吉林农业大学的学者采用生物传感器技术检测食品中重金属含量并获得了很好的结果。光谱技术指利用物质吸收光谱、发射光谱或散射光谱特征来研究生鲜产品的结构和化学组成，包括可见光谱、近红外光谱、高光谱成像、荧光光谱和拉曼光谱技术。光谱技术不仅能采集生鲜产品外部空间信息的三维数据，并且能够得到生鲜产品内部结构、化学成分以及营养物质组成，但不同生鲜产品需要建立不同的光谱模型，通过多次校准才能够实现理想的测量效果。因此，为进一步提升生鲜产品快速无损检测精度，建立完善的光谱检测模型库可作为未来的研究方向之一。新鲜度和蛋白组分分析技术适用于蛋白组分含量高的生鲜产品，能够结合生物信息学，确定生鲜产品新鲜度变化标记物和标志代谢物，与质谱技术联合开发新型蛋白标记定量技术，为实现冷链物流过程生鲜产品新鲜度智能感知提供新的解决思路。

新鲜度指示型智能包装包括化学合成和天然色素指示剂，由传感元件组成，该元件与生鲜产品代谢相互作用，在生鲜产品品质变化时显示明显的颜色变化。在各种传感元件中，化学合成指示剂具有对酸碱度灵敏度高、价格低廉、化学性质稳定、毒性低、可工业化生产等优点，但可能存在潜在危害。天然色素指示剂具有无毒、可生物降解和响应性强等优点，不仅对人体健康无害，还有助于环境保护。但是新鲜度指示剂包装材料稳定性低，因未及时监测出微生物而对生鲜产品品质作延迟性误判，将严重危害消费者健康。随着新型纳米材料的兴起，由于其在纳米尺度所表现出来的独特性能以及易于合成等优点被广泛应用在环境监测领域，近年来在食品安全领域也体现出了良好的应用前景。在实际应用中，面对成分复杂的样品，如何降低共存干扰物影响，提高对目标分析物的选择性与灵敏性仍需进一步研究，通过对纳米材料进行表面官能化是对特定分析物高度选择性的主要方法之一。多种检测技术相结合的方法使得纳米材料在检测研究中更加灵活多变，应用广度和深度更具潜力。在基于纳米材料的食品新鲜度的检测研究中，可以根据不同待测目标对纳米复合材料体系进行灵活调整，可以看到这一方法所蕴含的光明前景。

14.2.2 智能调控技术

联合国粮食及农业组织的报告称，在发展中国家，生鲜产品损失主要发生在收获后的流通阶段，由于收获后处理不当，以及冷链物流运输过程中缺乏适当的调控技术，导致生鲜产品冷链流通中在任一环节或时间段发生"断裂"。因此，从产后预冷、运输和冷藏到市场的实时智能调控对于维持食品原始感官特性、保证食品安全、减少浪费、最大限度地降低食源性疾病的风险以及提高冷链整体经济效益非常重要。冷链物流智能调控通过物联网、大数据、GPS、数字孪生等现代化信息技术，确定与分析冷链流通过程中生鲜产品品质与环境指标，从而对冷链物流各环节（如预冷、运输、冷藏等）的环境、品质、能耗、路径、出入库管理等方面进行智能化调控（图14-3）。

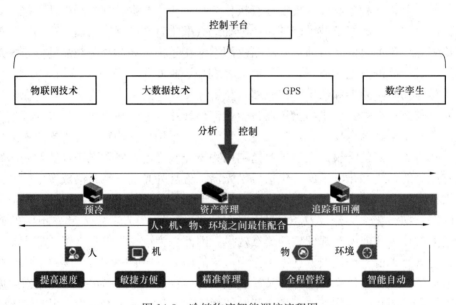

图14-3 冷链物流智能调控流程图

14.2.2.1 预冷调控技术

生鲜产品冷链物流的第一步是预冷，预冷的主要目的是在收获、屠宰或捕捞后快速去除生鲜产品的田间热量或胴体温度，以减缓生鲜产品的理化活动，最大限度地维持其感官特性和营养价值，这对于确保食品安全和延长保质期至关重要。数字孪生技术是一种创新型仿真技术，它虚拟和数字化实际物理实体，以实现物理实体和数字模型之间的实时映射、交互、集成和数据融合。计算流体力学（CFD）是生鲜产品冷链物流中应用最广泛的数字孪生技术，通过CFD建立生鲜产品的虚拟数字模型，并在应用物理产品之前测试数字模型，以模拟物理产品演变的真实条件，从而优化产品设计过程，在生鲜产品预冷环节应用广泛。此外，通过数字模型还能克服传统实验方法耗能、食品浪费的缺点。例如，

Hoang 等人基于白条鸡的三维计算机断层图像构建了三维 CFD 模型,有效模拟预测了强制空气预冷期间散装整只鸡的温度分布,并对操作条件如何影响预冷期间整只鸡的冷却速度和冷却不均匀性进行了研究,以优化操作条件,使其达到最佳预冷环境,避免鸡肉因冷冻而受损。Kuffi 等人通过构建 CFD 模型分析不同预冷参数(例如初始温度、初始风速、牛肉堆叠或悬挂模式)对牛肉胴体预冷速度、温度均匀性以及胴体质量变化的影响,以优化冷却操作条件,从而提高牛肉冷却效率。在节能方面,Cotrim 等人通过基于 CFD 的数字孪生技术对鸡胴体预冷过程进行建模和模拟,有效模拟预测了鸡胴体内部温度分布,从而优化了预冷条件配置,提高预冷效率,缩短预冷时间,降低预冷能耗。因此,通过使用数字孪生技术来模拟、预测和感知生鲜产品预冷过程中温湿度的时空分布以及食品品质变化,使人们能够用精确的数值来调控预冷条件,这对于提高生鲜产品预冷过程中的品质和优化预冷效率具有重要的现实意义。

14.2.2.2 运输智能调控技术

运输是连接冷链上下游的重要环节,包括海运、空运和陆运,最佳运输模式取决于生鲜产品的保质期、经济价值、成本和客户需求。运输系统大部分在恶劣环境中运行,冷却性能受到许多不利因素影响,如相对湿度、相对风速或车辆速度、可变气候条件、太阳辐射和热渗透等。因此,如何在整个运输过程中保持稳定和均匀的温湿度环境,是决定生鲜产品品质、安全性和保质期及相关损失的最重要因素。物联网将 RFID、WSN、GPS 和其他信息传感设备与互联网相结合,形成了一个巨大网络,该网络互联并允许事物之间或事物与人之间的通信,在冷链物流运输中有着重要的调控作用(图 14-4)。在运输车辆车厢内环境调控方面,Witjaksono 等人通过 RFID、WSN、GPS 等物联网传感设备从冷链物流运输环节实时获取和传输与生鲜产品相关的环境温度、湿度、地理位置等信息,如果运输车辆的温度过高,将触发温度报警系统,并向制冷系统发送信号,以调节制冷通风并将环境温度保持在适当的范围内。此外,在路径优化方面,Mejjaouli 等人使用 RFID、温

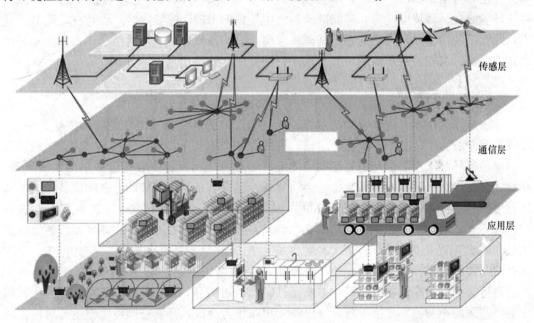

图 14-4 物联网智能调控技术架构图

度传感器、GPS 等物联网传感设备实时监测生鲜产品，通过物流 RFID-WSN 监测和控制系统响应环境条件的变化并监测生鲜产品的变质时间。如果变质时间发生重大变化，可以改变运输路线或在更靠近产地的地方销售，以确保产品的质量和安全。因此，物联网技术能确保生鲜产品的质量和安全，减少损失和浪费，提高供应链的整体经济效益，在生鲜产品冷链运输中具有广泛的应用前景。

14.2.2.3 冷藏智能调控技术

冷藏是冷链物流的一个关键环节，主要用于提供稳定、适宜和长期的低温环境，以保持预冷后生鲜产品品质。RFID 标签是一种允许非接触式双向射频数据通信的自动识别技术，可用于实现生鲜产品冷藏环节的信息记录和跟踪，并同时监控多个包装目标和产品信息（例如，产品来源、工艺参数、环境参数）。这为生鲜产品环境控制、出入库管理和质量保证提供了技术基础。Alfian 等人提出了一种基于 RFID 传感器和物联网的可追溯系统，以监测和收集生鲜产品在储运过程中的环境温湿度条件并实施智能调控，从而精确调节生鲜产品冷藏出入库，确保生鲜产品质量。此外，该系统实现了对生鲜产品信息的实时跟踪和记录，从而防止通过供应链分销假冒伪劣产品。同样，Witjaksono 等人应用 RFID、WSN、GPS 和其他物联网传感设备实时获取生鲜产品的相关信息（例如，库存、环境温湿度、地理位置），允许冷链中所有链路间的信息共享，从而为生产商、运营商、监管机构及消费者提供决策支持。这不仅解决了生鲜产品冷藏过程中温度"断链"和出入库管理决策的滞后问题，也有效解决了冷链物流中信息滞后、信息孤岛等问题，保障了生鲜产品品质安全。但是 RFID、WSN、GPS 等信息传感技术的配置成本相对较高，能耗较大，大大增加了冷链物流的成本，拉长了企业的经济回报周期。为解决冷链物流高成本问题，可以通过改进传感设备的制造工艺来降低单个传感设备的成本，或者通过改进信息传感技术和优化物联网基础设施配置来减少供应链中使用的传感设备数量。例如，Fang 等人优化和升级了 RFID 标签，不仅能同时在生鲜产品冷藏环节监控包装产品的产品库存、环境温度、环境湿度等，还能减少系统中使用的 RFID 标签数量，从而有效降低了成本。因此，使用物联网技术能够精确调控生鲜产品的冷藏环境，同时结合 RFID 技术记录和跟踪生鲜产品相关品质信息，为出入库管理提供有效的信息支持。

14.2.3 智能装备技术

除信息采集技术与智能感知技术外，冷链物流中智能装备技术也是较为重要的一环。冷链物流涉及生产、加工、储存、运输、销售等多个环节，各环节涉及不同的储运载体设施以满足各环节工作需求与适宜温度环境维持等，冷链物流智能装备包括果蔬预冷装备、动物性食品冷加工装备、储藏装备、运输装备、销售装备等。传统的冷链物流装备成本与运行维护费用高、保温性能差、能耗高，因此，冷链物流装备的改进完善也在不断进行中。近年来，随着 5G 通信技术的发展，万物互联的时代正在来临，这将对各行各业都产生巨大的影响。在此背景下冷链物流装备正充分结合 5G 通信技术、人工智能、VR、AR、互联网、物联网等高新技术实现自身的迭代更新。

对传统果蔬预冷设备的研究，主要通过冷源改进设备，例如 Qian 等人提出了一种用于荔枝产区的小型冰库预冷设备，该设备采用冰作为冷源，在荔枝园可无电运行，可在预冷领域广泛应用。然而，在信息化潮流下，预冷设备的研究方向也不断发生着变化，例如：传热传质、流体流量、能耗、冷却均匀性和冷却速度等，目前较为关注预冷设备与数值模拟技术的结合。生鲜产品采后数值模拟大多集中在工程尺度和宏观尺度上，而对中尺度和微观尺度的研究较少。这是由生鲜产品采后生理特性的复杂性决定的，这使得很难直接测量微观区域中热量与质量的变化，尽管一些学者使用CFD技术研究生鲜产品采后的传热传质，但实际上仍在宏观层面进行评估。近年来，超级计算机在某些领域得到了应用，量子计算机也已经问世，在不久的将来，这些计算能力特别高的计算机用于食品领域，也为冷链预冷设备信息化提供了新的研究方向。

对于畜禽肉、水产品等需进行冷加工的食品，则需要运用相关的动物性食品冷加工装备。传统冷冻食品技术存在一些固有的缺点，如产品的口感和风味恶化以及高能耗。近年来，由于消费者对食品的感官、营养和功能特性认识的提高，冷加工食品需要满足严格的质量要求，这一趋势也创造了一个需要不断创新加工装备技术的环境。在冷冻设备机械化和自动化快速发展的背景下，冷冻食品技术正在取得巨大进步。如果加工设备能够从冷冻过程的各个方面自动收集信息，以便安排、判断和发出控制或管理指令，则可以称为智能加工装备。在加工装备中引入智能技术是继机械化和自动化之后的重要一步。智能冷冻装备将移动互联网、云计算、大数据与食品加工相结合，能够实时检测和监控冷冻食品加工，以提高产品质量并减少损失。目前，一些加工装备结合电子鼻、电子舌等新型监测设备以达到智能化的目的。电子鼻也被称为嗅觉扫描仪，是在20世纪70年代开发出来的、用来模拟哺乳动物的嗅觉系统，通过使用一系列传感器和模式识别技术检测和辨别复杂气味，以快速评估食品的新鲜度。除此之外，相关技术部门与研究所也正在不断将加工装备与计算机视觉、数字模拟、共焦激光、近红外光谱、核磁共振技术、超声波等技术结合，实现加工设备的智能化。

任何冷链物流企业的生产和配送能力都与其冷藏能力密切相关。而冷藏装备的智能化改变了传统的人工劳动密集型操作的缺点，例如精度和操作效率低、设备和产品故障率高以及能耗高等。一个完整的智能冷库管理系统应包含四个重要部分：智能冷藏系统，包括冷藏系统的自动操作和监控、冷库温度的控制，以及自动空气除霜；智能安全系统，包括配备自动测温、故障提示和警报的制冷系统；智能信息系统，包括采购、运输和冷藏管理；智能运输系统，包括自动转移货物和自动拒收不符合系统要求的货物。对于智能仓库管理的操作模式，目前主要是操作层的终端数据通过数据接口传输到系统层，然后传输到数据云进行处理、控制和存储，发送处理信号，最后通过系统层到达操作层进行操作指令。在5G背景下，可将智能仓库管理与5G相结合，与目前大部分模式的不同之处在于在操作过程中，操作层末端的数据被直接上传到数据云进行处理，经过系统处理后，系统指令和操作指令被发送下来。同时，在仓储作业过程中，货物持续不断地入库，必须每隔一段时间就要清点库存，并清理一些损坏的物品。而传统的盘点方法时间间隔大、实际库存信息与系统库存信息误差大，易导致信息不对称。接入5G通信后，智能仓库可以通过货盘发送的信息，更准确地在系统上进行在线实时盘点，从而解决信息不对称的问题。

运输装备智能化的核心在于获取、处理和分发信息，以更好地利用交通系统、基础设施和相关服务。这不是一个全新概念，而是利用新旧技术的运输管理的逻辑演变，它的新颖之处在于全球集成框架的愿景，可实现先前孤立系统间的协同作用。智能运输装备技术主要包括冷藏车厢内智能控温、智能控湿、智能气调、实时监控以及车厢外车辆路径优化，其融合了计算机技术、传感技术、物联网技术、人工智能技术、电子遥控技术，主要为车辆司机提供实时路线指引以及车厢内冷藏信息监管。同时，由于目前人们对于信息私密性的关注，研究者开始将智能运输装备与区块链技术相融合，区块链可以说是一种在无信任环境中记录交易的账本，并使用到密码学保护相关信息。其主要特征是保证运输食品信息的不可变性、透明性、安全性，主要包括有定位模块、通信模块、控制器以及传感器，其结构框架如图14-5所示。此类技术使用的一个成功案例是IBM的Hyperledger Fabric区块链，该区块链用于疫苗冷链，以连接疫苗供应链中所有利益相关者，其智能合约可用于整个冷链，以确保在制造和运输过程中保持理想条件，并通过传感器报告整个冷链过程中疫苗出现异常时的报警信号。但我国的智能运输装备依旧还有很大的发展空间，智能化程度尚不成熟，在运输过程中主要依靠人为操作，无人驾驶技术尚未得到有效推广与应用。而随着智能装备技术的发展，未来无人运输车辆、配送机器人以及无人机都将逐步替代相关工作人员，从而降低人工操作的失误率。目前国内相关企业已经开始进行相关研究，例如中国中车股份有限公司研制了蓄冷式智能冷链装备——初芯A25保温箱＋MD1充冷站，配合中车芯冷云平台使用，实现精准定位、可视管理，相比传统保温箱具有节能环保、恒温保鲜等优势。

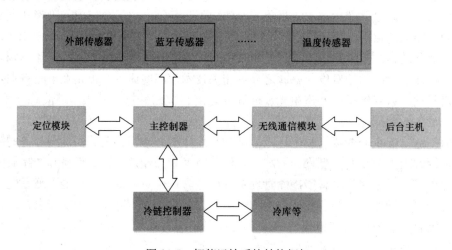

图14-5　智能运输系统结构框架

冷链物流的销售装备主要是冷藏展示柜，分为开放式展示柜及封闭式展示柜两种。开放式展示柜主要用于存放果蔬、奶制品等，封闭式展示柜主要用于存放冷冻肉类等食品。生鲜超市中使用较多的是立式多层冷藏展示柜，以充分利用商店的可用空间。近年来，对冷藏展示柜展开了广泛研究，通过实验（基于现场和实验室）和数值方法，探寻影响冷藏展示柜性能的关键因素，以优化调整冷藏展示柜的性能。例如：Wu等人研究了后面板结构对垂直开放式冷藏展示柜（VORDC）流体流动和传热性能的影响，指出小于3%的孔隙率可为VORDC提供更好的性能。而未来，冷藏展示柜除了在操作条件方面做出优化以外，还应当充分结合信息化技术，发展基于服务理念的智能冷藏展示柜，尽可能消除由于无效行为引起的使用效率低的现象，降低用户在使用过程中的焦虑感，使得用户快速完成预期行为。此外，企业家与学者还在销售模式上寻求突破。随着人工智能的不断发展，智能无人售货机也映入人们的眼帘，它通过非接触式传感器对商品进行监测，以自动识别商品信息，可有效解决传统销售方式人工成本高的问题。智能无人售货机的核心在于识别技术，对于生鲜产品无人售货机，除了种类信息以外，还要给出精确的质量信息，通常需要利用图像传感器与质量传感器进行信息融合，以达到对商品的精准识别。但传统的基于图像识别商品的技术在实际应用场景中若出现遮挡或堆叠情况时，识别准确率会降低，因此，在未来需要对图像识别技术进行优化或创新，并与销售装备相结合，打造更加精准的智能无人售货机。

14.3 发展趋势分析

14.3.1 冷链物流信息化助力实现"双碳"目标

近年来，由于气候变化和环境污染，社会对低碳发展的重视程度越来越高。从国家层面来看，低碳发展可以减少能源消耗和环境污染，促进绿色发展，优化能源使用，保障能源安全。为此，政府出台了众多环保政策，要求企业减少温室气体排放，实现低碳发展。从企业层面来看，低碳发展不仅是政府的政策要求，也是提升企业核心竞争力以及降低生产经营成本的重要保障。越来越多的消费者开始关注环境保护和可持续发展，因而低碳冷链物流企业将更具市场竞争力。此外，在生鲜产品冷链流通过程中，冷藏设施设备的信息化、智能化程度较低，冷链物流信息化体系还不完善，易发生"断链"现象，进而导致不必要的能源消耗。采用低碳技术可有效降低能源消耗，降低成本，提高企业经济效益。从消费者层面来看，冷链物流信息化通过提高冷链的运输效率实现冷链物流的低碳发展，可以为消费者提供速度更快，质量更高的冷链运输服务，提高消费者满意度。冷链物流信息化能够利用信息技术实现冷链物流管理，通过对冷链全流程实时监测，并实时响应和处理储运过程中遇到的问题；通过数据分析，为每辆冷藏车分配最优运输任务，选择最优运输路径，从而提升冷链运输效率，减少冷链物流运输过程温室气体排放。同时，通过对冷链物流设施进行智能控制，降低能耗，从而减少冷链运输过程中温室气体产量。我国冷链物流食品腐损率较高，主要是因为冷链各环节衔接效率低，增加了转运和运输所需要的时间，冷链物流信息化的发展减少了冷链物流中断的现象，提高了冷藏运输效率，降低了食品腐损率，从而减少温室气体排量，进而助力我国实现"双碳"目标。

14.3.2 冷链物流信息化推进智能化与无人化发展

冷链物流信息化为冷链物流智能化提供数据支撑。冷链物流智能化发展体现在决策能力、执行能力与感知能力。通过人工智能技术不仅能对冷链各环节的问题实时响应，而且能够综合分析整个冷链系统，进行最优决策。随着智能化技术的发展，对于冷链流通过程遇到的问题，冷链物流系统也不再依赖人工处理，冷链物流智能化发展为冷链物流无人化发展提供了基础。冷链流通过程中，仓储、拣选、包装、发货等流程都要处于规定的低温环境下，低温环境易造成人体冻伤，不利于手工作业，且每次作业需严格控制时间，这种特殊的作业环境造成招工难、留人难等问题，且低温作业容易带来失误，增加了产品损耗、操作错误率与安全隐患。未来冷链企业需在运输、仓储、分拣、配送等关键环节加大智能设备投入，包括冷藏车、工业无人车辆、移动机器人等，减少对人工的依赖，提高冷链物流的效率和效益。冷链物流无人化发展不仅能更快地衔接冷链物流的不同阶段，提升物流效率，而且能够减少冷链物流所需人工成本，减少人工低温作业风险。无人仓库及无人配送等无人化技术的发展将进一步加快冷链物流无人化发展进程。无人配送是指通过无人配送车、无人机等智能设备替代人工进行配送，无人配送能为用户提供更专业、更高效的服务，有效保护用户隐私。无人仓库源于无人工厂，指全部生产活动由智能计算机控制，生产第一线由机器人替代人工的智能化工厂。与人工作业的仓库相比，无人仓库空间利用率将大大提高，并且具有简易、高效、精确等优点。无人化技术的进步将进一步加快整个冷链物流业的自动化、智能化进程。

14.3.3 冷链物流信息化助力标准化体系完善

冷链物流标准的制定一定是科学的、建立在大量实践基础上的。冷链物流信息化将对冷链物流全流程数据进行采集，为标准化建设提供数据支撑，进而使冷链物流管理者对冷链物流运行流程有更深入的了解，从而更有效地优化冷链物流标准化体系。冷链物流信息化将建立冷链物流信息共享平台，通过统一的标准，将冷链物流活动过程中息息相关的物品、设备、参与方、地点等一系列物联网标识相互映射，实现信息的高度共享，保证数据交换的透明、简便、可靠、安全。冷链物流信息共享平台消除了上下游间的信息不对称问题，提升了上下游企业间的协同性，能够综合考虑冷链物流的全链条，制定更加规范合理的标准，进一步推动冷链物流标准化体系建设。冷链物流标准化为冷链物流行业健康发展提供重要支撑，可以更好地规范行业发展、提升冷链物流行业技术水平，进而提高冷藏运输效率，降低食品腐损率，保障食品安全。信息标准化也是计算机技术、网络技术、云计算、区块链、人工智能、大数据等技术提升和推广的基础性工程，只有把最新的冷链物流术语与代码、信息收集与加工、信息传输与交换等通过标准统一技术参数后，才能确保追溯信息准确，保证产品质量，真正实现冷链不断链，提升整体行业服务水平。因此，必须要建立冷链物流信息化标准体系，包括技术标准、管理标准和应用标准等，为行业发展提供有效的标准化指引。

本章参考文献

[1] 王娟. 基于区块链技术的冷链物流信息化建设初探[J]. 大众标准化，2021，(24)：43-45.
[2] 中国物流与采购联合会冷链物流专业委员会. 中国冷链物流发展报告(2022)[M]. 北京：中国财富出版社，2022.
[3] 余建群，张泽建. 襄阳市农产品冷链物流信息化建设初探[J]. 物流技术，2021，40(8)：19-22.
[4] 田长青. 中国战略性新兴产业研究与发展·冷链物流[M]. 北京：机械工业出版社，2020.
[5] 傅娟，杨道玲. 我国冷链物流发展的现状、困境与政策建议[J]. 中国经贸导刊，2021(5)：20-23.
[6] 杜颖珺. 乡村智慧物流系统发展影响因素分析[J]. 合作经济与科技，2022(16)：79-82.
[7] 物流技术与应用. 转型升级创造新机遇——2014年中国物流装备市场回顾与2015年展望(上)[J]. 物流技术与应用，2015，20(3)：48.
[8] 韩佳伟，李佳铖，任青山，等. 农产品智慧物流发展研究[J]. 中国工程科学，2021，23(4)：30-36.
[9] 张栩菁. H公司冷链物流配送管理优化策略研究[D]. 南宁：广西大学，2022.
[10] 文亦骁，万勇. 基于物联网的冷藏库监控系统[J]. 四川农业与农机，2020(1)：45-46.
[11] XIULI TANG. Research on Smart Logistics Model Based on Internet of Things Technology[J].

IEEE ACCESS, 2020, 8: 151150-151159.

[12] 施连敏, 盛保仪, 邵小达, 等. 基于IPv6协议的冷链仓储温湿度监控系统的实现[J]. 工业控制计算机, 2021, 34(8): 29-30.

[13] 王道康. 基于物联网的农产品冷链仓储温湿度监测系统研究[D]. 济南: 山东财经大学, 2022.

[14] SAMUEL MERCIER, SEBASTIEN VILLENEUVE, MARTIN MONDOR, et al. Time-temperature management along the food cold chain: a review of recent developments[J]. Comprehensive Reviews in Food Science and Food Safety, 2017, 16(4): 647-667.

[15] DEFRAEYE, THIJS, WU, WENBAO, PRAWIRANTO, KEVIN, et al. Artificial fruit for monitoring the thermal history of horticultural produce in the cold chain[J]. Journal of Food Engineering, 2017, 215(12): 51-60.

[16] QING-SHAN REN, KUI FAN, XIN-TING YANG, et al. Ensuring the quality of meat in cold chain logistics: A comprehensive review[J]. Trends in Food Science & Technology, 2022, 119: 133-151.

[17] WU, WENBAO, BERETTA CLAUDIO, CRONJE PAUL, et al. Environmental trade-offs in fresh-fruit cold chains by combining virtual cold chains with life cycle assessment[J]. Applied Energy, 2019, 254A(15): 113586.

[18] FANG Z, ZHAO Y, WARNER R D, et al. Active and intelligent packaging in meat industry[J]. Trends in Food Science & Technology, 2017, 61(1): 60-71.

[19] BALLESTÍN, F, PÉREZ Á LINO P, et al. Static and dynamic policies with RFID for the scheduling of retrieval and storage warehouse operations[J]. Computers & Industrial Engineering, 2013, 66(4): 696-709.

[20] 李月明, 韩冰, 王军茹, 等. 气味指纹图谱技术在肉类产品中的应用研究进展[J]. 食品与机械, 2022, 38(5): 210-225.

[21] 隋佳辰, 于寒松, 代佳宇, 等. 生物传感器检测食品中重金属砷的研究进展[J]. 食品科学, 2016, 37(7): 233-238.

[22] ZHANG, XIAOLEI, YANG JIE, LIN TAO, et al. Food and agro-product quality evaluation based on spectroscopy and deep learning: A review[J]. Trends in Food Science and Technology, 2021, 112: 431-441.

[23] DUYK HOANG, SIMON J LOVATT, JAMAL R OLATUNJI, et al. Validated numerical model of heat transfer in the forced air freezing of bulk packed whole chickens[J]. International Journal of Refrigeration, 2020, 118: 93-103.

[24] KUFFI KUMSA D, DEFRAEYE THIJS, NICOLAI BART M, et al. CFD modeling of industrial cooling of large beef carcasses[J]. International Journal of Refrigeration, 2016, 69: 324-339.

[25] COIMBRA COTRIM WESRLEY DA SILVA, COTRIM JAMILLE COELHO, COTRIN KEYLA CRISTINA FRANCISCO. Modeling and simulation of broiler carcass precooling by computational fluid dynamics[J]. Journal of Food Process Engineering, 2021, 44(6): e13693.

[26] MEJJAOULI SOBHI, BABICEANU RADU F. Cold supply chain logistics: System optimization for real-time rerouting transportation solutions[J]. Computers in Industry, 2018, 95: 68-80.

[27] ALFIAN GANJAR, SYAFRUDIN MUHAMMAD, FAROOQ UMAR, et al. Improving efficiency of RFID-based traceability system for perishable food by utilizing IoT sensors and machine learning model[J]. Food Control, 2020, 110: 107016.

[28] FANG ZHONGXIANG, ZHAO YANYUN, WAMER ROBYN D, et al. Active and intelligent packaging in meat industry[J]. Trends in Food Science and Technology, 2017, 61: 60-71.

[29] SHAFIQUE KINZA, KHAWAJA BILAL A SABIR FARAH, et al. Internet of things (IoT) for next-generation smart systems: a review of current challenges, future trends and prospects for emerging 5G-IoT scenarios[J]. Ieee Access, 2020, 8: 23022-23040.

[30] WANG QIAN, XU WEI, DAI SHAOBI, et al. Development and application of ice bank precooling equipment used in litchi producing area[C]//2011 International Conference on New Technology of Agricultural, 2011.

[31] AIJUN LI. Application Research of Food Quality Detection Based on Computer Vision[J]. Journal of Computers, 2013, 8 (7): 1758-1762.

[32] E ABAD, F PALACIO, M NUIN, A GONIALEI de IARATE RFID smart tag for traceability and cold chain monitoring of foods: Demonstration in an intercontinental fresh fish logistic chain[J]. Journal of Food Engineering, 2009 93 (4): 394-399.

[33] JU-CHIA KUO, MU-CHEN. Developing an advanced Multi-Temperature Joint Distribution System for the food cold chain. Food Control[J], 2010, 21 (4): 559-566.

[34] 童山虎. 蓄冷式智能冷链装备及系统解决方案的应用探索[J]. 物流技术与应用, 2021, 26(S2): 78-81.

[35] WU XUEHONG, CHANG ZHIJUAN, YUAN PEI, et al. The optimization and effect of back panel structure on the performance of refrigerated display cabinet[J]. Food control, 2014, 40: 278-285.

(本章撰稿人:韩佳伟、杨信廷)

应用篇

第15章 畜禽屠宰

15.1 阜阳天邦食品生猪屠宰厂

15.1.1 项目概况

阜阳天邦食品股份有限公司年屠宰加工500万头生猪建设项目（简称阜阳天邦食品生猪屠宰厂）是天邦食品股份有限公司计划依托阜阳及附近丰富的肉猪产品资源，进一步占据猪肉产品市场份额的一项举措。本项目在总体设计中贯彻"开放、交流、发展；生态、环保、节能；实用、经济、美观"的原则，打造现代屠宰加工企业新形象，满足不断扩大的市场需求。本项目是天邦食品股份有限公司构建的首个从种源到餐桌的一体化基地，被阜阳市人民政府列入"一号农业工程"（图15-1）。

图15-1 阜阳天邦食品生猪屠宰厂鸟瞰图

厂区西北侧和东侧为生产区。生产区规划布置待宰间1座、屠宰综合加工车间1座（包括屠宰车间、冷却及分割冻结车间、鲜品立体库及包材间）、分割肉立体库1座、副产品综合库1座、制冷机房1座、洗车消毒房1座、锅炉房及水泵房1座、垃圾暂存间1座、门卫2座以及预留肉制品加工车间2座。其中主体的生猪屠宰车间由5座单体建筑呈咬合式贴邻布置，构成一个综合加工车间整体。本项目设计屠宰量为650头/h，每班9h，双班生产，每日可屠宰生猪10800头。分割肉冷藏量74400m³（13224托），副产品冷藏量44500m³（7800托），鲜品暂存立体库总库容12200m³（26880个货位）。生产区的待宰间、污水处理场、垃圾暂存区等存在污染的车间和区域位于夏季主导风向的下风侧。

15.1.2 技术特点

1. 工艺设计合理，自动化程度高

本项目是一座拥有先进屠宰设备和数字化、智能化管理系统的现代化工厂。屠宰设备技术先进，运行效率高；加工车间工艺布局流畅，配置有二氧化碳致晕装置、超声波分级系统、自动开膛机器人、自动劈半机、自动预冷输送机、在线分割系统等成套自动化装置，大大提高了劳动效率，降低了人工成本。

2. 注重能源节约，提高环境品质

制冷系统制冷剂采用氨，天然环保，运行效率高。同时采用冷热联供系统为厂区生产、生活提供冷热源（80℃热水），如图15-2所示。

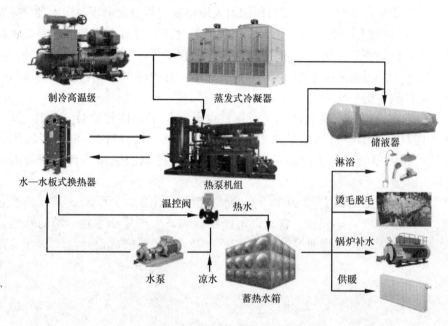

图 15-2　冷热联供系统示意图

分割及精品加工间空调系统采用5℃全空气系统，送风均匀，高效节能，有效提高了空气品质；空调设备均置于屋面，检修维护更为方便。

3. 品类最全的全自动仓储体系

本项目配备了副产品、分割肉鲜品及分割肉冻品三套全自动化仓储设备，分割肉立体库和副产品立体库采用9层货架，货架高度19.5m；鲜品暂存库采用两向车多穿库，28层货架，货架高度12.6m。立体库中以托盘为存储单位，出入库由堆垛机智能识别托盘码进行送货取货。仓储系统实现货物的数字化管理，采用WMS、WCS仓储管理系统，统一调度、统一管理。不会造成挡货、压货或者库存储位管理混乱等现象，避免了传统冷库中容易出现的相似产品收发货错误、盘点错误等情况，在保证货物高效进出的同时，大大提高了作业准确性。

15.1.3　应用效果

本项目在2021年12月进行了试生产，系统运行良好。冷热联供系统取得了明显的节能效果，每年为企业节省了百余万元的运营成本；三套全自动仓储系统改变了原有的低效率、高耗能的作业模式，减少运营投入，增加产出，相对于传统的多层冷库，存储量和出入库效率均有明显提升，提高了劳动效率，降低了生产能耗。

15.2 诚康农业跨境肉牛屠宰加工产业园

15.2.1 项目概况

云南城投旗下诚康农业食品发展有限公司在云南省投资建设了三条牛屠宰加工生产线项目，项目总产能可达 100 万头，是目前国内入境牛屠宰量最大的项目。本项目主动融入"一带一路"建设，致力于生产加工健康安全的肉牛食品，打造肉牛产业体系，将澜湄流域国家的活牛进口到西双版纳，其间经过境外 45d 的育肥养殖，30d 的隔离检疫，入境后 7d 内完成屠宰。从源头把控，净化了肉牛养殖环境，有效降低了动物疫病传播风险，更好地保障了进口肉牛的品质。

其中，景洪市跨境肉牛疫病区域化管理试点屠宰加工一体化项目（简称景洪项目）位于云南省西双版纳傣族自治州景洪市大勐龙区，勐腊县跨境肉牛疫病区域化管理试点屠宰加工一体化项目（简称勐腊项目）位于云南省西双版纳傣族自治州景洪市勐腊县境内。

景洪项目规划用地面积 15.2 万 m^2，一期总建筑面积约 2.4 万 m^2。建设内容包括牛屠宰车间、1 号宿舍楼、办公楼、食堂、机修物料间、生产生活水池、消防水池、水泵房、污水处理池、无害化处理间等（图 15-3）。2018 年 11 月完成设计，2022 年 5 月完成竣工验收。

图 15-3 景洪市跨境肉牛疫病区域化管理试点屠宰加工一体化项目一期工程效果图

勐腊项目规划用地面积 14.9 万 m^2，一期总建筑面积约 2.3 万 m^2。建设内容包括牛屠宰车间、宿舍楼、办公楼、食堂、机修物料间、生产生活水池、消防水池、水泵房、污水处理池、无害化处理间等（图 15-4）。2018 年 10 月完成设计，2020 年 12 月完成竣工验收。

图 15-4 勐腊县跨境肉牛疫病区域化管理试点屠宰加工一体化项目一期工程效果图

两个项目的车间生产区均为清真风格，车间建筑立面装修材料以白色和绿色外墙漆为主，设计力求简洁明快，大体量建筑以白色为主色调，并饰以绿色水平和垂直线条，统一中有变化，简洁而充满力度。配套生活区为傣族风格，办公楼和宿舍及食堂均为坡屋顶，上铺与立面赭石色一致的平瓦，在屋脊两端有傣族风格的设计元素；整体色调为白色及赭石色。

15.2.2 技术特点

1. 工艺设计合理，自动化程度高

两个项目均采用较为先进的屠宰加工设备，符合业主的屠宰加工要求。屠宰用牛为进境活牛，待宰圈赶牛道采用去直角设计，便于赶牛，减少对牛皮的伤害；设旋转宰杀箱以满足屠宰要求，屠宰线设步进式输送机、机器扯皮机、高压清洗机、乳酸清洗机等自动化设备，提高产品品质，降低劳动强度。胴体分割采用冷分割工艺，产品以冻品为主，采用速冻库速冻（图 15-5）。

2. 制冷系统安全节能

制冷系统制冷剂采用 R507，直接膨胀供液，压缩机采用低温变频螺杆并联机组，可以在不同冷负荷条件下实现压缩机高效运行，节约运行费用。库内末端均采用铜管铝翅片吊顶式冷风机，除霜方式为水冲霜。冷凝器采用蒸发式冷凝器，节水节电。设置了热回收系统，回收制冷系统冷凝热用于制取热水。

制冷系统具有安全预警机制，在中控室上位机监控所有的安全报警信息，报警信息利用互联网实时推送。实施的安全控制措施除了包括常规的安全事故紧急切断电源和系统液位超高保护装置外，还配有声光报警系统。冷库内设置呼救按钮盒，当操作人员被误锁库内时，按下呼救按钮，冷库门外上方的闪光报警器立即发出声光警示信号，

图 15-5　分割车间内设备工艺实景图

同时在中控室发出呼救声光报警信息，保证发生紧急事件时，现场冷库内的操作人员能够及时获救。

15.2.3　应用效果

2017 年 5 月，农业部、商务部、海关总署及国家质检总局批准西双版纳州勐腊县和景洪市开展跨境动物疫病区域化管理试点工作，同意从老挝、缅甸进口屠宰用肉牛开展牛肉产品精深加工。该项目是诚康农业承接西双版纳跨境动物疫病区域化管理试点项目建设重点工作。项目探索了一套国际肉牛资源有效对接中国消费市场的新模式，建立了活牛进口、屠宰、深加工与冷链物流一体化的全产业链发展模式，通过全程可追溯体系向市场提供安全健康的牛肉产品。项目打破了肉牛生产以国内牛为主的格局，引导牛肉消费向绿色健康生态发展。

15.3　中粮家佳康赤峰生鲜加工厂

15.3.1　项目概况

中粮家佳康赤峰生鲜加工厂位于赤峰市翁牛特旗。厂区总建设用地约 13.2 万 m^2，总建筑面积 13.7 万 m^2（其中一期 4.2 万 m^2），生猪设计屠宰量为 650 头/h，年屠宰量 150 万头。厂区包含生猪屠宰综合加工车间（包括待宰、屠宰、冷却、分割、冻结、冷藏功能）以及配套的制冷机房及变配电间、锅炉房、水泵房（含水池）、污水处理站、LNG 站等设备用房。厂区还配套建设职工宿舍楼、职工食堂、门卫等生活用房（图 15-6）。

图 15-6 中粮家佳康赤峰生鲜加工厂效果图

15.3.2 技术特点

1. 场区坡度大，规划科学

整个场地南北向约 560m，东西向约 290m，最大高差约 20m。根据土方量自平衡原则并充分结合生产工艺要求，将项目分成生产区和生活区两个台地，高差约 4.5m。通过坡道及室外台阶衔接，既经济又不影响生产，功能分区明确。室外工程根据厂区高程变化，优化管道直径及管道坡度，尽量使管道坡度与地面坡度保持一致，从而避免了室外管道埋深过大，与市政接口难以衔接的问题。设计统筹考虑采取的一系列针对性措施，大大节省了建设成本。

2. 厂区内外高差大，挡土墙精细化设计

厂区与室外高差大，西北角厂区内比室外高约 13m，南侧厂区内比室外低约 8m，在厂区内部也存在较大量的 2～5m 的挡土墙。根据经济性测算，挡土墙采用毛石挡土墙，在高差较大的区域，调整场内建筑物布局，在不影响厂区交通的情况下采用 1:1.5 放坡处理，降低挡土墙的绝对高差，既兼顾了经济又考虑了厂区的使用。在局部无条件放坡的地方采用钢筋混凝土挡墙，满足使用功能；挡土墙依坡而建，分阶分台设置（图 15-7）。整个挡土墙工程较最初的方案节省了近千万元投资。

3. 工艺设计合理，食品安全保障度高

猪预清洗后进入运河式烫池烫毛（有效烫毛时间 3～5min），双级脱毛，猪毛由吹送装置经管道输送至接收区，避免车间平面运输带来的污染。

设有胴体、红脏、白脏同步检验生产输送线及自动切趾骨机、自动开胸腹机、自动劈半机、自动撕板油机，并设有多道检验工序及疑病胴体待查区。白条有直接鲜销、预冷—冷却—分割或预冷—冷却—冷鲜胴体发货等多个流向；满足多功能需求。白条第一段冷却工艺共计 4h，分三部分进行冷却。

图 15-7　中粮家佳康赤峰生鲜加工厂挡土墙实景图

4. 注重绿色环保

制冷系统制冷剂采用氨，天然环保，制冷效率高，运行成本低。采用冷热联供系统，对制冷系统冷凝余热进行回收再利用，用于屠宰加工区域的生产热水、生活区的供暖等。宿舍及食堂区域的热水采用屋顶太阳能热水系统。待宰间采用全封闭设计，在车间附近设置臭气处理装置。厂区采用智慧安防系统，所用耗能设备均采用节能型产品。

15.3.3　应用效果

本项目于 2022 年 9 月顺利通过了联合验收并进行了试生产，项目从总体布局和细节布置均充分考虑到当地实际情况，整体运行良好，作为赤峰地区生鲜肉的保供单位发挥了重要作用。

（本章撰稿人：耿纪魁、成昱光、尹从绪）

第16章 果 蔬 冷 链

16.1 佳沃(蒙自)蓝莓分拣加工中心

16.1.1 项目概况

佳沃(蒙自)蓝莓分拣加工中心于2021年正式投入使用,总占地面积86亩,是蒙自市"一县一业"示范县建设的重要项目。产业基地引进了意大利UNITECH集团的Blueberry Vision蓝莓分拣设备和博邦环控的负压式压差预冷系统。该项目每天可生产125t蓝莓,是以田间为起点的全程冷链现代农业产业园(图16-1)。项目投产后,进一步提升了佳沃蓝莓品质,树立蒙自蓝莓产业标杆,同时促进第一二三产业融合发展。

图16-1 佳沃(蒙自)蓝莓分拣加工中心效果图

16.1.2 技术特点

1. 压差预冷

对于浆果类水果——蓝莓,脱离植株切断后(采摘)如何快速去除田间热为采后最佳品质的核心关键控制点。本项目采用了博邦环控承建的10间高效的负压式压差预冷系统,每间可同时满足10托鲜果(合计5000kg)在40min内从田间常温预冷到设定低温,实现了水分近零损失（预冷水分损失率小于或等于0.6%）；还可抑制蓝莓的呼吸，保持果粉无脱落，维持较好的口感及风味（图16-2）。

图16-2 压差预冷间

2. 低温处理、分拣、储藏

为了保证蓝莓果品品质，鲜果在采摘后，整理成筐，在1h内通过冷藏车送达工厂，再从低温月台接收原料，通过原料的压差式快速预冷间，在40min内将鲜果从常温冷却到8℃，消除田间热；之后，再转送入16道分拣设备进行精准品质分级及自动包装，然后再批量二次快速冷却到0℃，最后进入保鲜成品冷库进行储藏（图16-3）。实现全程冷链恒温生产及冷链配送，更好地保障了蓝莓的鲜度及品质。

图16-3 低温分拣车间

3. 智能云端控制

蓝莓从原料接收到配送，采用云端智能控制系统平台实时监控生产过程的环境条件，满足食品的可追溯化监控。本项目采用智能化的能源管理软件，使制冷系统始终保持在最佳运行状态，并且运用网络远程云端系统对项目整体运行进行"预诊"式动态管理，还能通过手机 App 实时在线可视化监控，实现对佳沃蓝莓数字化赋能。

4. 制冷系统节能设计

制冷系统设计的关键点在于预冷间的制冷工艺设计。本项目采用负压式压差预冷设计，利用特殊的预冷间结构，构造出负压差的气流组织，最大限度地提高预冷效果及系统能效。制冷系统采用桶泵满液式多倍供液方式，融霜系统采用三管制热氟化霜方式，蒸发器采用满顶盘管式，并且采用大风量、高余压的系统设计。相对于正压式压差预冷，在相同条件下，10 托（5t）鲜果的预冷间可从 72min 降低到 40min。本项目满载时总产量为 125t，每天满载生产可节省预冷时间 800min，制冷系统 COP 在 2.6 左右，负荷需求在 110kW/间，预冷时每小时能耗为 42.3kWh，按每天节省预冷时长 13h 计算，每天可节电 549.9kWh，每年可节电 200713.5kWh，相当于减少 157.56t 二氧化碳排放。

5. 冷凝水回收利用

为了减少水果在保鲜储藏过程中的水分腾蒸，保鲜冷库会额外加湿。因此，冷风机制冷的冷凝排水量非常大，常规情况下直接对冷风机冷凝水统一进行生活污水排放，一方面浪费了水资源（空气中冷凝水较卫生），另一方面会增加项目的排污成本及压力。而蒸发式冷凝器在制冷时需要不断补充水量供其蒸发。因此，本项目将冷风机冷凝水进行回收，作为蒸发式冷凝器的补水。本项目能回收的冷风机制冷量为 2000kW，冷风机冷凝排水量为 $0.4kg/(h \cdot kW)$，满载时可回收冷凝结水 800kg/h，按每天运行 20h 计算（取同时运行衰减系数为 0.8），每年可回收水量为 4608t。

16.1.3 应用效果

本项目自建成后，系统运行良好。相对于企业老厂采用传统预冷加工方式，不仅缩短了预冷加工时间，而且优质产品的产量得到显著提高，保证蓝莓风味不流失。本项目在 2022 年中国制冷学会评为"向未来 好冷库"食品安全类最佳项目。

16.2 鑫荣懋（沈阳）仓储冷链物流基地

16.2.1 项目概况

鑫荣懋（沈阳）仓储冷链物流基地位于辽宁省沈阳市浑南区，总用地面积 6.06 万 m^2，建筑面积 9.25 万 m^2，主要用于果蔬存储、分拣与分销。本项目分为两期建设，一期工程主要包括 2 座冷库、1 栋办公楼和 1 栋宿舍楼，二期工程建设 2 座冷库。鑫荣懋（沈阳）仓储冷链物流基地项目立足沈阳市，辐射范围涵盖辽宁、吉林、黑龙江、内蒙古四省区，旨在打造集储运、分选、分销等于一体的现代化冷链物流基地及信息中心，是鑫荣懋果业科技集团在东北地区的重要战略支点。

一期工程的 2 座冷库建筑面积均为 2 万 m^2，高度为 26.5m，主体建筑均为 3 层（穿堂局部设夹层），采用2层双深位货架系统。1号冷库存储量为0.8万托，2号冷库存储量为0.5万托。冷库主要用于果蔬存储，并有果蔬分拣功能。

图16-4　鑫荣懋（沈阳）仓储冷链物流基地效果图

16.2.2　技术特点

1. 用地集约化

一期建设的2座冷库共用一套制冷系统，制冷机房及变配电间位于1号冷库的首层。制冷机房与冷库主体有机结合，蒸发冷却平台架空设置于两个冷库之间的道路上，既不影响建筑立面效果又节省用地。

2. 双月台形式

本项目中的冷库为存储果蔬类货品的高温库，根据货品的季节性特征、货值的差异化特征，结合项目所在地气候特点，发货口采用内月台+外月台相结合的形式，通过站台发货口细部节点的设计，满足不同类型货车接驳的需求（图16-5）。

图16-5　双月台

3. 高效的物流设施

冷库穿堂采用"EE"型提升机用于货物的竖向运输,提升机的传送带顶面与室内楼面齐平,满足各类型手动、电动叉车与垂直运输设备的顺畅衔接,有效提升货物运输效率(图16-6)。

图16-6 自动化物流设施

4. 能量回收系统

采用带处理盘管的能量回收新风机组,将室外空气处理至室内状态点送入,防止产生冷凝水,减少冷风机融霜时间。冷却物冷藏间通风系统采用能量回收新风机组,回收冷热量,节约能源。

5. 制冷系统的节能环保措施

制冷压缩机组采用变频调节,降低能耗;蒸发式冷凝器采用全盘管式,避免冬季填料结冰;风扇采用变频调节,冷凝压力稳定;蒸发冷却循环水采用电化学处理技术,杀菌除垢;丙二醇系统采用一次泵变频系统,根据末端需求控制水泵流量。制冷机房内部如图16-7所示。

冷却物冷藏间根据面积差异采用不同的送风方式。较大面积房间采用织物风道送风,库温均匀;小面积、无包装货物的存储房间采用吹风式冷风机,出风速度低,干耗小。

6. 简洁明快的立面造型

冷库建筑具有"体量大、开窗少"的特征,在充分权衡经济性、实用性、辨识度等多种因素后,本着"形式与功能和谐统一"的原则,设计采用带金属质感的氟碳漆作为主要外墙材料,通过深灰色与白色的强烈对比,突出建筑个性,形成简洁明快的立面风格。

图 16-7　制冷机房内部

16.2.3　应用效果

根据本项目投产使用的年度统计数据，两座冷库的单位货物耗电量约为 $0.2kWh/(m^2 \cdot d)$。该项目作为鑫荣懋果业科技集团在东北地区最大的冷链物流基地，智能化、自动化设施以及控湿、控温技术都达到业内领先水平。

16.3　杭州鲜丰智慧冷链物流中心

16.3.1　项目概况

鲜丰水果股份有限公司是一家集新零售、智慧冷链物流和供应链"商对商"（B2B）平台的企业，是全国头部水果连锁销售企业，先后荣获农业产业化国家重点龙头企业、浙江省农业龙头企业、浙江服务名牌、浙江省著名商标等称号。企业包含鲜丰水果、阿K果园子、水果码头、鲜果码头、杨果铺五大品牌，全国门店数超2400家，并拥有17个共计10万 m^3 的现代化冷链仓储中心。

杭州鲜丰水果智慧冷链物流中心建筑面积5.3万 m^2，主建筑一层为果蔬物流库，二层为香蕉催熟库及青蕉存储库，共计包含存储库3.5万 m^3、青蕉库1.3万 m^3、控温分拣及穿堂4.1万 m^3。一层建筑共分为5个制冷系统，包括−18℃冷冻库、0～4℃水果库、10～15℃高温库、15～20℃控温分拣区等（图16-8）。针对不同种类水果建设多个温区，保证水果在最适宜的温度下储存。其中香蕉催熟库可满足920托香蕉同时催熟，可保证单批次青蕉4d完成催熟并投入终端市场。

图 16-8　杭州鲜丰智慧冷链物流中心效果图

16.3.2　技术特点

1. 四面发货站台的应用

为适应本项目水果配送需求，主体建筑设置四面发货站台。1.2万 m^2 占地面积实现了接近100个封闭发货站台和67m开敞装卸站台，最大化满足快速发货的需求。单体峰值发货速度每小时超100辆车。

为了适应各种水果运输车辆，设置侧装卸站台、封闭装卸口、带升降平台装卸口及高峰临时装卸位共4种形式装卸口。

2. 因地制宜的制冷系统配置

一层的制冷系统采用R134a直膨系统，系统设备较少，所需机房面积较小，蒸发器的供液方式决定了蒸发器内存液量小；系统充注量低，运行高效节能。二层的制冷系统采用纯水载冷系统，设备集成度高，制冷剂在压缩机组出厂前完成充注，可减少制冷剂的充注量和泄漏概率。末端采用降膜式蒸发器，可实现1.5K小温差换热，保证7℃出水的同时，蒸发温度可提高到5.5℃，提高了制冷系统的效率。系统末端采用高控制精度的比例积分调节阀，冷间内温度控制灵敏、稳定。

一层均采用侧出风式冷风机，所有风机均针对不同蒸发温度，采用不同翅片间距。10~15℃冷间及穿堂采用自然融霜，-2~0℃冷间采用热制冷剂融霜，-18℃冷间冷间数量较少，热制冷剂供应不稳定，采用电融霜。

3. 分拣区的精细化设计

考虑项目分拣作业区的功能需求，采用12m跨柱网，方便物流分拣使用，在大跨度柱网内实现了越库区、周转通道、分拣作业区、配送区、发货区的精细布局。

本项目水果储存货品多，对温度要求高。为保证水果品质，按不同水果存储、周转需求设置多温区。本项目设置 $-18℃$、$0\sim4℃$、$10\sim15℃$、$15\sim20℃$ 等多种温区，以适应不同货品存储需求。

4. 香蕉催熟系统的合理配置

围绕香蕉催熟系统配置青蕉库用于运输到场的青蕉储存，极大限度缩短催熟首个阶段的降温时间，提高催熟品质、速度，催熟系统应用降膜式蒸发器配备比例积分调节阀进行载冷降温，响应速度快，节能效果好。

从香蕉的生理特性出发，运用先进的技术、设备、控制技术等构建符合香蕉生理特性的催熟环境，提高商业化处理的效率，降低运营成本。催熟系统主要包括专用冷风机、气体循环导风系统、通风换气系统、环境参数控制系统、气密催熟门和库体等系统。与传统催熟方案相比，本项目的催熟系统具有以下特点：自动化控制催熟，催熟过程精确可控；空气循环均匀，所催熟加工香蕉品质均匀；增压催熟库能充分利用仓储面积；有效控制催熟过程中的货损；催熟后，香蕉货架期长 $2\sim3d$，可降低销售折损率；采用标准化运营管理，催熟库运作效率更高。

香蕉催熟库控制系统中预设 6 个阶段，可根据催熟师不同需求针对每个阶段进行调整，以针对不同蕉源预设不同参数。控制系统具有远程监测功能，并提供兼容的数据远传接口，可以和第三方的数据平台实现对接。可对系统的运行状况进行整体监测、控制、分析形成实时和历史数据以及远程访问数据。在这些控制子系统的基础上通过系统通信的方式，通过监控主机进行统一管理，并且通过网络连接，进一步实现远程监控，对制冷系统现场的温度、能耗、报警信息等运行情况进行总体监控。

香蕉催熟库使用降膜机组，采用高效降膜式蒸发器，换热效率高，可保证 $7℃$ 出水时蒸发温度达到 $5.5℃$ 左右，蒸发温度比干式机组高 $5℃$ 左右，耗电量可比干式机组节约 20% 左右。并且降膜式蒸发器制冷剂充灌量比满液式蒸发器少 40% 左右，不存在吸气带液风险，可确保机组高效稳定运行。采用计算开度电子膨胀阀供液控制技术，可在不同吸排气压力和负荷下实现供液量的精确控制，避免了传统孔板节流方式因无法适应吸排气压差和能级变化而造成的性能大幅衰减，也避免了采用吸排气过热度控制供液的普通干式和满液式机组经常出现的供液控制不稳定问题，使机组始终能保持高效、节能、稳定运行。采用 3 台套半封闭螺杆压缩机，内置高效油分离器，同时外配二次卧式油分离器，排气含油量低于 $0.099mg/m^3$，较高的油分效率可保证机组免于跑油的危险，使得机组运行更加稳定可靠。

香蕉催熟库风机采用双侧出风设计，结合压差式风道，保证香蕉可快速降温，同时冷风机可进行正反转运行，保证香蕉降温均匀。香蕉催熟库如图 16-9 所示。

16.3.3 应用效果

本项目投入使用至今超过 3 年，是国内最专业的水果智慧物流中心之一，使用单位也以本项目为模板在全国配置多个专业化水果物流中心。

本项目制冷系统可实现无人值守自动运行，降低人工运营成本。一层储藏库在使用中处于不间断进出货状态，相应的分拣区及穿堂也均为不间断使用，即使在高温天气下也可保证库温在设定范围内波动。二层香蕉催熟库及青蕉库为成套冷库，外源香蕉进入青蕉库

图 16-9 香蕉催熟库

进行降温储藏等待降温，操作人员在二层控温整理间进行割袋堆垛后进入香蕉催熟库进行催熟处理。整个流程动线合理、使用方便，催熟系统内各分系统实现稳定运行、精确控制。

16.4 万纬物流上海奉贤临港园区鲜果运营中心

16.4.1 项目概况

万纬物流上海奉贤临港园区鲜果运营中心位于万纬上海奉贤临港园区内，建设地点位于上海市奉贤区，是万纬物流重点打造的集预冷、仓储、越库、质检、库存管理、催熟、包装于一体的水果综合运营中心，园区引入 ESG 管理理念，获得 LEED 铂金级认证。万纬物流上海奉贤临港园区鲜果运营中心占地面积 12180m^2，建筑面积约 3.8 万 m^2，容积 19.5 万 m^3，建筑高度为 28.65m，是一座高层冷链物流坡道冷库，储藏猕猴桃、莓果、香蕉、牛油果等多个种类的水果（图 16-10）。冷库共 3 层，首层设置 4 个冷藏间、1 个分拣质检分装区和 1 个催熟车间，冷藏间和分拣质检分装区温度均为 5~6℃，催熟车间温度为 5~15℃，二、三层各设置 4 个冷藏间和 1 个分拣质检分装区，冷藏间和分拣质检分装区温度均为 0~4℃。分拣质检分装区内配置亚洲首条奇异果自动分拣包装产线（图 16-11）。

冷库采用装配整体式框架结构，主要柱网尺寸为 11.6m×11.5m，首层净高 9.8m。冷藏间采用 3 层四向横梁车自动化存储货架（图 16-12）；二层净高 6.5m，4 个冷藏间均采用 2 穿梭式货架和 2 层横梁式货架相结合的货架布置方式；三层净高 6.25m，其中 2 个冷藏间采用 2 穿梭式货架和 2 层横梁式货架相结合的货架布置方式。穿梭式货架立柱间距为 1440mm，横梁式货架立柱间距为 2390mm，货架之间通道尺寸以 3500mm 为主。所以货架托盘采用 1200mm×1000mm 标准托盘，每托高度（含托盘自身高度）按 2.4m 设计。

图 16-10　万纬物流上海奉贤临港园区鲜果运营中心鸟瞰图

图 16-11　分拣质检分装区自动化分拣包装产线　　　图 16-12　冷藏间自动化存储货架

冷库采用封闭式内月台（图 16-13），宽度为 11.7m，月台设计温度为 1～7℃。建筑三层共设置 37 个装卸大道口，均配置升降平台供大、中、小型货车使用，道口设置 2.4m×2.7m 的电动保温型滑升门，直接安装至升降平台基坑底部，隔绝了穿堂与外界空气的直接交换，避免了冷热交换导致的库内热量损失，保证服务过程中的全程温控。

图 16-13　内月台穿堂

首层催熟车间划分为 10 个独立的小间，每间容量为 176 托，满足绝大部分客户单次催熟的需求量。通过精准控制催熟库内温度、湿度、乙烯质量浓度、二氧化碳质量浓度等参数，可精准控制催熟进程。每个小间都采用双层托盘设计、定制催熟驶入货架，利用气密性提升门打造高气密性库体，保障催熟间气体结构稳定。

16.4.2 技术特点

1. 围护结构

冷库主体结构为装配整体式框架结构＋轻钢屋面。采用内保温的形式，即在主体结构内部形成完整封闭的冷藏保温系统。库板保温采用 100mm 厚双面彩钢 PIR 保温夹芯板，一、二层冷间顶棚沿周圈环形喷涂聚氨酯保温顶棚，聚氨酯喷涂外侧设彩钢板装饰保护层。

2. 制冷系统

制冷系统采用一体化蒸发式冷凝机组，机组置于室外绿地，减少了制冷机房的用地面积，保证了库容的最大化。采用载冷系统和 R507 制冷剂，大幅降低了制冷剂的充注量。制冷系统的载冷剂采用无毒无味的丙二醇，满足食品级需求，保障食品的安全。

为满足奇异果的存储要求，冷藏间配置精准的温控系统、加湿系统和通风换气系统。冷藏间内温控系统的温感探头精确至 0.1℃，将温度波动精准控制在 ±0.5℃，确保冷藏间内的温度均匀；冷藏间相对湿度控制在 95% 以上，减少果品干耗，有效延长果品货架期；通过通风换气系统控制冷藏间内乙烯和二氧化碳的质量浓度满足水果存储的要求。同时，通风换气系统采用能量回收机组，利用回风预冷新风，降低能耗，机组将室外空气处理至室内状态点后送入冷藏间，在控制冷凝水的同时减少了冷风机融霜次数。吊顶式冷风机的融霜用热完全利用制冷余热。

3. 光伏发电

屋面铺设光伏发电模组，采用高效光伏组件，转换效率高达 21.2%，逆变器效率达到 98.6%。三个仓库屋面铺设光伏系统，屋顶面积 27568m²，总装机容量接近 3.534MW（图 16-14）。经初步估算，屋顶光伏系统年均发电量约 345 万 kWh，园区的年耗电量约

图 16-14 屋顶光伏系统

224万kWh。光伏发电主要供园区用电设备白天使用，当发电量大于耗电量时，多余的电量并网至电网；当发电量小于耗电量时，不足部分由电网补充，光伏发电不带储能设施。

16.4.3　应用效果

本项目秉承绿色可持续的建设理念，获得莱茵TÜV国内首个物流园区净零碳建筑认证，并获得LEED V 4BD+C Warehouse and Distribution Centers（仓库与配送中心）铂金级认证。本项目主要从三个维度实现节能减碳：一是绿色规划设计，通过选址来缩短卸货、入库时间，设计安装高性能机电系统、人体感应LED节能灯具、屋顶分布式光伏系统和高效节水器具，营造绿色建筑。二是围绕污染控制、资源节约、废弃物管理等方面开展绿色建造。三是绿色运营，按照国家能效标准选用高效变压器、空调、水泵、风机等设备，合理利用夜间"谷电"，用热氟融霜代替电融霜，同时在卸货口增加门帘和充气门封来实现节能降耗。以《建筑能耗标准（低层住宅除外）》ASHRAE 90.1—2010的规定测算，项目整体节能率达到50%以上。根据实际运行数据统计，2023年光伏发电量为386.2万kWh，实际使用光伏电量278.3万kWh，光伏系统累计减碳量2760t。

（本章撰稿人：尹从绪、范敏浩、马辉、周丹、钟景荣、林嘉伟、张晓东）

第17章 水产加工

17.1 江苏正源创辉食品工业园

17.1.1 项目概况

江苏正源创辉食品科技发展有限公司是一家主营小龙虾、淡水鱼、南美白虾、小海鲜熟食制品的农业深加工企业,集养殖、生产、加工、销售、研发等业务形成一站式服务。该公司拥有养殖基地1.5万亩,养殖品种主要包括鱼、小龙虾、螃蟹三大类。本项目位于江苏省盐城市建湖县,园区紧邻S233省道及S331省道,交通便利(图17-1)。

图17-1 江苏正源创辉食品工业园航拍图

本项目包括加工车间(3座)、办公楼、宿舍、食堂以及其他配套设施,总建筑面积为65000m^2。项目于2019年10月开始设计,2021年初建成。厂区深加工能力达到每年10万t,车间带有2座全自动冷库,冷库的库容约2万t(10000m^3)。

三座加工车间均采用钢结构设计,其中A栋加工车间以及B栋加工车间配有两座成品库,成品库均采用10层AS/RS全自动货架。车间立面采用彩钢岩棉板横铺及玻璃幕墙,将现代的玻璃幕墙与岩棉夹芯板有机结合,营造简洁大方的建筑造型。两座加工车间的参观走廊用空中连廊相连,保证参观的连续性;立面采用彩色玻璃,活跃了园区的建筑氛围(图17-2)。

本项目共配备6台高速巷道式堆垛机,系统单一作业能力为150托/h,复合作业能力

图 17-2 加工车间侧立面实景图

为 200 托/h；单一输送机作业能力为 25 托/h，单一移载机作业能力为 30 托/h。对比同样面积的散堆库或者人工操作的货架库，整体进出库效率大幅增加。此外，还包括 100 余组辊式/链式输送机、移载机，以及 6 个出入库输送机站台等设备。制冷系统制冷剂采用 R507，选用 2 台带经济器的螺杆式压缩机组，库内采用吊顶式冷风机，通过合理布局，做好库内的气流组织，不需布置送风风道。2 台压缩机组通过桥接互为备用；制冷系统采用桶泵供液方式。

17.1.2 技术特点

1. 全自动化系统设计

全自动冷库货架高度为 20m，设有 10 层货架，总货位数量超过 20000 个，极大地提高了库房空间利用率。与传统的 4 层货架库相比，库内托盘数增加 50%。且每层设置独立货位单元格，充分保障了货物的存储安全。全自动冷库货物存取快速方便，出入库作业灵活。每个托盘的出入库都由堆垛机智能识别托盘码进行送货取货，货物互不干扰，不会造成挡货、压货以及库存储位管理混乱等现象，避免了传统冷库中容易出现的相似产品收发货错误、盘点错误等情况，在保证货物快进快出的同时，还大大提高了作业准确性。自动化输送线长度超过 500m。

自动化作业在很大程度上节省了人力成本支出，增加了仓储配送的准确性和快速性，减少了冷库冷负荷，降低运行成本。与传统人工装卸冷库相比，全自动冷库每 6 个卸货口可节省 1 名人力叉车司机，项目共有 30 个卸货平台，可节省 5 名叉车司机。在效率方面同样提升明显，全自动冷库的入库效率为传统库的 2 倍。

冷库出库口和入库口分别设置了两道自动升降保温门，两道保温门中间设置缓冲区，自动升降保温门可智能识别货物位置，始终保证一道门处于关闭状态，减少热质交换，起到良好的保温效果，保障货物储存质量并节约制冷能耗。

2. 自动化管理系统

整个系统采用 WMS、WCS 仓储管理系统，统一调度、统一管理。在系统结构上，物流计算机调度和信息管理系统硬件结构采用 B/S 以及 C/S 模式。控制系统采用无线以太网工业控制网络；堆垛机、输送系统控制设备通过无线以太网进行通信。系统软件结构采用模块化集成模式。

系统硬件具有如下特点：采用双机热备的数据服务器进行数据管理，保证系统运行安全和数据安全；数据在统一的数据库中进行处理，各子系统使用统一的数据源，保证各子系统完全实时共享数据；系统软件具有如下特点：通过数据库管理系统的管理工具，包括用户管理、权限管理、数据备份、数据恢复、事务处理和日志记录等，保证系统运行安全和数据安全；数据操作采用事务处理方式进行，保证数据的一致性、安全性和准确性；客户机使用统一的浏览器访问，界面显示的管理功能由登录操作员的身份和权限确定；各模块功能相互独立，需要对一个功能模块进行维护时对其他功能模块没有影响。

3. 控制系统

全自动冷库及其配套系统采用自动化总线 PROFINET 解决方案。该自动化物流系统的总体设计思路为"集中管理、综合与分片监控相结合、分散控制、减少人工和易于维护升级"。控制系统以"稳定性、可靠性、易维护性，易操作、先进性和独立性"为原则。

4. 系统自动盘点

操作员可设置不同的盘点方式（主要包括随机盘点、指定批次/物料/托盘/货位盘点等）建立盘点凭证，系统自动生成盘点单据，随后由堆垛机执行盘点作业。操作员打印盘点单据并与堆垛机反馈的数据进行实物清查，形成盘点日志，并自动记账，将盘点结果反馈给上级信息系统。另外，系统定制化设计了视频实时盘点功能，支持无线回传，并在后端存储。

堆垛机的车载摄像机可通过无线网桥与定点基站相连，实现车载视频图像的实时回传。为了避免因车辆动作而导致信号中断，所有巷道无线网桥采用点对点设计，确保无线信号不会受到车辆动作的影响，确保设备 100% 在线。固定基站网线直连到指挥中心交换机，完成车载网络和库区局域网的桥接。

17.1.3 应用效果

本项目自 2021 年交付使用，运行良好。智能化的生产加工系统以及自动化作业改变了原来低效率、高耗能的作业模式，减少运营投入，增加产出。相对于传统冷库，冷库存储量增加 50% 以上，出入库效率增加 30% 以上。整个园区通过高效的自动化运营树立了水产加工的自动化标杆，行业内外大量人员前来参观学习。

17.2 江苏海福特海洋食品产业园

17.2.1 项目概况

江苏海福特海洋食品产业园隶属于江苏海福特海洋科技股份有限公司，位于江苏赣榆港经济开发区海洋经济创新示范园内，总投资 15.3 亿元，占地 380 亩，建筑面积达 20 万 m^2。

本项目一期投资 7.8 亿元，建设加工生产车间 9 座，包括年产 4 万 t 的即食干制调味海产品自动化生产线、年产 2 万 t 的即食鲜制调味海产品自动化生产线、年产 10 万 t 的海洋罐头产品自动化生产线、年产 10 万 t 的冷冻海产品自动化生产线以及年产 4 万 t 的鱼粉自动化生产线，同时配套建设 3 座冷藏库，总库容约 18.6 万 m² （5.3 万 t）。该项目已于 2019 年逐步验收并投入使用（图 17-3）。

图 17-3　江苏海福特年海洋食品产业园效果图

17.2.2　技术特点

1. 满足多温区不同制冷系统配置

本项目制冷需求具有温度区间广阔、应用场景复杂多样的特点。制冷需求及配置见表 17-1。

制冷需求及配置　　　　　　　　表 17-1

应用场景	数量	室温（℃）	蒸发温度（℃）	制冷系统
双螺旋速冻装置	2 台	−30～−35	−40	NH_3/CO_2 复叠
冲击式板带速冻装置	5 台	−33～−40	−45	NH_3/CO_2 复叠
二次冻结速冻装置	7 台	−30	−35	NH_3/CO_2 复叠
平板冻结器	14 台	−30	−35	NH_3/CO_2 复叠
速冻间	8 间	−30	−38	NH_3/CO_2 复叠
5 万 t 低温冷藏间	—	−25	−35	NH_3/CO_2 复叠
3000t 高温冷藏间	—	−5～−10	−15	NH_3/CO_2 载冷

2. 降低 NH_3 充注量的措施

根据《危险化学品重大危险源辨识》GB 18218—2018，液氨储存量超过临界量（10t）为重大危险源。为保障系统安全，本项目通过采用 NH_3/CO_2 复叠系统，将 NH_3 充注量降低为 9t，且整个制冷系统 NH_3 集中在制冷机房使用，车间区域的制冷管路和蒸发设备

工质均为 CO_2。为了进一步降低 NH_3 的充注量，采用立式虹吸式储液器，即将储液器与虹吸罐合并为一个容器，与传统虹吸罐＋卧式储液器形式相比，NH_3 的充注量可降低约 0.6t（图 17-4、图 17-5）。

图 17-4　立式虹吸式储液器　　图 17-5　虹吸罐＋卧式储液器

3. 节能措施

NH_3/CO_2 复叠系统运行效率受系统中间温度的影响，为使制冷系统运行在效率最高的工况下，本项目根据不同蒸发温度分别设置最佳中间温度。双螺旋速冻装置、冲击式板带速冻装置蒸发温度为 $-45\sim-40℃$，最佳中间温度设置为 $-15℃$；二次冻结速冻装置、速冻间、平板速冻机及低温冷藏间蒸发温度为 $-38\sim-35℃$，最佳中间温度设置为 $-9℃$；通过模拟计算，与中间温度为 $-15℃$ 相比节能 $2\%\sim5\%$。

低温冷藏间及速冻间内冷风机采用循环水冲霜方式，冲霜水温不应低于 $10℃$，不宜高于 $25℃$，在实际使用中，多次循环冲霜后水温通常较低，影响冲霜效果及冲霜时间。

本项目在压缩机排气管路上设置了一台热回收器，在不影响制冷系统正常运行的前提下，回收制冷系统的部分冷凝热量，回收的热量用于冲霜水池内水的加热升温（热回收器为壳管式结构，其壳程内为 NH_3 过热气体，管程内为冲霜水）。因此，热回收器的设置不仅保证了冲霜效果，也回收了系统的部分冷凝热量，在减少系统能耗的同时，也达到了节能减排的目的。

4. 保证库温均匀性

低温冷藏间和高温冷藏间空间较大，为了使温度场均匀、降低食品的干耗，采用冷风机配套织物风道的形式。增加织物风道后，室内温差不超过 $\pm0.5℃$，室温波动小于其他同类型的冷库。同时避免影响库内货物的存储量及考虑安装维护简单方便，本项目中织物空气系统采用扁圆形风道＋铝合金滑轨，具有质量轻、易安装、易拆洗（定期清理）等特点。

5. CO_2 系统的安全

为降低初投资、降低能耗、简化系统，本项目单冻机、速冻间、平板速冻机等系统的

CO_2 气液分离器和 CO_2 储液器未配置维持机组，由全年运行的低温冷库及成品库制冷系统对上述三个系统的 CO_2 系统稳压。

单冻机、速冻间、平板速冻机受生产时间的影响，会出现长时间停机情况，在长时间停机时，CO_2 气液分离器的压力达到设定值，泄压至 CO_2 储液器内。单冻机系统与 $-5\sim-10℃$ 成品库系统的 HN_3 侧主机蒸发压力相同，将上述两系统 NH_3 侧主机合并；平板速冻机、速冻间系统与低温冷库系统为同一蒸发温度。当低温冷库及成品库运行时，会给单冻机、速冻间、平板速冻机系统 CO_2 储液器降压，使上述三个系统的 CO_2 储液器压力维持在设计范围内。

制冷机房内、冷库门口、平板、螺旋、单冻机区域等距地面 30cm 位置设置 CO_2 气体传感器，具有浓度过高报警功能。制冷机房外墙贴近地面处设排风扇，与 CO_2 泄漏报警联动，在出现 CO_2 泄漏时开启通风机。

6. 自动控制系统

整个系统采用集中与分散相结合的方式实现自动控制，实现自控与监视同步。通过计算机人机界面可以实现对系统中所有设备进行实时监控，监测压缩机、蒸发式冷凝器、冷风机、桶泵、水泵的运行、停止与故障状态，实现对温度、压力、液位等数据的集中管理、历史数据存储、计算机远程控制等中央管理调节功能，使系统运行更加安全。在发生故障时，系统发出声光报警，同时也可以通过网络传至管理人员终端设备（电脑、手机、Pad 等设备）及时处理，使系统运行更加安全可靠。

17.2.3 应用效果

本项目自 2019 年投入使用以来，运行效果良好，全面达到了各项设计指标。采用 NH_3/CO_2 复叠系统，降低了 NH_3 充注量的同时，使系统更安全、更可靠。低温冷藏间和高温冷藏间采用织物风道送风模式，降低了室温波动。CO_2 系统安全压力设计通过多年运行检验，使系统压力维持在设计范围内，满足使用要求。整个系统控制采用智能化、自动化的集散式控制系统，实现电脑、手机等设备远程监控和管理，提高了系统运行管理的安全性和可靠性。

（本章撰稿人：成昱光、原成成、李晓夏）

第18章 食 品 加 工

18.1 山东新食州食品产业园

18.1.1 项目情况

　　山东新食州食品产业园位于山东省德州市临邑县，主要用于鸡肉深加工和调味品生产。本项目总投资5亿元，占地面积89亩，建筑面积5.1万 m^2（图18-1）。项目于2021年6月开工建设，已于2023年5月投产，达产后，年产鸡肉制品可达14万t。

图18-1　山东新食州食品产业园鸟瞰图

　　鸡肉深加工建设项目包括速冻系统、低温冷库和车间空调等。速冻系统采用 NH_3/CO_2 复叠系统，包括4条自堆式速冻机，5条双螺旋速冻机，1个速冻间；总制冷量4200kW，冻结能力达到30t/h。低温冷库包括两栋原料库（单层库，库高9m）和一栋成品库（立体库，库高20m），3栋冷库（总容量2万t）。冷库制冷系统制冷剂采用R507，采用RWKII-CM型开启式螺杆压缩机组（图18-2）。加工车间空调采用丙二醇载冷剂系统，其他缓化间、暂存间等采用风冷模块机（图18-3）。

图 18-2 制冷机房

图 18-3 加工车间

18.1.2 技术特点

1. 速冻系统

速冻系统以速冻生产线为主，设计蒸发温度 -42℃，库温 -35℃；低温级采用高效制冷工质 CO_2 作为制冷剂，环保、高效、节能，整套系统采用 R717/R744 复叠制冷系统。

速冻系统冷源采用 R717/R744 复叠模块机组，NH_3 不出机房，充注量低，保证了节能及安全稳定运行；作为冷源的 7 台复叠压缩机组，结构紧凑，机房占地面积约为同冷量其他制冷剂双机系统方案的 60%，节省了建筑空间。

所采用的复叠制冷机组是专门针对 NH_3/CO_2 复叠制冷循环研发的产品，高温级使用 NH_3 制冷剂，低温级使用 CO_2 制冷剂，并充分利用了 NH_3 和 CO_2 在各自温度段的性能优势，使速冻工况的效率具有明显的优势。每台机组包含了 NH_3 和 CO_2 压缩机、蒸发式冷凝器、CO_2 桶泵等部件，CO_2 桶泵还配置油蒸馏回油系统，保证 CO_2 侧高效回油，制冷剂泵采用一用一备配置，循环启停，平衡磨损。每套机组包含 1 套 PLC 控制系统，机组自动运行，稳定高效。同时配备 CO_2 系统停机压力维持系统，CO_2 桶泵内部配有换热盘管。

2. 低温冷库

冷库设计库温 -18℃，由原料库、立体库组成。低温制冷系统设计蒸发温度 -26℃，采用高效的共沸制冷工质 R507 作为制冷剂。在两台开启式螺杆压缩机组中，一台采用变频技术，这样既提高部分负荷时的运行效率，又节约了投资成本。压缩机自带经济器，提高制冷系统 COP。针对本项目进出货频繁的特点，冷库采用热氟融霜，这种融霜方式效率高，且不会有水溅出的风险，有利于提高货物品质；库温波动小，有利于保证系统节能运行；距离主用冷区域很远的用冷单元（暂存间、缓化间等），采用风冷模块机，独立制冷，减少因远距离输送产生的较高运行成本和效率衰减。

3. 余热回收

速冻系统的冷凝热如不加回收利用会直接排入大气中，同时，工厂生产及制冷系统中又有多个场合需要用热。因此，在系统设计时在 NH_3 压缩机排气管路设置了不锈钢热回收器，通过回收压缩机的排气显热和部分冷凝潜热，将热量用来加热锅炉补水和制冷系统蒸发侧冲霜水。

余热回收可全年利用压缩机排气废热为生产工艺和制冷系统辅助应用补充热量，提高能源利用率，同时可降低制冷系统冷凝排热负荷。

18.1.3 应用效果

本项目于 2023 年 5 月正式投入生产，制冷系统运行良好。速冻系统降温速度快，全面达到各项设计指标，各种产品在速冻机中均快速达到设计温度，稳定连续生产，品质优良；冷藏间温度稳定，波动幅度小，达到低能耗的预期指标；整个制冷系统负荷调节范围宽广、应用灵活、备用性强，给生产工艺带来便捷，达到了设计目标。

18.2 韩城国家级花椒产业园全自动立体冷库

18.2.1 项目概况

陕西为康食品科技股份有限公司位于陕西省韩城市芝阳镇国家级花椒产业园区，占地面积 500 亩，其产品涵盖花椒粉、花椒油、花椒提取物等。该公司拥有综合生产车间、超临界生产车间、精选车间、大型智能仓储冷库、研发品管楼及配套设施等。同时，陕西为康食品科技股份有限公司为韩城椒农提供免费储存服务，通过"公司＋基地＋合作社＋农户"的模式，公司与农户建立长期稳定的合作模式，极大地促进了当地花椒产业的蓬勃发展。

韩城国家级花椒产业园全自动立体冷库项目总建筑面积 9260m^2，冷库总库容约为 68234m^3，年储存花椒能力可达 5000t，年加工花椒原料 3000t（图 18-4）。冷库集恒温、恒湿、闭光、充氮、自动化系统等为一体，最大限度保留花椒的麻素和挥发油等有效成

图 18-4　韩城市国家级花椒产业园全自动立体冷库鸟瞰图

分，使花椒不变色、不跑味，保障产品质量安全。

按照温区不同，本项目分为一间-5~0℃立体库以及三间10~15℃预冷库。其中立体库货架共10层，高度为19.3m；预冷库高度为6m。制冷系统制冷剂使用R507，采用直膨供液方式。立体库制冷系统配备2台压缩机组、2台蒸发式冷凝器和10台吊顶式冷风机，通过合理布局，做好库内的气流组织，不用布置送风管。预冷库制冷系统采用1台制冷压缩机组、1台蒸发式冷凝器，每间预冷库布置4台吊顶式冷风机。

18.2.2 技术特点

1. 食品安全与建筑安全

花椒的物理性质特殊，极易受环境湿度、异味影响，且含水率高于8%后逐渐发生变色、霉变等，因此库内进行了低湿度处理，将库内相对湿度控制在60%~70%。同时，花椒入库前进行降温及均温处理，采用热风干燥，降低了花椒本身的含水率；而库内储藏原料出库前也会进行回温处理，避免含水率发生变化，确保较佳的储藏品质。

考虑到花椒油等产品是挥发油，且具有可燃性，常规冷库采用的喷洒系统或其他化学灭火设施可能会污染货物，造成重大损失。因此本项目按照国家相关规范《注氮控氧防火系统技术规程》CECS 189—2005对库房内空气成分进行主动干预，使库内氧的质量分数保持在12.5%~13.5%，且本项目库体保温结构按照气调库相关规范进行密封系统的设计、验收。

充氮控氧处理可抑制空气中的氧对花椒有效成分的氧化作用，既能满足消防要求，又确保库内货物的质量安全。本项目在机房、阀组、冷库风机等位置配置有泄漏检测报警系统，降低花椒挥发油与空气混合发生爆炸的风险，保障食品与建筑安全。

冷库钢结构系统采用巴特勒技术及标准化成品连接部件，采用氟碳涂层外围护结构材料。为抑制闷顶温度对库房温度的影响，除增加冷库吊顶PIR夹芯板厚度外，还在屋面增设专业无动力通风器，进而降低闷顶温度对库房的影响。

库房区域的地坪防冻胀保护措施采用通风管防冻胀方式，并在装配式冷库外围护结构与保温系统之间的空腔间隙，设置了向地面之上翻起的通风管，利用通风管内部空气密度差实现自然通风，解决了通风管长和毗邻车间建筑的影响等问题，延长冷库的使用寿命。

2. 自动化与智能化

全自动立体冷库货物存取快速方便，出入库作业灵活，避免了传统冷库中容易出现的相似产品收发货错误、盘点错误等情况，在保证货物快进快出的同时，大大提高了作业准确性。自动化作业，在很大程度上节省了人力成本支出，增加了仓储配送的准确性，提高出入库效率。整个仓储自动化系统由货架系统、转轨堆垛机系统、轨道系统、出入库输送系统、电气控制系统、WMS/WCS仓储管理系统、RF系统、远程监控系统及硬件等组成，极大提升了自动化作业效率。

3. 经济性与节能性

考虑到本项目储藏的货物季节性非常强，结合采摘周期等因素和生产配套性质，为了降低设备储藏季闲置率，提升系统性价比，本项目仓储系统中自动堆垛机具有转轨功能，两套堆垛机服务于五条巷道。在进出货端，为提升码垛机运行效率，增设横向托盘传输系统。在高效自动化作业的同时，大大降低了系统硬件一次性投资。

由于花椒的物理性质特殊,在储藏过程中会有挥发性油脂类释放、沉积,且考虑到使用阶段对风机、风扇、传感器、柔性风道系统等的定期检查、维护、清理等需求,设置了检修马道及可拆卸清洗的风道系统等,降低后期运营维护费用。

库内使用快速门与普通电动冷库门组合,降低进出货时的冷量损失,提升工作效率,同时在稳定储藏期降低氮气渗透损失,极大地保障了库内空气成分及货物储存质量,并节约制冷能耗。

18.2.3 应用效果

本项目自2017年交付使用以来,系统运行良好。项目建成后,将低温储藏过程中花椒可挥发物质的年损耗率控制在1%左右,有效地完善了"有机种植、精深加工、产品研发、智能仓储、标准化"的花椒深加工全产业链布局,提高了企业市场竞争力,降低了运营成本,也为带动当地花椒产业的发展发挥重要作用。

18.3 良品铺子休闲食品产业园

18.3.1 项目概况

湖北良品铺子食品有限公司是一家致力于休闲食品研发、加工分装、零售服务的专业品牌连锁运营公司。该公司专注高端零食13年,精选全球32大产地食材,产品超过1000种;深入线下连锁和线上电商同步发展,现已成为全渠道、全品类、线上到线下(O2O)发展的典范,成为休闲即食方案的"中央大厨房",迄今全国有3000多家门店。

良品铺子休闲食品产业园(一期)为湖北省重点建设项目,位于武汉东西湖区走马岭街,规划用地面积148亩,总建筑面积约69000m² (图18-5)。本项目集多个控温仓储(22~26℃、10~15℃、0~5℃、-18℃)、加工生产、拣选配送、产品研发、质量检测和顾客体验、休闲观光等功能于一体。

图18-5 良品铺子休闲食品产业园(一期)航拍图

本项目包括全自动立体库与分拣车间（简称"楼库"）。全自动立体库属于综合型物流建筑的仓储区，温度为0～5℃，为单层门式刚架结构，地面采用梁板结构，檐口高度23.6m，存货18920托；存储物品火灾危险性类别为丙类2项，耐火等级为一级。分拣车间共5层，层高4.1～5.9m，檐口高度23.7m；分拣物品的火灾危险性类别均为丙类2项，耐火等级为一级；为现浇混凝土框架结构，一层地面采用梁板结构。分拣车间内中间仓库采用四向穿梭车5层货架，存货量2240托，与车间分拣区防火墙隔离，洞口处采用防火卷帘或水幕隔断。品控中心为4层单跨现浇混凝土框架结构。所有单体建筑的基础均为预应力混凝土管桩。

18.3.2 技术特点

本项目定位为智慧冷链物流基地，以"全程冷链＋库容共享＋货到人拣选＋交叉带分拨＋穿梭车库调拨缓存"为设计理念，可实现信息平台统一化、物流管理标准化、订单处理迅捷化。

1. 线下线上资源共享

实行线上线下一盘货管理，减少库容资金占用，线上线下共用立体库和多层楼库库存，实现从立体库向二～五层楼库无缝补货；线上线下设备及操作人员资源共享，"商对客"（B2C）综合效率总体提升至每天300单（为原来的2倍），商品周转周期缩减为20d，平台调拨仅需1d，物流中心总体运转效率高，为未来食品仓储建设打造标准样板（图18-6）。

图18-6 分拣出库

2. 智慧分拣物流

按业务加作业颗粒度分楼层集中处理，全场采用AGV柔性搬运模式，适应业务弹性变化需求（图18-7）。一层主要为收发货区及秒杀业务打包区，利用伸缩皮带线及AGV完成收货输送及托盘入库搬运；搭建交叉带分拣机，满足线上线下共享资源分拣；四向托盘穿梭车库，约3000托，含20台四向穿梭车，实现线下门店及调拨业务集货缓存。二层主要负责调拨业务、冷冻业务及秒杀总检业务，采用 AGV 货到人、托到托的搬运方式，有效提升拣选效率，降低人员作业强度。三、四层主要负责线上业务，四层引入 AGV 货到人模式，可同时作业约 2400 份订单的货到人总检；三层引入两套进口小件落袋式分拣机，按订单分拣至滑槽，实现 2C 商品自动化播种，效率可达每小时 7 万件。五层主要负责线下业务，通过 AGV 货到人加滑槽、AGV 货到人加输送线，分别实现托到散和托到箱的门店分拨业务。

图 18-7　AGV 柔性搬运

3. 多温区管理

多温区适合该公司高端食品业务发展路线，全舱有 $-18℃$、$2\sim10℃$、$10\sim15℃$ 及常温作业环境，提高食品存储周期，有效维持食品口感。

4. 制冷系统节能降耗

制冷系统供液方式采用热力膨胀阀直接供液，减少制冷剂充注量。采用蒸发式冷凝器，既节约了水能源的消耗，又提高了制冷系统的效率。立体库蒸发器采用屋顶式冷风机，下送风、侧回风，冷藏间温度均匀。采用质量分数为 30% 的乙二醇水溶液为热媒的防结露设计。热源采用冷库制冷系统余热回收装置，供/回液温度为 20℃/15℃。

5. 消防水系统复杂

建筑单体综合性较强，消防类型复杂，在同一单体内集成了车间普通型喷淋、高大净空 ESFR 型喷淋、高架库货架间喷淋、自动跟踪定位射流灭火系统等诸多自动灭火系统。

18.3.3　应用效果

本项目于 2021 年 12 月开始生产，系统运行良好。通过智能化＋自动化物流设备，实现人—机—物的高效协同、库存共享。可储存商品 120 万件，满足日常 10 万单、峰值 20 万单的需求，"商对客"（B2C）综合效率达到 300 单/(人·d)，"商对商"（B2B）综合效率在现有基础上提升 200%，可支持 3000 家门店的配送需求。实现了"全程冷链＋库容共享＋货到人拣选＋交叉带分拨＋穿梭车库调拨缓存"的设计理念，树立了行业标杆。

本项目投产后取得了良好的经济效益，已累计实现年收入 15000 万元，利润 5500 万元，将新增年产值 30 亿元，实现各项税收 2 亿元以上。同时将带动一批农业深加工项目，创造 5000 人左右的就业岗位。本项目于 2023 年荣获"北京市优秀工程勘察设计三等奖"。

18.4 洛阳大张食品工业园自动化立体冷库

18.4.1 项目概况

洛阳大张食品工业园位于河南省洛阳市宜阳县，项目占地131亩（约87333m²），总建筑面积14.47万 m²，项目分两期建设，其中一期主要建设冷链仓储配送中心、生产加工中心及研发教培中心。一期自动化立体冷库、生产加工中心建筑面积5.99万 m²，二者贴邻设置，研发教培中心建筑面积总计7660m²。自动化立体冷库占地面积4445m²，库高约38m，库容15万 m³，拥有标准托盘位3万个（图18-8）；自动化立体冷库两侧控温月台占地面积1560m²。二期建设建筑面积5.36万 m² 的冷库。同时，项目配套建设污水处理厂、锅炉房、配电设施、消防设施、停车场等辅助设施。

图18-8 洛阳大张食品工业园自动化立体冷库效果图

自动化立体冷库包括1.5万t冻结物冷藏间（主要储存肉类）和1.5万t冰温库（主要储存苹果、梨等果蔬）。自动化立体冷库主体为钢结构外保温型，包括冻结物冷藏间（-18℃）、冰温冷却物冷藏间（-1℃），自动化立体冷库两侧配置控温月台。库内货架层数为单伸货架21层（33.65m），双伸货架19层（33.45m），总货位28559个，采用8台直道型全自动堆垛机进出货。冰温冷却物冷藏间进出货效率为103托/h；冻结物冷藏间进出货效率为136托/h。制冷系统采用R507/R744载冷系统。冷间采用吊顶式冷风机送风，以保证冷间的降温效果及气流组织均匀分布。

18.4.2 技术特点

1. 全自动化系统设计

自动化立体冷库划分为三个区域，高层货架区、入出库作业区、中央控制室。本项目采用完整的集成化物流管理监控系统，实现自动化立体冷库的货位管理、物料入出库管理、查询、修改、统计、报表、库存分析、系统维护、故障报警及分析等功能。物流计算机调度和信息管理系统硬件结构采用客户机/服务器模式。控制系统采用无线以太网工业控制网络。堆垛机与出入库端输送系统控制设备通过无线以太网进行通信。

计算机管理及调度监控系统硬件由数据服务器、管理工作站、监控工作站、出入库工作站、无线手持终端、无线基站以及网络交换机、打印机、UPS等设备构成。控制系统由堆垛机控制器、输送机控制器以及无线以太网控制网络、检测系统等组成。系统软件由设备控制软件、数据库、应用软件、事务处理类模块、用户界面类模块和接口模块等组成。

控制系统具有良好的扩充性和开放的数据接口，能够与其他信息系统进行数据交换。在服务器上能实现远程数据与信息资源及管理共享。物流计算机调度和信息管理系统具有系统维护、物料管理、数据维护、数据查询、设备运行状态显示、设备远程控制、自动事务处理以及与其他信息管理系统的接口等功能。

2. 冷热一体综合解决方案

本项目采用的是集制冷、加湿、通风、灭菌、热回收技术为一体的综合性解决方案。为保证货品品质，冰温库增加通风、加湿及灭菌功能。冻结物冷藏间采用 R507/R744 载冷泵供液形式，极大地降低了 R507 的充注量，R744 侧采用低循环倍率设计。制冷系统设置余热回收设备，回收的余热用于冰温库冷风机热氟融霜、冻结物冷藏间风机冲霜水加热及地坪丙二醇加热，既降低整体能耗、提高冷库内容积，又降低系统冷凝压力、提高制冷系统 COP。冷库采用物联网智慧控制系统与云监管平台，实现制冷系统、加湿系统的全自动检测与智能控制，冷凝端采用节能浮动冷凝压力控制。物流输送设备与冷库门互锁，有效减少热空气的交换。

3. 库内温度场均匀

本项目自动化立体冷库是国内最高的果蔬立体库之一，是冰温技术在大型立体冷库中的应用示范。冰温库采用冷风机＋布袋送风形式，38m 高差范围内实现 ±0.5℃温差，整体温度分布均匀性好（图 18-9、图 18-10）。冻结物冷藏间采用货仓式冷风机，通过合理布局，采取下送风形式，利用货仓风机的"冷湖"效应，借助货盘与地坪的温度对流，做好库内的气流组织，不需布置送风风道。利用 CFD 温度模拟对 38m 的冰温库进行数值计算，利用计算机仿真技术协助气流组织设计。经过实际运行，冻结物冷藏间温度能有效控制在设定范围内（图 18-11）。

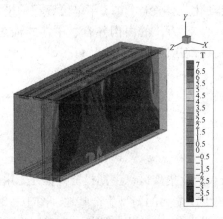 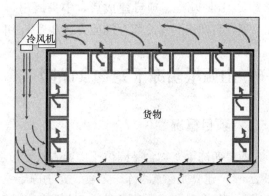

图 18-9 冰温库温度场模拟　　图 18-10 货仓式风机气流组织示意

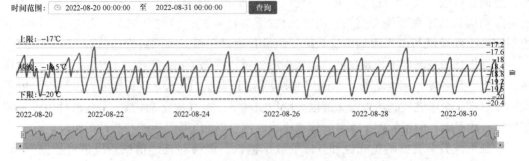

图 18-11　冻结物冷藏间夏季温度变化曲线

4. 节能型保温结构

自动化立体冷库保温采用内承重式、外贴保温结构，实现冷库的库容最大化，同时考虑到消防要求，在冷库墙面、顶部保温板外侧加设 A 级不燃性岩棉夹芯板，并与内层保温之间增设气道夹层，有效降低库内热负荷。保温与建筑围护体系结合，节省空间及投资。库内设备、管道吊件直接和主结构连接，无须做额外防冷桥处理，施工方便、快捷，且安全性高，节能效果好。钢结构采用大跨度变截面结构体系，最大限度提高库内空间利用率，提高储位数量，减少造价。立柱采用分节安装技术，缩短加工和运输成本，提高施工便利性。根据货架结构，采用变间距系杆等支撑结构，降低风荷载和温度变形所需安全间距对库内有效容积的影响。

5. 中央厨房

中央厨房制冷系统主要满足酱卤、央厨、烘焙自动化和手工区域的用冷需求。中央厨房冷库区域面积约 $797m^2$，按温度区域划分为：0~8℃冷藏库、暂存间、低温高湿解冻间等功能区、-25~-18℃冷冻库区、-35℃速冻库，库高均为 2.1~3.5m。根据使用功能和温度区域共划分 6 套制冷系统，均采用 R507 直接膨胀供液，相同温区的相近冷间采用同一套系统，利于集中管理与保养，同时可实现部分负荷下增加冷凝器过冷度的效果。

18.4.3　应用效果

本项目于 2021 年交付使用，中央厨房制冷系统于 2022 年交付使用，系统运行良好，温度场均匀稳定。经物联网智慧控制系统统计，自动化立体冷库 2023 年单位容积的平均能耗为 0.018kWh/d。项目建成后，中央厨房可年产 20 万 t 的卤肉熟食、中西式面点、切配菜等。自动化立体冷库存储能力达 3 万 t，年冷链配送能力达 100 万 t。

18.5　山西星萌冻干宠物食品园

18.5.1　项目概况

山西星萌冻干宠物食品园位于山西省长治市新兴产业集聚区。一期投资 3 亿元，用地 3.52 万 m^2，建成拥有宠物冻干零食、宠物冻干主粮生产能力的新型生产基地（图 18-12）。星萌冻干宠物食品园主要装备包括 20 套真空冷冻干燥设备、20 间速冻库、10 套制冷系统

（两条线对应一套制冷系统），还配有其他工序设备，如自动切片机、自动上盘机、自动包装机、自动托盘清洗线、漂烫线等。

图 18-12　山西星萌冻干宠物食品园（一期）人视图

18.5.2　技术特点

1. 宠物食品冻干技术优势

常规宠物食品多为干粮，原材料以谷粉、肉粉为主，配有一些辅助材料，再依据不同品牌加入特征元素，主要通过膨化、烘干、超高温杀菌等工艺进行加工。干粮成品呈颗粒状，生产过程中，磨粉、膨化、烘干都会导致原材料的营养成分流失。宠物长期食用烘干主粮容易造成营养不良，影响体质、健康和寿命。与干粮相对的湿粮，由于罐装包装、运输、保存成本均偏高，使得湿粮较难成为宠物主粮。现湿粮多采用盒装、袋装，适当降低了成本，但并未治本。另外，湿粮还存在开启包装后不易保存、保质期相对较短等缺点，限制了湿粮应用规模的进一步提升。

真空冷冻干燥技术是将物料经快速冻结后，在真空环境（低于水的三相点压力）下加热，使固态水直接升华脱除，从而实现物料脱水的一种干燥技术。宠物冻干食品是当前国内各大厂商开发的热点，冻干也是最吸引消费者的标签之一。冻干对原材料的营养保存优势显著，在主粮中混合冻干肉类可以有效弥补烘干主粮存在的问题。

2. 合理的工艺布置和工艺制冷负荷实时匹配

宠物食品的真空干燥分为前处理、冻结、升华干燥和后处理四道工序。本项目布局合理，充分考虑到制冷、真空、加热、捕水四个工艺流程的操作便利性，并合理利用占地面积。在国内首次采用层叠式冷阱及加热系统布置（图 18-13）。

冻干工艺过程中冷负荷的变化非常迅速，冷量从波峰到波谷半小时一个周期。冻干工艺温度和速冻库蒸发温度都在 $-40℃$ 以下，基于节能考虑，采用了开启式螺杆单机双级压缩机组。针对冷量负荷波动大的特点，采用大小机组搭配和变频控制的方式，确保制冷机组高效运行。10 条冻干线配置了 20 台 SRM 开启式单机双级螺杆压缩机组，其中部分机组采用变频控制，大小机和变频控制能精确应对冻干工艺中负荷的快速波动。20 间速冻库采用 4 套开启式螺杆压缩机组，特别设计了由 PLC 自动控制系统的多机组制冷系统，

图 18-13 层叠式冷阱及加热系统布置

冻结前期和中期冷负荷较大,需要将温度极速降至冻结温度,多套机组全负荷运行;冻结中后期冷负荷相对较小且温度平稳,控制系统会根据需求减少运行机组数量。

3. 热回收利用,冷热同源

每套冻干仓均配有热水罐,用于加热冻干仓内的加热板,促进真空环境中物料水分的升华。原生产工艺中用蒸汽生产80℃的热水,由于冻干仓体积较大,每个冻干仓的加热板面积达278m^2,因此20条冻干线的热水系统是冻干工艺中的主要耗能设施。

为了实现低碳节能,采用氨热泵机组生产热水替代蒸汽制取热水,与热电联供的水蒸气相比,成本降低18%左右。共采用8套氨高温热泵机组提供85℃的热水,总制热量为2550kW 冻干系统如图18-14所示。

图 18-14 冻干系统

18.5.3 应用效果

本项目包含20间速冻库和20条冻干线，可年产1万t冻干食品。运行中，根据实时监控情况自动切换调整，以达到最大功效、最小能耗的运行效果。通过运行数据对比，本项目的冻干系统比浙江同景生产线节能30%左右。氨热泵制取热水与购买蒸汽或采用锅炉生产蒸汽对比，具有显著的经济效益和环保效益。本项目是首次利用制冷系统冷凝热为热源的氨热泵在冻干行业中的应用，也是首例非涉氨制冷企业为了使用氨热泵而主动申报使用氨制冷剂的项目。

（本章撰稿人：崔芳、张皆慰、谭永安、陈炜、王强、
连大旗、刘泇沅、邵丽丽、左建冬）

第19章 生 物 医 药

19.1 姑苏区疾控中心全自动疫苗冷库

19.1.1 项目概况

姑苏区疾控中心位于江苏省苏州市姑苏区盘门路，下辖23个接种点和医院，是集疾病预防与控制、卫生检验与卫生学评价、健康教育与促进、应用研究与业务指导、技术管理与服务为一体的卫生防病机构。该项目改造之前有3个小型冷库，总库容不到$60m^3$，且冷库位于地下一层停车库内，没有与冷链车衔接，疫苗搬运不便；冷库噪声大，并且在暴雨以及洪涝灾害中容易受到渗水影响，具有很大的安全隐患。

图19-1 姑苏区智能化疫苗冷库

姑苏区疾控中心新建的全自动疫苗冷库包含智能疫苗库、备用疫苗库与缓冲区操作间三个区域，其中智能化冷库$110m^3$、专苗冷库$40m^3$、缓冲作业区$103m^3$，是原来库容的3.6倍，最多可容纳20万余支疫苗（图19-1、图19-2）。建成后维持内部温度为2～8℃，制冷系统采用一用一备，具有温度监控报警系统及温度自动控制系统，所有围护结构均采用保温隔热处理。

智能疫苗冷库是一种根据《中华人民共和国疫苗管理法》《疫苗生产流通管理规定》《江苏省预防接种管理工作制度》等法律法规而设计的专业化、全自动、智能低温冷藏库。实现了疫苗出入冷库全自动、AI智能化管理，可实现对疫苗的出库、入库、盘点、调拨等一系列管理行为的信息化、数字化和智能化操作。智能冷库包括制冷系统、全自动传送机械臂、智能存储系统、运动控制系统、出入库管理软件平台等（图19-3）。

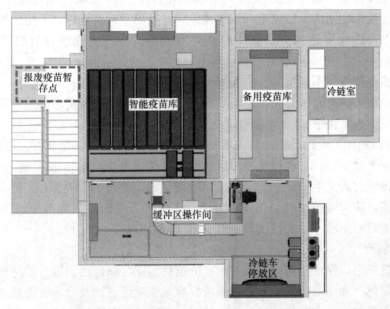

图 19-2　姑苏区疾控中心全自动疫苗冷库功能区

图 19-3　冷库操作缓冲区输送平台

19.1.2 技术特点

1. 硬件特点

疫苗整箱散箱全程自动化出入库，无须人工搬运。整个系统采用更加轻便、灵活的全自动传送系统，相对于传统传送机构，系统的全自动机械臂采用6轴联动机械结构，可直接装载非标准疫苗箱，起升高度可达5m，位置精度小于0.02mm，不但运行平稳，而且效率比运输传统标准箱快1倍以上。系统建成后，进出库自动管理，不用工作人员出入疫苗库，自动出入库速度达到300箱/h以上，有效减少冷库大面积开启时间，保证冷链安全。

疫苗整箱散箱按照不同批号分类精准存储，有效库容率达到70%以上，适应多种疫苗箱，有效利用更高空间。无须额外承载容器，高效兼容现有疫苗多种包装箱，减少中间搬运环节，减少人员接触。

运用AI识别和工业扫码枪，对入库疫苗箱进行AI智能识别并分析，自动识别条码，无缝对接管理平台软件，自动获得相关信息数据，整箱批量自动化出入库。配有AI识别模块，一改传统的人工手动单支扫描疫苗监管码模式，通过AI智能化识别系统，批量识别疫苗监管码，确保疫苗准确、快速出入库，不仅提升疫苗出入库效率，还实现疫苗运输、储存全流程的溯源。单次识别数量不少于30个。

2. 软件特点

疫苗先进先出，保证疫苗的有效时间；疫苗快到期之前自动预警，杜绝疫苗过期及信息不准确等隐患，确保疫苗安全。管理系统具有库存明细查询及分类统计功能，可按照疫苗分类，查询当前库存疫苗的数量、临期情况，支持导出；支持按照月、年、疫苗名称统计疫苗的出入库数量、过期数量、库存数量、疫苗信息等，便于用户进行综合分析。管理系统还具备基础数据配置管理、日志查询等功能。

控制系统通过控制器连接，数据信息整合智能分析后，发送出入库相关操作指令，完成库内机械操作。工作人员直接在触摸屏上操作，简单、直观、高效，主要功能包括出入库管理、盘库管理、拆包管理、疫苗查询、温湿度数据显示、异常报警等（图19-4）。

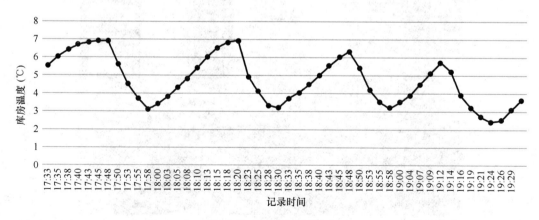

图19-4 冷库温度记录表

系统支持云平台管理模式，以运维监测为基础，实现数据备份、运维监测管理、预警提醒等功能。云平台还可以定期与本地管理平台进行数据备份，包括库存记录、用户信息、智能冷库各项参数，防止本地数据丢失。与本地管理平台数据同步，可以查看出入库历史数据、报警历史数据、智能冷库参数数据。云平台支持微信、短信预警信息发送功能，对温度报警、疫苗临期预警、设备故障报警、运行保养信息等以短信、微信等形式发送给用户。除了出入库操作外，系统同时还具备温度监测和数据统计功能，当温度不满足2~8℃要求时，通过微信推送至相关人员。

19.1.3　应用效果

通过对姑苏区疾病预防控制中心智能疫苗库、专苗备用库、缓冲区操作间及冷链室的建设，建成了一套符合现代化疫苗储存及配送要求的疫苗冷库，实现了疫苗最小包装的全流程可追溯，取得了以下成效：提高了姑苏区疫苗管理水平，确保疫苗的质量和有效性，保障公众健康安全；自动化输送和批量扫码等设备的运行，提高了疾控中心工作效率，出入库时间相比以前缩短了50%以上；工作人员不用频繁进出冷库，减少了人工成本和管理难度，降低疾控中心工作人员工作量；智能化疫苗管理系统和配苗系统的使用降低了疫苗损失和浪费，疫苗过期率降低30%以上，降低了采购成本和库存压力；智能温控系统精准调节库内温度，在保障疫苗库存温度的同时，降低了运行能耗；实现与疫苗运输的无缝衔接，形成一条完整的、不会断开的链条。

全自动疫苗冷库的建设为姑苏区疾控中心的疫苗储存和管理提供了强有力的支持，同时也为疫苗运输、配送等方面提供了保障，有利于提高疫苗管理水平，保障公众健康安全，具有重要的社会和经济效益，并在2022年获得"向未来好冷库"自动化与智能化优秀项目奖。

19.2　南方海洋实验室自动化生物样本库

19.2.1　项目概况

海洋生物资源库（MBRB）是南方海洋实验室重点建设的公共平台之一，其立足国家海洋战略，支撑"中国—东盟海水养殖技术'一带一路'联合实验室"实体化建设。海洋生物资源库的建设目标是建设保藏量大、信息全面、国际领先的综合性、标准化的海洋生物种质资源库、基因资源库和天然产物资源库，以系统提升海洋动物、植物和微生物资源的保藏、研究和开发能力。自动化生物样本库是海洋生物资源库建设的核心。

南方海洋实验室自动化生物样本库占地面积约 $3500m^2$，据不同类型资源样本保藏建设了"深低温—超低温—低温—传代培养"的宽温域自动化生物样本库，共包括自动化低温存储库、转运模组、数据与操作中心、辅助区4个版块。可实现全流程无人化、自动化、智能化管理。其中自动化低温存储库包括超低温单体液氮罐（-150℃）、海洋生物大宗样品库（-80℃）、海洋微生物样本库（-80℃）、超低温冰箱库（-80℃）、初级和单一结构样本库（4℃）、海洋微藻库（20~30℃）、大型海藻库（低温10~15℃、高温20~30℃）等；转运模组包括全自动批量扫描仪、液氮传递筒、转运AGV等；数据与操作中心包括样本库管理系统（BIMS）、大数据展示平台等（图19-5）。

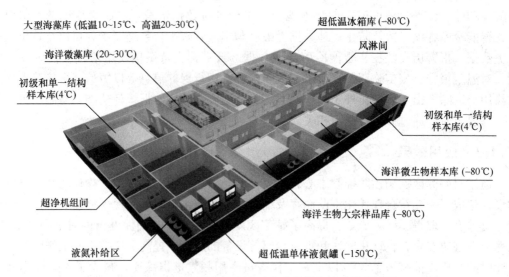

图 19-5　南方海洋实验室自动化生物样本库建设示意图

19.2.2　技术特点

1. 全自动化系统设计

南方海洋实验室自动化生物样本库的－150℃液氮库、－80℃超低温库及4℃冷藏库库内均采用了全自动化系统设计，均可以实现 1mL 冻存管的自动入库、自动出库、库内碎片整理、全程监控、报警和追溯功能等功能。

从自动入库功能来看，所有的库体均可以通过人工或者对接 AGV 实现样本冻存盒的整合入库，启动该功能后，样本入库口可以自动开启，并伸出存取板，将待入库的冻存盒放到指定位置之后，即可自动将冻存盒存入冷库中，并通过库内的自动化机构实现存入储品的信息识读、记录并转存到指定存储位，实现自动入库。

在自动出库功能方面，通过上位机软件指令或者通过 BIMS 管理平台，或者对接之后通过其他 LIMS 系统等，可以发送对应的自动出库指令。库内的自动化机构可以根据出库指令自动挑出对应的冻存管并实现出库。同时，还支持库内碎片整理，可以根据当前储品的状态进行碎片整理，还可以利用闲时的时间，将冻存盒内部的空间进行整理调整，实现空间的足够利用。最后，整个系统集成了全程监控、报警和追溯功能。库内全部动作均可以实现自动监控和追溯。有足够的库内状态监控，以实现制冷系统、自动化系统等相关系统的实时监控与报警。

低温库的自动化设计依照不同的温度段分为三种模式，包括－150℃深低温自动化机构、－80℃超低温自动化机构和泛低温自动化机构。

在－150℃深低温自动化机构方面，其冷源主要依托于液氮，库内温度为－150℃。通过图 19-6 所示结构设计及液氮周转装置的配合，可以实现挑管、出库、入库等全过程的－150℃环境保障，以确保样本的冷链安全。

在－80℃超低温自动化机构方面，由机械制冷提供低温环境。双系统设计，单系统运转可实现－80℃的超低温。通过图 19-7 所示自动化机构实现库内的各个动作，同时可确保机构无霜，提高可靠性。

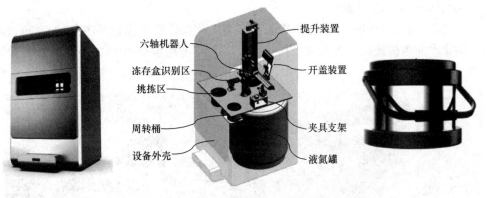

图 19-6　-150℃深低温自动化机构结构示意图

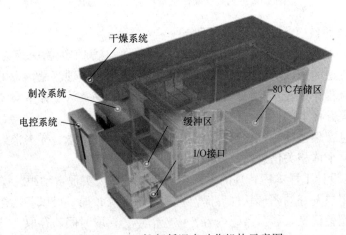

图 19-7　-80℃超低温自动化机构示意图

泛低温自动化机构主要指-30℃及以上的、对低温要求不高的自动化库。该自动化机构可以实现各种类型及尺寸储品的适配，具有灵活性（图19-8）。

图 19-8　泛低温自动化机构示意图

2. 库外全无人化模组设计

南方海洋实验室自动化生物样本库配备了无人化操作管理模块（图19-9），可以实现各个自动化库的虚拟链接。无人化操作管理模块主要包括转运AGV、样本自动批量识读工作台及转运装置。

图19-9 无人化操作管理模块工作示意图

3. 集成化管理系统（上位机＋管理平台）

BIMS（Biobank Information Management System）是海尔生物医疗为生命科学领域科研工作者量身打造的一款基于云模式的生物样本库信息化管理产品，为用户提供有效的标准化样本管理流程；在安全、可靠、稳定的前提下，追踪并管理样本实体所关联的数据信息，从而有效提升样本的使用价值及科研价值。

样本相关信息管理包括编码化管理、实体样本存放位置信息、样本采集信息、样本试验数据信息、研究个体相关信息以及样本使用、衍生记录等。

BIMS中开发设计了样本库管理的系列功能模块，可以实现自动跟踪样本出入库使用记录，并且配有用户友好的图形软件界面，直观显示系统布局，可以获得存储板架及微孔板等存储单元的相关信息，如：条码内容、位置信息、存取时间、存取人员信息等。系统软件可与LIMS系统和外部信息管理系统进行关联，并配合用户所需要的样品管理系统进行对接，直接在办公室内查看并控制系统的运行，支持远程操作。设备操作系统可创建不同角色，角色没有限制，不同角色权限不同，支持组织结构管理，可依据实际情况对样本库人员账户进行分级管理。同时，通过权限管理在数据层隔离不同部门或不同项目组之间的信息，保障数据安全。可通过软件为指定用户或研究小组分配一块系统空间专门存放他们的样本，从而避免不同用户或研究小组之间样本的混乱，提高样本提取效率。软件具有工作队列管理功能，用于对各种指令进行管理，不仅包括用户下达的操作指令，还包括所有的系统常规指令，如对现有样本库存进行整理等，所有的指令将根据权限级别的不同分别执行。管理系统业务流程示意如图19-10所示。

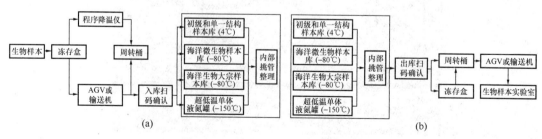

图19-10 管理系统业务流程示意图
（a）入库流程；（b）出库流程

4. 一体式数据中心和辅助决策系统

数据中心和辅助决策系统是海洋生物资源库中自动化低温生物样本库的数据大脑，其主要功能是对整个系统运行过程中的所有数据进行记录、追溯、本地化存储及分析展示，可以实现整个系统便捷的可视化管理，对整个系统的状态及趋势预测等一目了然。

19.2.3 应用效果

南方海洋实验室自动化生物样本库自 2022 年交付使用至今，运行状态良好、系统运行平稳，实现了对海洋生物个体、基因、产物和环境信息等进行全面保藏，实现了信息完整和相互贯通，进一步改善我国海洋生物资源保藏基础设施较缺乏、资源保藏管理工作积累较薄弱等问题；极大地提高了资源样本的标准化、规范化和长效安全保藏能力；极大地促进了我国生物样本库行业科学管理和资源共享，提升产业整体竞争力，为海洋生命科学前沿研究和战略新兴产业发展提供丰富的基础性资源样本，支撑海洋生物多样性保护，促进资源的科学永续利用。

19.3 浙江海隆生物疫苗生产基地

19.3.1 项目概况

浙江海隆生物科技有限公司是一家生物医药研发企业，以蛋白质组学与基因组学技术为核心技术平台开展动物用亚单位疫苗研发，研发了猪瘟亚单位疫苗、猪圆环病毒亚单位疫苗等产品。所研制的"猪瘟 E2 亚单位疫苗"是世界首个利用 CHO 细胞表达系统研发的动物亚单位疫苗，产品有效性、安全性领先于传统疫苗，同时生产成本远低于同类产品。该产品的工艺"细胞悬浮培养基因工程灭活疫苗生产线、细菌发酵基因工程灭活疫苗生产线"为动物疫苗行业首例。

浙江海隆生物疫苗生产基地位于浙江省绍兴市滨海新城，占地面积 31 亩，总建筑面积 20589 m^2，建设内容包括生产车间、动物房、研发楼、行政办公楼及其附属设施，总投资 1.05 亿元（图 19-11）。

图 19-11　浙江海隆生物疫苗生产基地效果图

生产车间建设的两条生产线为细胞悬浮培养灭活疫苗生产线和细菌灭活疫苗生产线，主要生产"猪瘟 E2 蛋白亚单位灭活疫苗""猪圆环病毒 2 型病毒样颗粒亚单位疫苗"，设计生产能力为年产 3 亿 mL 油佐剂灭活疫苗。

19.3.2 技术特点

1. 多套正/负压净化空调系统

根据制药工艺需求，设计了 12 套 B～D 级的正/负压净化空调系统，采用组合式空调机组＋排风机组形式，送风经粗、中、高效过滤器三级过滤，负压系统的排风经双高效过滤后排向室外。有毒区与无毒区严格分开，其中，活毒类型为弱毒，活毒区房间设计为相对负压。各生产单元采用独立的空调净化系统，核心区的罐装间、灭活苗间等可以达到 B+A 级，高效过滤器设置 DOP 检漏。严格划分人流、物流，制药工艺布局和净化级别均符合《兽药生产质量管理规范（2020 年修订）》[①] 的要求。

2. 净化级别要求高

按照生产暴露风险，将无菌兽药和兽用生物制品设置为 A、B、C、D 四个洁净级别，在罐装间、灭活苗间、种毒间等 B+A 级房间增加了动态尘埃粒子检测和微生物动态在线监测，注重动静态控制相结合，提高产品质量保证水平。B 级区域要求静态百级、动态万级，从动态到静态的自净时间为 15～20min。百级区域（A 级）断面风速为 $0.45m/s \pm 0.09m/s$，在密闭的隔离操作器或手套箱内，风速不低于 $0.25m/s$。

3. 工艺给水排水复杂

生产车间配备完善的水、气、汽动力系统，包括纯化水处理系统、注射水制备系统、压缩空气站、空调冷冻站，能满足生产车间工艺及设备需要。排水按照无压有毒、无压无毒、有压有毒、有压无毒分开设置系统。

4. 生物安全要求高

检验动物房分为安检区和免疫区、攻毒区，一层为大中型动物，二层为小型动物。鸡按 SPF 级设计，用隔离器饲养；小鼠按Ⅱ-Ⅲ级动物标准设计，用 IVC 隔离器饲养；其他动物按普通动物标准设计。为防止散毒，攻毒动物房采用负压设计，排出气体经高效过滤和废气处理达到环保要求。进出安检和免疫攻毒动物房的人员和物料的通道分别设置，有完备的人身净化设施和物料处理及灭菌设施，以保证动物实验的安全。

5. 先进的废气处理工艺

在总结国内外同类废气处理经验的基础上，动物房有机废气处理工程使用技术先进、高效和运行维护费用低的光触媒催化氧化净化＋植物液喷淋除臭的组合处理工艺。废气在风机作用下进入 UV 光触媒废气净化设备，裂解为恶臭/工业废气后，进入到水洗喷淋系统，水通过喷淋装置喷洒成雾状，可有效地吸附在臭气中的诸如硫化氢、氨、醇类、有机胺等有害臭气中，从而实现除臭、净化的目的（图 19-12）。

6. 净化空调系统节能

净化空调系统的组合式空调机组和排风机均采用变频调速风机。通过室内的压力传感器来控制系统新（排）风电动风阀的开度，从而控制排风机变频器，以满足室内压力要

[①] 本项目建设时的现行版本。

图 19-12 乳化制苗、动物房废气处理装置

求,自动化程度高,效率高,能耗低。

19.3.3 应用效果

本项目属于 GMP 生物医药车间,技术要求高、功能复杂,建设标准高。本项目以蛋白质组学为核心技术,致力于研发和生产新一代优质动物疫苗,免疫原性好、安全性高、生产成本低,能有效净化清除动物病毒,减少兽药使用,保障食品安全,符合国家产业政策,符合世界疫苗发展趋势。项目投产使用后取得了良好的经济效益和社会效益。本项目于 2021 年荣获"北京市优秀工程勘察设计二等奖"。

(本章撰稿人:尹从绪、丁小磊、任文广、连大旗、崔芳)

第20章 批发市场

20.1 成都银犁农产品冷链物流中心

20.1.1 项目概况

成都银犁农产品冷链物流中心位于成都国际铁路港物流园区，是四川省、成都市、青白江区三级政府规划的重点建设项目。园区占地460亩（约306666m²），位于四川省自贸试验区成都国际铁路港片区，冷库库容133万 m³，已实现全温区覆盖，包括－60℃超低温库，－30℃、－25℃、－18℃、－10℃低温库以及－5~20℃高温冷藏库。目前有各类商户1500余户、日吞吐量约7000t、年交易额超400亿元。园区已实现农产品、食品全温区覆盖，使来自全球的货物辐射全四川乃至整个西南片区。

本项目总规划建筑面积约77万 m²，涵盖了铁路专用线、专业冷库、物流调拨中心、物流配送中心以及配套的办公楼等设施（图 20-1）。

图 20-1 成都银犁农产品冷链物流中心规划图

目前已完成一期（1号、2号）、二期（4号、5号）冷库建设，均为－18~－25℃的低温冷藏库及0~5℃的分拣车间；二期包括超低温冷藏库。一期冷库为7层土建库（2012年建成）；二期冷库为8层土建库（2017年建成）。冷库制冷系统制冷剂采用氨，绿色环保、高效。分拣车间制冷系统制冷剂采用R507，满足相关安全规范的要求。制冷设备采用开启式螺杆压缩机组,桶泵机组强制循环供液,首层及顶层冷间采用顶排管,中间层冷间采用冷风机。

20.1.2 技术特点

1. 大跨度预应力结构

二期冷库采用大跨度预应力结构形式,总高 44.5m,占地面积约 4900m²,为国内首次采用大跨度(最大轴网 10.08m×11.95m)预应力无梁楼盖架构、墙体采用板柱—剪力墙结构形式的冷库。

无粘结预应力混凝土平板和预应力扁梁用于高层建筑的楼盖中,可以取消传统冷库的伸缩缝,节约建造成本,降低冷库失效风险,避免了后期维护难的问题(图 20-2、图 20-3)。采用预应力结构可以降低层高、节约钢材、简化模板、施工速度快,具有良好的经济效益。大跨度预应力结构大幅度增大了冷库的有效存储空间,排布货架更便捷高效,为机械化装卸提供了便利。

增大柱网尺寸后,与传统柱网尺寸相比,建筑面积和设计荷载均未增加,基础造价基本不变,但基础承台和框架柱的数量显著减少。对一期传统柱网和二期大柱网地上结构部分的总体造价进行分析,在考虑建造时间及材料价格后,单位库容造价基本相同。

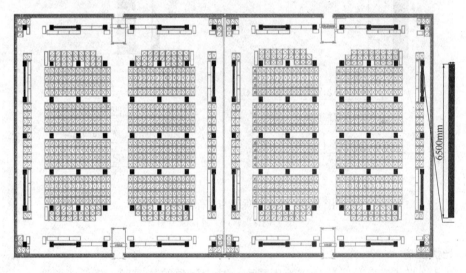

图 20-2 传统物流冷库库房

2. 外墙保温形式

外保温技术可有效消除梁柱等部位的冷桥,改善库内结霜状况;降低了自然界温度、湿度对结构的影响,提升节能水平;增加库内空间,提高冷库的容积率。但外保温施工难度大,质量不易监管,责任难以界定,使外墙外保温技术在推广过程中遇到不少困难。本项目二期外保温采用多种施工措施及创新技术:保温层内挂钢丝网,避免保温层开裂;全部聚氨酯现场喷涂,保证保温层和基层完全粘结;为防止室外气候影响,采用彩条布做外护,避免雨天施工;研发出外保温用的 SD2392 异相夹膜隔汽材料。冷库内保温与外保温结构对比如图 20-4 所示。

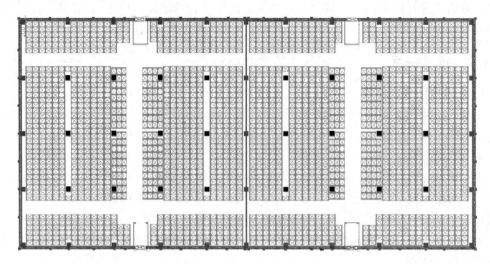

图 20-3　大柱距预应力冷库库房

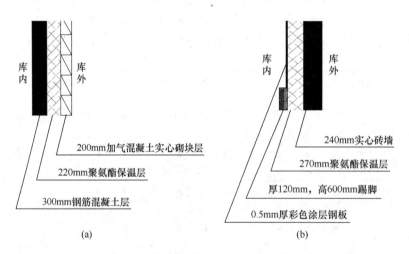

图 20-4　冷库内保温与外保温结构对比
（a）内保温；（b）外保温

3. 光伏发电

本项目将光伏发电技术应用于冷库屋面，减少屋顶的热辐射，降低能源消耗，减少碳排放。2016年在冷库屋面建设了1.4MW分布式光伏电站，降低冷库屋面热负荷，年发电量大于110万 kWh。2024年将建成冷库屋顶全覆盖7MW光伏电站。

2016年建成的第一期光伏发电设施，总装机容量为1461.8kWp，屋顶光伏覆盖面积为16500m^2，并于2016年6月并入国家电网。通过实测，安装光伏发电的冷库屋面较未安装的屋面温度可降低16～17℃，最高可降低20℃。通过安装屋面光伏发电，可降低室内外温差，减少热负荷，每月可节省冷库能耗2500～3000kWh。

4. 减氨技术改造

重点针对氨制冷系统的蒸发式冷凝器、储液器、泵供液管路、主回气管路、低压循环桶、蒸发器、空调板冷模块进行降氨技术改造，以降低系统的充氨量。对蒸发式冷凝器，在利旧的基础上，通过对原系统全面改造升级后，制冷系统的氨用量控制在 5t 以内。具体的减氨措施包括：（1）在蒸发式冷凝器出液口增加疏液降压设施；（2）取消高压储氨器，设置中压储氨器；（3）优化管路设计，调整控制逻辑；（4）在满足气液分离和储液的情况下，将低压循环桶的体积减小一半；（5）调整蒸发器内部结构，优化为高效低充注冷风机；（6）采用超低充注量氨分板换技术；（7）对控制系统及控制逻辑全面升级。

20.1.3 应用效果

本项目首次在国内开创性采用多层土建式冷库大跨度预应力技术，为冷环境内采用机械作业、智能化作业提供了更好的条件，其显著的冷库建设经济性、普适性得到了业内广泛认同。大胆探索大型土建式冷库外保温技术，其节能量比传统的内保温降低 25% 以上，具有显著的节能减碳效果。

2016 年 7 月光伏发电系统投入使用，截至 2024 年 3 月，总发电量为 900 万 kWh，累计减少碳排放 8973t。

在制冷方面，选择天然工质液氨作为制冷剂。2023 年开始对氨制冷系统进行技术改造，实现超低灌注量（冷库库容 35 万 m^3 左右，液氨灌注量控制在 5t 以内）；并通过制冷工艺的改造升级，节能 15% 以上；升级制冷系统的控制系统，可根据所在城市不同季节、不同温湿度、不同热负荷进行合理的控制，使制冷系统高效运行。

20.2 中国西部农产品冷链物流中心

20.2.1 项目概况

重庆明品福物流有限责任公司是集冷链物流、交易市场、进出口贸易、供应链金融、保税仓库、中央厨房及电子商务于一体的现代化企业，其投资建设运营的"中国西部农产品冷链物流中心"是重庆重点现代物流项目。

中国西部农产品冷链物流中心项目用地规模 900 亩，总建筑面积 93 万 m^2，主要提供农产品冷冻、冷藏、保鲜、恒温、速冻、交易、加工、配送等冷链物流服务，是集货物集散、公共仓储、加工分拣、食品分拨、城市配送、多式联运、货物中转、信息服务、物流供应链金融等于一体的综合型冷链物流中心（图 20-5）。

中国西部农产品冷链物流中心内已建成冷库总库容 155 万 m^3，并设有 10 万 m^2 的产品展示中心，拥有供应商 700 余家，上游供应厂家 3800 余家，涵盖水产品、海产品、肉类食品、火锅食材、面食点心以及粮油米面、干副调料、休闲食品、烟酒糖茶等业态，承担着重庆 30 余个区县的商超、社区生鲜超市、农贸市场、大型餐饮酒店等机构的冷冻食品的供应，并承接了九龙坡区、北碚区等部分区县的储备冷冻猪肉，是重庆冷链物流一级节点及配送中心，占重庆冷冻食品供应量的 70% 以上。

本项目 1 号冷库位于园区西侧，库体为高层土建式冷库，单体建筑高度 47.6m（不含地下），共 8 层，其中地下 1 层、地上 7 层（图 20-6）；每层 6 间，共 48 个冷间，单间建筑面积 $1050m^2$，均为冻结物冷藏间，设计库温 $-20℃$；采用直接堆放的货物存储方式；建筑面积 6.6 万 m^2，库容约 30 万 m^3，设计储藏量为 7.8 万 t；采用集中式 R507 直接膨

图 20-5　中国西部农产品冷链物流中心效果图

图 20-6　中国西部农产品冷链物流中心 1 号冷库实景图

胀型制冷系统。

20.2.2　技术特点

1. 建筑结构

冷库设计柱网尺寸为 8.3m×7m，便于分割出租，每间冷库外均设置缓冲间，隔绝了冷库与外界空气直接交换，降低了热量损失。

冷库一层采用开敞式月台设计，月台宽度 15m，共设置 5t 货梯 6 部、3t 货梯 2 部以及客梯 1 部，配备 32 个升降平台供大中小型货车使用，月台两侧设置灵活装卸区供园区内商户散货进出。

考虑到冷库所有冷间均为单一工况冻结物冷藏间，采用主体结构外保温设计，相比于内保温，降低了保温工程成本，并提高了库内空间利用率。

2. 制冷系统

冷库定位为出租型冷链枢纽工程，末端换热系统需采用便于分割出租的顶排管系统。一般大型冷库通常采用桶泵供液系统，系统工质充注量巨大，工质充注初投资及年维护保养费用较高。本项目制冷系统采用直接膨胀供液系统，极大地简化了制冷系统，使工质总充注量相比于桶泵供液降低约40t，工质充注比例降低近70%。制冷机房位于地上一层，距地上七层冷间换热器供液高差约40m，为避免大高差供液存在的气蚀现象，在系统供液管路上设置过冷盘管及集中式外置经济器，通过经济器回气压力调节，利用过冷度控制技术调节供液过冷度，有效避免气蚀，保障系统运行效率。

根据系统工况单一且冷量需求巨大的实际情况，本项目制冷系统采用3台LG25MYA型10kV高压直启螺杆压缩机，避免了高低压变电过程中引起的电能损耗，进而降低了制冷系统用电成本。

制冷系统实现了对压缩机、蒸发式冷凝器、经济器、电子膨胀阀等制冷设备及阀组的全过程自动控制，实时显示、监测、控制制冷系统的主要工艺参数，如冷库温度、制冷系统吸气压力和冷凝压力、容器液位等。

在融霜排液系统设计中，结合项目融霜周期较长的实际情况，采用分组融霜方案，延长单次融霜时长，取消常规排液容器，将融霜排液直接引入系统过冷装置，利用供液过冷消耗融霜排液，简化了制冷系统配置，进一步降低了系统工质充注量。

受场地条件限制，地坪防冻胀系统不具备设计通风防冻的条件，在地坪防冻胀系统设计中采用余热回收装置，回收系统冷凝废热，用以加热防冻胀地埋排管内的载冷剂，实现系统冷热综合利用。

20.2.3 应用效果

本项目1号冷库所采用的大型高压直接膨胀供液系统与传统的桶泵供液系统相比，初投资减少约20%。制冷系统实现全自动控制，无人值守，提高生产效率。本项目自2022年1月投入运行以来，系统运行高效稳定，充分彰显出简约化制冷系统在项目运维管理方面的优势，有效减小了项目运维人员的巡检工作强度。

（本章撰稿人：张明秀、谭永安、李超、尹从绪、韩光润）

第 21 章 港 口 冷 链

21.1 广州南沙国际物流中心

21.1.1 项目概况

广州南沙国际物流中心一期冷库毗邻全球最繁忙枢纽港区之一的广州港南沙港区，以满足南沙港区高效便利的冻品通关口岸的需求为主，是华南地区规模较大的综合性多功能冷链物流基地，也是广州市着力打造的重点工程和民生工程（图 21-1）。

图 21-1　广州南沙国际物流中心南区一期冷库效果图

广州南沙国际物流中心南区总体规划建设库容约 160 万 m^3 的冷库。一期冷库位于广州市南沙区龙穴岛海港大道东侧，共 3 栋冷库建筑，一期冷库的总库容为 22.7 万 t（195.2 万 m^3）。每栋冷库建筑均为地下 1 层和地上 8 层，地下一层为储藏箱装水果的 0℃冷却物冷藏间，3 栋冷库名义储藏量共约 0.7 万 t；地上一～八层为储藏速冻产品的 −23℃冻结物冷藏间。冷库均设有 0℃低温穿堂，穿堂可兼作高温库使用。

一期冷库的制冷系统选用氨和二氧化碳为制冷工质，其中冻结物冷藏间采用氨/二氧化碳复叠制冷系统，冷却物冷藏间、穿堂采用氨/乙二醇制冷系统。一期冷库已于 2020 年底开始逐步投入使用。

21.1.2 技术特点

1. 绿色电力使运行更加节能环保

广州地处亚热带沿海，北回归线从中南部穿过，以光热充足、夏季长、霜期短为主要特征，具有丰富的光照资源，建设分布式光伏发电系统具有明显的地理优势。一期冷库的屋面可利用的面积较大，为响应国家"双碳"目标，本着节能环保、降低制冷系统运行成本的理念，广州南沙国际冷链有限公司与南方电网综合能源股份有限公司进行发电效益共享合作。一方提供屋面使用权，另一方在屋面投资建设分布式光伏发电系统（图 21-2）。

图 21-2 屋顶分布式光伏发电项目

该光伏发电系统采用"自发自用、余电上网"的工作模式，总占地面积 6 万 m^2，装机容量 5.59MW。所发电量主要用于一期冷库自身的使用。每年可节约标准煤 1900t（按标准煤耗为 340g/kWh），减排二氧化碳约 3200t（按照 2022 年国家能源局发布的二氧化碳减排因子为 0.581t/MWh 计算）。

在铺设上考虑到各建筑为钢筋混凝土结构、屋面形式为上人屋面，采用水泥墩支架方案，不需要在屋面进行任何的开洞、打孔，可充分保证原屋面的防水、保温、隔热系统等不被破坏。

该光伏发电系统引入"互联网＋"的数字化运营思想，通过南方电网综合能源股份有限公司自主研发的智慧能源综合管理系统及运营管理平台对光伏发电系统进行 24h 实时监测，使用大数据＋AI 算法实现对能源运行数据进行实时采集和深度分析，实现数据的高效整合与系统的自动巡回诊断，自动识别安全隐患、设备故障、发电低效、通信中断等问题，持续为现场运维团队提供可靠的数据支撑，为现场安全保驾护航，为业主提供绿色、稳定的能源。

2. 小充注量技术使氨工质充注量更低、更安全

制冷系统中设有氨和乙二醇水溶液换热的板式换热器。换热器采用了小充注量技术的 U 盾板式换热器，U 盾板式换热器中的 U-Turn 结构形式是专门为板式换热蒸发器（氨制冷剂）设计的一种气液分离器（图 21-3）。在相同运行工况下，与目前应用较多的卧式气液分离器相比较，U-Turn 结构形式气液分离器的氨充注量可降低 70%～80%。U 盾板式换热器具有工质充注量低、运行效率高、结构可靠、机组质量轻、体积小、便于安装等特点。

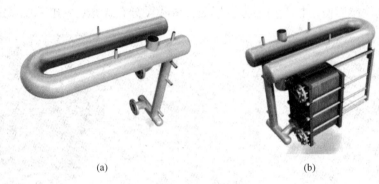

(a)   (b)

图 21-3　U 盾板式换热器
(a) U-Turn 结构形式；(b) U 盾板式换热器外形

3. 能源管控系统使系统运行更节能

本项目能源管控系统由计量系统、数据采集系统、能源管理系统及远程控制系统组成。通过能源计划、能源监控、能源统计、能源消费分析、重点能耗设备管理等多种手段，使管理者准确掌握企业的能源成本、发展趋势。

通过搭建移动互联网络，将园区的各能源系统接入能源管控系统，利用手机、电脑等互联网终端实现信息化、远程化、智慧化的系统运行管理和维保服务管理，系统运行状况可在终端实时显示，大幅提升业主的设备管理和维保能力。

4. 穿堂的使用模式更灵活

一期 3 栋冷库的低温穿堂总建筑面积约 $24000m^2$，设计温度为 0℃，比常规的穿堂温度低。这样的设计一方面可以更好地保证冻品在周转时的温度，另一方面增加了穿堂的使用功能。穿堂既可作为进出货整理间使用，又可作为存储货物的冷却物冷藏间使用。在物流量较大的月份或时间段，可以弥补冷却物冷藏间库容较小的缺点，提高了冷库的空间利用率及货物周转率。

5. 蒸发器冲霜方式的选择

冻结物冷藏间的蒸发器除霜采用开式循环水冲霜方式，冲霜回水靠重力流回冲霜水水池内。由于冲霜水池池底标高高于地下一层冷间内蒸发器水盘标高，地下一层冷间内蒸发器无法采用开式循环水冲霜方式，因此地下一层冷却物冷藏间内冷风机采用了闭式热乙二醇一次泵双管制融霜系统。融霜所使用的热量由冷凝回收热提供，无须额外提供热源。冲霜系统采用质量分数为 35% 的乙二醇溶液，经余热回收板式换热器后，进/出液温度为 25℃/20℃。在冷间处设有自动切换阀门，手动或根据系统 PLC 定时进行制冷循环和融霜循环的切换。这种融霜方式既可以充分利用制冷系统的冷凝余热，提高制冷系统效率，又

解决了地下一层冷间无法采用开式循环水冲霜的问题。

21.1.3 应用效果

本项目一期冷库自投产运行至今，状态良好、系统运行平稳。截至2023年1月，屋面分布式光伏发电系统累计提供超700万kWh的清洁能源，减排二氧化碳超3500t，提升了能源使用效率、减少了能源费用和碳排放，从而实现良好的经济效益和社会效益。同时，也对光伏发电系统在冷链物流领域的应用起到了重要的指导和示范作用。

21.2 洋山保税港同华储运冷库

21.2.1 项目概况

洋山保税港同华储运冷库是上海同华储运有限公司于2018年8月开始建设的项目，旨在配合上海临港新片区发展，提供高品质的冷链仓储服务。该冷库是园区内最大的冷库之一，也是华东地区的高标准冷库之一。

本项目为3层双栋建筑，占地4万m^2，冷库建筑高度38m，建筑体积约1500万m^3，最大存储量80000t，于2021年11月投产使用（图21-4）。该冷库是园区内首座采用二氧化碳工质的冷库，冷链仓储部分拥有超过7万个标准托盘位，有18台穿梭车、48个全封闭式装卸平台和10台往复式提升机。

图21-4　洋山保税港同华储运冷库

冷库的建筑结构采用钢制板外壳内部浇筑混凝土，钢制板采用工厂化预制板块装配而成。屋面为TPO柔性防水屋面及太阳能环保电源，绿色环保。制冷系统采用R507/R744载冷系统。选用6台开启式带经济器螺杆压缩机组；冷风机为吊顶式冷风机，满足射程要求，不需要配置布袋风管。

此外，本项目配备了先进的信息化管理系统，可实现全电脑控制出入库管理，并与海关和跨境贸易平台打通。为了实现一站式物流解决方案，本项目还配备了 30 余辆自有冷链车和 300 余辆专业运输车。

21.2.2 技术特点

1. 保证食品安全的工程材料提升等级

库区制冷管道采用 304 不锈钢材质，这种材料可以有效防止管道锈蚀对食品的污染，从而保障食品的安全。

低温冷藏库制冷系统采用无毒、环保的二氧化碳作为冷媒，穿堂冷媒则是丙二醇水溶液。这两种冷媒即使在泄漏的情况下也不会对食品造成污染，保障了食品的安全。

库体保温材料采用无氟聚异三聚氰酸酯一次性连续发泡成型，这种材料具有良好的环保性能和深冷保温能力，可以有效降低库内温度损失，从而减少能源的消耗。

2. 全自动控制

通过对压缩机、冷凝器、桶泵、蒸发器的精确控制，使系统安全可靠、降低运行成本。控制系统界面中的对象均可自行设置，无须另行编程；根据不同的用户权限，可以进行不同的控制操作，如切换手动、强制手动、自动模式，打开与关闭，连锁设置等；可任意调整冷间内冷风机的运行过程，如融霜、高低温工况切换（图21-5）；当某设备需检修时，可以设置为禁用，不影响系统运行。冷间温度的稳定性对货物品质控制非常重要，因此温度报警器设有上下限报警功能，可以监控各个冷间的温度。本项目上下限温度设定值为±0.5℃，如果温度超限，报警信息会通过物联网以电话和短信形式通知相关人员，以及时解决问题。

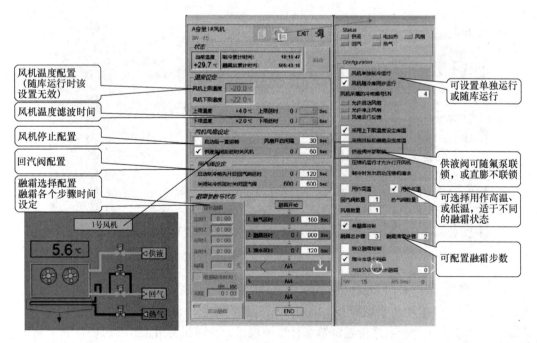

图 21-5　冷风机系统软件操作示意图

全自动理货主要由电脑控制，可以快速、精确地控制工作全过程，大幅降低存储成本。本项目的 7 万个标准托盘位中，穿梭式双深位货位达到 65000 个，在无人值守的情况下可以保证所有货物按照规定温区存放，不仅提高了生产效率和工作准确性，而且节约了人力资源成本。

3. 低温穿堂的合理设置

在冷库中，适当设置低温穿堂可有效减少库内外冷热空气的交换，防止冷热抵消，节省能源。本项目中，在冻库的出入口处配置了一个温度为 3~7℃ 的低温穿堂。这项措施最大限度地保证了冷库内的空气不受外界空气湿度及温度的影响，即使冻品在穿堂内短暂停留，也不会影响其品质。

4. 环保节能的制冷工艺

针对本项目的制冷系统，若采用传统的 R507 桶泵系统，整个项目 R507 的充注量约为 80t。考虑到目前卤代烃制冷剂的价格较高，对于将来的运维成本会带来巨大的压力。此外，卤代烃制冷剂的泄漏与排放也是全球变暖的主要因素之一。因此，本项目采用了 R507/R744 载冷系统，大大降低了 R507 的充注量，降低了运维成本。整个系统 R507 的充注量为 18t，二氧化碳充注量为 24t。

本项目配置了停机压力维持系统，它由一个蒸发器和一套风冷机组组成，采用热力膨胀阀来控制液体供应。与传统的制冷系统相比，该系统的电功率小于 20kW，能够有效降低能耗，提高系统的运行效率。在实际应用中，停机压力维持系统能够通过减少主机的启停次数来大大降低系统能耗。

压缩机采用数码无级调节技术，配合自动化控制系统，大大减少压缩机启停次数，实现精准控温，节能运行。

此外，利用机组排气废热加热冷风机冲霜水以及一层乙二醇地埋管的水，满足设计要求。一层乙二醇地埋管的设计防止地下室顶板结露，满足地下室的使用要求。

21.2.3 应用效果

本项目投产后，整个制冷系统全自动运行，库内温度稳定，温差小。库温在 -18~-22℃ 之间稳定波动，为确保食品品质提供了有力保障。客户反馈，氟利昂与二氧化碳载冷系统运行稳定，至今累计进出冷冻货物量达 73 万 t。

21.3　东北亚水产品交易中心

21.3.1　项目概况

东北亚水产品交易中心暨国际生鲜冷链交易平台项目位于青岛自由贸易试验区青岛片区内，占地面积约 100 亩，总建筑面积 135023.54m²。本项目是青岛自由贸易试验区重点项目，也是新协航集团冷链物流战略的区域性重点布局。本项目基于大数据、人工智能、区块链等高新技术，将建设成为集海关查验、保税、国家储备、加工仓储、冷链配送、安全溯源以及配套商务功能于一体的综合性、现代化生鲜产品交易集散中心。

本项目分为仓储区及仓储配套服务区，其中仓储区由两栋土建式冷库和一栋配送中心及高架立体冷库组成；仓储配套服务区主要单体为办公综合楼，其功能主要为办公、海关查验、实验室、住宿、餐厅、厨房等（图21-6）。冷库总库容为15万t（62万m³）。其中两栋土建式冷库为一字形高层库房，单面封闭站台，地上5层，冷藏间温度均为−25℃，穿堂温度为10～12℃。高架冷库为一字形轻钢高架库，单面封闭站台，地上1层，冷藏间温度均为−25℃；配送中心为3层厂房，一层为配送站台（10～12℃），二、三层为预留包装、分拣加工间（10～12℃）。

图21-6　东北亚水产品交易中心航拍图

高架冷库采用自动化冷链智能仓储物流系统，实现了产品入库—存储—出库的全流程无人化作业，大幅提升企业物流效率，为企业生产管理与食品全流程可追溯提供平台，同时还改善了作业人员工作环境，进一步增强了企业竞争力。

21.3.2　技术特点

1. 制冷系统

制冷主机采用日本前川压缩机组，考虑在低负荷下的节能，配置变频功能；末端阀门采用组合式阀体，降低了制冷剂泄漏量，减少了安装空间（图21-7）；为保证冷藏间内温度场、风速场的均匀，土建式冷库冷藏间内设置织物风道送风系统，高架冷库末端蒸发器采用货仓式冷风机。

2. 建筑结构

建筑外墙采用大面积灰白色并点缀少量蓝色线条，给人一种简洁、现代感强烈的视觉效果。自动化立体冷库内墙板和吊顶采用了PIR夹芯板，其芯材采用戊烷发泡的新一代硬质聚氨酯材料，防火等级达到B1级，确保冷库围护系统的密闭和隔热保温效果，与金属面材复合可进一步提高其阻燃性能；使用过程中板材不易滋生细菌耐腐蚀，更适应冷库的存储环境。

土建式冷库采用12m×12m大柱网预应力无梁楼板结构，有效增大了库容以及货物存储高度。高架冷库采用双肢格构式钢柱，有效节省了柱子用钢量。本项目基础采用钻孔

第21章 港口冷链

图 21-7 制冷机房内部

灌注桩,根据岩层分布情况,分别采用桩端注浆、桩端桩侧复式注浆的方式,节省了造价。

3. 空调排烟系统防结露措施

低温分拣配送区设置新风系统,新风经过表冷段冷凝除湿后送入房间;排烟管道和新风管道上设置电动保温密闭阀,漏风量小于3%,以防止管道内发生结露现象。

4. 智能仓储物流系统

自动化立体冷库的核心设备为堆垛机(图21-8),其具有以下特点:能够在-25℃环境下稳定运行;立体存储,相同面积货架密集,相同净空使用率高,总空间利用高;智能化机械作业,准确率高,效率高,人员需求少,作业成本低;计算机智能信息化管理,多设备多系统联动;前期设备成本相对较高,但节省土地购置成本,后期使用成本低。堆垛机采用双立柱双伸位结构,水平速度达160m/min,垂直提升速度达40m/min,单机效率实现40托盘/h的出入库流量。此外,在堆垛机载货台上配置条码阅读器,通过条码识别及WMS仓储管理系统自动盘库功能来确保仓库库存信息更加准确。同时,控制系统的稳定是堆垛机在低温环境下稳定运行的保障,堆垛机的主控制柜内有控制系统的核心CPU和控制电机运行的变频器等,为使其正常工作,必须保证其正常的工作温度。为此,在控制柜内加装温度控制器KC-C1,通过它自动控制温度使柜内温度为5~10℃,同时增加保温层,使堆垛机在-18~-25℃的环境温度下能够稳定工作。

21.3.3 应用效果

在保证货物存储质量的前提下,项目初期对项目投资及运营成本进行了合理控制,采

图 21-8　自动化立体冷库堆垛机实景照片

取了大量节省投资、提高库容和效率的手段，取得了良好的经济效益。智能仓储物流系统的使用改变了传统人工码垛、转运和人工叉车上下架的作业模式，实现了进货间和冷库内的无人化作业，在码垛、搬运、入库、上架、出库、下架等环节减少操作人员 15 人左右，减少了人力资源成本。本项目秉承绿色可持续发展的理念，最终凭借其低能耗 $[0.26\mathrm{kWh}/(\mathrm{t}\cdot\mathrm{d})]$ 及稳定的库温被评为"向未来　好冷库"自动化与智能化优秀项目、中国肉类产品北方进口基地、中国肉类产品北方展示交易冷链物流基地等。

（本章撰稿人：王贺、王芝瑾、陈臣、刘岩松、王艳成、崔芳）

第22章 仓储物流

22.1 汇鸿冷链镇江物流基地

22.1.1 项目概况

江苏汇鸿冷链物流有限公司由江苏汇鸿国际集团股份有限公司和国开发展基金有限公司共同出资成立,为江苏省重点物流企业,江苏省省级农业龙头企业。

汇鸿冷链镇江物流基地位于长三角中心区域江苏镇江新区的镇江综合保税区。项目占地200亩,建筑面积10万m^2,总投资6亿元。一期项目已建设完成,包括一栋4层土建式冷库、冷冻分装加工车间和两栋土建式常温库。同时,配套海关保税库、进口水产品备案冷库、进口食品查验场所及进口肉类查验与存储一体化设施(图22-1)。

图22-1 汇鸿冷链镇江物流基地效果图

22.1.2 技术特点

1. 制冷系统注重节能环保

冷库建筑面积3.4万m^2,库容13万m^3,包括-25℃、-18℃冻结物冷藏间和0~4℃冷藏间。冷冻分装加工车间建筑面积约1200m^2。冷库采用氨制冷系统,桶泵供液。制冷系统共配置8台带经济器的螺杆压缩机,库房二层设计为排管库,其他楼层采用吊顶冷风机并设有送风风管。

库房门采用回笼间两道门形式,外门采用冷库平拉门,内门采用地磁感应快速提升门。可大幅减少库房门的热质交换,减少冷损失。

两栋 3 层土建式常温库建筑面积为 $30000m^2$,其中 $2800m^2$ 设计为海关保税仓库,$1200m^2$ 设计为恒温库(10~15℃),采用工业空调控温。根据公司战略发展及市场业务需要,2020 年对常温库进行了改造,新增 $300m^2$ 的 −55℃ 超低温库,$500m^2$ 的 −25℃,$1600m^2$ 的 0~4℃ 高温库。制冷系统使用两台活塞式压缩机和一台双级螺杆式压缩机,建立了制冷系统设备状态、仓库环境温度监控系统,可实现数据分析、动态记录、超限报警、远程监控数据存储、温湿度监控等功能。通过多种自动化与智能化技术构建起高效、专业的冷库储运体系。

2. 物流信息化

WMS 仓储管理系统可改善客户服务水平,提高从出入库到库内管理等各环节的准确性,提高从内部管理到外部服务的全过程透明度,优化仓库关键业务流程,使操作效率和仓库利用率得到大幅度提升。仓储现场作业全程采用 RF 电子化识别与任务引导,可实现作业任务电子化传递(采用 PSTM 系统的电子作业卡),作业任务电子化提示(LED 条屏+室内液晶屏),提高工作效率,保证数据准确。

使用 PTSM 系统对进入园区的仓储取送货车辆进行统一管理,包括车辆登记准入、作业月台分配、司机叫号、离园许可等,司机全程持电子卡,信息联动电子显示屏。

采用专业 TMS 物流运输管理系统,提供支持多种形式的物流运输业务及运输过程管理功能,可进行物流订单管理、输送力协同管理、运单全程跟踪等,降低运输成本。

通过信息化建设,覆盖生鲜产品供应链运行场景,从流程标准化、响应自动化角度出发,建立符合前端业务形态和后端执行系统的高科技供应链生态环境。

3. 库内存储自动化

在库内存储方面,通过全自动子母车密集存储系统,实现货物出入库以及库内存放的自动化(图 22-2)。整个系统通过子母车、垂直输送机、RGV 轨道车、输送线等一系列智

图 22-2 库内自动运输系统

能化设备,实现了货物的自动化流转。全自动子母车密集存储系统与WMS仓储管理系统对接,入库时RF设备读取托盘标签并匹配任务,通过安检设备后自动运输至指定库位,出库时自动从指定库位取送托盘到出口。各设备组件间通过无线网通信协同运作,工作过程无须人工介入。同时,系统提供仿真监控界面,设备运行状态、任务执行状态等一目了然。

全自动子母车密集存储系统结合RF电子标签以及WMS仓储管理系统,在减少辅助空间、提高存储密度、节省存取时间、减轻人工强度、减少成本支出等方面发挥了重要作用。

22.1.3 应用效果

江苏汇鸿冷链物流有限公司着力建设以先进技术为基础的生鲜产品冷链物流集成服务平台,重点提供仓储、物流、展示、加工、金融、贸易6项服务,致力打造值得信赖并具有社会知名度的全程冷链供应链服务品牌。汇鸿冷链镇江物流基地自2017年竣工运行以来,实现了公司管理信息化,制冷运行高效化;提高了基地服务品质,满足了客户需求,控制了运营成本,营业收入逐年提高;基本实现了以先进技术为基础的生鲜产品冷链物流集成服务平台建设目标,为企业发展提供了基础保障。

22.2 万纬武汉东西湖冷链物流园

22.2.1 项目概况

万纬武汉东西湖冷链物流园毗邻武汉东西湖综合保税区,交通便利,配套设施较为齐全。该冷链物流园具有多种业态功能、多温区设置、物流动线从地面向空间发展等特点,并进行了全自动立体冷库的业态探索。

万纬武汉东西湖冷链物流园占地6.6万m^2,总建筑面积9万m^2。园区内各建筑单体的主要功能为常温、低温货品分拣、储存及冷链物流配套服务,总储存规模约6万托,单体建筑最高40.24m,容积率为1.37,旨在打造集多种功能于一体的综合性物流园区(图22-3)。本项目采用集中制冷形式,制冷系统为卤代烃桶泵供液,于2021年12月正式竣工交付。

万纬武汉东西湖冷链物流园包括以下5类建筑:(1)用于常温货品的分拣、储存的加工车间/分拣配送中心。主体建筑地上3层,建筑高度为38.30m。(2)用于低温货品分拣、储存的蔬果初加工分拣中心。主体建筑地上3层,采用5层横梁式货架+4层穿梭车货架存储形式,建筑高度为40.24m。(3)用于低温货品的分拣、储存的原料仓库。建筑结构为单层全自动高货架立体库,采用15层自动立体货架存储形式,建筑高度为36.78m。(4)用于运输车辆的通行、回转、停靠,接驳各物流建筑的二、三层装卸货口的高架平台。两层层高均为13.40m,两端设盘道,盘道的回转半径满足大型冷藏车单向双车道的行驶需求,可实现上述各单体建筑每层分别同时收发货物。(5)用于园区办公等配套服务的办公楼,包含多种形式的办公、会议、展示用房间,共6层,建筑高度为23.95m。

图 22-3　万纬武汉东西湖冷链物流园实景

22.2.2　技术特点

1. 多种业态功能融合

配合万纬物流服务超市、餐饮门店的客户定位，本项目内部汇集可融合多种业态的大体量物流建筑：常温/恒温存储＋分拣、低温/变温存储＋分拣、全自动立体存储＋分拣、水果催熟、食品初加工以及星级办公等。对于这一高标设计的冷链物流项目，通过对功能、温区、物流设备、柱网、层高、消防等各方面需求的分析，结合对应的规范要求，布局集约紧凑，形成合规合理、经济适用的解决方案。

2. 物流动线从地面向空间发展

本着"集约共享"的总平面布局原则，采用双层高架平台"嵌固"于几个大型物流建筑之间的布局方式，使室外的物流动线向空间延展。高架平台的两端各设一个4层环形盘道，盘道的内外半径、坡度、净宽均经过详细测算及路径推演，可满足大型冷藏车辆从园区地面通达二、三层，实现各层同时独立收发货物，满足客户独立运营的特定需求。

3. 多温区合理设置

冷链物流建筑的温区根据所储存货品来设定。根据多品类储存需求，设有－25℃、－18℃、－2～7℃、0～10℃、0～5℃、1～7℃、12～18℃等多种温区，并在部分冷间通过末端切换实现温度转换，可提供冷藏、冷冻、恒温、常温等多种选择，是城市配送与干线运输相融合的典型项目。

4. 匹配多种物流设施的定制化设计

根据实际使用需求，配备有5层横梁式货架、4层穿梭车货架、15层全自动立体货架等多种货架形式以及穿梭车、堆垛机、平衡重叉车等多种物流输送设施。从运营角度，本项目具有发货口数量最大化的刚性需求。在规划设计中所面临的是如何在有限的空间中使建筑使用效率最大化的问题（本项目的发货口数量多达125个）。在分析上述多种物流设施的规格尺寸后，从平面柱网和层高的确定、设备用房及管井管线的布置、装卸道口的集约化处理、辅助办公用房的模块化布局等多角度入手，完成了与业态相匹配的定制化设计。

5. 预应力技术的应用

高架平台长146m、宽48m，平台上有承载大型集装箱货车的需求，平台下方有大型货车回转的需求，采用预应力后张法现浇结构实现大跨度，从技术上解决了消防、荷载、使用空间的合理性等一系列问题。

6. 全自动立体冷库的业态探索

万纬武汉东西湖冷链物流园中的高货架立体冷库高度为36.78m，内置15层货架，地面采用地坪桩＋刚性地坪的组合方案，设3层穿堂，堆垛机将货物运输至各层穿堂楼面，对外和各层高架平台衔接，实现配送的高效化（图22-4）。

图22-4　万纬武汉东西湖冷链物流园冷库穿堂

22.2.3　应用效果

本项目设计全部按照高标冷库标准执行，采用双盘道三首层的物流动线，提高了周转效率，运营良好。全自动立体冷库3层穿堂均收发货，极大提高了配送效率。本项目建设交付时冷藏间单位耗电量为0.32kWh/(t·d)，低于万纬其他冷链物流项目平均耗电量，取得了LEED金奖认证。

22.3 天津雀巢普瑞纳宠物湿粮冷库

22.3.1 项目概况

天津雀巢普瑞纳宠物食品有限公司隶属于瑞士（美国）雀巢公司。天津雀巢普瑞纳宠物食品有限公司响应国家"碳达峰、碳中和"号召，在建筑整体设计中充分考虑节能环保需求，积极采用新技术，是国内首家在冷库设计中使用 CO_2 平行增压跨临界冷热综合利用技术的企业。

天津雀巢普瑞纳宠物湿粮冷库（一期）主要用于储存干式宠物食品和湿式宠物食品，包含1间-18℃冷冻仓库和2间0～5℃缓冲间（图22-5）。

图 22-5　天津雀巢普瑞纳宠物湿粮冷库效果图

22.3.2 技术特点

1. 物流特点

本项目包含加工车间，属于一类工业建筑，建筑面积约7500m²，建筑高度为12.8m。冷库采用框架结构和外保温措施。生产区冷源采用3台水冷磁悬浮变频离心冷水机组提供6℃/12℃的冷水；热源采用1台燃气蒸汽锅炉提供65℃/45℃的热水。系统中把工艺设备及工业设备产生的尾热（如杀菌釜、锅炉尾气）等回收，用于建筑供暖及车间热水系统的制备，以实现节能。

在仓库设计中，采用横梁式货架以及双伸货架的组合模式，五层以上还增加悬臂式的货架设计，让整个仓库的储存能力大大增加。全面应用了物流数字化和自动化技术。无人自动导向车将装箱后的产品从生产线送入仓库储存；需要出货时，可自动实现仓库出货至外包间，然后再送至产品交接区，装车发货，极大地提高了物流工作效率。

2. 制冷系统

考虑到环保的需求，冷库采用 CO_2 跨临界制冷系统。制冷系统搭载一台 CO_2 平行增压跨临界机组，可同时为 1 间 $-18℃$ 冷冻仓库和 2 间 $0\sim5℃$ 缓冲间提供冷量。机组采用集成设计，包含了成套控制系统及物联网应用。整套制冷系统采用低温、中温、平行压缩三个蒸发段一体设计，将负荷进行综合考虑，配置 3 台低温压缩机、2 台中温压缩机。低温制冷负荷通过低温压缩机和中温压缩机两级压缩，降低单机的压缩比，减少压缩机功耗；同时提升了 CO_2 制冷剂在中、低温共存工况下系统运行的可靠性。压缩机、气体冷却器采用变频节能控制，可使压缩机和风机在部分负荷下保持高效运行。

制冷系统配置 2 台气体冷却器，采用湿/干温度切换喷淋技术，同时设计搭配 EC 降噪风扇、高耐压的不锈钢管换热器，可以有效减少约 30% 的换热面积，从而达到减少占地面积、降低冷媒充注量和运行成本的目的。气体冷却器的设计压力满足 12MPa 的压力需求，保障了系统的运行安全。

3. 控制系统

控制系统应用浮动控制技术，在变温差设计工况下，系统根据冷负荷和热水需求量，实时自动调节排气压力和排气温度，综合考虑冷热效率。通过制冷节能控制充分挖掘制冷系统节能潜力，使制冷系统长期节能、高效运行。控制系统接入了冷暖系统智慧管理平台，可对制冷系统的运行状况进行整体的监测、控制、分析并生成报告等；可为第三方提供 API 数据接口，实现数据共享。平台引入机器学习、时序预测、随机森林等人工智能算法，实现对故障和风险的实时精准感知及预警，可以快速帮助用户消除系统的运行隐患和故障，提高设备稳定性，节能增效；让设备保持在最优运行状态，降低运营成本。

4. 安全保障

充分考虑冷媒的特性，设计安装了一套可靠的高压安全保护措施。在制冷机房及管路阀组处设置了多点位 CO_2 质量浓度检测与声光报警兼排风联动系统。制冷系统配置 UPS 和备用压缩机、备用阀门等故障自动切换功能，通过多重备份控制，保证机组可靠运行。闪蒸罐采用了最优的闪发压力与容积，有效保证了气体比小于 30%，减少了闪发气体，同时也保证平行压缩机不工作时，高压压缩机开启的最低压力。油分离器采用高效分子筛结构，分油效率可达 99% 以上。

22.3.3 应用效果

通过运用 CO_2 平行增压跨临界冷热综合利用技术，实现显著的减碳效果。以每天运行 18h、全年运行 300d 计算，相比卤代烃制冷系统，本项目可节约标准煤 12.7t，同时减少污染排放：碳粉尘 8.6t、二氧化硫 1t、氮氧化物 0.5t。

（本章撰稿人：尹从绪、李浩、殷镇、周丹）

第23章 商超冷链

23.1 苏州宜家餐厅

23.1.1 项目概况

宜家创立于瑞典，是一个全球家居品牌，为人们提供价格实惠、设计出色和使用舒适的家具产品，其设在商场内的餐厅为消费者提供各种特色美食。据统计，2022年宜家在中国的营收达到147亿元，其中餐饮大概贡献了10%，因此宜家被不少媒体称为第六大餐饮连锁巨头之一。

为实现可持续发展，宜家总部也设定其自身的气候环境目标：致力按照1.5℃温控目标减少宜家价值链产生的气候足迹，包括到2030年前减少一半的排放量，最迟到2050年实现净零排放。为配合宜家中国绿色环保提升计划，2022年谷轮对其苏州门店的餐厅冷链系统进行环保冷媒升级改造，针对餐厅内的西餐冷库和冷菜冷库，完成了CO_2跨临界制冷系统的升级、安装和调试（图23-1）。

图23-1 苏州宜家门店

整个制冷系统为远置式，将压缩机、风冷气冷器、闪发罐、高压阀和旁通阀等部件集成到一个机组，安装于室外楼顶，通过制冷管道与位于中温冷藏库的蒸发器连接起来，形成整个制冷系统（图23-2）。

系统配备了1台一体式CO_2跨临界制冷机组，为两个中温冷库提供冷量，两个冷库

第 23 章　商超冷链

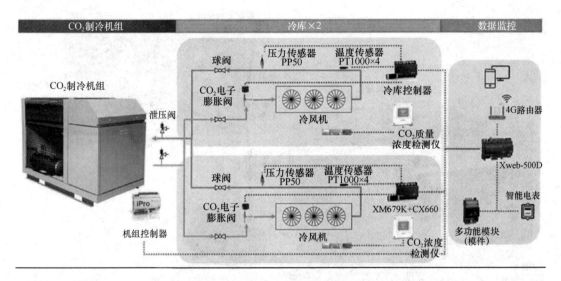

图 23-2　苏州宜家餐厅 CO_2 跨临界制冷系统架构图

并联且独立控制。同时，安装了数据采集系统，可实现在线查看和获取数据，包括室外机组侧的运行参数、冷库侧的控制效果以及独立耗电量（图 23-3）。

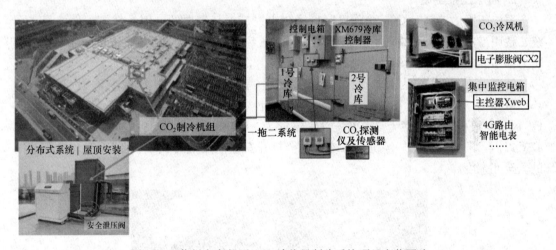

图 23-3　苏州宜家餐厅 CO_2 跨临界制冷系统项目安装图片

23.1.2　技术特点

1. 一体式 CO_2 跨临界制冷机组

根据中温冷藏库需要的制冷量，制冷机组内配备了谷轮 Stream 系列 CO_2 活塞压缩机组，额定功率为 3.7kW，排气量为 4.9m^3/h，设计最高压力为 13.5MPa，对制冷剂流量和换热都进行了优化设计。机组配有诊断技术模块，可以更快地诊断系统相关问题，甚至可在问题出现前及时发现。该一体式 CO_2 跨临界制冷机组具有即插即用、结构紧凑、易维护、可靠性高、低噪声、电子控制等特点（图 23-4）。

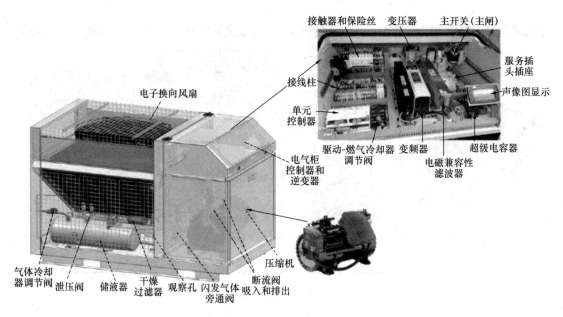

图 23-4　谷轮™一体式 CO_2 跨临界制冷机组

2. 高承压系统设计

系统压力的控制对 CO_2 跨临界制冷系统来说是十分重要的。因为系统配件、管路系统、备用工具等都与系统压力息息相关。为保障系统安全可靠运行，系统各个部件的运行压力都不能超过部件可承受的最大工作压力。

针对苏州夏季较为炎热的特点，为了提高系统可靠性，除机组的设计承压为 13.5MPa 外，系统还配备了高承压 CO_2 冷风机（图 23-5），设计压力高达 8MPa。配有 EC 风机，风机输入功率为 280W，空气流量为 7100m³/h。在此高承压设计下，气温在 33℃ 以内，即使发生意外停机，系统也不会打开安全泄压阀排出 CO_2 制冷剂，提升系统的安全冗余度。

图 23-5　高承压 CO_2 冷风机

3. 采用完善的制冷监控系统

谷轮™一体式 CO_2 跨临界制冷机组，专为使用低 GWP 自然制冷工质 CO_2 而设计。先进的电子控制器允许精确调控所有相关参数，且包括许多电子保护功能，以实现高度可靠的运行。系统采用 XWEB 和 XJM60D 数据采集器实时进行系统温度、压力以及功率的数据采集；采用 XM679K 控制器对冷库的实时温度、蒸发温度、过热度以及化霜进行控制，保证系统安全可靠运行；安装了 CO_2 质量浓度监测仪，当冷库内 CO_2 质量浓度高于 5000mg/L 时，浓度检测仪会发生报警，保障人员安全。

23.1.3 应用效果

第三方机构以一年（2022年3月至2023年2月）的运行数据为基础，对系统的运行压力、能耗以及系统性能进行了分析，并研究了机组运行特性、制冷性能以及优化分析，得出以下结论：

（1）库温控制效果好。CO_2 制冷机组采用变频控制，冷风机采用电子膨胀阀，可精准匹配冷库负荷变化。库温稳定在 2~4℃ 以内，可以满足冷库的冷藏需求，且运行稳定。从监测数据看，两个冷库的温度波动分别为 0.26℃ 和 0.63℃，温度波动较小。

（2）系统压力安全稳定。全年的系统压力变化显著，春季/秋季系统压力低于 7MPa，冬季系统压力显著下降至 5MPa 以下。夏季炎热气候条件下，系统运行压力也远低于 12MPa。在监测期间，最高环境温度达到了 36℃，压缩机吸气、排气及闪发罐均未超过最大限值，泄压阀无动作，说明该系统压力是在安全控制范围内的。同时，系统的吸气压力比较稳定，维持在 2.6MPa 左右（图 23-6）。

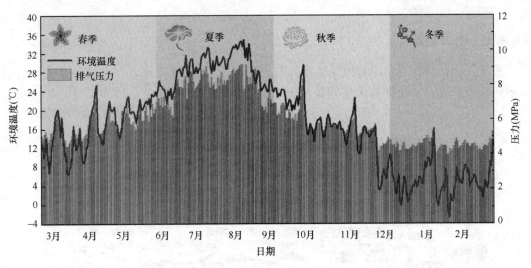

图 23-6 系统全年排气压力监测图

全年 12 个月监测显示，排气温度不影响系统安全。在春季、秋季及冬季这三个季节，系统主要运行在亚临界状态，排气温度基本在 60℃ 以内。只有在夏季（6月以后），系统进入跨临界运行状态，压缩机排气温度迅速升高，最高可达 133℃，但低于 150℃ 限值，不会导致润滑油碳化，不会影响系统安全（图 23-7）。

当闪发罐压力高于 5MPa 时，达到旁通阀开启压力，闪蒸气体被旁通到压缩机吸气口，与蒸发器出口的制冷剂混合，使得压缩机吸气温度低于回气温度，在一定程度上可以降低压缩机排气温度。

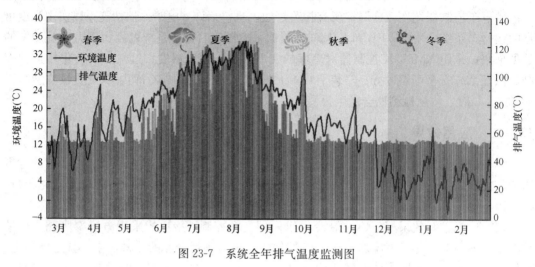

图 23-7　系统全年排气温度监测图

本项目成功呈现和验证了一体式 CO_2 跨临界制冷系统在餐厅冷库的可靠应用。所获取的相关实际运行数据，为研究适合中国的 CO_2 跨临界制冷技术，以及在中国推广 CO_2 跨临界制冷提供了有益借鉴。

23.2　比优特大连印象城超市

23.2.1　项目概况

黑龙江比优特商业集团是黑龙江省百强企业，成立于 1996 年，其中超市是比优特的重要商业业务之一。比优特大连印象城超市位于大连市西岗区中山路 261 号，总面积约

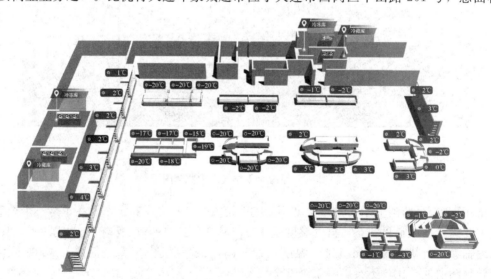

图 23-8　比优特大连印象城超市生鲜销售区布置图

7500m², 其中生鲜销售区域占地约 2200m²（图 23-8）。为了满足超市各种生鲜产品的储存温度和未来商业自然增长下的人流负荷，比优特大连印象城超市 2022 年对生鲜销售区进行升级改造，改造后冷链系统配置冷冻库及冷藏库各一套，冷藏柜和冷冻柜合计 48 台，中温和低温机组各一套（表 23-1）。

比优特大连印象城超市冷链设备配置　　　　表 23-1

序号	产品名称	温度范围	存放商品
1	立风柜	3～7℃	奶制品等
2	服务柜	0～4℃	鲜肉等
3	卧式柜	−18～−22℃	冷冻肉，冰淇淋等
4	冷冻库	−18～−22℃	冻品
5	冷藏库	0～10℃	冷藏品

23.2.2　技术特点

1. 智能控制

为提升零售冷链基础设施运营治理和能源管理水平，2022 年比优特大连印象城超市进行了物联网智能控制节能系统升级改造，以冷柜机组设备控制器、中端店铺智能网关、上端数字化云平台为系统构架，实现远程监控、自动报警、节能设定、远程程序更新功能。

ICECO 智能控制系统具有远程监控、自动报警功能，搭载物联网控制系统可实现店铺设备数据自动监控、报警信息自动提示等，可根据客户需求生成周/月/年度报表。客户端显示界面兼顾计算机端/手机端使用需求，客户利用计算机端或手机端实时监控店铺内设备运行情况，随时接收报警提示。客户也可以通过"运行展板"进行能耗和设备健康状态速览，可以快速了解所有店铺的耗能状况、能耗变化以及各店铺能耗排名，帮助运营者及时发现能耗问题并做出快速决策及对应。

2. 节能控制

ICECO 智能控制系统独有的节能算法可根据运营环境变化智能调节系统运行（图 23-9），在确保设备性能及温度的前提下，无须人工干预，达到节能效果，并可以通过冰山松洋冷

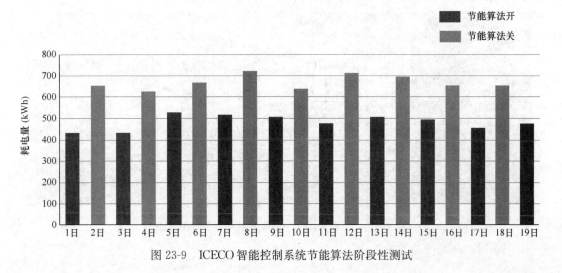

图 23-9　ICECO 智能控制系统节能算法阶段性测试

链"云平台"生成能耗数据矩阵。

ICECO智能控制系统独创的"无线"链接技术，大大提升了改造店铺的可操作性，原有较难实现的旧店铺则可通过此技术实现快速改造落地，没有现场大量破坏性施工的风险。在没有影响到店铺正常运行的情况下，一周之内完成了比优特大连印象城超市节能系统的改造。ICECO智能控制系统是依据运用多年的商用制冷系统经验累积实现数字化布局的"软硬件一体化"智能控制系统产品，目前已经在超市、便利店、餐饮、冷库、前置仓等业态和领域得到了广泛应用。经验证，该系统可保证北方地区店铺节能率在15%～20%，南方地区店铺节能率在10%～15%。

23.2.3 应用效果

本项目于2022年4月30日交付使用。与原设备相比，节电量约18798kWh，按照电费0.95元/kWh计算，约节省电费17858元。同时，管理人员可通过ICECO智能控制系统的"店铺冷链设备实际模型界面"实时观察设备运行情况及温度变化，提升了运营管理效率；系统提供全周期远程监控报警服务，远程排除报警占全部报警次数的50%，节约了时间、人力成本，提升了运营管理效率，全天候守护设备健康运行，保证冷藏冷冻食品安全。

23.3 罗森天津翔宇大厦便利店

23.3.1 项目概况

罗森是一家特许经营连锁便利店。截至2022年12月底，在上海（包括上海周边）、重庆、辽宁、北京、湖北、广东等15个省份拥有近6000家便利店。罗森天津翔宇大厦便利店于2021年6月28日开业，位于天津市南开区二伟路58号。本项目制冷系统主机使用1台变频压缩冷凝机组（CDU），末端负荷包含2台长1.71m的无霜午餐柜，1台0.855m的无霜午餐柜以及1套无霜后补式冷库（图23-10）。

图23-10　罗森天津翔宇大厦便利店无霜变频配置

23.3.2 技术特点

1. 采用无霜技术

为了满足零售食品的储存温度和未来商业自然增长下的人流负荷，本项目采用优化的冷柜蒸发器设计，使得制冷系统的蒸发温度更优且波动更小，从而保证蒸发器翅片表面温度高于0℃，避免霜的形成，提高食品冷柜的卫生等级。

通过优化蒸发器/风道/风幕设计，同时提高蒸发温度，使用配套无霜专用变频压缩冷凝机组，实现冷柜无霜运行。解决了因传统化霜引起温度波动（化霜升温、制冷降温）而带来的食品保鲜期缩短、能耗较高的难题。

普通冷柜由于蒸发器上有积霜阻塞气流需要定期除霜，如图 23-11 所示。采用无霜冷柜后，蒸发器上只有水珠，无需除霜，如图 23-12 所示。

图 23-11 普通冷柜蒸发器表面　　　　图 23-12 无霜冷柜蒸发器表面

通过高效的制冷系统设计、空气动力学风幕优化设计和先进的控制技术，在行业内首先实现了制冷展示柜在运行过程中真正的全无霜过程，不需要化霜操作而减少能耗和降低柜内温度波动。

2. 高效节能

本项目为搭载变频压缩冷凝机组的无霜冷柜在国内便利店的首次应用，实现了高效节能且更优温度性能的便利店冷柜技术。通过柜体和变频压缩冷凝机组的结合，蒸发温度大幅提升，冷负荷减少约 20%。压缩冷凝机组采用升级后的变频控制技术，调节更加灵活，减小系统运行时的温度变化，提高可靠性；变频压缩冷凝机组的运行范围大幅扩展，满足极端环境温度下耐候性拓展需求（-30~48℃），在华南、华东等气候炎热地区也可以很好地运行，同时还满足高蒸发温度的应用需求（蒸发温度为-15~10℃）。

上海海洋大学测试证明，与传统普通午餐柜相比，该冷柜保鲜效果好、保鲜期更长，温度波动小，柜内不易结冰，食品货架期明显延长。相比于常规冷柜 2~3℃的波动幅度，无霜柜温度波动幅度可控制在 0.2℃左右。而储存温度每升高 1℃，约损失 10% 的最佳货架期。无霜柜可以增加货物的储存时间，相比传统普通午餐柜，营养物质保留提高 30%，货架期延长 15%。

测试结果证明，相比传统有霜柜搭载定频压缩冷凝机组，变频压缩冷凝机组可以节能 30% 以上，运行费用大幅降低，大大降低碳排放量。

3. 环保效益

同类定频机组由于功率更大，制冷剂充注量显著高于变频机组，经对比，搭载无霜柜和变频压缩冷凝机组的系统，其冷媒充注量减少50%以上，这对减少温室气体的排放具有重要意义。

23.3.3 应用效果

通过无霜冷柜技术及变频压缩冷凝机组技术的综合运用，系统运行能耗相比有霜冷柜与定频机组组合降低30%以上。高效的制冷系统设计、空气动力学风幕优化设计使风幕有效闭合，减少柜口外的热湿负荷大量涌入柜内，使无霜午餐柜运行期间的能耗更低。柜内风场和温度场均匀，避免了化霜引起的剧烈温度波动，食品温度可以保持稳定（温度波动大大减小），大幅提升商品货架期。

传统午餐柜的食品保存温度为1~10℃，一般保鲜期限为72h；而无霜午餐柜在满足1~10℃温度性能的情况下，因为没有除霜过程引起的温度波动，食品温度更加稳定，货架期更长、货损更小。此外，由于无霜午餐柜还可以达到-1~7℃的温度性能，因此客户可以摆放很多原本无法摆放的温度敏感食品或饮品，而传统午餐柜则无法满足这类食品或饮品的温度要求。

本项目获得了2021年度中国零售业博览会金翼榜最佳供应链提升榜奖。

（本章撰稿人：马悦、胡欢、杨萍、尤鹏清、王馨楠）

第24章 专项技术

24.1 预应力技术在冷库中的应用

24.1.1 技术背景

随着冷链物流行业的发展，对冷库规模和库容提出了更高的要求，然而传统柱网土建式冷库面临存储效率相对较低、机械化操作不便等问题，加之冷藏间内的荷载较重（通常为普通民用办公楼荷载的 8~10 倍），若一味地增加柱距，会导致结构的经济性变差。如何能够有效减少结构自重，增大柱网，提升有效库容，降低综合建造成本，提高结构耐久性，减少后期维护成本，助力冷库经营企业降本增效，在冷库建设中变得十分重要。

本节以苏州天环二期冷库为例，介绍预应力技术在冷库建设中的节材减碳效果。苏州天环二期冷库位于江苏省苏州市昆山市高新产业技术开发区，主要包括 2 座冷藏仓库及地下车库，共 12 万 m^2，总投资为 4.8 亿元（图 24-1）。项目建成后，仓储能力为 10 万 t（42 万 m^3）。本项目为国内结构高度最高的预应力冷库，地下 1 层，地上 12 层，主体结构高度为 68.1m，建筑面积为 32 万 m^2，采用 12m 左右大柱距预应力平板结构体系。

图 24-1 苏州天环二期冷库效果图

24.1.2 预应力技术原理

预应力技术可以充分发挥高强度钢材的潜力，而普通混凝土结构中，钢材强度利用率不到 20%。使用一种高强度（强度等级是普通钢材的 3~4 倍）预应力钢材来替代传统的普通钢材，通过对预应力钢材的预先张拉，在外荷载未施加前提供一个向上反力，大大提高混凝土的抗拉能力，从而达到提高建筑承载力，减少变形和裂缝，减少建筑材料消耗的目的（图 24-2）。

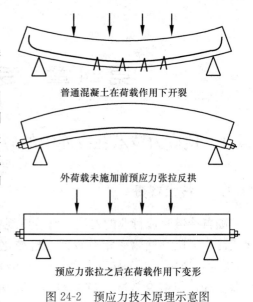

图 24-2 预应力技术原理示意图

24.1.3 预应力技术在冷库中应用的优势

1. 可实现大柱网，提升库内有效容积

传统 8m 小柱距土建式冷库，柱子密集，占用库内有效利用面积，不便于后续采用货架堆货方式以及机械化高效率操作（图 24-3）。通过引入预应力技术，柱距可增大到 12m 左右。本项目最大可实现双向柱距为 11.55m×11.6m，在相同占地面积条件下，库体柱子数量减少 106 个，提高库内有效利用面积，便于采用货架堆货方式，方便机械化操作，提高经济效益（图 24-4）。

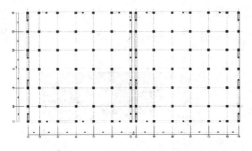

图 24-3 8m 小柱距传统冷库平面图

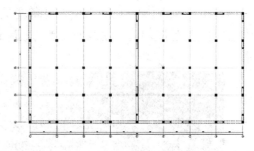

图 24-4 11.55m×11.6m 大柱距预应力冷库平面图

相对于传统的小柱距冷库，采用 12m 左右大柱距预应力冷库可大大提高货架托盘数量，可提升有效库容约 20%（图 24-5、图 24-6）。

图 24-5 传统小柱距冷库实景图

图 24-6 大柱距预应力冷库实景图

2. 取消结构伸缩缝

由于冷库的低温环境，为避免建筑物过长时因热胀冷缩使结构构件产生裂缝，相关规范要求传统冷库单体长度不超过50m，在双库间则需通过伸缩缝断开，导致此位置需要布置双道框架梁、框架柱、剪力墙以及保温、砌体材料，增加施工造价，后期维护成本高，同时也降低了库房的使用效率（图24-7）。

图24-7 传统冷库设置伸缩缝示意图

通过利用预应力技术，在平板内布置双向有粘结预应力的锚固系统，采用泰库®体系解决方案，本项目可实现92.4m不设结构伸缩缝（图24-8）。相当于将传统的两个结构单元的土建式冷库合成一个冷库，既方便了内部功能使用，又减少了保温面积和工程造价。

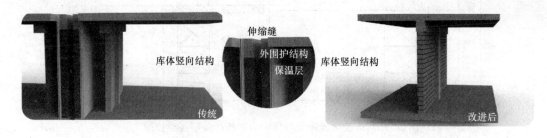

图24-8 取消伸缩缝示意图

3. 降低层高，有效空间利用率高

由于冷库设计活荷载较大，一般为20～50kN/m²，采用传统的梁板楼盖，导致结构梁高较高，结构实体占用空间大（图24-9）。为满足堆货高度，结构层高也相应增大，有效空间利用率低，综合造价高，能源消耗大。

相对传统梁板楼盖建造方案，采用预应力平板楼盖，在同等跨度下每层可降低层高约700mm（图24-10）。本项目共12层，可降低总高度约8.4m，有效空间利用率高，减少了保温、墙柱和基础的土建造价。同时，预应力平板楼盖还可以节省保温材料，大模板施工费用低，有良好的抗裂性能。

图 24-9 传统的梁板楼盖

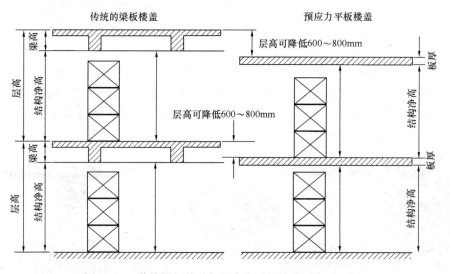

图 24-10 传统梁板楼盖与预应力平板楼盖层高对比图

24.1.4 预应力技术在冷库建设中的应用

2016 年,预应力技术在国内首次应用于成都银犁冷藏物流股份有限公司的 B4/B5 冷库工程,获得了业内的广泛关注和推广应用。目前,在全国已建成河北天环现代商贸智慧物流园、中国北方(青岛)国际水产品交易中心和冷链物流基地冷库三期项目、山东云仓冷链仓储加工项目、东北亚水产品(加工)交易中心项目、德州飞马冷链速冻车间、深圳市盐田港冷链服务仓项目、青岛诚通新能源供应链园区工程冷库和肉制品深加工及物流基地项目二期项目、中通智能制造项目、红星冷链直供中心项目、宁波梅山国际冷链供应链项目等,累计已超过 200 余座冷库应用了预应力技术解决方案。

24.2 分布式光伏发电技术在冷库中的应用

24.2.1 技术背景

近年来，随着我国冷链技术的发展，对冷库的要求也越来越高。传统冷库已转变为集调度中心、增值服务中心、冷加工中心等先进冷链物流技术为一体的库存场地。传统的冷库是典型的高耗能设施，冷库运行过程中用电负荷高、耗电量大，很多大型冷库年耗电量可达上千万千瓦时。在国家推进"双碳"目标和能耗双控的背景下，节能降耗助力冷库经营企业降本增效已成为冷库建设急需解决的现实问题。在此情形下，利用光伏发电技术缓解冷库运行过程中的能耗问题已成为推动未来冷库绿色低碳发展的重要方向。

由于光伏发电技术存在天然波动、间断性特点，而冷库则需要持续稳定的冷量供应，因此光伏发电技术在冷库中的应用主要有以下三种模式：并网供电制冷系统模式、太阳能储冷供冷模式和太阳能光伏发电储电模式。

受到初投资较大的限制，后面两种模式在冷库中还没有应用，第一种模式在冷库中应用越来越多。本节以天津赛誉食品有限公司分布式光伏发电项目为例，介绍分布式光伏发电技术应用于冷库的节能降耗效果。

24.2.2 光伏发电技术简介

光伏发电技术是利用半导体界面的光生伏特效应而将光能直接转变为电能的一种技术。光伏发电系统由光伏组件、逆变器、交流配电柜等设备组成。

光伏发电技术原理：光伏组件将太阳光转化为直流电，汇流后接入逆变器直流输入端，将直流电转变为交流电，逆变器交流输出端接入交流并电柜，然后直接并入用户侧（图24-11）。

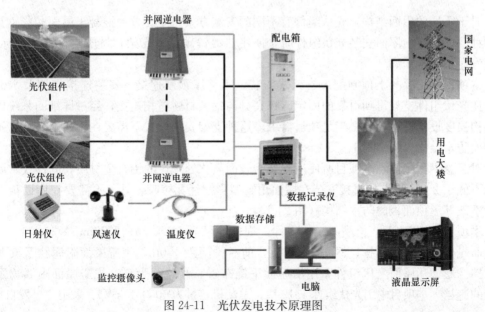

图 24-11 光伏发电技术原理图

在冷库屋顶安装光伏组件，形成光伏发电能源供应系统解决冷库运行过程中的能源消耗，既环保又节能。并且光伏组件遮挡了直射的太阳光，可以遮挡雨雪、杂物，延长屋顶寿命，降低设备损耗；在光伏组件下荫凉环境中，冷库屋面的辐射负荷更小。

冷库有大面积的闲置屋顶，加装光伏组件有得天独厚的空间优势。同时，冷库用电负荷高，且24h连续运行，负荷稳定，光伏发电系统的发电量基本能被消纳，符合"自发自用，余电上网"的模式。

24.2.3 项目方案

天津赛誉食品有限公司分布式光伏发电项目位于天津市东丽区空港国际物流经济区。建筑屋面形式为混凝土屋面和彩钢瓦屋面，此项目占用冷库屋面面积约10500m^2，项目建成后光伏发电系统的功率为1.0MWp（图24-12）。

图24-12　天津赛誉冷库屋顶太阳能光伏组件

对于不同的屋面结构，光伏组件有不同的安装方案，主要分为混凝土屋面和彩钢瓦屋面两种。在混凝土屋面安装光伏组件时，使用热镀锌碳素钢支架，材质要符合国家标准，防腐寿命不低于25a。

本项目采用混凝土预制配重支架式安装，不与屋顶硬连接。安装连接支架及水泥基础，使光伏组件支架得到可靠的固定，将夹具与铝型材轨道相连接，经过详细的系统模拟及结构强度设计计算，完全满足项目需求。这种支架安装方式不需要在屋面上打孔，不破坏屋面防水结构（图24-13、图24-14）。

对于彩钢瓦屋面，本项目所使用支架为表面氧化处理过的铝合金材质，同样要求防腐寿命不低于25a。将夹具直接安装在屋面角驰型彩钢瓦瓦棱咬合处，不需要在屋面板上打孔，不破坏屋顶面板的防水结构（图24-15）。

本项目采用550Wp单晶硅光伏组件，规格型号为1134mm×2278mm×35mm。混凝土屋面光伏组件采用单排、倾角10°安装，前后排间距1.0m，规避屋面附属物及女儿墙的遮挡。彩钢瓦屋面光伏组件采用沿屋面平铺布置，倾角约为5°，规避屋面附属物及女儿墙的遮挡。本项目中用光伏组件1819块，总装机容量为1000.45kWp。采用"自发自用、

第24章 专项技术

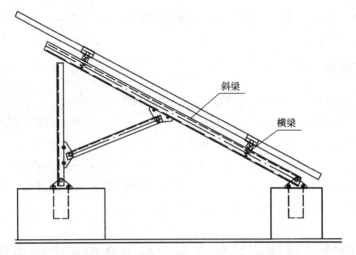

图 24-13 混凝土屋面光伏组件支架示意图

图 24-14 混凝土屋面光伏组件支架效果图

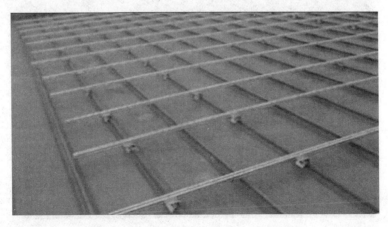

图 24-15 彩钢瓦屋面光伏组件支架效果图

余电上网"模式，光伏发电单元所发直流电经逆变器逆变成交流电，通过低压并网柜接入配电室 0.4kV 低压侧。

24.2.4 应用效果

本项目整体投资成本为 3.8 元/W，总投资为 380 万元左右，于 2022 年投产。据统计，2023 年光伏发电系统的发电量为 110 万 kWh，按年衰减量 0.55% 计算，第 2 年发电量为 109.5 万 kWh，第 3 年发电量为 108.9 万 kWh，第 4 年发电量为 108.4 万 kWh，工业用电价格为 1.1 元/kWh，经过前 3 年半的运行，就可以收回整体投资。按 25a 的设计寿命计算，寿命期内发电量超过 2500 万 kWh，可节约 8500t 标准煤，减少 CO_2 排放 25000t，具有很好的社会效益和经济效益。

24.3 集中供冷式快速冻结技术在食品生产加工中的应用

24.3.1 技术背景

在社会经济发展与用户需求不断增长的情况下，我国速冻食品市场潜力大，企业不断推出速冻类食品。艾媒咨询调查数据显示，我国速冻食品市场规模不断扩大，2022 年已达 1688.5 亿元，预计 2025 年将达 2130.9 亿元。速冻食品行业集中度高，头部品牌效应明显。近年来，龙头企业加快生产线建设步伐，同时布局多条生产线，利用规模效应巩固行业地位。在速冻食品生产中，因速冻工艺要求，制冷系统为最大耗能设备，占总能耗的 50% 以上。因此，如何降低速冻食品生产的制冷系统耗能，提高制冷系统自动化水平，是近年来食品企业及速冻设备企业共同研究的课题。本节以安井集团无锡生产基地新建速冻米面食品生产线项目为例，介绍集中供冷式快速冻结技术在速冻食品生产加工中的应用。

安井集团无锡生产基地新建速冻米面食品生产线项目位于安井子公司无锡华顺民生食品有限公司厂区内（图 24-16），建设 6 条速冻米面冻结生产线，总投资近 2 亿元，四方科

图 24-16　安井集团无锡生产基地效果图

技集团股份有限公司(简称四方科技)提供整体解决方案,采用集中供冷式快速冻结技术。

24.3.2 集中供冷式快速冻结技术的应用

集中供冷式快速冻结技术可以充分挖掘制冷系统节能潜力、提高生产线自动化程度,达到减少维保人工、节能降耗的目的。

1. 一对一独立供冷方案的缺点

业内通常采用一对一独立供冷方案,即一台速冻机对应一台制冷机组,人工控制冲霜、设备人工启停以及人工维保;仅靠调节压缩机滑阀进行能量调节,调节空间小,节能性不足。

2. 集中供冷式快速冻结技术的特点

为解决一对一独立供冷方案的缺点,四方科技提供了一套集中供冷式快速冻结技术方案(简称集中供冷方案)。集中供冷方案具有整体占地面积小、设备数量少、初始造价低(机组、桶泵、蒸发式冷凝器数量以及氟利昂充注量都相对减少)等优点。同时,制冷剂容量大,冷量分配更合理,节能性好;日常使用中降温速度快。另外,通过集中控制,制冷与供冷相对独立,自动化程度高,搭载变频电机进行运行控制,节能性好。

2020年,安井集团在无锡生产基地新建6条速冻米面食品生产线,分别为3000kg/h油条快速冻结生产线、3000kg/h水饺快速冻结生产线、3000kg/h蒸饺快速冻结生产线、3000kg/h馅饼快速冻结生产线、3000kg/h馒头(250g)快速冻结生产线、3000kg/h馒头(240g)快速冻结生产线,由四方科技提供整体解决方案,采用集中供冷方案,设备参数见表24-1。该项目设计工况为-42℃/36℃,采用一对一独立供冷方案,制冷系统由4台制冷压缩机组、2套高效分离的低压循环桶泵和3台蒸发式冷凝器组成,实现对6台螺旋单冻机进行降温,制冷压缩机和桶泵均能实现互为备用,有效解决了出现故障无法使用的问题。

安井集团无锡生产基地集中供冷方案设备参数表　　　表24-1

名称	型号	基本参数	数量(台)
螺旋速冻机	SLD-3000 (339618)	驱动电机:7.5kW 张紧电机:1.1kW 风机:4kW×10	6
制冷压缩机	MCF2520LS	名义工况:-40℃/+35℃ 名义制冷量:535kW 最大运行电流:620A 额定功率:355kW	4
蒸发式冷凝器	SWL-2450	压力:2.5MPa 运行质量:15000kg 最高工作压力:2.0MPa 风机:7.5kW×3 水泵:5.5kW	3
桶泵	DXZ180400A-00	容积:11.8m³ 主体材料:Q345R 最高允许工作压力:2.0MPa	2

3. 集中供冷的造价优势

若采用一对一独立供冷方案,本项目设备预算约为2200万元;采用集中供冷方案,本项目设备预算约为1812万元,节省费用约388万元。如果该项目采用一对一独立供冷方案,则需要6套制冷压缩机、6套桶泵和6套蒸发式冷凝器。与之相比较,采用集中供冷方案节省了2套制冷压缩机、4套桶泵、3套蒸发式冷凝器。

4. 控制与运行逻辑优化设计

为了保持系统的平稳运行,对3台蒸发器进行自动均衡供液优化。蒸发器供液流量在全部满负荷状态下调试,两台氟泵正常运行过程中,手动调节各支管流量调节阀的开启度,以达到各蒸发器流量接近的效果。

系统采用便捷的速冻机供冷运行控制。当1号速冻机需要制冷时,工作人员在蒸发器操作屏幕上点击开机按钮,1号速冻机的供冷通断电磁阀打开,氟泵正常供冷,1号速冻机蒸发器开始降温;2号、3号速冻机的蒸发器降温,以此操作类推,全程可在速冻车间独立操作。同时,操作人员可以通过手机、电脑等设备在任何地点、任何时间对速冻机进行智能化远程监控和操作,不完全依赖值守人员在机房控制,极大地提高了使用的便捷性和灵活性。

制冷压缩机采用变频控制(30~60Hz),根据吸气压力自动调整频率、加减载或停机。制冷压缩机启动后,会自动累计各台机组的运行时间。当需要减载或停机时,优先操作运行时间长的机组,而运行时间短的机组会优先启动,优先加载。为保证最佳运行工况,各并联制冷压缩机将满负荷运行,运行时间长的机组优先降速卸载或停机。

5. 制冷压缩机平稳启动、高效油分技术

采用大型制冷压缩机平稳启动专利技术(图24-17),先启动辅助压缩机,降低油分离器内的压力,再启动主压缩机,压缩机在同等启动条件下的轴功率降低31%,解决了100kW以上大功率高负载状态下螺杆式压缩机启动困难的问题。

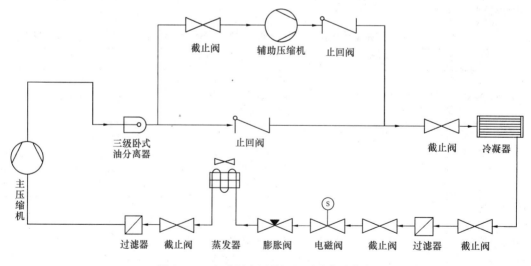

图24-17 大型制冷压缩机组平稳启动技术

采用三级分离式高效卧式油分离专利技术(图24-18),气油混合物通过接口进入桶体后与桶体的端部相撞,促使气流方向突变,完成第一级分离——撞击分离;经撞击后的

气流由于通道增大、流速降低，油因重力沉降而分离，完成第二级分离——降速分离；最后，雾状气油混合物经过金属丝网与纤维滤芯，聚集在金属丝网与纤维滤芯上，在油滴不断增大后靠重力被分离下来，完成第三级分离——聚集分离。经过三级分离后，油分效率高达 10mL/m^3，通过螺杆压缩机加气孔进入压缩机的回气，回流的制冷剂气体不含有冷冻油，提高了压缩机的工作效率。

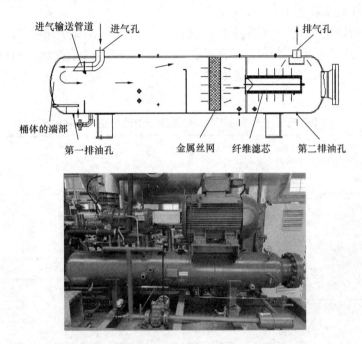

图 24-18　三级分离式高效卧式油分离器

24.3.3　应用效果

为了对一对一独立供冷方案与集中供冷方案的应用效果进行对比，截取 2023 年 5 月 28 日的数据作为参考，如图 24-19 所示。

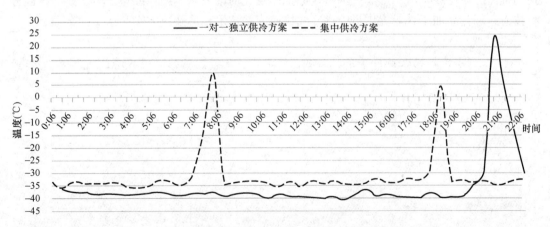

图 24-19　集中供冷方案与一对一独立供冷方案的库内温度对比

由图 24-19 可以看出，集中供冷方案的库内温度趋近于 -35℃，温度区间稳定在 -34℃到 -35℃。一对一独立供冷方案的库内温度接近于 -38℃，工作温度为 -36℃到 -38℃。速冻机融霜后，集中供冷方案下速冻机冲霜后库内温度降至 -34℃只需 30min，而一对一独立供冷方案需 75min 才能降至 -35℃。

由此可知，集中供冷方案可以更好地满足工艺和食品安全要求，在同样的标准下，集中供冷方案的节能效果更好。

在能耗方面，集中供冷方案具有巨大优势。以同样冻结规格：270mm×80mm×35mm(250g)、进料温度为 30℃、出料温度为 -18℃的速冻馒头为例，两种供冷方案的耗电量如表 24-2 所示。由表可知，集中供冷方案比一对一独立供冷方案的周平均耗电量低 33.8%。

安井集团无锡生产基地不同供冷方案下单位质量产品耗电量对比　　表 24-2

日期	一对一独立供冷方案的车间单位质量产品耗电量①（kWh/t）	集中供冷方案的车间单位质量产品耗电量（kWh/t）	降低比例
12月16日	317.92	183.94	42.14%
12月17日	328.97	179.58	45.41%
12月18日	292.09	196.82	32.62%
12月19日	287.57	196.50	31.67%
12月20日	269.36	195.71	27.34%
12月21日	272.43	196.88	27.73%
12月22日	287.49	196.39	31.69%
周平均	291.11	192.59	33.84%

① 单位质量产品耗电量＝耗电量（kWh）/产能（t）。

2019 年，集中供冷式快速冻结技术开始应用于龙头企业速冻生产线建设中，获得了行业的广泛关注和推广应用。目前，该技术已应用于广东安井火锅料速冻生产线、辽宁安井火锅料米面速冻生产线、莱阳春雪食品有限公司油炸鸡块速冻生产线、夏星食品有限公司鸡排速冻生产线、山东郯润火锅料速冻生产线、河南三味真厨速冻包子生产线等。四方科技为速冻食品加工企业提供集中供冷式快速冻结技术整体解决方案已达 100 余项。

（本章撰稿人：许曙东、刘斌、楼晓华、王涛、黄磊、尹从绪、胡云峰、刘通）